Über dieses Buch

»Um die revolutionäre Sexualgesetzgebung für alle Zeiten zu sichern, ist es unerläßlich, die Sorge für die sexuelle Gesundheit der Bevölkerung den Urologen und alten Hygieneprofessoren zu entreißen. Es muß jedem Arbeiter, jeder Frau, jedem Bauern, jedem Jugendlichen klar werden, daß es auf diesem Gebiete in der konservativen Gesellschaft überhaupt keine Autoritäten gibt; daß diejenigen, die sich für Sexualhygieniker und Sexualärzte halten, durchdrungen sind von asketischem Geist und von Angst um das ›sittliche Verhalten der Menschen‹. Auf Grund der Arbeit unter der Jugend und in den Arbeiterorganisationen steht der Schluß fest, daß jeder durchschnittliche ungeschulte, doch frische Arbeiterjunge ein besseres Gefühl und ein richtigeres Urteil für die Fragen des sexuellen Lebens hat als irgendeine dieser Autoritäten. Auf Grund dieser richtigen Einstellung wird es den arbeitenden Menschen unschwer gelingen, aus ihrer eigenen Mitte diejenigen Funktionäre und Organisationen zu stellen, die die Fragen der sexuellen Revolution zu bewältigen haben werden.« *Wilhelm Reich*

Der Autor

Wilhelm Reich wurde 1897 in Dobrzcynica, Galizien, geboren. 1920 trat er in die Wiener Psychoanalytische Gesellschaft ein. 1928 Fachwissenschaftlicher Leiter der sozialistischen Gesellschaft für Sexualberatung und Sexualforschung in Wien. Nach Auseinandersetzungen mit der Komintern, den Austromarxisten und der KPD auf der einen Seite, mit der Schule Sigmund Freuds auf der anderen, wurde er 1934 aus der kommunistischen Partei und aus der Internationalen Psychoanalytischen Vereinigung ausgeschlossen. Nach seiner Emigration in die USA entdeckte er 1938–1940 die ›Orgon-Energie‹ an deren Erforschung er bis zu seinem Tod 1957 arbeitete. — Im Fischer Taschenbuch Verlag liegen von Wilhelm Reich neben diesem Band vor: ›Die Entdeckung des Orgons. Die Funktion des Orgasmus‹ (Bd. 6140) und ›Charakteranalyse‹ (Bd. 6191).

Wilhelm Reich

Die sexuelle Revolution

Zur charakterlichen
Selbststeuerung
des Menschen

Fischer
Taschenbuch
Verlag

Fischer Taschenbuch Verlag
1.–30. Tausend: September 1971
31.–40. Tausend: Mai 1972
41.–53. Tausend: März 1973
Ungekürzte Ausgabe

Umschlagentwurf: wdz-studio, Feldafing

Fischer Taschenbuch Verlag GmbH, Frankfurt am Main
Lizenzausgabe mit freundlicher Genehmigung
der Europäischen Verlagsanstalt GmbH, Frankfurt am Main

Gesamtherstellung: Hanseatische Druckanstalt GmbH, Hamburg
Printed in Germany
ISBN 3 436 01422 2

Inhalt

Liebe, Arbeit und Wissen sind die Quellen unseres Daseins. Sie sollen es auch regieren.

Der Redakteur der »Garnrolle«, der die Frage: »Wozu leben wir?« gestellt hat, scheint Lust zu haben, sich in das Gestrüpp der Philosophie zu begeben. Vielleicht aber hat ihn großes Zittern und Beben vor der Nichtigkeit des menschlichen Lebens erfaßt. Im ersten Fall ist's ja gut, im zweiten ist's schlimm. Und zwar aus folgendem Grunde: »Leben, um zu leben« ist die einzige Antwort auf die gestellte Frage, so sonderbar und so einseitig das auch klingen mag. Der ganze Zweck, der ganze Sinn des Lebens besteht für den Menschen im Leben selbst, im Prozeß des Lebens. Um den Zweck und den Sinn des Lebens zu erfassen, muß man vor allem das Leben lieben, gänzlich, wie man so sagt, im Wirbel des Lebens untertauchen; erst dann wird man den Sinn des Lebens erfassen, wird man verstehn, wozu man lebt. Das Leben ist etwas, was im Gegensatz zu allem, was der Mensch geschaffen hat, keine Theorie benötigt; wer die Praxis des Lebens erfaßt, dem wird auch die Theorie des Lebens klar.

(Aus dem Tagebuch des Schülers Kostja Rjabzew)

Vorwort zur IV. Auflage (1949)

Zwanzig Jahre sind vergangen, seitdem das Material des ersten Teiles dieses Buches in Österreich zusammengefaßt und unter dem Titel »Geschlechtsreife, Enthaltsamkeit, Ehemoral« dem »Muenster Verlag« in Wien zur Publikation übergeben wurde. Zwanzig Jahre zählen wenig im biologischen Bereiche; doch in diesem halben stürmischen 20. Jahrhundert wurde der menschlichen Gesellschaft mehr Elend zugefügt als in Jahrhunderten vorher. Wir dürfen sagen, daß alle Begriffe, die von Menschen zur klärenden Erfassung ihres Daseins aufgestellt wurden, in diesen letzten zwei Jahrzehnten in Fluß gerieten. Unter diesen Begriffen ist wohl keiner so sehr zusammengebrochen wie der der sexuellen Zwangsmoral, der noch vor kaum mehr als 30 Jahren unerschütterlich das menschliche Leben regierte. Wir leben mitten in einer wahren Umwälzung aller Wertungen, die das menschliche Geschlechtsleben betreffen. Und unter diesen Wertungen sind es im besonderen diejenigen, die das *kindliche* und *jugendliche Sexualleben* betreffen, die am schärfsten betroffen wurden.

Als ich im Jahre 1928 in Wien die »Sozialistische Gesellschaft für Sexualberatung und Sexualforschung« gründete, waren die *genitalen Rechte der Kinder und der Jugendlichen* verpönt. Es war undenkbar, daß Eltern kindliche genitale Spiele duldeten, geschweige denn als Äußerungen einer natürlichen, gesunden Entwicklung betrachteten. Der Gedanke allein, daß Jugendliche ihr Liebesbedürfnis in der natürlichen Umarmung befriedigen, war horrend. Diffamierung traf den, der diese Rechte auch nur erwähnte. Im Kampfe gegen die ersten Ansätze zur Sicherung kindlichen und jugendlichen Liebeslebens einigten sich menschliche Gruppen, die einander sonst haßerfüllt befehdeten: Kirchenmitglieder aller Konfessionen, Sozialisten, Kommunisten, Psychologen, Ärzte, Psychoanalytiker usw. In meinen sexualhygienischen Beratungsstellen und in den mentalhygienischen Versammlungen, die noch manchem Österreicher in Erinnerung sein dürften, traten Ethiker und Sophisten auf, die den Untergang der Menschheit auf Grund von Unmoral prophezeiten; Politiker, die den Massen in verantwortungsloser Weise den Himmel auf Erden versprachen, jagten uns aus ihren Organisationen, weil wir die *Rechte der Kinder und Jugendlichen auf ihre natürliche Liebe* verfochten. Diese rein ärztliche Vertretung der biologischen Ansprüche zog natürlich sofort schwere Konsequenzen für die gesamte soziale und wirtschaftliche Struktur

der Gesellschaft nach sich: Wohnungen für Jugendliche; gesicherte Existenz für Eltern, Erzieher und Jugendliche; charakterliche Umstrukturierung der Erzieher; Kritik aller politischen Richtungen, die ihre Tätigkeit und Existenz auf der charakterlichen Hilflosigkeit der Menschen aufbauten; charakterliche, innere Selbständigkeit der Menschen und damit der Menschenmassen; *Selbststeuerung in der Kindererziehung* und auf diese Weise allmähliches Selbständigwerden der Erwachsenen; es waren die ersten Anfänge einer großen Umwälzung in der biologischen Konstitution der Menschen.
Der Druck, der von allen Seiten auf diese sozialhygienische Arbeit ausgeübt wurde, war so groß, daß ich mich entschloß, nach Deutschland zu ziehen. Ich gab im September 1930 meine blühende ärztliche Praxis und psychoanalytische Lehrtätigkeit in Wien auf und ging nach Berlin. Ich habe Österreich seither nur einmal, im April 1933, wiedergesehen. Während dieses kurzen Aufenthaltes konnte ich in einer großen Versammlung Wiener Universitätsstudenten einige Schlüsse aus meiner Arbeit für das Verständnis des Faschismus ziehen: Die deutsche Katastrophe erschien mir, als Psychiater und Biologen, das Resultat der biologisch hilflos gewordenen Menschenmassen, die unter den Willen einiger weniger machthungriger Banditen geraten waren. Ich war dankbar für das Verständnis, das mir damals von der Wiener akademischen Jugend entgegengebracht wurde. Es gab keinen einzigen Machtpolitiker, der ein Ohr dafür hatte.
Das Problem der Biologie des Menschentiers ist seither ins Unendliche gewachsen. Wir stehen heute, März 1949, in den Vereinigten Staaten von Amerika mitten in schwerem Kampfe um die Anerkennung der *biologischen Revolution*, die seit einigen Jahrzehnten das Menschengeschlecht erfaßt hat. Es würde an dieser Stelle zu weit führen, in Details vorzudringen. Nur *ein* Umstand muß hier scharf betont werden:
Was 1920 bis 1930 in Österreich so fremd und gefährlich erschien, ist heute, 1949, in Amerika Gegenstand lebhafter öffentlicher Debatte. Der Umschwung kam etwa im Jahre 1946, kurz nach dem Ende des Zweiten Weltkrieges. Er bestand darin, daß mehr und mehr Artikel in Tageszeitungen erschienen, die für die Natürlichkeit der kindlichen genitalen Selbstbefriedigung eintraten. Die in Amerika weitumfassende Bewegung der Mentalhygiene hat das öffentliche Bewußtsein erfaßt. Man weiß heute in Amerika, daß die *Zukunft des Menschengeschlechts von der Lösung der Frage der menschlichen Charakterstruktur abhängt.* In den letzten zwei Jahren hat im besonderen das Schlagwort der *Selbstregelung* in der kindlichen Erziehung weit um sich gegriffen, und es beginnt in die breiten Massen vorzudringen. Zwar gibt es hier wie anderswo den sexuellen Heuchler in hoher Stellung, den Staatsbeamten, der sich empört, wenn er

von Selbststeuerung hört, den politischen Machtstreber schlimmster Sorte. Doch am Vormarsch der mentalhygienischen Massenbewegung und der *Bejahung* der biologisch-natürlichen Sexualität der Kinder und Jugendlichen kann nicht mehr gezweifelt werden. Sie sind nicht mehr aufzuhalten. Der Weltanschauung der Lebensverneinung tritt die der Lebensbejahung gegenüber.

Ich sage nicht, daß der Sieg bereits errungen ist. Schwere Auseinandersetzungen durch Jahrzehnte stehen noch bevor. Doch ich behaupte, daß die grundsätzliche Bejahung des *natürlichen* Liebeslebens in unaufhaltbarem Vormarsch ist, trotz der zahlreichen und gefährlichen Feinde des Lebendigen. Amerika ist meines Wissens auch das einzige Land, in dem *»Leben, Freiheit und Lebensfreude«* (»Life, Liberty and Pursuit of Happiness«) Grundelemente der Konstitution sind. Ich versichere dem Leser, daß ich mir auch der reaktionären Strömungen in den Vereinigten Staaten voll bewußt bin. Doch hier wie nirgend anderswo *besteht die Möglichkeit, für Lebensfreude und die Rechte des Lebendigen* aufzutreten. Alexander Neills Buch *The Problem Family*, das das sexualökonomische Prinzip in der Erziehung voll vertritt, war in Tausenden von Exemplaren sofort nach der Publikation ausverkauft. Das vorliegende Buch *Die sexuelle Revolution* war vorher ebenfalls positiv aufgenommen worden. Es gibt in Amerika mächtige und anerkannte Eltern-Erzieher-Organisationen, die das Prinzip der Selbststeuerung, und damit das der Sexualökonomie des Kindes vertreten. An Universitäten wird das Lebensprinzip einschließlich des sexuellen Elements gelehrt; hier und dort gibt es Zögern, Schweigen, ja Feindschaft, doch die sexuelle Massenhygiene ist in Angriff genommen worden.

Ich hätte dieses Buch gern erweitert und auf den Stand des heutigen Wissens gebracht. Doch ich mußte mir dies versagen. Es bildet ein geschlossenes Ganzes in der Widerspiegelung der sexualpolitischen Verhältnisse der zwanziger Jahre; es ist noch immer wesentlich gültig. Die wissenschaftlichen und ärztlichen Erfahrungen, die seit 1930 auf dem Gebiete der Sexualökonomie gemacht wurden, sind in ausführlichen Darstellungen publiziert worden; Publikation dieser neuen Entwicklung in deutscher Sprache ist geplant. Ich unterbreite daher *Die sexuelle Revolution* dem deutschen Leser in nahezu unveränderter Fassung. Es ist noch sehr zu betonen, daß sich meine Arbeit vor mehr als 17 Jahren von allen politischen Parteirichtungen unabhängig gemacht hat. Es ist nun ein Stück Arbeit am menschlichen Leben geworden, das oft in scharfen *Gegensatz* zur politischen Bedrohung des menschlichen Lebens getreten ist.

Forest Hills, New York, im März 1949

Vorwort zur III. Auflage (1945)

Die vorliegende III. Auflage meines Buches *Die Sexualität im Kulturkampf* (1. Aufl. 1930, 2., erweiterte Aufl. 1936) erscheint dank den großen Bemühungen Dr. Theodore R. Wolfes zuerst und zum ersten Male in englischer Sprache. Sie enthält keinerlei Änderungen in den sachlichen Ausführungen. Dagegen mußten an der *Terminologie* viele Änderungen vorgenommen werden: Die europäische Freiheitsbewegung, in deren Rahmen das Material dieses Buches ursprünglich zwischen 1918 und 1935 zusammengefaßt wurde, war im Irrglauben befangen, daß sich die autoritäre Gesinnung mit dem Lebensprozeß der »Bourgeoisie« und daß sich freiheitliche Gesinnung mit dem Lebensprozeß des »Proletariats« deckten. Die europäische Freiheitsbewegung ging an diesem Grundirrtum zugrunde. Die sozialen Ereignisse der letzten zwölf Jahre korrigierten ihn mit blutigen Lehren: *Autoritäre* und *freiheitliche* Gesinnung haben nichts mit den scharfen ökonomischen Klassengrenzen zu tun. Die Ideologie einer sozialen Schicht ist keine unmittelbare Spiegelung ihrer wirtschaftlichen Lage. Den emotionellen, mystischen Erregungen der Menschenmassen muß eine zumindest gleich große, wenn nicht weit größere Bedeutung im sozialen Getriebe zugeschrieben werden als den rein ökonomischen Interessen. Die Praxis autoritären Zwanges geht ebenso kreuz und quer durch *alle* Schichten der Gesellschaft aller Nationen, wie freiheitliches Denken und Handeln. Es gibt keine charakterlich-strukturellen Klassengrenzen, wie es wirtschaftliche Grenzen des Einkommens und der sozialen Rangstellung gibt. Es werden nicht »Klassenkämpfe« zwischen Proletariern und Bürgern geführt, wie es die theoretische Soziologie mechanistisch formuliert, sondern: Freiheitlich strukturierte Arbeitende kämpfen gegen autoritär strukturierte Arbeitende und gegen die Parasiten der Gesellschaft; freiheitlich strukturierte Angehörige der höheren sozialen Schichten kämpfen unter vollem Einsatz ihrer Existenz für die Rechte *aller* Arbeitenden gegen Diktatoren, die aus dem Proletariat stammen. Das aus einer proletarischen Revolution hervorgegangene Sowjetrußland ist heute, 1944 — ich bedaure es tief, dies aussprechen zu müssen — sexualpolitisch reaktionär, während das aus einer bürgerlichen Revolution hervorgegangene Amerika sexualpolitisch zumindest progressiv bezeichnet werden muß. Die rein ökonomisch definierten sozialen Begriffe des 19. Jahrhunderts treffen nicht mehr die weltanschaulichen Schichtungen in den kulturellen Kämpfen der menschlichen Gesellschaft des 20. Jahrhunderts. Die sozialen Kämpfe toben heute, um es auf die einfachste Formel zu bringen, zwischen den Interessen der *Lebenssicherung* und *Lebensbejahung* und den Interessen der *Lebensvernichtung* und *Lebensunterdrückung.* Die soziale Gewissensfrage lautet heute nicht mehr in erster Linie: »Bist du reich oder bist du arm?«, sondern: »Bist du und kämpfst du für Sicherung und größtmögliche Freiheit des menschlichen Lebens? Tust du praktisch alles, was in deiner Macht steht, um die Millionen arbeitender Menschenmassen so selbständig im Denken, Handeln und Leben zu machen, daß die komplette Selbststeuerung des sozialen Lebens in nicht allzu ferner Zeit die selbstverständliche Regel wird?«

Es ist völlig klar, daß die soziale Grundfrage, derart konkret gestellt, das lebendige Funktionieren in jedem ärmsten Mitglied der menschlichen Gemeinschaft berücksichtigt. Und in *diesem* Zusammenhang wächst die Bedeutung, die ich der sozialen Sexualunterdrückung vor 15 Jahren zuschreiben mußte, ins Riesenhafte. Die Unterdrückung des kindlichen und jugendlichen Liebeslebens hat sich, dank den Forschungen der sozialen und individuellen Sexualökonomie, als der Kernmechanismus der Erzeugung von hörigen Untertanen und ökonomischen Sklaven erwiesen. Es kommt also nicht mehr darauf an, ob man ein weißes, gelbes, schwarzes oder rotes Parteimitgliedsbuch als ein Zeichen dieser oder jener Gesinnung vorweist, sondern es kommt ganz unmißverständlich und *jeder Möglichkeit sozialen Betrugs für immer entrückt* darauf an, ob man die freien Lebensäußerungen der Neugeborenen, der Kleinkinder, der Puberilen, der Frauen und Männer voll bejaht, unterstützt und sichert, oder ob man sie, mit welcher Ideologie oder Ausrede immer, gleichgültig ob für diesen oder jenen Staat, gleichgültig ob »proletarisch«, »kapitalistisch«, für diese oder jene Religion, gleichgültig ob jüdisch, christlich oder buddhistisch, unterdrückt und vernichtet. Dies gilt überall und solange es Leben gibt unverrückbar, wenn man mit dem organisierten Betrug an den arbeitenden Menschenmassen ein für allemal Schluß machen will; wenn man durch die Tat bezeugen will, daß man es mit seinen demokratischen Idealen ernst meint.

Die Notwendigkeit einer radikalen Änderung der sexuellen Lebensverhältnisse ist heute ins allgemeine soziale Denken gedrungen und greift rasch um sich. Die verständnisvolle Befürsorgung des kindlichen Liebeslebens erobert ständig weitere Kreise. Zwar steht es mit der sozialen Befürsorgung des Liebeslebens in der Pubertät noch immer sehr schlecht; zwar vermeidet es die offizielle Erziehungswissenschaft noch immer, die »glühenden Kohlen« anzufassen, die das Sexualproblem der Pubertät darstellt; aber der Gedanke, daß der Geschlechtsverkehr in der Pubertät eine natürliche und selbstverständliche Forderung ist, erscheint nicht mehr so horrend wie zu der Zeit, als ich es zum ersten Male 1929 vorbrachte. Der Erfolg, den heute die Sexualökonomie in so vielen Ländern genießt, ist den vielen guten Erziehern und verständnisvollen Eltern zu danken, denen die sexuellen Bedürfnisse des Kleinkindes und des Jugendlichen als völlig natürlich und berechtigt erscheinen. Zwar gibt es noch immer die Schande mittelalterlicher Sexualgesetzgebung und der Institutionen von der Art der furchtbaren Reformanstalten, die maßloses Unheil anrichten. Aber dem rationalen Gedanken des kindlichen und jugendlichen Liebeslebens ist unwiderruflich Bahn gebrochen.

Eine neue Aufklärungsperiode wird sich gegen die mächtigen Überreste mittelalterlichen Irrationalismus zu behaupten haben. Zwar gibt es noch Vertreter »hereditärer Degeneration« und »krimineller Entartung«; aber die Erkenntnis von der *sozialen* Verursachung der Verbrechen und emotionellen Erkrankungen bricht sich überall Bahn. Zwar gibt es noch viel zu viele Ärzte, die das Festbinden der Hände von Kleinkindern zur Verhinderung der Onanie empfehlen; aber es wird bereits in viel gelesenen Tageszeitungen dagegen geschrieben. Zwar wandern noch immer gesunde Jugendliche in die Reformanstalt, weil sie natürliche Liebesfunktionen erfüllen; aber es gibt bereits viele Richter, die wissen, daß solche Jurisdiktion und solche Anstalten soziale Verbrechen sind. Zwar gibt es noch überreichlich kirchliche Moralisterei und Schnüffelei, die die natürliche Sexualität als Teufelswerk verdammen; aber die Zahl der Priesterkandidaten, die praktische Sozialarbeit leisten und den Moralismus abstreifen, ist im Wachsen. Es gibt sogar schon Bischöfe, die für die Geburtenregelung eintreten, auch wenn sie sie auf die legale Ehe beschränken. Zwar verunglücken noch immer allzu viele junge Menschen im aufreibenden Kampf um Liebesglück; aber es kommt bereits vor, daß ein Vater öffentlich am Radio zurechtgewiesen wird, wenn er seine Tochter verdammt, weil sie ohne Eheschein ein Kind zur Welt bringt. Zwar gibt es noch immer Zwangsehegesetze, die aus der Ehescheidung eine Erpressungsaffäre zu machen ermöglichen; aber der Abscheu vor solchen Gesetzen und solchen Scheidungsprozessen wächst rasch und erfaßt die Allgemeinheit.

Es ist eine echte, tief umwälzende Revolution der kulturellen Seinsverhältnisse, die wir durchleben. Es gibt keine Paraden, Uniformen, Medaillen, keine Trommelwirbel und keinen Kanonensalut in diesem Kampf. Aber er kostet nicht weniger Opfer als eine Bürgerkriegsschlacht von 1848 oder 1917. Die Sinne des Menschentiers für seine natürlichen Lebensfunktionen erwachen aus jahrtausendealtem Schlaf. Die Umwälzung in unserem Leben greift an die Wurzel unserer emotionellen, sozialen und wirtschaftlichen Existenz.

Es sind vor allem riesenhafte Umwälzungen im Familienleben, der Achillesferse der Gesellschaft, die sich in chaotischer Weise vollziehen. Sie sind chaotisch, weil unsere vom alten Patriarchat übernommene autoritäre Familienstruktur tief erschüttert wurde und im Begriff ist, einer besseren und natürlichen Familienform Platz zu machen. Diese Schrift greift nicht die *naturwüchsigen* familiären Beziehungen an, sondern sie richtet ihren Angriff gegen die *autoritäre* Form der Familie, die durch starre Gesetze, menschliche Struktur und irrationale öffentliche Meinung festgehalten wird. Gerade die Vorgänge in der Sowjetunion im Verlaufe der sozialen Revolution nach 1917, die im zweiten Teil dieses Buches behandelt sind, erweisen den emotionell und sozial gefährlichen Charakter dieser Umwälzungen. Was in Sowjetrußland in den zwanziger Jahren, auf eine kurze Zeitspanne zusammengedrängt, Lösung erzwingen wollte, vollzieht sich heute in der ganzen Welt in viel langsamerer, aber auch viel gründlicherer Weise. Wenn ich von revolutionären Umwälzungen unserer kulturellen Seinsverhältnisse spreche, so habe ich vor allem die Ablösung der patriarchalisch-autoritären durch die natürliche Familienform im Auge. Doch es ist gerade diese natürliche Form der Beziehungen zwischen Gatten und zwischen Eltern und Kindern, die mit äußerst gefährlichen Hindernissen zu kämpfen hat.

Das Wort *»revolutionär«* in dieser wie in anderen sexualökonomischen Schriften bedeutet nicht den Gebrauch von Ekrasit, sondern den Gebrauch der Wahrheit; es bedeutet nicht geheime Zirkel und illegale Zettelverteilung, sondern offene und öffentliche Mahnung des menschlichen Gewissens ohne Ausreden und Umschweife; es meint nicht politisches Gangstertum, Erschießungen, Ernennungen, Paktschluß und Paktbruch, sondern es meint *»rational umwälzend, Dinge an der Wurzel fassend«*. Die Sexualökonomie ist revolutionär im Sinne der Umwälzungen, die die Entdeckung der Mikroben und des unbewußten Seelenlebens in der Medizin, die Entdeckung der mechanischen Gesetze und der Elektrizität in der Technik und die Entdeckung des Wesens der Produktivkraft Arbeitskraft in der Ökonomie hervorgebracht haben. Die Sexualökonomie wirkt umwälzend, da sie die Gesetze der menschlichen Charakterstrukturbildung enthüllte und die menschlichen Freiheitsbestrebungen nicht mehr auf Freikosmischen Orgonenergie, die in den Lebewesen als biologi-Energie begründet. Wir sind revolutionär im Sinne *naturwissenschaftlicher* anstelle mystischer, mechanistischer und politikanter Handhabung des Lebensprozesses. Die Entdeckung der kosmischen Orgonenergie, die in den Lebewesen als biologische Energie funktioniert, gibt unseren sozialen Bestrebungen ein solides, naturwissenschaftliches Fundament.

Die Entwicklung unserer Zeit drängt allenthalben nach *plane-*

tarer Gemeinschaft der Erdbürger und nach *Internationalismus ohne Wenn und Aber.* Die politikante Form der Regierung über Völker muß durch die naturwissenschaftliche Lenkung sozialer Prozesse abgelöst werden. Es kommt auf die menschliche Gesellschaft, und nicht auf den Staat an. Es kommt auf Wahrheit, und nicht auf Taktik an. Die Naturwissenschaft ist vor ihre größte Aufgabe gestellt: endlich und endgültig die Verantwortung für das weitere Schicksal dieses zermarterten Menschengeschlechtes zu übernehmen. Die Politik hat sich endgültig verpolitisiert. Die Naturwissenschaftler werden, ob sie es wollen oder nicht, berufen sein, soziale Lebensprozesse zu lenken, und die Politiker werden wohl oder übel lernen, nützliche Arbeit zu leisten. Der neuen, rational wissenschaftlichen Lebensordnung, um die überall hart gerungen wird, zum Durchbruch zu verhelfen, ihre Geburt und ihr Wachstum schmerzloser und weniger opferreich zu gestalten, ist eine der Aufgaben dieser Schrift. Wer im Sinne des Lebendigen anständig und sozial verantwortungsbewußt ist, kann und wird sie weder mißverstehen noch mißbrauchen.

November 1944 Wilhelm Reich

Vorwort zur II. Auflage (1936)

Im Oktober 1935 riefen 300 der bekanntesten Psychiater die Welt zur Besinnung auf. Italien hatte gerade die ersten Überfälle auf Abessinien durchgeführt. Tausende von Menschen, darunter Frauen, Greise und Kinder, waren im ersten Anhieb wehrlos erschlagen worden. Man bekam eine Vorstellung von den Ausmaßen des Massenmordes im Falle eines neuen Weltkrieges.

Daß eine massenmäßig hungernde Nation wie die italienische bis auf Ausnahmen derart begeistert oder ohne Rebellion dem Kriegsruf Folge leisten würde, war zwar erwartet, ist aber nicht verständlich. Es bestärkte den allgemeinen Eindruck, daß sich die Welt nicht nur hier und dort von Menschen regieren läßt, denen die Psychiater Zeichen der Geisteskrankheit zuschreiben mußten; mehr: die Menschen aller Erdteile sind in der Tat seelisch krank; sie reagieren geistig abnormal, in Widerspruch mit ihren eigenen Wünschen und realen Möglichkeiten. Es ist ein Zeichen seelisch abnormaler Reaktion: im Überfluß zu verhungern; trotz vorhandenen Kohlen, Baumaschinen, Millionen Quadratkilometer freier Bodenfläche usw. Kälte und Regen ausgesetzt zu sein; zu glauben, daß eine göttliche Macht mit langem weißem Bart alles lenke und man dieser Macht auf Tod und Verderben ausgeliefert sei; begeistert zu sein, Menschen, die einem nichts antaten, zu morden und zu glauben, ein Land, von dem man nie etwas gehört hat, erobern zu müssen; selber in Lumpen zu gehen und sich als Vertreter der »Größe der Nation«, der man angehört, zu fühlen; die klassenlose Gesellschaft zu wollen und die »Volksgemeinschaft« mit den Profitjägern dafür zu halten; zu vergessen, was ein Staatsführer versprach, ehe er Führer der Nation wurde; überhaupt einzelnen Menschen, auch wenn sie Staatsmänner sind, eine derartige Macht über das eigene Leben und Schicksal anzuvertrauen; nicht ausdenken zu können, daß auch die sogenannten großen Lenker des Staates und der Wirtschaft schlafen, essen, Sexualstörungen haben, ihre Notdurft verrichten, von unbewußten, unkontrollierten Gefühlsregungen ganz genauso beherrscht sind wie die gewöhnlichen Sterblichen; das Prügeln der Kinder im Dienste »der Kultur« für eine Selbstverständlichkeit zu halten; Jugendlichen in der Blüte ihres Lebens das Glück der Liebesvereinigung zu verbieten. Man könnte beliebig fortfahren.

Der Aufruf der 300 Psychiater war eine Tat, eine offizielle Politisierung der sonst so weltfremden und angeblich unpolitischen

Wissenschaft. Doch diese Tat war unvollständig. Sie griff nicht an die Wurzel der Erscheinungen, die korrekt angegeben wurden. Sie ging nicht von der Frage nach dem *Wesen* der allgemeinen geistigen Erkrankung der heutigen Menschen aus. Sie fragte nicht nach den Ursachen der maßlosen Opferbereitschaft der Masse im Dienste der Interessen weniger Politikanten. Sie stellte nicht den Gegensatz fest zwischen wirklicher Bedürfnisbefriedigung und illusionärer Befriedigung im nationalistischen Taumel, der den ekstatischen Zuständen religiös fanatisierter Menschen durchaus verwandt ist. Hunger und Elend der Masse bei fortschrittlicher Produktivität der Wirtschaft führte statt zur rationellen Planwirtschaft des Lebens zur Bejahung des Hungers und der seelischen Verelendung durch die arbeitende Masse selbst. Die freiheitliche Bewegung geriet ins Hintertreffen. Problem ist nicht die Psychologie der Staatsmänner, sondern die der Masse.
Die heutigen Staatsmänner sind Freunde, Brüder, Vettern, Schwiegerväter von Großkapitalisten oder Diktatoren. Daß die Masse denkender, zum Teil kultivierter und gebildeter Menschen dies nicht sieht und nicht entsprechend reagiert, ist Problem. Es läßt sich nicht durch individuelle »psychodiagnostische Untersuchungen« lösen. Die seelischen Erkrankungen, darunter Verstandestrübungen, Resignation, Hörigkeit, Selbstschädigung, unbedingte Führergläubigkeit usw., sind, auf die einfachste Formel gebracht, insgesamt Ausdruck gestörter Harmonie des vegetativen, im speziellen des sexuellen Lebens auf der allgemeinen gesellschaftlichen Grundlage der gesellschaftlichen Mechanisierung des Lebens.
Die grotesken Erscheinungen der Geisteskranken sind nur grobe Verzerrungen und Vergrößerungen des mystisch-gläubigen Verhaltens etwa von Bevölkerungsmassen, die den Krieg durch Gebete abwehren. In den Irrenhäusern der Erde, die etwa vier von je tausend Menschen beherbergen, wird nach der Ordnung des *sexuellen* Lebens ebensowenig gefragt wie in der Politik. In der offiziellen Wissenschaft ist das Kapitel Sexualität noch immer nicht abgefaßt worden. Dennoch ist an der Verursachung seelischer abnormer Reaktionen durch die krankhafte Lenkung nichtbefriedigter sexueller Energie (= vagischer Erregung) heute nicht mehr zu zweifeln.
Wir greifen daher an die Wurzel der seelischen Massenerkrankung, wenn wir die Frage nach der *sozialen Ordnung des geschlechtlichen Lebens* der Menschen aufrollen.
Die sexuelle Energie ist die biologische Aufbauenergie der psychischen Apparatur, die die menschliche Gefühls- und Denkstruktur bildet. »Sexualität« (physiologisch Vagusfunktion) ist die produktive Lebensenergie schlechthin. Ihre Unterdrückung bedeutet nicht nur im ärztlichen Bereich, sondern vielmehr ganz

allgemein Störung der grundsätzlichen Lebensfunktionen; der gesellschaftlich wesentlichste Ausdruck daran sind das unzweckmäßige (irrationale) Handeln der Menschen, ihre Tollheit, ihre Mystik, ihre Kriegsbereitschaft usw. Die Sexualpolitik muß daher von der Frage ausgehen: *Aus welchem Grunde wird das menschliche Liebesleben unterdrückt?*

Versuchen wir kurz zusammenzufassen, in welcher Weise die Sexualökonomie die Beziehung zwischen menschlichem Seelenleben und gesellschaftlicher Wirtschaftsordnung erfaßt. Die menschlichen Bedürfnisse werden von der Gesellschaft geformt, gewandelt, insbesondere auch unterdrückt; derart entsteht die psychische Struktur der Menschen. Sie ist nicht angeboren, sondern entwickelt sich bei jedem einzelnen Mitglied der Gesellschaft im Verlaufe des ständigen Kampfes zwischen Bedürfnis und Gesellschaft. Es gibt keine angeborene Trieb*struktur;* diese Struktur wird im Laufe der ersten Lebensjahre erworben. Angeboren ist nur ein größeres oder kleineres Maß an Energie. Durch die Einwirkung der Sexualunterdrückung entsteht die Struktur des Untertanen, der gleichzeitig sklavisch gehorcht und rebelliert. Wir wollen den »freien« Menschen; wir müssen daher nicht nur wissen, wie der heutige Mensch strukturiert wurde, sondern auch erfassen, wie die freien Menschen zu strukturieren sind, welcher Kräfte man sich dabei bedienen soll.

Der *Kern* der praktisch-politischen Psychologie ist die Sexualpolitik; denn der Kern des seelischen Funktionierens ist die sexuelle Funktion. Das ist schon durch den Charakter der schönen Literatur und der Filmproduktion bewiesen; 90 % aller Romane, aller lyrischen Dichtkunst, 99 % aller Filme und Schauspiele usw. sind Produktionen für sexuelle Bedürfnisse.

Die biologischen Bedürfnisse, Ernährung und Sexuallust, begründen die Notwendigkeit des gesellschaftlichen Zusammenschlusses der Menschen überhaupt. Die so entstehenden »Produktionsverhältnisse« verändern die Grundbedürfnisse, ohne sie jedoch je zu töten, und schaffen aus ihnen neue Ansprüche. Die veränderten und neu entstandenen menschlichen Ansprüche bestimmen nun ihrerseits die weitere Entfaltung der Produktion, der Produktionsmittel (Werkzeuge und Maschinen) und mit ihnen die der gesellschaftlichen und wirtschaftlichen Beziehungen der Menschen zueinander. Auf Grund dieser Produktionsverhältnisse *zwischen* den Menschen entwickeln sich bestimmte Anschauungen über das Leben, Moral, Philosophie usw. Sie entsprechen durchschnittlich dem Stand der Technik ganz allgemein, also der jeweiligen Fähigkeit, das Dasein zu begreifen und zu meistern. Die so entstandene gesellschaftliche »Ideologie« formt ihrerseits die menschliche Struktur. Dadurch wird sie zu einer materiellen Kraft und konserviert sich in der

Struktur der Menschen als »Tradition«. Es hängt nun alles weitere davon ab, ob die gesamte Gesellschaft an der Produktion der gesellschaftlichen Ideologie beteiligt ist oder nur eine Minderzahl. Verfügt eine Minderzahl über die politische Macht, dann verfügt sie auch über Art und Inhalt der allgemeinen Ideologieproduktion und Strukturbildung. Daher entspricht in der autoritären Gesellschaft das Denken der Menschen den Interessen der wirtschaftlichen und politischen Machthaber. Im Gegensatz dazu müßte in der arbeitsdemokratischen Gesellschaft, wo es keine Machtinteressen einer Minderheit gibt, die produzierte gesellschaftliche Ideologie den Lebensinteressen *aller* Gesellschaftsmitglieder entsprechen.

Bisher dachte man sich die gesellschaftliche Ideologie nur als eine Summe von Vorstellungen, die sich über dem Wirtschaftsprozeß »in den Köpfen der Menschen« bilden. Nach dem Siege der politischen Reaktion Deutschlands in tiefster Krise und nach den Erfahrungen aus dem irrationalen Verhalten der Masse kann die Ideologie nicht mehr als eine bloße Spiegelung wirtschaftlicher Verhältnisse betrachtet werden. Sobald eine Ideologie die Struktur der Menschen erfaßt und geformt hat, ist sie zu einer *materiellen, sozialen* Kraft geworden. Es gibt keinen sozial-ökonomischen Prozeß von historischer Bedeutung, der nicht in der seelischen Struktur der Masse verankert und in Form des Verhaltens dieser Masse tätig wäre. Es gibt keine »Entwicklung der Produktionskräfte an sich«, sondern nur eine Entwicklung oder Bremsung der menschlichen Struktur, ihres Fühlens und Denkens auf der Grundlage wirtschaftlicher und sozialer Prozesse. Der Wirtschaftsprozeß, d. h. die Entwicklung der Maschinen, ist mit dem seelischen Strukturprozeß der Menschen, die ihn schaffen, antreiben, hemmen und von ihm beeinflußt werden, funktionell identisch. Wirtschaft ohne menschliche, tätige Triebstruktur ist undenkbar, ebenso umgekehrt menschliches Fühlen, Denken und Handeln ohne wirtschaftliche Grundlage und Folge. Die Einseitigkeit beider Anschauungen begründet den *Psychologismus* (»Die seelischen Kräfte der Menschen allein machen Geschichte«) ebenso wie den *Ökonomismus* (»Die Technik allein macht Geschichte«). Man sollte weniger von Dialektik reden und lieber die lebendigen Wechselbeziehungen zwischen Menschengruppen, Natur und Maschinen erfassen. Sie sind als Funktion eine Einheit und gleichzeitig bedingen sie einander; doch es wird unter keinen Umständen gelingen, den gegenwärtigen Kulturprozeß praktisch zu bewältigen, wenn man nicht begreifen wird, daß die seelische Struktur in ihrem Kern Sexualstruktur und der Kulturprozeß im wesentlichen sexueller Bedürfnisprozeß ist, der sich auf der Grundlage der Erhaltung des Lebens abspielt.

Das kleine, armselige, angeblich »unpolitische« sexuelle Leben

der Menschen muß grundsätzlich im Zusammenhange mit den Fragen der autoritären Gesellschaft erforscht und bewältigt werden. Die hohe Politik spielt sich in Wirklichkeit nicht beim Diplomatenfrühstück, sondern in diesem kleinen Leben ab. Daher ist die Politisierung des sogenannten persönlichen Lebens der Menschen nicht mehr aufzuschieben. Verstünden die 1800 Millionen Erdbewohner die Tätigkeit der hundert führenden Diplomaten, dann wäre alles in Ordnung; es gäbe keine Lenkung der Gesellschaft und keine Ordnung der menschlichen Bedürfnisbefriedigung nach Rüstungsinteressen und Tagesordnungsprinzipien mehr. Doch diese 1800 Millionen Menschen werden ihr Schicksal nicht selber meistern können, solange sie sich nicht ihres eigenen bescheidenen, persönlichen Lebens bewußt werden. Die inneren Mächte, die sie daran hindern, heißen: *Sexualmoral* und *religiöser Mystizismus.*
Die Wirtschaftsordnung der letzten 200 Jahre hat die menschliche Struktur sehr verändert; doch diese Veränderung ist geringfügig, verglichen mit der umfassenden menschlichen Verödung, seitdem vor Tausenden Jahren die Unterdrückung des natürlichen Lebens, darunter in erster Linie des sexuellen, in diese Welt einbrach. Jahrtausendealte Unterjochung des Trieblebens hat erst den massenpsychologischen Boden geschaffen, Autoritätsangst, Hörigkeit, unglaubliche Bescheidenheit auf der einen, sadistische Brutalität auf der anderen Seite, auf deren Grund sich eine 200 Jahre alte kapitalistische Profitwirtschaft austoben und erhalten kann. Doch wir vergessen dabei nicht, daß es soziale und wirtschaftliche Prozesse waren, die vor Tausenden Jahren Anlaß zu dieser Veränderung der menschlichen Struktur gegeben hatten. Es geht also heute nicht mehr um das Problem einer 200 Jahre alten Maschinenindustrie, sondern um eine etwa 6000 Jahre alte menschliche Struktur, die sich bisher unfähig erwies, die Maschinen in ihren Dienst zu stellen. So großartig und revolutionär die Entdeckung der Gesetze der kapitalistischen Wirtschaft war, so wenig reicht sie allein aus, das Problem der menschlichen Hörigkeit und Selbstunterwerfung zu lösen. Zwar ringen überall Menschengruppen, *Teile* unterdrückter Klassen um »Brot und Freiheit«, doch die überwiegende Masse steht abseits und *betet*, oder sie ringt um Freiheit auf der Seite ihrer Unterdrücker. Daß diese Masse unerhörte Not leidet, erlebt sie selber stündlich und täglich. Daß man ihr nur Brot geben will und nicht alle Genüsse des Lebens, bestärkt ihre Bescheidenheit. Und was Freiheit in Wirklichkeit ist, sein kann oder sein wird, ist der Masse bisher nicht konkret verständlich dargelegt worden. Man hat ihr die Möglichkeiten allgemeinen Lebensglücks nicht greifbar vor Augen geführt. Wo man solches zu tun versuchte, um sie zu gewinnen, führte man ihr die kranken, von Schuldgefühl durchsetzten und armseligen Vergnü-

gungen spießiger Kleinbürgerlokale und Rummelplätze vor. Der Kern des Lebensglücks ist das *sexuelle* Glück; daran wagte niemand zu rühren, der politisches Gewicht hatte. Die Sexualität wäre eine Privatangelegenheit und hätte mit der Politik nichts zu tun, war und ist die allgemeine Ansicht. Die politische Reaktion denkt anders!

Der Übersetzer des Buches *Geschlechtsreife, Enthaltsamkeit, Ehemoral (La crise sexuelle*, Paris 1934) stellt den Freudomarxismus dem Marxismus gegenüber und meint, die speziell psychoanalytische Denkweise ändere die marxistische Fragestellung ab. »Bei ihm (Reich) ist die sexuelle Krise nicht in erster Linie Resultat des Widerspruchs zwischen der Moral und den kapitalistischen Verhältnissen in ihrem Niedergang einerseits und den neuen sozialen Beziehungen, der neuen proletarischen Moral andererseits, sondern sie ist das Resultat des Widerspruches zwischen den natürlichen, ewigen sexuellen Bedürfnissen und der kapitalistischen Gesellschaftsordnung.«

Derartige Einwände sind immer lehrreich und produktiv. Ihre Überlegung führt regelmäßig zu einer Präzision und Erweiterung der ursprünglichen Formulierung.

Der Kritiker stellt hier den Klassengegensatz dem Gegensatz von Bedürfnis und Gesellschaft gegenüber. Dennoch sind diese beiden Gegensätze aus *einem* zu erklären und dürfen nicht einander nur gegenübergestellt werden. Es ist richtig, daß, objektiv klassenmäßig gesehen, die sexuelle Krise ein Ausdruck des Widerspruchs zwischen kapitalistischem Niedergang und revolutionärem Aufstieg ist. Es ist aber gleichzeitig richtig, daß sie ein Ausdruck des Widerspruchs von Sexualbedürfnis und mechanistischer Gesellschaft ist. Wie läßt sich das vereinen? Sehr einfach; daß der Kritiker nicht selbst die Lösung fand, ist daraus zu erklären, daß die strenge Unterscheidung der subjektiven von der objektiven Seite des gesellschaftlichen Geschehens ungewohnt, obgleich selbstverständlich ist: Objektiv ist die sexuelle Krise eine Erscheinung des Klassengegensatzes; aber wie stellt sich dieser Gegensatz subjektiv dar? Was heißt das: neue proletarische Moral? Die kapitalistische Klassenmoral tritt *gegen* die Sexualität auf, schafft also erst den Widerspruch und die Not; die revolutionäre Bewegung hebt diesen Widerspruch auf, indem sie zunächst *für* die sexuelle Bedürfnisbefriedigung ideologisch eintritt, sie dann auch gesetzgeberisch und durch Neuordnung des sexuellen Lebens befestigt. Es fallen also Kapitalismus und gesellschaftliche Sexualunterdrückung einerseits, revolutionäre »Moral« und sexuelle Bedürfnisbefriedigung andererseits zusammen. Wenn wir von »neuer revolutionärer Moral« sprechen, sagen wir gar nichts; ihren konkreten Gehalt erhält diese neue Moral erst durch den Inhalt der geordneten Bedürfnisbefriedigung, und dies nicht nur auf dem Gebiete der

Sexualität. Erkennt die revolutionäre Ideologie nicht, daß dies – unter anderem – ihr konkreter Gehalt ist, dann spricht sie zwar von neuer Moral, bleibt aber in Wirklichkeit in alten Tatsachen stecken. Dieser Widerspruch läßt sich in der Ideologie und Wirklichkeit der Sowjetunion klar nachweisen. Die neue Moral ist eben, die moralische Regulierung überflüssig zu machen und die Selbstregulierung des gesellschaftlichen Lebens herzustellen. Beim Stehlen bzw. bei der Moral gegen den Diebstahl ist das eindeutig sichtbar und auch in die Praxis umgesetzt: Wer nicht hungert, hat kein Bedürfnis zu stehlen und braucht daher auch keine Moral, die ihn daran hindert. Das gleiche Grundgesetz gilt in der Sexualität: Wer befriedigt lebt, vergewaltigt nicht und braucht auch keine Moral dagegen. Die »sexualökonomische Regulierung« des Geschlechtslebens tritt an die Stelle der normativen Regulierung. Der Kommunismus versucht, infolge Unklarheit über die Gesetze der Sexualität, die Form der bürgerlichen Moral beizubehalten und die Inhalte zu ändern; es entsteht in der Sowjetunion etwa also eine »neue Moral«, die die alte ablöst. Dies ist faktisch unrichtig. Sowie der Staat nicht etwa nur seine Form verändert, sondern völlig »abstirbt« (Lenin), so verändert sich die Moral nicht etwa nur, sondern auch sie stirbt ab.

Ein zweiter Irrtum des Kritikers besteht darin, zu glauben, daß wir eine *absolute* Sexualität annehmen, die in Konflikt mit der heutigen Gesellschaft gerät. Es ist z. B. ein Grundfehler der Psychoanalyse, die Triebe als absolute biologische Gegebenheit aufzufassen; doch das liegt nicht am Wesen der Psychoanalyse, die spezifisch dialektisch ist, sondern am mechanistischen Denken der Analytiker, das auf der anderen Seite, wie immer, durch metaphysische Thesen ergänzt wird. Auch die Triebe entstehen, verändern sich und vergehen. Die Zeiträume aber, in denen sich die biologischen Veränderungen abspielen, sind derart groß, diejenigen der gesellschaftlichen Prozesse dagegen derart klein relativ zu den biologischen, daß uns diese als absolute Gegebenheiten imponieren, jene dagegen als fließend, relativ. Für die Untersuchung konkreter, zeitlich engbeschränkter Prozesse der Gesellschaft genügt die Feststellung des Konfliktes zwischen einem gegebenen, biologischen Trieb und der Art, wie die gesellschaftliche Ordnung ihn erfaßt und handhabt. Für biologische Gesetze des sexuellen Geschehens mit ihren säkulären Zeitläufen genügt dies keineswegs; hier muß die Relativität, Veränderlichkeit der Triebanlage klar herausgearbeitet werden. Wenn wir etwa den Lebensprozeß der Individuen als die *erste* Voraussetzung *jedes* gesellschaftlichen Geschehens auffassen müssen, so genügt anzunehmen, daß das Leben mit seinen Bedürfnissen vorhanden ist. Aber dieses Leben ist selbst nicht absolut, es entsteht und vergeht schon in Form des Generationswechsels, ist gleichzeitig unverändert erhalten in Form der Geschlechtszellen, die von Generation zu Generation fortleben. Das Leben als Ganzes ist — sofern kosmische Zeiträume berücksichtigt werden — etwas, das aus Anorganischem entstanden ist und einmal, wenn die Lehre von der Veränderlichkeit des Laufs der Gestirne stimmt, als Ganzes untergehen, das heißt in Anorganisches sich wieder rückverwandeln wird — eine notwendige Annahme des dialektischen Denkens. Vielleicht ist kein anderer Gesichtspunkt trefflicher geeignet, die volle Erkenntnis zu vermitteln, wie verschwindend klein und unbedeutend die Illusionen der Menschen über ihre »geistige«, »transzendentale« Aufgabe sind, wie überragend dagegen der Zusammenhang ihres vegetativen Lebens mit dem der Natur überhaupt ist. Das könnte derart ausgelegt werden, daß die sozialen Kämpfe ebenfalls nichtig erscheinen gegenüber den kosmischen Prozessen, von denen Mensch und Gesellschaft nur einen kleinen Ausschnitt bilden, wie lächerlich ist es — könnte einer sagen —, daß Menschen einander abschlachten, um die Arbeitslosigkeit zu beseitigen, oder Hitler zur Macht tragen und dann nationalistische Weihprozessionen veranstalten, wo doch im Weltall die Sterne kreisen und man daher besser täte, sich nur dem Naturgenuß zu widmen. Eine derartige Auslegung wäre falsch, denn gerade der naturwissenschaftliche Standpunkt spricht *gegen* die Reaktion und für die Weltanschauung der Arbeitsdemokratie; die erste versucht den unendlichen Kosmos und das ihn widerspiegelnde Naturgefühl der Menschen in den Rahmen der unendlich kleinen Idee der sexuellen Askese und Aufopferung für vaterländische Zwecke zu pressen, was ihr nie gelingen kann; die Arbeitsdemokratie dagegen versucht — als Weltanschauung — das unendlich kleine individuelle und gesellschaftliche Leben in den gewaltigen Rahmen des allgemeinen Naturgeschehens einzuordnen, den Widerspruch aufzuheben, den eine »Fehlentwicklung« der Natur — 6000 Jahre Ausbeutung, Mystizismus und Sexualunterdrückung — in der Gesellschaft verursacht hat, auch wenn sie »notwendig« war; kurz, sie nimmt für die Sexualität und gegen die widernatürliche Sexualethik, für internationale Planwirtschaft und gegen Ausbeutung und nationale Grenzen Stellung.

In der nationalsozialistischen Ideologie steckt ein rationaler Kern, der der reaktionären Bewegung ihren großen Schwung verleiht und sich in der Phrase der »Verbundenheit von Blut und Boden« ausdrückt; in der nationalsozialistischen Praxis dagegen wird alles gerade an denjenigen gesellschaftlichen Kräften festgehalten, was dem Grundzug der revolutionären Bewegung — Verbundenheit von Gesellschaft, Natur und Technik — widerspricht: an der Klassenteilung, die sich durch keine Illusion von der Einheit des Volkes, an dem Privateigentum an Produktionsmitteln, das sich durch keine »Gemeinschaftsidee« aus der Welt schaffen läßt. Der Nationalsozialismus drückt in seiner Ideologie mystisch aus, was der Revolutionsbewegung als rationaler Kern, Klassenlosigkeit und naturnahes Leben, innewohnt; diese, die sich ihres ideologischen Gehalts noch nicht voll bewußt wurde, hat dagegen alle Klarheit über die wirtschaftlichen und gesellschaftlichen Voraussetzungen der Verwirklichung ihrer rationalen Weltanschauung, der *Verwirklichung des Lebensglücks auf Erden.*

Vom Standpunkt der in ärztlicher Praxis gewonnenen sexualökonomischen Einsichten bahnte sich im Laufe der Jahre eine Kritik der heute herrschenden sexuellen Zustände und Ansichten an, die in dieser Schrift zusammengefaßt sind. Der erste Teil dieses Buches (»Das Fiasko der Sexualmoral«) erschien vor etwa sechs Jahren unter dem Titel »Geschlechtsreife, Enthaltsamkeit, Ehemoral«, im französischen als »La crise sexuelle«. Er wurde an einzelnen Stellen erweitert, ist aber sonst unverändert. Der zweite Teil (»Der Kampf ums ›neue Leben‹ in Sowjetrußland«) wurde auf Grund nunmehr seit zehn Jahren gesammelten Materials neu angefügt. Aus der Darstellung der Bremsung der sowjetistischen Sexualrevolution wird hervorgehen, weshalb ich mich in meinen ersten sexualpolitischen Schriften immer wieder auf die Sowjetunion berief. Für die letzten 3–4 Jahre stimmt manches nicht mehr, was vorher noch korrekt war. Im Zusammenhang mit allgemeinen Rückschritten zu autoritären Prinzipien der gesellschaftlichen Ordnung schreitet auch der Abbau der sowjetistischen sexualrevolutionären Errungenschaften fort.

Die vorliegende Schrift ist weit davon entfernt, auch nur annähernd alle einschlägigen Fragen erfaßt oder gar gelöst zu haben. Eine Kritik der heutigen Lehren von den seelischen Erkrankungen hätte ebenso hierher gehört wie eine ausführliche Behandlung der Religion. Doch das war nicht möglich, weil die Problematik unerschöpflich ist und das Buch ein unlesbarer Wälzer geworden wäre. Die Sexualpolitik des Faschismus und der Kirche als sexualpolitischer Organisation des Patriarchats wurde in meinem Buche *Massenpsychologie des Faschismus* behandelt. Die vorliegende Schrift ist weder ein sexualwissenschaftliches Wörterbuch noch eine Geschichte der sexuellen Krise der Gegenwart. Sie beschränkt sich bewußt darauf, die allgemeinen *Grundzüge* der Widersprüche des gegenwärtigen Geschlechtslebens an einzelnen typischen Beispielen zu zeigen. Die hier dargelegten sexualökonomischen Anschauungen sind nicht Ergebnisse von Schreibtischarbeit; ohne jahrzehntelangen innigen Kontakt mit der Jugend, ohne ständige Kontrolle der Erfahrungen durch die ärztliche Arbeit am Kranken, hätte kein Satz dieser Schrift geschrieben werden können. Das möchte ich gewissen Arten von Kritik von vornherein entgegenstellen. So fruchtbar und unerläßlich der Kampf der Meinungen ist: Er ist sinnlos und bedeutet nur Zeit- und Energievergeudung, wenn die Kritiker sich nicht persönlich an diejenigen Orte des gesellschaftlichen Lebens begeben, wo die lebendige Quelle der unmittelbaren Erfahrung der Sexualwissenschaft zu finden ist: ins Leben der breiten unkultivierten oder falsch kultivierten, leidenden, zum Teil kämpfenden Masse der von den gottgesandten Führern der Nationen so genannten »Untermenschen«. Auf Grund der praktischen Erfahrungen in Deutschland und Österreich und meiner klinischen Praxis durfte ich es wagen, mir ein Urteil über den Verlauf der sowjetischen Sexualrevolution zu bilden, ohne die sexualpolitischen Verhältnisse in der Sowjetunion dauernd persönlich miterlebt zu haben. Es ist durchaus möglich, daß in der Schilderung der sowjetistischen sexualpolitischen Verhältnisse das eine oder das andere überspitzt geschildert ist. Doch es kam nicht darauf an, irgendwelche absoluten Wahrheiten auszusprechen, sondern die allgemeinen Entwicklungstendenzen und Widersprüche grundsätzlich darzustellen. Es ist selbstverständlich, daß ich jeder sachlichen Korrektur von Tatbeständen in weiteren Auflagen dieser Schrift Rechnung tragen werde.

Schließlich möchte ich meinen besorgten Freunden, die mich mahnen, die »gefährliche Politik« zu lassen und mich nur der naturwissenschaftlichen Arbeit zu widmen, sagen: Die Sexualökonomie ist, soweit sie diesen Namen verdient, weder links noch rechts, sondern *vorwärts*, also *rational umwälzend gerichtet*, ob sie will oder nicht. Wer würde in einem lichterloh brennenden Hause ruhigen Gemüts ästhetische Abhandlungen über den Farbensinn der Grillen abfassen?

Im November 1935 — Wilhelm Reich

Erster Teil: Das Fiasko der Sexualmoral

I. Kapitel: Die klinischen Grundlagen der sexualökonomischen Kritik

1. Vom moralischen zum sexualökonomischen Prinzip

Die hier vertretenen sexualökonomischen Anschauungen beruhen auf klinischen Beobachtungen und Erfahrungen an Kranken, die im Verlaufe einer gelingenden charakteranalytischen Behandlung eine Umwandlung ihrer psychischen Struktur durchmachen. Man wird mit Recht die Frage aufwerfen, ob sich denn die Erkenntnis aus der Umstrukturierung eines neurotischen Menschen zum gesunden hin ohne weiteres auf die Probleme der Massenstruktur und ihre Umerziehung anwenden lassen. An der Stelle theoretischer Überlegungen empfiehlt es sich, die Tatbestände für sich selbst sprechen zu lassen. Ein Verständnis der massenmäßig auftretenden irrational-unbewußten unzweckmäßigen Äußerungen des Trieblebens läßt sich jedoch auf keinen Fall fassen, wenn man sich nicht von den Erfahrungen am einzelnen neurotisch erkrankten Menschen leiten läßt. Es ist prinzipiell kein anderes Vorgehen als das bei der Bekämpfung einer Epidemie. Man versucht ihrer dadurch Herr zu werden, daß man die einzelnen Opfer der Seuche genauestens untersucht und den Bazillus sowie seine Wirkungen feststellt, die für alle Opfer der Seuche in gleicher Weise zutreffen. Der Vergleich läßt sich noch ein Stück weiter verfolgen. Auch bei einer Seuche wirkt eine äußere Schädigung auf einen von vornherein gesunden Organismus ein. Bei einer Cholera etwa wird man sich nicht mit der Heilung des einzelnen Kranken begnügen, sondern man wird gleichzeitig die Stelle, von der die Verbreitung des Bazillus ausgeht, isolieren und sie als Epidemiequelle zu vernichten trachten. Im krankhaften seelischen Gehaben der durchschnittlichen Menschen der Masse fällt uns die Ähnlichkeit mit dem unserer Kranken auf; etwa die allgemeine Sexualscheu, die Triebhaftigkeit der moralischen Forderungen, die sich gelegentlich zu krasser Brutalität steigert (SA!); die Unfähigkeit sich vorzustellen, daß sich Triebbefriedigung mit fruchtbarer Arbeitsleistung vereinigen ließe; der wie naturgegeben erscheinende Glaube, daß die Sexualität der Kinder und der Jugendlichen eine krankhafte Verirrung wäre; die Unausdenkbarkeit einer anderen als der lebenslänglich monogamen

Sexualform; der Unglaube an die eigene Kraft und Urteilsfähigkeit und die damit verbundene Sehnsucht nach einer allwissenden, führenden väterlichen Gestalt usw. Die Massenindividuen erleben alle grundsätzlich gleiche Konflikte, die jedoch in Einzelheiten voneinander auf Grund unterschiedlicher Entwicklungen auch abweichen. Will man die Erfahrungen von einzelnen auf die Masse übertragen, so darf man sich nur derjenigen Erkenntnisse bedienen, die sich auf die typischen, alle gemeinsam betreffenden Konflikte beziehen. Es ist dann durchaus korrekt, aus den Vorgängen bei der Umstrukturierung der einzelnen Kranken Schlüsse auf die Umstrukturierung der Masse zu ziehen.
Die seelisch Kranken kommen zu uns mit typischen Zeichen seelischer Zerrüttung. Die Arbeitsfähigkeit ist immer mehr oder minder herabgesetzt, und die reale Leistung entspricht weder den Ansprüchen, die der Betreffende an sich selbst oder die Gesellschaft an ihn stellt, noch auch den Fähigkeiten, die er in sich spürt. Die sexuelle Befriedigbarkeit ist ausnahmslos stark herabgesetzt, wenn nicht vernichtet. An die Stelle der natürlichen genitalen Befriedigbarkeit sind immer nichtgenitale (prägenitale) Befriedigungsarten getreten, sadistische Vorstellungen vom Akt, Vergewaltigungsphantasien usw. Man überzeugt sich in völlig eindeutiger Weise, daß die Veränderung des Charakters und des sexuellen Verhaltens der Kranken regelmäßig etwa im 4.–5. Lebensjahre klare Umrisse und Formen gewann; die seelische Leistungsstörung in sozialer und sexueller Hinsicht tritt früher oder später jedem sichtbar hervor. Jeder Kranke trägt in sich einen unter den Bedingungen der neurotischen Sexualverdrängung unlösbaren Widerspruch zwischen Trieb und Moral. Die moralischen Anforderungen, die er unter dem Drucke ständiger gesellschaftlicher Beeinflussung an sich stellt, steigern die Aufstauung seiner sexuellen und allgemein vegetativen Ansprüche. Je größer die Schädigung seiner genitalen Potenz wurde, desto mehr steigert sich das Mißverhältnis zwischen Befriedigungs*bedürftigkeit* und Befriedigungs*fähigkeit*. Das verschärft wieder den moralischen Druck, der notwendig wird, um die gestauten Triebmengen niederzuhalten. Da der gesamte Konflikt in seinen wesentlichsten Stücken unbewußt, dem Betreffenden nicht faßbar ist, kann er ihn auch unter keinen Umständen selber lösen.
In dem Konflikt zwischen Trieb und Moral, Ich und Außenwelt, ist der psychische Organismus gezwungen, sich sowohl gegen den Trieb wie gegen die Außenwelt *abzupanzern*, abzukapseln, sich *»kalt«* zu machen. Diese »Panzerung« des psychischen Organismus bedingt eine mehr oder minder weitgehende Einschränkung der gesamten Lebensfähigkeit und Lebenstätigkeit. Es ist nicht überflüssig, zu betonen, daß die allermeisten Men-

schen unter dieser starren Panzerung leiden; zwischen ihnen und dem Leben steht eine Mauer. Sie ist die allerwichtigste Grundlage der Vereinsamung so vieler Menschen mitten im kollektiven Leben.

Die charakteranalytische Behandlung hat nun die Aufgabe, die vegetativen Energien aus ihren Bindungen in der psychischen Panzerung zu lösen. Dadurch verstärken sich *zunächst* die asozialen, perversen, grausamen Bedürfnisse und mit ihnen auch die soziale Angst und die moralische Hemmung. Löst man jedoch gleichzeitig auch die kindlichen Bindungen an das Elternhaus, an die Erlebnisse in früher Kindheit, an die antisexuellen Gebote, die damals aufgenommen wurden, dann strömt immer mehr vegetative Energie dem genitalen Organsystem zu, mit andern Worten, die genitalen natürlichen Bedürfnisse erwachen entweder zu neuem Leben oder aber sie werden erstmalig hergestellt. Beseitigt man nun in der Folge die genitalen Hemmungen und Ängste, verschafft man dadurch dem Kranken die Fähigkeit zur orgastisch vollkommenen Befriedigung, hat er auch das Glück, einen passenden Partner zu finden, so beobachtet man regelmäßig eine weittragende und in vielen Fällen überraschende Veränderung im Gesamtgehaben des Kranken. Die wichtigsten dieser Veränderungen sind folgende:

Stand das gesamte Handeln und Denken des Betreffenden früher unter mehr oder minder scharfem und störendem Einfluß unbewußter, irrationaler Motive, so erweitert sich jetzt seine Fähigkeit immer mehr, nicht aus irrationalen, sondern aus der Wirklichkeit entsprechenden Gründen zu reagieren. Im Verlaufe dieses Prozesses verlieren sich z. B. selbsttätig, ohne daß man den Kranken dazu »erzieht«, der Hang zum Mystizismus, die Religiosität, Unselbständigkeit, abergläubische Vorstellungen usw.

War der Kranke vorher schwer abgepanzert, ohne Kontakt mit sich selbst und seiner Umgebung oder nur mit Ersatzfunktionen *unnatürlicher* Art ausgestattet, so erhält er immer mehr die Fähigkeit zu unmittelbarem Kontakt, sowohl mit seinen Trieben wie mit der Welt. Die Folge *dieses* Prozesses ist eine deutlich sichtbare Herstellung unmittelbaren, natürlichen statt des früher unnatürlichen Gehabens.

Wir beobachten bei den meisten Kranken sozusagen ein Doppelleben. Nach außen hin erscheinen sie in einer bestimmten verschrobenen Art, doch durch das Krankhafte hindurch können wir deutlich das Gesunde spüren. Die sogenannte individuelle Differenzierung der Menschen ist *heute* im wesentlichen ein Ausdruck überwuchernder, neurotischer Verhaltungsweisen. Es fällt nun auf, daß im Verlaufe des Gesundungsprozesses sich diese individuelle Differenzierung weitgehend abbaut und einer *Vereinfachung* im Gesamtgehaben Platz macht. Diese Vereinfachung bewirkt, daß die Gesundenden einander in ihren Grundzügen ähnlich werden, ohne dabei jedoch ihre individuelle Eigenart zu verlieren. Jeder Kranke überbaut z. B. seine Arbeitsstörung in einer sehr verschiedenen Art. Verliert er nun die Arbeitsstörung, gewinnt er Vertrauen zu seinen Ich-Funktionen, dann verlieren sich auch all diejenigen Züge im Charakter, die das Gefühl des Unwerts wettmachen. Doch die Selbstbewußtheit, die sich auf der freiströmenden Arbeitsleistung aufbaut, ist bei allen Menschen ähnlich.

Das gleiche gilt für die Stellung zum Geschlechtsleben. Wer seine eigene Sexualität verdrängt hat, entwickelt sehr verschiedenartige Formen moralischen und ästhetischen Selbstschutzes. Gewinnen nun die Kranken den Kontakt mit ihren sexuellen Bedürfnissen wieder, dann verlieren sich die neurotischen Differenzierungen. Die Einstellung zum natürlichen Geschlechtsleben wird bei allen mehr oder minder gleichartig; das gilt besonders für die Bejahung der Lust und für den Verlust des sexuellen Schuldgefühls. Der früher unlösbare Konflikt zwischen Triebanspruch und moralischer Hemmung bewirkte, daß der Kranke alle seine Handlungen nach den Maßen einer über ihm oder jenseits seiner Person schwebenden Norm regulieren mußte. Alles, was er tat und dachte, wurde an dem moralischen Maß, das er sich geschaffen hatte, gemessen; gleichzeitig protestierte er dagegen. Erkennt er nun im Verlaufe der Umstrukturierung nicht nur die Notwendigkeit, sondern auch die Unerläßlichkeit der genitalen Triebbefriedigung an, dann verliert sich die moralische Zwangsjacke und mit ihr die Stauung seiner Triebbedürfnisse. Hatte vorher die hochgespannte Moral den Trieb verstärkt bzw. unsozial gemacht und der verstärkte Trieb die Verschärfung der moralischen Hemmung gefordert, so bewirkt die Angleichung der Befriedigungsfähigkeit an die Triebstärke einen Abbau der moralischen Regulierung im Betreffenden. Dadurch verliert sich auch der früher unerläßliche Mechanismus der Selbstbeherrschung. Es werden nämlich dem asozial gewordenen Trieb die wesentlichsten Energien entzogen. Es gibt wenig mehr, das beherrscht werden müßte. Der Gesunde hat praktisch keine Moral mehr in sich, aber auch keine Impulse, die eine moralische Hemmung erfordern würden. Die Beherrschung etwa noch vorhandener asozialer Impulse gelingt mit Leichtigkeit unter der Bedingung der Befriedigung der genitalen Grundbedürfnisse. Das zeigt sich auch im praktischen Verhalten des orgastisch potent gewordenen Menschen. Käuflicher Geschlechtsverkehr wird eine Unmöglichkeit; vorhandene Lustmordphantasien verlieren ihre Kraft und Bedeutung. Einen Partner zur Liebe zu zwingen oder zu vergewaltigen, wird fremd und unausdenkbar. Ebenso früher etwa vorhanden gewesene Impulse, Kinder zu verführen. Anale, exhibitionistische

und andere Perversionen weichen regelmäßig vollkommen, dadurch weichen auch die sozialen Angst- und Schuldgefühle. Die inzestuöse Bindung an Eltern und Geschwister verliert an Interesse; dadurch wird auch die Energie frei, die sie vorher in Verdrängung gehalten hatte. Kurz, die hier genannten Vorgänge sind insgesamt als Zeichen dafür anzusehen, daß sich der seelische Organismus *selbst steuert.*
Es zeigt sich, daß Menschen, die die Fähigkeit zur orgastischen Befriedigung erhalten, zu monogamen Beziehungen bedeutend fähiger sind als solche, deren natürliche Entspannungsfähigkeit gestört ist. Doch ihre monogame Haltung beruht nicht auf Hemmungen polygamer Impulse oder auf moralischen Bedenken, sondern auf dem sexualökonomischen Prinzip, lebhafte, beglückende Lust mit dem einen Partner immer wieder zu erleben. Voraussetzung dafür ist volles sexuelles Zusammenklingen mit dem Partner. Ein Unterschied zwischen Mann und Frau konnte klinisch nicht festgestellt werden. Fehlt dagegen der geeignete Partner, was unter den herrschenden Bedingungen des Geschlechtslebens die Regel zu sein pflegt, dann schlägt die Fähigkeit zur Monogamie in ihr Gegenteil, in nicht zu bremsendes Suchen nach einem geeigneten Partner um. Ist der richtige Partner gefunden, so stellt sich die monogame Haltung von selbst wieder her und bleibt so lange erhalten, wie die sexuelle Übereinstimmung und Befriedigung anhält. Gedanken und Wünsche nach andern Partnern treten entweder nur ganz schwach auf, oder sie werden wegen des Interesses am Partner nicht in die Tat umgesetzt. Die alte Beziehung bricht jedoch unrettbar zusammen, wenn sie morsch wurde und eine andere Kameradschaft höhere Lust verspricht. Diese Tatsache, an der nicht zu rütteln ist, steht in unlösbarem Widerspruch zur gesamten Sexualordnung der heutigen Gesellschaft, wo materielle Bindungen und Rücksichten auf Kinder dem sexualökonomischen Prinzip widersprechen. Derart sind unter den Bedingungen der sexualverneinenden Gesellschaftsordnung gerade die gesündesten Menschen schwersten subjektiven Leiden ausgesetzt. Das Verhalten der orgastisch *gestörten* Menschen, also der Mehrzahl, ist anders. Da sie im Akt weniger Lust genießen, sind sie entweder besser imstande, kürzere oder längere Zeit ohne Geschlechtspartner auszukommen, oder sie sind weniger wählerisch: Der Akt bedeutet ihnen nicht sehr viel. Die Wahllosigkeit im Geschlechtsverkehr ist also hier Folge sexueller Störung. Derartig sexuell gestörte Menschen sind fähiger, sich den Bedingungen einer lebenslänglichen Ehe zu fügen; ihre Treue beruht jedoch nicht auf sexueller Befriedigtheit, sondern auf moralischen Hemmungen.
Gelingt es dem Gesundenden, den passenden Partner im Geschlechtsleben zu finden, dann zeigt sich nicht nur, daß alle ner-

vösen Symptome verschwinden — mehr, er kann nun mit erstaunlicher Leichtigkeit, die ihm früher unbekannt war, sein Leben ordnen, Konflikte unneurotisch erledigen, und er entwickelt eine automatische Sicherheit in der Lenkung seiner Impulse und sozialen Beziehungen. Dabei folgt er durchaus dem Prinzip der Lebenslust. Die Vereinfachung seiner Einstellung zum Leben in Struktur, Denken und Fühlen beseitigt viele Quellen von Konflikten aus seinem Dasein. Gleichzeitig damit erwirbt er eine kritische Einstellung zur heutigen moralischen Ordnung.
Dem Prinzip der *moralischen Regelung* des seelischen Haushalts steht also die *sexualökonomische Selbststeuerung* gegenüber.
In der heutigen sexual verkommenen, jede Hilfe verweigernden Gesellschaft stößt die Durchführung dieser Heilungsarbeit oft auf schwer überwindbare Hindernisse, vor allem andern auf die Seltenheit sexuell gesunder Menschen, die für den Geheilten als Partner in Frage kämen. Darüber hinaus wirken sich die allgemeinen Schranken der Sexualmoral aus. Man könnte sagen, daß der genital Gesundete notwendigerweise aus einem unbewußten zu einem bewußten Heuchler gegenüber solchen Institutionen und sozialen Bedingungen wird, die ihn in der Entfaltung seiner gesunden, natürlichen Geschlechtlichkeit behindern. Andere entwickeln die Fähigkeit, ihre Umgebung derart zu verändern, daß die Behinderungen durch die heutige soziale Ordnung vermindert werden oder sogar wegfallen.
Ich mußte mich hier auf die knappste Darstellung beschränken und verweise auf die sehr ausführlichen Darlegungen in »Die Funktion des Orgasmus« und »Charakteranalyse«. Aus den genannten klinischen Erfahrungen ließen sich prinzipielle Schlüsse auf die *gesellschaftliche* Situation ziehen. Die weiten Perspektiven dieser Konsequenzen etwa in der Frage der Neurosenverhütung, des Kampfes gegen Mystik und Aberglauben, des alten Problems der angeblichen Gegensätzlichkeit von Natur und Kultur, von Trieb und Moral überraschten zunächst und verwirrten nur; doch nach jahrelanger Überprüfung dieser Schlüsse an Hand ethnologischen und soziologischen Materials stellte sich die feste Überzeugung her, daß die Schlüsse aus der Umstrukturierung vom *moralischen* zum *sexualökonomischen* Selbststeuerungsprinzip korrekt sind; sie fanden überall Bestätigung. Gelänge es nun einer sozialen Bewegung, die gesellschaftlichen Verhältnisse derart zu verändern, daß an die Stelle der heutigen Sexualverneinung wieder die allgemeine Sexualbejahung träte (mit allen ihren wirtschaftlichen Voraussetzungen), dann könnte die Anwendung des Prinzips der Umerziehung auf die Masse der Menschen Wirklichkeit werden. Dies ist natürlich nicht so aufzufassen, als ob man dann alle Gesellschaftsmitglieder behandeln könnte. So wurde nämlich oft der Grundgedanke der Sexualökonomie mißverstanden. Die Erfah-

rungen aus der individuellen Umstrukturierung dienen uns nur dazu, allgemeine Grundsätze für eine Umerziehung des Kleinkindes und des Jugendlichen zu gewinnen. Natur und Kultur, Individuum und Gesellschaft, Sexualität und Sozialität stünden in keinem Gegensatz mehr.
Doch die therapeutischen Erfahrungen und ihre theoretischen Ergebnisse, die durch die Einführung der Orgasmuslehre in die Psychotherapie ermöglicht wurden, widersprachen und widersprechen so ziemlich allen Anschauungen, die die betreffenden wissenschaftlichen Gebiete bisher ausgebildet hatten. Der absolute Gegensatz von Sexualität und Kultur beherrscht die gesamte Moral, Philosophie, Kultur, Wissenschaft, Psychologie, Psychotherapie als unantastbares Dogma. Die bedeutungsvollste Stellung nimmt hier zweifellos die Psychoanalyse Freuds ein, die trotz ihrer ursprünglich klinisch-naturwissenschaftlichen Entdeckungen dennoch an der genannten absoluten Gegensätzlichkeit festhält. Es ist unerläßlich, kurz darzustellen, an welchen Widersprüchen die psychoanalytische Kulturtheorie erkrankte und ihre wissenschaftliche Arbeit metaphysisch entartete. Sie wirkt nur mehr verwirrend.

2. Ein Widerspruch der Freudschen Kulturtheorie

a) *Sexualverdrängung und Triebverzicht*

Eine ernsthafte Diskussion der soziologischen Konsequenzen der Psychoanalyse erfordert zunächst Klarheit darüber, ob die sogenannte psychoanalytische Soziologie und Weltanschauung, wie sie sich in den Spätschriften Freuds uns darbietet und in Schriften mancher gewesener und noch anerkannter Schüler zu grotesken Ergebnissen verdichtete, wie etwa bei Roheim, Pfister, Müller-Braunschweig, Kolnai, Laforgue und anderen, eine geradlinige, folgerichtige Konsequenz der analytischen Psychologie sind, oder ob nicht diese Soziologie und Weltanschauung gerade durch einen Bruch mit den analytischen Prinzipien der Klinik, durch eine mißverständliche oder unvollständige Auffassung klinischer Tatbestände zustande kam. Ließe sich ein solcher Sprung oder Bruch in der klinischen Theorie selbst nachweisen, könnte man ferner die Beziehung zeigen, die zwischen der abweichenden klinischen Auffassung und der soziologischen Grundanschauung besteht, so hätte man die wichtigste Fehlerquelle der analytischen Soziologie gefunden. (Eine andere Fehlerquelle besteht in der Gleichsetzung von Individuum und Gesellschaft.)
Freud vertrat den kulturphilosophischen Standpunkt, daß die Kultur ihr Entstehen der Triebunterdrückung bzw. dem Triebverzicht verdanke, was er auch am Problem der Erfindung des

Feuers darzulegen versuchte. Der Grundgedanke ist der, daß die kulturellen Leistungen Erfolge sublimierter Sexualenergie seien, woraus sich ergibt, daß die Sexualunterdrückung bzw. -verdrängung ein unerläßlicher Faktor jeder Kulturbildung sei. Es ließ sich nun bereits historisch nachweisen, daß diese Auffassung nicht stimmt, denn es gibt hohe Kulturen ohne Sexualunterdrückung mit völlig freiem Geschlechtsleben[1].
Richtig ist an dieser Theorie nur, daß die Sexualunterdrückung die massenpsychologische Grundlage einer bestimmten, nämlich der *patriarchalischen Kultur* in allen ihren Formen bildet, nicht aber die Grundlage der Kultur und ihrer Bildung überhaupt. Wie kam aber Freud zu dieser Auffassung? Gewiß nicht aus *bewußten* politischen und weltanschaulichen Gründen, im Gegenteil: Früharbeiten von der Art des Artikels über die »kulturelle Sexualmoral« weisen gerade in die Richtung einer sexualrevolutionären Kulturkritik. Diesen Weg hat Freud nie mehr weiterverfolgt, im Gegenteil, er sträubte sich gegen derartige Versuche und bezeichnete sie einmal mündlich als nicht »auf der mittleren Linie der Psychoanalyse« liegend. Gerade meine sexualpolitisch-kulturkritischen Versuche gaben Anlaß zu den ersten Meinungsverschiedenheiten von Gewicht.
Freud fand bei der Analyse der psychischen Mechanismen und Inhalte des unbewußten Seelenlebens das Unbewußte erfüllt von asozialen und antisozialen Triebregungen. Diese Entdekkung kann jeder bestätigen, der sich der entsprechenden analytischen Methode bedient. Phantasien, den Vater zu morden und die Mutter an seiner Stelle zu besitzen, stehen bei jedem Manne zentral. Grausame Impulse finden sich gehemmt durch mehr oder minder bewußtes Schuldgefühl überall vor. Bei der Mehrzahl der Frauen ergeben sich heftige Absichten, Männer zu kastrieren und sich das Glied selber anzueignen oder in irgendeiner Form, etwa durch Schlucken, einzuverleiben. Die Hemmung dieser Impulse schafft nicht nur soziale Anpassung, sondern auch eine Reihe von seelischen Störungen, wenn die Absichten unbewußt festgehalten werden (z. B. hysterisches Erbrechen, das unsere Chirurgen durch Magenoperationen zu beseitigen versuchen). Grausame Phantasien beim Manne, das Weib beim Akt zu verletzen, zu durchbohren, zu erstechen, schaffen verschiedene Arten der Impotenz, wenn sie durch Angst und Schuldgefühl gebremst sind, und begründen die Handlung des Lustmordes, wenn der Bremsmechanismus gestört ist. Unbewußte Absichten, eigenen oder fremden Kot zu essen, erfüllen das Unbewußte einer großen Zahl von Menschen unserer Kulturkreise, wie die Analyse ergibt, unabhängig von der Klassenzugehörigkeit. Die Entdeckung der Psychoanalyse, daß die Überzärtlichkeit einer Mutter zu ihrem Kinde oder

1 Vgl. Reich: *Der Einbruch der Sexualmoral* (Verlag f. Sex-Pol. 1934).

einer Frau zu ihrem Gatten in direktem Verhältnis zur Stärke der unbewußten Mordphantasien steht, war für die ideologischen Vertreter der »heiligen Mutterliebe« und der »ehelichen Gemeinschaft« ganz und gar nicht erfreulich. Wir könnten in der Aufzählung beliebig fortfahren, brechen aber lieber ab, um zum Thema zurückzukehren. Diese Inhalte des Unbewußten bzw. seiner verdrängten Anteile erwiesen sich vorwiegend als Reste kindlicher Einstellungen zur nächsten Umgebung, zu Eltern, Geschwistern usw. Das Kind hatte diese Impulse zu überwinden, um existenz- und kulturfähig zu werden. Die meisten Menschen bezahlen aber diese Überwindung schon in frühem Alter mit einer mehr oder minder schweren Neurose, das heißt mit einer bedenklichen Beeinträchtigung ihrer Arbeitsfähigkeit und sexuellen Potenz.
Die Feststellung der asozialen Natur des Unbewußten trifft zu, ebenso die der Notwendigkeit des Triebverzichts zum Zwecke der Anpassung an das gesellschaftliche Sein. Es ergeben sich aber weiter zwei einander widersprechende Tatbestände: Einerseits muß das Kind seine Triebe verdrängen, um kulturfähig zu werden; andererseits tauscht es meist für die Triebbefriedigung eine Neurose ein, die seine Kulturfähigkeit wieder schädigt, seine Anpassung früher oder später völlig unmöglich und es selbst wieder asozial macht. Um das Individuum dennoch seinen Seinsbedingungen anzupassen, muß man seine Verdrängungen beheben, die Triebe frei machen; das ist die Voraussetzung der Gesundung, noch nicht die Heilung selbst, wie die ersten therapeutischen Formulierungen Freuds besagten. Was aber sollte an die Stelle der Triebverdrängung treten? Unmöglich gerade die Triebe, die aus der Verdrängung befreit wurden, denn dies bedeutete ja wieder Existenzunfähigkeit.
An verschiedenen Stellen der analytischen Literatur finden wir die Feststellung (die notabene bereits weltanschauliche Praxis ist), daß auf keinen Fall die Aufdeckung und Befreiung des Unbewußten, also die Bejahung seiner Existenz auch eine Bejahung der entsprechenden Tat bedeuten. Hier stellt der Analytiker für das Leben ebenso wie für die Situation in der analytischen Kur den Grundsatz auf: »Sie dürfen und sollen *sagen*, was Sie wollen; das bedeutet aber nicht, daß Sie auch *tun* können, was Sie wollen.« Doch stand – und steht noch heute – die Frage, was mit den verdrängten und nunmehr befreiten Trieben geschehen solle, immer in ihrer großen Tragweite vor dem verantwortlichen Analytiker. Die nächste Auskunft hieß: *Sublimieren* und *Verurteilen*. Da sich aber die wenigsten Patienten als in dem Maße sublimierungsfähig erweisen, wie die Heilung es erfordern würde, kommt wieder die Forderung nach Triebverzicht mit Hilfe der Verurteilung zu ihrem Recht. Es heißt nun, an die Stelle der Verdrängung müsse die Verurteilung tre-

ten. Zur Rechtfertigung dieser Forderung wird herangezogen, daß die Triebe, die seinerzeit in der Kindheit einem schwachen, unentwickelten Ich gegenüberstanden, das nur verdrängen konnte, jetzt auf ein erwachsenes, starkes Ich stoßen, das sich ihrer durch Verurteilung erwehren könne. Diese therapeutische Formel widerspricht zwar in der Hauptsache der klinischen Erfahrung, aber sie war seit langem und ist heute die führende Formulierung.

Dieser Gesichtspunkt beherrscht auch die analytische Pädagogik. Anna Freud vertritt ihn zum Beispiel in der Frage, was das Kind mit den verdrängten Trieben, die befreit wurden, anfangen könne. Neben die Sublimierung tritt die Verurteilung, also, wenn man so sagen darf, »freiwilliger Triebverzicht« an die Stelle der Verdrängung.

Da nach dieser Auffassung das Individuum durch »Triebverzicht« statt durch Verdrängung kulturfähig und damit auch Kulturträger wird, folgt unter Berücksichtigung der anderen Grundauffassung, daß die Gesellschaft sich wie das Individuum verhalte und analysiert werden könne, daß die gesellschaftliche Kultur den Triebverzicht zur Voraussetzung habe und sich darauf aufbaue.

Die ganze Konstruktion erscheint einwandfrei, erfreut sich der Zustimmung der überwiegenden Mehrzahl nicht nur der Analytiker, sondern auch der Vertreter des abstrakten Kulturbegriffes überhaupt, d. h. der maßgebenden bürgerlichen Welt. Denn durch die beschriebene Ersetzung der Verdrängung durch Triebverzicht und Verurteilung erscheint ein drohendes Gespenst gebannt, das schwere Unruhe schuf, als Freud mit seinen ersten Entdeckungen kam, die unzweideutig feststellten, daß die Sexualverdrängung nicht nur krank, sondern auch arbeits- und kulturunfähig macht. Die Welt tobte wegen des drohenden Unterganges der Sittlichkeit und Ethik, warf Freud vor, daß er, ob er wolle oder nicht, das »Sichausleben« predige, die Kultur bedrohe und so fort. Der Freudsche angebliche Antimoralismus war eine der stärksten Waffen seiner früheren Gegner. Das Gespenst wich erst wieder, als die Theorie der Verurteilung aufgestellt wurde; die ursprünglichen Beteuerungen Freuds, daß er »die Kultur« bejahe, daß seine Entdeckungen sie nicht gefährdeten usw., hatten wenig Eindruck gemacht. Das beweist die unausrottbare Rede vom Freudschen »Pansexualismus«. Die Feindschaft wich nun einer teilweisen Akzeptierung; denn wenn nur die Triebe nicht ausgelebt wurden, war es vom »Kulturstandpunkt« gleichgültig, ob der Mechanismus des Triebverzichts oder der der Verdrängung den Cerberus spielte, der die Schatten der Unterwelt nicht an die Oberfläche ließ. Man konnte überdies sogar einen Fortschritt buchen, nämlich den von der unbewußten Verdrängung des Bösen zum freiwilligen

Verzicht auf die Triebbefriedigung. Da die wahre Ethik jeder Gestalt nicht darin besteht, daß man asexuell ist, sondern gerade den sexuellen Versuchungen widersteht, konnte man sich nach allen Seiten hin einigen, und die verpönte Psychoanalyse war selbst kulturfähig geworden — leider durch »Triebverzicht«, d. h. durch Verzicht auf ihre Trieblehre.

Ich bedaure, die Illusion sämtlicher Beteiligter zerstören zu müssen: In der ganzen Rechnung findet sich nämlich ein klar nachweisbarer Fehler, der sie als falsch erweist. Nicht etwa in dem Sinne, daß die Feststellungen der Psychoanalyse, auf denen sich die genannten Schlüsse aufbauen, falsch wären; im Gegenteil, sie treffen in vollem Maße zu; sie sind nur teils unvollständig, teils sind die Formulierungen abstrakt und verhüllen dadurch die wahren Konsequenzen.

b) *Triebbefriedigung und Triebverzicht*

Diejenigen deutschen Psychoanalytiker, die, sei es aus eigener Bürgerlichkeit, sei es unter dem schweren Druck der politischen Verhältnisse in Deutschland, die Gleichschaltung der Psychoanalyse durchzuführen versuchten, holten zur Rechtfertigung ihres unwissenschaftlichen Verhaltens gerade solche Zitate aus den Freudschen Schriften hervor, in denen sie eine Begründung ihrer Gleichschaltungsbestrebungen vor Hitler zu erblicken glauben. Bei Freud finden sich in der Tat Formulierungen, die den psychoanalytischen klinischen Entdeckungen ihre kulturrevolutionäre Rasanz und Wirkung nehmen, die den ganzen Widerspruch zwischen dem Naturforscher und dem bürgerlichen Kulturphilosophen in Freud zum Ausdruck bringen. Eine derartige Stelle lautet:

»Ein böses und nur durch Unkenntnis gerechtfertigtes Mißverständnis ist es, wenn man meint, die Psychoanalyse erwarte die Heilung neurotischer Beschwerden vom ›freien Ausleben‹ der Sexualität. Das Bewußtmachen der verdrängten Sexualgelüste in der Analyse ermöglicht vielmehr eine *Beherrschung* derselben, die durch die vorgängliche Verdrängung nicht zu erreichen war. Man kann mit mehr Recht sagen, daß die Analyse den Neurotiker von den Fesseln seiner Sexualität befreit.«
(*Freud*, Bd. XI, S. 201 f.)

Wenn die 17jährige Tochter eines nationalsozialistischen Würdenträgers an einer Hysterie, sagen wir an hysterischen Anfällen wegen verdrängter Koituswünsche erkrankt, wird zunächst in der psychoanalytischen Behandlung der Koituswunsch als inzestuös erkannt und als solcher verurteilt werden. Was geschieht aber mit dem sexuellen Bedürfnis? Nach der obigen Formulierung wird das Mädchen von den Fesseln ihrer Sexualität »befreit«. Klinisch sieht die Sache aber so aus: Wenn das Mädchen sich mit Hilfe der Analyse von ihrem Vater löst, so befreit sie sich bloß von den Fesseln ihres Inzestwunsches, nicht aber von ihrer Sexualität überhaupt. Die Freudsche Formulierung vernachlässigt diesen zentralen Tatbestand; man darf sagen, daß sich der wissenschaftliche Streit um die Rolle der Genitalität gerade an dieser Stelle der klinischen Fragestellung entfachte und das Kernelement der Differenzen zwischen der sexualökonomischen und der angepaßten psychoanalytischen These bildet. Die Freudsche Formulierung postuliert, daß das Mädchen auf jedes Sexualleben verzichtet. In dieser Form ist die Psychoanalyse auch für den Nazi-Würdenträger akzeptabel und für Müller-Braunschweig ein Instrument zur »Heranzüchtung des heldischen Menschen«. Diese Form hat aber nichts mit der Psychoanalyse zu tun, deren Schriften Hitler verbrennen ließ. *Diese* Psychoanalyse, die keine Rücksichten auf bürgerliche Vorurteile nimmt, stellt eindeutig fest, daß das Mädchen nur gesunden kann, wenn sie die genitalen Wünsche vom Vater auf einen Freund überträgt und bei ihm zur Befriedigung bringt. Gerade dies widerspricht aber der gesamten Naziideologie und rollt die Frage der gesellschaftlichen Sexualordnung unerbittlich auf. Denn um den Forderungen der Sexualökonomie zu genügen, muß das Mädchen nicht nur ihre genitale Sexualität frei haben; sie braucht auch eine Wohnung, Empfängnisverhütungsmittel, einen potenten, liebesfähigen, eben nicht nationalsozialistisch, d. h. sexualablehnend strukturierten Freund, verständnisvolle Eltern und eine sexualbejahende gesellschaftliche Atmosphäre; dies um so mehr, je weniger geldliche Mittel ihr zur Verfügung stehen, die gesellschaftlichen Schranken des jugendlichen Geschlechtslebens zu durchbrechen.

Die Frage der Ablösung des Mechanismus der Sexualverdrängung durch den des Triebverzichts oder der Verurteilung bei der analytischen Arbeit wäre einfach zu lösen, und zwar im Sinne der Freudschen Formulierungen, wenn nicht die Verurteilung von Triebbedürfnissen und der Triebverzicht selbst an die Ökonomie des Trieblebens gebunden wären. Der psychische Apparat kann Triebverzicht nur unter ganz bestimmten sexualökonomischen Bedingungen leisten. Ebenso ist die Triebsublimierung an bestimmte Voraussetzungen geknüpft. Die charakteranalytische Klinik lehrt, daß der Verzicht auf eine pathogene oder asoziale Triebregung nur dann auf die Dauer möglich ist, wenn der sexuelle Haushalt geregelt ist, das heißt wenn keine sexuellen Stauungen vorhanden sind, die der zu verurteilenden Regung ihre Kraft verleihen. *Die Regelung des psychoenergetischen Haushalts erfordert jedoch die Möglichkeit zu der jedem Alter entsprechenden sexuellen Befriedigung.* Das bedeutet, daß man auf kindliche und pathogene Ansprüche im erwachsenen Alter etwa nur verzichten kann, wenn man den Weg zur normalen genitalen Befriedigung frei hat und diese Befriedigung auch erfährt. Da die perversen und neurotischen Befriedigungen, vor denen man das gesellschaftliche Leben zu schützen hat, selbst Ersatzbefriedigungen des genitalen Geschlechtslebens sind und nur unter der Bedingung ihrer Störung oder Behinderung sich heranbilden, ergibt sich, daß wir nicht allgemein, unkonkret von Triebbefriedigung und von Triebverzicht sprechen können, sondern konkret fragen müssen, *welche* Triebbefriedigung und *welcher* Triebverzicht. Die analytische Kur kann praktisch nur einen Verzicht auf die dem jeweiligen Entwicklungsstadium und Alter *nicht* entsprechenden Bedürfnisbefriedigungen erzielen, wenn sie nichts anderes tut als Verdrängungen beheben, und nicht etwa Moral predigt. Sie wird also etwa ein Mädchen in der sexuellen Reife, das neurotische Symptome aus ihrer infantilen Bindung an ihren Vater produziert, zur Verurteilung ihrer kindlichen Inzestansprüche schon allein dadurch bringen, daß sie sie ihr bewußt macht. Das bedeutet aber noch nicht Erledigung dieser Wünsche, denn die ständigen sexuellen Reize drängen weiter nach Abfuhr. Zum Verzicht auf sexuelle Befriedigung mit Gleichaltrigen wird man sie nur mehr mit moralischen Argumenten bringen können, nicht ohne dabei aufs gröbste gegen die therapeutischen Prinzipien und gegen die Heilungsabsicht zu verstoßen. Sie kann aber die Fixierung an den Vater nur unter der Bedingung lösen, daß ihre Sexualität ein anderes, entsprechenderes Objekt findet *und auch reale Befriedigung erfährt.* Geschieht dies nicht, so löst sich entweder die infantile Fixierung nicht oder sie regrediert zu anderen infantilen Triebzielen, und das Problem bleibt weiter bestehen. Das gleiche gilt für jeden Fall neurotischer Erkrankung. Die in der Ehe unbefriedigte Frau reaktiviert unbewußt kindliche Sexualansprüche, die sie nur aufgeben kann, wenn ihre Sexualität anderweitig entweder außerhalb der Ehe oder in einer neuen Verbindung Befriedigung findet. So wie die Verurteilung der kindlichen Triebimpulse selbst eine Voraussetzung der neuen Unterbringung der Sexualität ist, so sind diese neue Unterbringung und die effektive Befriedigung völlig unerläßliche Voraussetzungen der endgültigen Ablösung vom krankhaften Streben. Einen Lustmörder wird man erst dann von seinen Sexualzielen lösen, wenn man ihm den biologisch normalen Weg des Geschlechtslebens öffnet. Die Frage ist also nicht die Alternative: Triebverzicht oder Triebausleben, sondern: wo Triebverzicht und wo Triebbefriedigung?

Wenn man abstrakt von der Höllennatur des verdrängten Unbewußten spricht, so verschleiert man dadurch die entscheidendsten Tatbestände nicht nur für die Neurosentherapie und -prophylaxe, sondern auch für die gesamte Pädagogik. Freud entdeckte, daß der Inhalt des Unbewußten bei den Neurotikern, und das ist in unseren Kulturkreisen die überwiegende Mehrzahl der Menschen, im wesentlichen aus infantilen, grausamen, asozialen Impulsen besteht. Das ist richtig. Dabei kam nur der weitere Tatbestand zu kurz, daß sich im Unbewußten auch Ansprüche finden, die durchweg in der Linie natürlicher biologischer Anforderungen liegen, wie etwa das Geschlechtsbedürfnis des puberilen oder des unglücklich ehelich gebundenen Menschen. Die spätere Intensität der asozialen und infantilen Antriebe selbst leitet sich historisch sowohl wie ökonomisch aus der Nichtbefriedigung dieser natürlichen Ansprüche ab, indem die unbefriedigte Libido teils primitiv infantile Regungen maßlos verstärkt, teils völlig neue, meist antisoziale Bedürfnisse schafft, wie etwa das Bedürfnis der Exhibition bzw. den Lustmordimpuls. Die Ethnologie belehrt uns darüber, daß solche Impulse in primitiven Gesellschaften bis zu einem bestimmten Punkte der wirtschaftlichen Entwicklung fehlen und erst mit der gesellschaftlichen Unterdrückung des normalen Liebeslebens als deren Ersatz auftreten.

Diese erst durch die gesellschaftliche Entwicklung der Geschlechtsformen erzeugten Regungen, die unbewußt werden mußten, weil die Gesellschaft ihre Befriedigung — mit Recht — untersagt, werden in der Psychoanalyse durchweg als biologische Tatbestände aufgefaßt. Diese Anschauung ist von der anderen, von Hirschfeld vertretenen, nicht weit entfernt, daß der Exhibitionismus auf speziellen exhibitionistischen Hormonen beruhe. Dieser einfache mechanistische Biologismus läßt sich so schwer entlarven, weil er in unserer heutigen Gesellschaft eine bestimmte Funktion erfüllt, nämlich die Fragestellung vom Gesellschaftlichen ins Biologische und damit ins praktisch Unzugängliche zu verschieben. Es gibt also eine *Soziologie des Unbewußten* und der asozialen Sexualität, das heißt eine gesellschaftliche Geschichte der unbewußten Regungen, sowohl was die Quantität als auch was die Qualität der verdrängten Regungen anlangt. Nicht nur die Verdrängung selbst ist eine gesellschaftliche Erscheinung, sondern auch das, was die Verdrängung schafft. Die Erforschung der Entstehung der Partialtriebe wird sich an ethnologischen Tatsachen orientieren müssen, etwa derart, daß bei gewissen mutterrechtlichen Stämmen von einer analen Phase der Libidoentwicklung, die sich bei uns normalerweise zwischen die orale und genitale Phase einschiebt, wenig zu sehen ist, weil die Kinder bis zum dritten oder vierten Lebensjahre gesäugt werden, dann aber unmittelbar ihre genitalen Spiele aktivieren.

Der psychoanalytische Begriff der asozialen Triebregungen ist absolut und führt deshalb zu Folgerungen, die mit den Tatsachen in Konflikt geraten. Faßt man sie relativ, so ergeben sich grundsätzlich andere Konsequenzen für die Auffassung nicht nur der analytischen Therapie, sondern in besonders entscheidender Weise für die Soziologie und sexuelle Ökonomie. Die anale Betätigung eines Kindes im ersten oder zweiten Lebensjahr hat mit »sozial« oder »asozial« überhaupt nichts zu tun. Vom abstrakten Standpunkt der asozialen Natur der analen Regungen des Kindes ergibt sich die gern geübte Regel, das Kind womöglich schon im sechsten Lebensmonat »kulturfähig« zu machen, was später das gerade Gegenteil, schwere Hemmungen der analen Sublimierungen und analneurotische Störungen zur Folge hat. Die mechanistische Auffassung des absoluten Gegensatzes von Sexualbefriedigung und Kultur bedingt auch bei analytischen Eltern Maßnahmen gegen die kindliche Onanie, zumindest »milde Ablenkungen«. An keiner Stelle der Schriften von Anna Freud ist, wenn ich nicht irre, ausgesprochen, was sie privat als Konsequenz der Psychoanalyse zugibt, daß die kindliche Onanie als physiologische Entwicklung anzusehen und daher *nicht* einzuschränken ist. Von der Anschauung ausgehend, daß kulturwidrig ist, was unbewußt verdrängt ist, muß man die genitalen Ansprüche eines puberilen Menschen unter den Druck der Verurteilung bringen, was gewöhnlich mit der wohlwollenden Bemerkung geschieht, das Realitätsprinzip fordere Aufschub von Triebbefriedigungen. Daß dieses Realitätsprinzip selbst relativ ist, daß es heute den Interessen einer autoritären Gesellschaft dient und von ihr bestimmt ist, wird als Politik, die nichts mit der Wissenschaft zu tun habe, von der Diskussion ausgeschlossen. Daß dieses Ausschließen ebenfalls Politik ist, wird nicht wahrgenommen. Am bedenklichsten ist, daß solche Stellungnahmen die analytische Forschung aufs schwerste gefährdet haben, indem sie nicht nur die Aufdeckung bestimmter Tatbestände verhinderten, sondern auch gesicherte Ergebnisse in ihrer praktischen Anwendung durch Verbindung mit reaktionären Kulturbegriffen lähmten, zum Teil sogar verfälschten. Da die psychoanalytische Forschung unausgesetzt sowohl mit den Einwirkungen der Gesellschaft auf das Individuum wie mit Urteilen über gesund und krank, sozial und asozial operiert, dabei aber sich des revolutionären Charakters ihrer Methode und ihrer Ergebnisse nicht bewußt ist, bewegt sie sich in einem tragischen Zirkel zwischen der Feststellung der Kulturwidrigkeit der Sexualverdrängung einerseits und ihrer Kulturnotwendigkeit andererseits.

Fassen wir die von der analytischen Forschung übersehenen Tatbestände, die ihrer Kulturauffassung widersprechen, zusammen:

Das Unbewußte ist in qualitativer und quantitativer Hinsicht selbst kulturbedingt;

die Verurteilung infantiler und asozialer Triebansprüche setzt die Befriedigung der jeweils physiologisch normalen und notwendigen sexuellen Bedürfnisse voraus;

die Sublimierung als wesentlichste kulturelle Leistung des psychischen Apparats erfordert Wegfall jeglicher Sexualverdrängung und steht im erwachsenen Alter nur in Gegensatz zur Befriedigung der prägenitalen, nicht aber zu der der genitalen Ansprüche;
die genitale Befriedigung als der sexualökonomisch entscheidende Faktor in der Neurosenverhütung und Herstellung der sozialen Leistungsfähigkeit widerspricht in jedem Punkte den heutigen Gesetzen des Staates und jeder patriarchalischen Religion;
die Aufhebung der Sexualverdrängung, die von der Psychoanalyse als Therapie sowohl wie auch als Wissenschaft soziologisch eingeleitet wurde, steht in schärfstem Widerspruch zu denjenigen Kulturelementen, die sich gerade auf dieser Verdrängung aufbauen.

Sofern die Psychoanalyse ihren Kulturstandpunkt aufrechterhält, geschieht dies auf Kosten der eigentlichen Resultate ihrer Forschung, weil sie den Widerspruch zwischen der Kulturauffassung der analytischen Forscher und der gegen diese Kultur gerichteten wissenschaftlichen Ergebnisse zugunsten der Weltanschauung zu lösen versucht. Wo sie die Konsequenzen ihrer Forschungsergebnisse nicht zu ziehen wagt, schützt sie den angeblich unpolitischen (»unpragmatischen«) Charakter der Wissenschaft vor, während jeder Schritt der analytischen Theorie und Praxis politische (»pragmatische«) Tatbestände behandelt.

Wer die kirchlichen, faschistischen und anderen rückständigen Ideologien auf ihren unbewußten psychischen Gehalt prüft, findet, daß sie im wesentlichen Abwehrbildungen darstellen, entstanden aus der Angst vor dem unbewußten Inferno, das jeder Mensch in sich trägt. Daraus ließe sich eine Rechtfertigung der asketischen Moral und des gegen das »Teuflische« gesetzten Gottesbegriffs nur dann ableiten, wenn die antisozialen unbewußten Triebregungen biologisch, absolut gegeben wären; dann hätte die politische Reaktion recht, dann wäre aber auch jeder Versuch einer Beseitigung des sexuellen Elends sinnlos. Die konservative Welt würde sich dann mit Recht darauf berufen, daß die Zersetzung des »Höheren«, »Göttlichen«, »Moralischen« im Menschen das Chaos in seinem sozialen und sittlichen Verhalten herbeiführen würde. Unter »Kulturbolschewismus« ist unbewußt gerade dies gemeint. Die revolutionäre Bewegung kennt außer ihrem sexualpolitischen Flügel diesen Zusammenhang nicht und befindet sich sogar sehr oft in einer Front mit der politischen Reaktion, wenn es auf die Frage der Grundlagen der sexuellen Ökonomie ankommt. Sie wendet sich gegen das sexualökonomische Gesetz allerdings aus anderen Gründen als die politische Reaktion: Sie kennt dieses Gesetz und seine historischen Abwandlungen nicht. Sie glaubt ebenfalls an die biologische und absolute Natur der bösen sexuellen Triebe und mithin auch an die Notwendigkeit der moralischen Bremsung und Regulierung. Sie sieht ebensowenig wie ihre Gegner den Tatbestand, daß die moralische Regulierung des Trieblebens gerade das schafft, was sie bändigen zu können vorgibt: das asoziale Triebleben.

Die Sexualökonomie lehrt jedoch, daß das unbewußte Triebleben des heutigen Menschen, soweit es in der Tat asozial ist und nicht bloß als solches von Moralisten beurteilt wird, ein Produkt der moralischen Regulierung ist und nur mit ihr fortfallen kann. Nur sie kann den Widerspruch zwischen Kultur und Natur aufheben, indem sie mit der Triebunterdrückung auch den perversen und asozialen Trieb beseitigt.

3. Sekundärer Trieb und moralische Regulierung

Im Kampf zwischen dem sogenannten »Kulturbolschewismus« und dem faschistischen »Antibolschewismus« spielt die Behauptung eine riesenhafte Rolle, daß die soziale Revolution die Moral völlig vernichte und das gesellschaftliche Leben dem sexuellen Chaos ausliefere. Bisher bemühte man sich, dieses Argument durch die Behauptung zu entkräften, daß gerade umgekehrt der zerrüttete Kapitalismus das gesellschaftliche Chaos erzeugt hätte und die soziale Revolution die Sicherheit im gesellschaftlichen Leben vollständig herzustellen imstande sei. Behauptung stand hier gegen Behauptung. Und in der Sowjetunion mißlang die Ersetzung des autoritär-moralischen Prinzips durch die unautoritäre Selbststeuerung.

Ebensowenig überzeugend wie das besagte Gegenüberstellen von Behauptungen ist der Versuch, dieses so gewichtige politische Argument dadurch zu entkräften, daß man mit der politischen Reaktion im Beteuern der eigenen »Sittlichkeit« konkurriert. Es kommt zunächst darauf an zu begreifen, weshalb der Durchschnittsmensch eine derartige Bindung an den Begriff der Moral zeigt, und weshalb er mit den Worten »soziale Revolution« unweigerlich die Vorstellung von sexuellem und kulturellem Chaos verbindet. Ein Teil der Antwort auf diese Frage konnte in der Untersuchung über die Ideologie des Faschismus bereits gegeben werden: Kulturbolschewistisch sein bedeutet für das unbewußte affektive Leben des sexualablehnend strukturierten Durchschnittsmenschen, »Ausleben der sexuellen Sinnlichkeit«. Wollte nun jemand den Standpunkt vertreten, daß in der sozialen Revolution die Erkenntnisse der Sexualökonomie, die die moralische Regelung außer Funktion setzen, sofort praktisch angewendet werden könnten, so wäre dadurch nur der Be-

weis geliefert, daß die Denkweise der Sexualökonomie mißverstanden wurde.
Sobald eine Gesellschaft sich in den Besitz ihrer Produktionsmittel setzt, steht sie unweigerlich vor der Frage, wie denn das menschliche Zusammenleben nun geregelt werden solle: moralisch oder »frei«. Schon eine oberflächliche Überlegung zeigt, daß von einer Freigabe der Sexualität oder einer Aufhebung der moralischen Normen und Regulierungen gar keine Rede sein kann. Wir stießen bereits öfter auf die Tatsache, daß der Mensch sich mit seiner heutigen Struktur nicht selbst regulieren, daß er also zwar die wirtschaftliche Demokratie, nicht aber die politische sofort herstellen kann. Das ist ja der ganze Sinn der Leninschen Formulierung, daß der Staat nur allmählich absterben könne. Wenn man aber die moralische Regulierung abschaffen und an ihre Stelle die Selbststeuerung setzen will, dann muß man wissen, inwiefern die alte, moralische Regulierung notwendig und inwiefern sie persönlich und gesellschaftlich gesehen ein Unheil war und Unheil schuf.
Der zwangsmoralische Standpunkt der politischen Reaktion sieht einen absoluten Gegensatz zwischen biologischem Trieb und gesellschaftlichem Interesse. Zufolge dieses Gegensatzes beruft sie sich auf die Notwendigkeit der moralischen Regulierung, denn, so heißt es, würde man »die Moral aufheben«, dann würden die »tierischen Triebe« alles überfluten und »das Chaos herbeiführen«. Es ist deutlich, daß die Formel vom gesellschaftlichen Chaos, die in der Politik eine so ungeheuer große Rolle spielt, nichts anderes darstellt als die Angst vor den menschlichen Trieben. Ist also die Moral notwendig? Ja, insofern Triebe in der Tat das gesellschaftliche Zusammenleben bedrohen. Wie ist es dann möglich, die zwangsmoralische Regulierung abzuschaffen?
Diese Frage beantwortet sich sofort, wenn man folgende Erkenntnis der Sexualökonomie zu Rate zieht: Die moralische Regulierung der natürlichen biologischen Ansprüche der Menschen erzeugt durch Unterdrückung, Nichtbefriedigung usw. *sekundäre, krankhafte, asoziale* Triebe; diese müssen dann notwendigerweise gebremst werden. Die Moral entstand also zunächst nicht aus dem Bedürfnis, gesellschaftlich störende Triebe zu unterdrücken, denn sie war *vor* diesen asozialen Trieben vorhanden. Sie entstand in der Urgesellschaft aus bestimmten Interessen einer sich entwickelnden, ökonomisch mächtig werdenden Oberschicht, die natürlichen, an sich die *Sozialität nicht* störenden Bedürfnisse zu unterdrücken[1]. Die Berechtigung ihrer Existenz erhielt die zwangsmoralische Regulierung in dem Augenblick, als das, was sie erzeugt hatte, das gesellschaftliche Leben *tatsächlich* zu gefährden begann. Die Unterdrückung der

1 Vgl. *Der Einbruch der Sexualmoral*, II. Auflage, 1934.

entsprechenden Befriedigung des Nahrungsbedürfnisses etwa erzeugte erst die Neigung zum Diebstahl und diese wieder machte die moralische Regel notwendig, daß man nicht stehlen dürfe.

Wenn wir also die Frage diskutieren, ob die Moral notwendig oder ob sie abzuschaffen sei, ob an die Stelle der einen Moral eine andere zu setzen sei, oder aber ob die moralische Regulierung überhaupt durch die Selbststeuerung zu ersetzen wäre, dann kommen wir keinen Schritt weiter, wenn wir nicht die *natürlichen* biologischen Triebe von den *sekundären*, durch die Moral erzeugten antisozialen Trieben unterscheiden. Das unbewußte Seelenleben des patriarchalischen Menschen ist von *beiden* Arten von Trieben erfüllt. Es ist klar: *Unterdrückt man berechtigterweise die asozialen Triebe, dann fallen dem auch die natürlichen biologischen zum Opfer*, denn eine Scheidung beider ist nicht möglich. Während nun, wie gesagt, die politische Reaktion mit dem Triebbegriff von vornherein auch den Begriff »asozial« verbindet, eröffnet uns die genannte Unterscheidung einen Ausweg:

Solange die Umstrukturierung des Menschen nicht in dem Maße gelungen ist, daß die Regulierung seines biologischen Energiehaushalts jede Tendenz zu asozialen Handlungen von selbst ausschließt, so lange kann auch die moralische Regulierung nicht abgeschafft werden. Da der Umstrukturierungsprozeß vermutlich lange, sehr lange Zeit in Anspruch nehmen wird, kann man wohl sagen, daß der Abbau der zwangsmoralischen Regulierung und ihre Ersetzung durch die sexualökonomische nur in dem Maße und insoweit möglich sein wird, in dem der Bereich der sekundären asozialen Triebe zugunsten der natürlichen biologischen Ansprüche eingeschränkt sein wird. Wir sind berechtigt, dies auf Grund des charakteranalytischen Prozesses am Einzelmenschen in der Behandlung mit Sicherheit vorauszusagen. Auch hier sehen wir, daß er seine moralischen Instanzen nur in dem Maße abbaut, in dem er seine natürliche Sexualität wiedergewinnt. Der Kranke verliert mit der moralischen Regulierung durch Gewissen auch seine Asozialität und wird in dem gleichen Maße »moralisch«, in dem er genital gesundet.

Die soziale Entwicklung wird also die moralische Regulierung nicht von heute auf morgen abschaffen, sondern sie wird vorerst die Menschen derart umstrukturieren, daß sie fähig werden, in einem gesellschaftlichen Verband zu leben und zu wirken, ohne Autorität und moralischen Druck, aus Selbständigkeit und wirklich freiwilliger Disziplin, die nicht aufgezwungen werden kann. Die moralische Bremsung wird freilich nur für die asozialen Triebe gelten, also etwa die Bestimmung, daß Verführung von Kindern durch Erwachsene schwer bestraft wird; sie wird nicht aufgehoben werden, solange in der Masse der

Menschen der Impuls Erwachsener, Kinder zu verführen, strukturell vorhanden sein wird. Insofern wäre der Zustand nach der Revolution noch identisch mit dem Zustand in der autoritären Gesellschaft. Der Unterschied jedoch zwischen beiden wird sich darin ausdrücken, daß die freiheitliche Gesellschaft den natürlichen Ansprüchen völlig freien Raum und Sicherheit ihrer Befriedigung bieten wird. Sie wird also etwa ein Liebesverhältnis zweier Jugendlicher verschiedenen Geschlechts nicht nur nicht verbieten, sondern ihm vielmehr jede gesellschaftliche Hilfe angedeihen lassen. Sie wird die kindliche Onanie nicht nur nicht verbieten, sondern im Gegenteil wahrscheinlich zum Beschluß kommen, jeden Erwachsenen streng zu behandeln, der das Kind an der Entfaltung seiner Sexualität behindert.

Nun dürfen wir aber auch die Vorstellung vom »sexuellen Trieb« nicht absolut und starr fassen; denn auch der sekundäre Trieb bestimmt sich nicht allein dadurch, was er will, sondern auch durch den Zeitpunkt der Entwicklung, und durch die Umstände, unter denen er seine Befriedigung zu erzielen sucht. Ein und dasselbe kann in einem Falle und zu dem einen Zeitpunkt natürlicher, in einem anderen Falle und zu einem anderen Zeitpunkt asozialer Trieb sein. Um dies zu verdeutlichen: Wenn ein Kind zwischen dem ersten und zweiten Lebensjahr ins Bett uriniert oder mit seinem eigenen Kot spielt, so ist das ein natürliches Entwicklungsstadium seiner prägenitalen Sexualität. In diesem Alter ist der Trieb, mit Kot zu spielen, natürlich biologisch gegeben und eine Bestrafung des Kindes für diese natürliche Handlung verdient selbst schwerste Strafe. Wenn aber derselbe Mensch im vierzehnten Lebensjahr seinen Kot essen oder mit Kot spielen wollte, dann wäre es bereits sekundärer, asozialer, krankhafter Trieb. Der Betreffende wäre dann nicht zu bestrafen, wohl aber einer Heilanstalt zuzuführen. Doch auch damit dürfte sich eine freiheitliche Gesellschaft nicht begnügen. Sie hätte vielmehr zur wichtigsten Aufgabe, die Erziehung derart zu gestalten, daß zu derartigen Vorkommnissen keine Impulse bestünden.

Um ein anderes Beispiel zu nennen: Wenn ein fünfzehnjähriger Knabe mit einem dreizehnjährigen, heranreifenden Mädchen ein Liebesverhältnis aufnehmen wollte, so würde eine freiheitliche Gesellschaft dem nicht nur nichts entgegensetzen, sondern es befürworten und schützen. Wenn aber der gleiche Junge von fünfzehn Jahren kleine, dreijährige Mädchen zu sexuellen Spielen verleiten oder eine Altersgefährtin gegen ihren Willen zwingen wollte, dann wäre es ein asoziales Verhalten. Es würde anzeigen, daß er in der Wahl eines Partners gleichen Alters mit gesunden Mitteln neurotisch gehemmt ist. Zusammenfassend dürfen wir sagen: *In der Übergangsperiode von autoritärer zu freiheitlicher Gesellschaft gilt der Satz: Moralische Regulierung für sekundäre, asoziale Triebe, sexualökonomische Selbststeuerung für natürliche biologische Bedürfnisse.* Ziel der Entwicklung ist, die sekundären Triebe und mit ihnen den moralischen Zwang wie auch umgekehrt fortschreitend außer Funktion zu setzen und durch die sexualökonomische Selbststeuerung vollständig zu ersetzen.

Die Formulierung über den sekundären Trieb könnte leicht von Moralisten oder auch von krankhaften Menschen so ausgelegt werden, daß sie *ihren* Zielen und Zwecken dienen könnte. Doch es wird zweifellos gelingen, derartige Klarheit über den Unterschied zwischen natürlichem und sekundärem Trieb zu schaffen, daß das moralische Übermenschentum des Patriarchats nicht wieder durch eine Hintertüre in das Gesellschaftsleben hereinschlüpfen kann. Das Vorhandensein strenger moralischer Satzungen war noch immer ein Zeichen dafür, daß die biologischen, im besonderen sexuellen Ansprüche der Menschen nicht befriedigt waren. Jede moralische Regulierung ist notwendigerweise an sich sexuell ablehnend, das Bedürfnis leugnend. Jede Moral ist lebensverneinend und die soziale Revolution hat wohl keine wichtigere Aufgabe, als endlich den menschlichen Lebewesen die Befriedigung und Verwirklichung ihres Lebens zu ermöglichen.

Die Sexualökonomie erstrebt also das »moralische Verhalten« ebenso wie es die moralische Regulierung tut. Sie will es aber anders begründen und versteht auch unter Moral etwas gänzlich anderes: nicht einen Gegensatz zur Natur, sondern vollen Einklang von Natur und Zivilisation. Sie bekämpft die zwangsmoralische Regulierung, nicht die Moral im lebensbejahenden Sinne.

4. Sexualökonomische »Moral«

Auf der ganzen Erde, hier unter günstigen, dort unter schlechten Umständen, kämpfen Menschen um eine Neuordnung des gesellschaftlichen Lebens. Sie kämpfen ihren Kampf nicht nur unter schwersten gesellschaftlichen und wirtschaftlichen Bedingungen, sondern auch gebremst, verwirrt und gefährdet durch die eigene psychische Struktur, die sie mit den von ihnen bekämpften Menschen gemeinsam haben. *Das Ziel einer Kulturrevolution ist die Herstellung menschlicher Charakterstrukturen, die zur Selbststeuerung fähig sind.* Die heutigen Kämpfer, die dieses Ziel zu erkämpfen und zu erreichen haben, leben oft nach Prinzipien, die diesem freiheitlichen Ziel nachgebildet sind, aber es sind eben »Prinzipien«. Es ist wichtig, sich völlig klarzumachen, daß es heute Menschen mit durchgearbeiteter, ruhig entwickelter, sexualbejahender Struktur nicht gibt, denn wir alle sind durch die autoritäre, religiöse, sexualverneinende

Erziehungsmaschinerie beeinflußt worden. Trotzdem erkämpfen wir uns in der Gestaltung unseres persönlichen Lebens eine Haltung, die man sexualökonomisch nennen kann. Dem einen gelingt es besser, dem anderen gelingt es nur schlecht, sich umzubauen. Wer Jahre und Jahrzehnte hindurch in der Arbeiterbewegung gewirkt hat, der weiß aus der Erfahrung, daß ein Stück des künftigen sexualökonomischen Lebens im persönlichen Leben dieser Kreise hier und dort vorweggenommen ist.

Es soll nur an einigen wenigen Beispielen gezeigt werden, was »sexualökonomische Moral« heute schon ist und wie sie die »Moral der Zukunft« vorwegnimmt. Es ist gleich zu betonen, daß wir mit diesem Leben und diesen Zielsetzungen nicht etwa eine Insel bilden, sondern wir können derartige Anschauungen haben und ein derartiges Leben führen, weil sich im Gesamtprozeß der menschlichen Gesellschaft diese Verhaltungsweisen und neuen »moralischen Prinzipien« bereits durchzuringen beginnen, ganz selbständig und von fremdem Willen und Parteiparolen unabhängig.

Vor etwa 15 oder 25 Jahren war es für ein unverheiratetes Mädchen eine Schande, *nicht* Jungfrau zu sein. Heute beginnen die Mädchen aller Kreise und Schichten – hier mehr, dort weniger, hier klarer, dort verworrener – die Anschauung zu entwickeln, daß es eine Schande ist, mit etwa 18, 20, oder 22 Jahren *noch* Jungfrau zu sein.

Vor noch nicht allzu langer Zeit galt es für ein moralisches Vergehen, das streng geahndet wurde, wenn sich ein Paar, das heiraten wollte, vor der Heirat auch körperlich kennenlernte. Heute dringt ganz von selbst gegen die Einwirkung von Kirche, scholastischer Medizin, Philosophen usw. die Anschauung in weiten Kreisen der Bevölkerung durch, daß es unhygienisch, unvorsichtig und für die Zukunft vernichtend ist oder sein kann, wenn ein Mann und eine Frau, die miteinander eine Dauerbeziehung einzugehen wünschen, sich dauernd binden, ohne sich vorher überzeugt zu haben, ob sie auch in der Grundlage ihrer sexuellen Gemeinschaft, nämlich im Geschlechtlichen, zusammenpassen.

Der außereheliche Geschlechtsverkehr, vor etlichen Jahren noch eine Schande, ja, vor dem Gesetz eine »Unzucht wider die Natur«, ist heute in der Arbeiterjugend, auch in der kleinbürgerlichen, zu einer Selbstverständlichkeit und Lebensnotwendigkeit geworden.

Der Gedanke, daß ein fünfzehn- oder sechzehnjähriges reifes Mädchen einen Freund hat, klang vor etlichen Jahren absurd, war unausdenkbar; heute befaßt man sich bereits mit dieser Frage, und in einigen Jahren wird es ebenso selbstverständlich geworden sein wie heute das Recht, das sich die unverheiratete Frau nimmt, einen Partner zu besitzen. In hundert Jahren wird

man über eine Forderung, wie etwa die, daß Lehrerinnen kein Geschlechtsleben haben dürfen, ebenso erstaunt lächeln, wie wir über die Zeit, in der den Frauen von ihren Männern Keuschheitsgürtel angelegt wurden.
Allgemein herrscht als ideologisches Verhalten die Idee vor, daß man eine Frau zu verführen habe, und daß eine Frau nicht selbst verführen dürfe. Wem klingt das heute nicht lächerlich?
Daß man keinen Geschlechtsverkehr hat, wenn der Partner nicht will, war für die Frau unbekannt. Der Begriff der ehelichen Pflicht, der im Gesetzbuch existiert und auch böse Folgen hat, beweist dies; doch wir sehen in unseren Sexualberatungsstellen und in unserer ärztlichen Praxis immer mehr, wie sich mit Selbstverständlichkeit die Haltung durchsetzt, entgegen allen gesellschaftlichen Ideologien, daß ein Mann mit seinem weiblichen Partner keinen Geschlechtsverkehr ausübt, wenn er nicht will, ja mehr, ihn nicht ausübt, wenn er nicht genital erregt ist. Vor etlichen Jahren (wie auch heute noch) weit verbreitet war die Tatsache, daß die Frauen den Geschlechtsakt über sich ergehen ließen, ohne selbst daran teilzuhaben. Ein Stück Moral ist also, nicht Geschlechtsverkehr zu haben, wenn man nicht in voller sexueller Bereitschaft ist; dadurch erledigt sich die Vergewaltigungsideologie und die Haltung der Frau, daß sie verführt oder zumindest sanft vergewaltigt werden müsse, von selbst. Vor etlichen Jahren (wie auch heute noch) weit verbreiwar die Einstellung, daß man eifersüchtig über die Treue des Partners zu wachen habe, und die Statistik der Sexualmorde überzeugt uns auf den ersten Blick, wie ungeheuer groß die gesellschaftliche Verrottetheit auf diesem Gebiete ist; doch allmählich setzt sich mit mehr oder weniger Deutlichkeit die Einsicht durch, daß kein Mensch das Recht hat, seinem Partner zu verbieten, mit anderen vorübergehend oder dauernd eine Geschlechtsgemeinschaft zu haben. Er hat nur das Recht, sich entweder zurückzuziehen oder aber den Partner wiederzugewinnen, evtl. es zu dulden. Diese Einstellung, die absolut den sexualökonomischen Erkenntnissen entspricht, hat nichts zu tun mit der hyperradikalen Ideologie, daß man überhaupt nicht eifersüchtig sein dürfe, daß es einem »gar nichts mache«, wenn der Partner eine andere Beziehung eingeht. Schmerz bei der Vorstellung, daß ein *geliebter* Partner einen anderen umarmt, ist natürlich. Diese natürliche Eifersucht muß man streng unterscheiden von der Besitzeifersucht. So wie es natürlich ist, einen geliebten Partner nicht in den Armen eines anderen wissen zu wollen, so unnatürlich, einem sekundären Trieb entsprechend wäre es, wenn man etwa in einer Ehe oder in einer Dauerbeziehung selbst keine geschlechtliche Beziehung mehr hätte und trotzdem dem anderen eine anderweitige Beziehung verbieten würde.

Wir begnügen uns mit diesen wenigen Beispielen und behaupten, daß sich das heute so komplizierte persönliche und im besonderen sexuelle Leben der Menschen mit einfachster Selbstverständlichkeit regeln würde, wenn die Charakterstruktur der Menschen imstande wäre, von selbst alle Schlüsse zu ziehen, die sich aus dem Interesse an der Lebenslust ergeben. Das Wesen der sexualökonomischen Regulierung besteht gerade darin, daß man das Setzen absoluter Vorschriften oder Normen vermeidet und die Interessen des Lebenswillens und der Lebenslust als Regulatoren des menschlichen Zusammenlebens anerkennt. Daß diese Anerkennung heute durch die zerrüttete menschliche Struktur äußerst eingeschränkt ist, spricht nur gegen die moralische Regulierung, die sie erzeugt hat, und nicht gegen das Prinzip der Selbststeuerung.
Es gibt also *zweierlei »Moral«*, aber nur *eine* Art moralischer Regulierung. Diejenige »Moral«, die alle Menschen mit Selbstverständlichkeit bejahen (nicht vergewaltigen, nicht morden usw.), ist nur aufgrund vollster Befriedigung der natürlichen Bedürfnisse herzustellen. Doch die andere »Moral«, die wir verneinen (Askese für Kinder und Jugendliche, absolute ewige Treue, Zwangsehe usw.), ist selbst krankhaft und erzeugt das Chaos, zu dessen Bewältigung sie sich berufen glaubt. Ihr gilt unser unerbittlicher Kampf.
Man wirft der Sexualökonomie vor, daß sie die Familie zerstören will. Sie schwätzen vom »sexuellen Chaos«, das die Befreiung der Liebe mit sich brächte, und die Masse lauscht ihren Worten und vertraut ihnen, weil sie Bratenröcke und goldene Brillen tragen oder so führerhaft reden können. Es kommt darauf an, was man meint. Die *wirtschaftliche* Unterjochung von Frauen und Kindern soll vernichtet werden. Die *autoritäre* Unterjochung ebenso. Erst wenn dies verwirklicht ist, wird der Mann seine Frau, die Frau ihren Mann, werden die Kinder die Eltern, und die Eltern die Kinder lieben. Sie werden keinen Grund mehr haben, einander zu *hassen*. Was wir also zerstören wollen, ist der Haß, den die Familie erzeugt, und die »liebevolle« Vergewaltigung. Wenn die familiäre Liebe das große menschliche Gut ist, dann muß sie sich beweisen. Wenn ein festgebundener Hund nicht davonläuft, wird ihn niemand allein deshalb für einen treuen Gefährten halten. Kein Vernünftiger wird von Liebe sprechen, wenn ein Mann eine an Armen und Beinen gefesselte, wehrlose Frau beschläft. Keiner, der nicht ein schmieriger Kerl ist, wird stolz auf die Liebe einer Frau sein, die er mit Ernährung oder Machteinfluß erkauft. Kein reinlicher Mensch wird Liebe nehmen, die nicht freiwillig gegeben wird. Die Zwangsmoral der ehelichen Pflicht und der familiären Autorität ist eine Moral von lebensängstlichen Feiglingen und Impotenten, die nicht fähig sind, durch natürliche Liebeskraft

zu erleben, was sie sich mit Hilfe der Polizei und des Eherechts vergebens zu verschaffen versuchen.
Sie wollen das ganze Menschengeschlecht in ihre Zwangsjacke stecken, weil sie unfähig sind, die natürliche Sexualität mitanzusehen. Es ärgert sie und macht sie grün, weil sie selber so leben möchten und nicht können. *Wir* wollen ja niemand zwingen, die familiäre Gemeinschaft aufzugeben, aber wir wollen auch niemand gestatten, den zu zwingen, der sie *nicht* will. Wer sein Leben lang monogam leben kann und will, der mag es tun; wer es aber nicht kann, wer daran kaputtzugehen droht, soll die Möglichkeit haben, es sich anders einzurichten. Doch die Einrichtung eines »neuen Lebens« setzt die Kenntnis der Widersprüche des alten voraus.

II. Kapitel: Der Mißerfolg der konservativen Sexualreform

Die Sexualreform will Mißstände im gesellschaftlichen sexuellen Sein beseitigen, die letzten Endes in der ökonomischen Daseinsweise wurzeln und in den seelischen Leiden der Mitglieder der Gesellschaft zum Ausdruck kommen. In der autoritären Gesellschaft steigern sich im Zusammenhange mit den wirtschaftlichen und ideologischen Konflikten die Widersprüche zwischen der geltenden Moral, die von der herrschenden Klasse im Interesse der Erhaltung und Festigung ihrer Macht der gesamten Gesellschaft aufgezwungen wird, und den natürlichen Anforderungen der Geschlechtlichkeit der einzelnen Individuen in einem bestimmten Zeitpunkte zu einer im Rahmen der bestehenden Gesellschaftsform unlösbaren Krise. Noch nie in der Geschichte der Menschheit hat aber dieser Widerspruch zu so krassen, objektiv grausamen, ja mörderischen Konsequenzen geführt wie in den letzten 30 Jahren. Daher wurde auch in keiner Zeit so viel über Sexualfragen geschrieben und diskutiert wie in dieser, auch gingen in keiner alle Bestrebungen so fehl wie — nur scheinbar paradoxerweise — im »Zeitalter der Technik und der Wissenschaft«. Der Widerspruch zwischen dem das Geschlechtsleben zersetzenden sexuellen Elend und dem enormen Fortschritt der Sexualwissenschaft ist ein Gegenstück zu dem anderen Widerspruch zwischen der wirtschaftlichen Not der arbeitenden Massen und den ungeheuren technischen Errungenschaften unseres Zeitalters. Es ist ebenso nur scheinbar widersinnig, daß in der Zeit der aseptischen Operationen und der vollendeten chirurgischen Kunst in Deutschland zwischen 1920 bis 1932 jährlich zirka 20 000 Frauen an Abtreibung starben und 75 000 Frauen jährlich an Abortusfieber schwer erkrankten, wie daß mit dem Fortschreiten der Rationalisierung der Produktion 1930—1933 immer mehr industrielle Arbeiter arbeitslos wurden und mit ihren Familien physisch und moralisch zugrunde gingen. Dieser Widerspruch, weit davon entfernt, widersinnig zu sein, ist vielmehr durchaus sinnvoll, wenn man ihn nicht unabhängig faßt von der wirtschaftlichen und gesellschaftlichen Struktur, in der er entstand. Wir haben zu zeigen, daß sowohl der Tatbestand der sexuellen Misere als auch die Unlösbarkeit des sexuellen Problems zum Bestand der Gesellschaftsordnung gehören, der sie ihr Entstehen verdanken.

In den Rahmen der kulturpolitischen Kämpfe fallen auch die

sexualreformerischen Bestrebungen. Der Liberale, wie etwa Norman Haire, bekämpft mit der Sexualreform nur einen Mangel der Gesellschaft, ohne an dieser selbst rühren zu wollen. Der pazifistische Sozialist, der »Reformist«, vermeint mit ihrer Durchführung ein Stück Sozialismus in der bestehenden Gesellschaft durchzusetzen. Er versucht, den Entwicklungsgang umzukehren, die Erreichung des Ziels der Änderung der ökonomischen Struktur vorangehen zu lassen.

Der moralistische Mensch wird bei noch so sachgerechter Argumentation unsererseits niemals begreifen, daß Sexualnot eines der unerläßlichen Kennzeichen der von ihm verteidigten Zwangsmoral ist. Er sieht die Ursachen entweder in der Lasterhaftigkeit der Menschen oder in einer mysteriösen »Ananke« (= überirdischem Zwang) oder in einem nicht minder mystischen Willen zum Leiden, wenn er nicht gar glaubt, die Sexualnot sei nur deshalb so groß, weil man seine asketischen und monogamen Forderungen nicht befolgt. Und sich als Mitschuldigen zu bekennen, als Werkzeug beim Zustandekommen dessen, was er, in gutem Glauben wollen wir gerne annehmen, mitleidvoll durch Reformen beseitigen will, das können wir ihm nicht zumuten. Die Konsequenzen einer solchen Erkenntnis könnten unter Umständen seine ökonomische Basis, von der aus er reformieren will, erschüttern. Denn er hat noch nicht erfahren, daß der Faschist jeder Art keinen Spaß in ernsten Dingen kennt und ohne weiteres den liberalen Pazifisten durch den Henker ablösen läßt, wenn es um seine Existenz geht.

Die Sexualreform bemüht sich seit Jahrzehnten, die sexuelle Misere zu lindern. Die Frage der Prostitution und der Geschlechtskrankheiten, die Sexualnot, Schwangerschaftsunterbrechung und Sexualmorde sowie die Neurosenfrage stehen ständig im Mittelpunkt des öffentlichen Interesses. Keine der getroffenen Maßnahmen hat an der herrschenden Sexualnot zu rühren vermocht, ja mehr, *die Vorschläge zur Sexualreform hinken den tatsächlichen Veränderungen in den Beziehungen der Geschlechter immer nur nach.* Die Abnahme der Eheschließungen, die Zunahme der Ehetrennungen und Ehebrüche zwingen die Diskussion der Ehereform auf; der außereheliche Geschlechtsverkehr erringt sich immer mehr Anerkennung, entgegen den Ansichten der ethisch eingestellten Vertreter der Sexualwissenschaft; der Geschlechtsverkehr großer Teile der Jugend zwischen dem 15. und 18. Lebensjahr wird allgemeine Tatsache, während die Sexualreform noch bei der Fragestellung hält, ob die Abstinenz der Puberilen nicht doch bis weit über das 20. Lebensjahr durchzusetzen wäre oder ob man die Onanie als natürliche Erscheinung anerkennen dürfe. Die »kriminelle« Fruchtabtreibung und der Präventivverkehr erfassen immer weitere Kreise, während die Sexualreform sich noch mit der

Frage herumschlägt, ob man neben der medizinischen auch die soziale Indikation für die Schwangerschaftsunterbrechung anerkennen soll.

Dieses Nachhinken der reformatorischen Bestrebungen sowie die Tatsache, daß die konkreten Veränderungen im Geschlechtsleben den kaum nennenswerten Bemühungen der Sexualreformer energisch weit vorauseilen, zeigen deutlich an, daß am inneren Wesen der reformatorischen Bestrebungen etwas faul ist, daß *ein innerer Widerspruch wie eine Bremsvorrichtung jede Bewegung hindert und die Anstrengungen zur Fruchtlosigkeit zwingt.*

Wir stehen somit vor der Aufgabe, den geheimen Sinn des Fiaskos der autoritären Sexualreform aufzuspüren und den Beziehungen nachzugehen, die die autoritäre Sexualreform und ihr Mißlingen organisch mit der autoritären Gesellschaftsordnung verknüpfen.

Diese Beziehungen sind durchaus nicht einfach, und im besonderen bedurfte das Problem der sexuellen Ideologiebildung einer eigenen, umfassenden Untersuchung[1]. In dieser Schrift wird nur ein Ausschnitt des Fragenkomplexes behandelt, und es kreuzen sich in dieser Untersuchung folgende Zusammenhänge:

1. Die Eheinstitution als Hemmschuh der Sexualreform.
2. Die Zwangsfamilie als Erziehungsapparat.
3. Die Askeseforderung für die Jugend als vom autoritären Standpunkt folgerichtige Maßnahme der Erziehung zur monogamen, lebenslänglichen Ehe und zur patriarchalischen Familie.
4. Der Widerspruch zwischen konservativer Ehereform und konservativer Eheideologie.

Manche dieser Beziehungen sind bisher unbeachtet geblieben, weil man in der Kritik der Sexualreform die äußeren Formen des Sexuallebens (Wohnungsfrage, Abtreibung, Ehegesetze usw.) gegenüber den sexuellen Bedürfnissen, Mechanismen und Erlebnissen hervorhob. Jener Kritik ist wenig hinzuzufügen, sie ist gründlich erfolgt, sowohl vom soziologischen Standpunkt in Europa (Hodann, Hirschfeld, Brupbacher, Wolff und anderen) als besonders schlagend durch die Umwälzung der sexuellen Gesetze in der Sowjetunion 1918–1921[2].

Doch die Beurteilung der seelischen und kulturellen Folgen der autoritären Sexualordnung für die sexuelle Ökonomie des einzelnen und der Gesellschaft setzt die Kenntnis der seelischen und körperlichen Mechanismen der Sexualität voraus.

Soweit die ärztliche Kritik sich hier der soziologischen anfügt, fußt sie ganz auf den Erfahrungen der charakteranalytischen Klinik und der Orgasmusforschung.

1 Vgl. meine Schriften: *Der Einbruch der Sexualmoral* und *Massenpsychologie des Faschismus.*

2 Siehe die Schriften von Genss über die Abtreibungsfrage in Sowjetrußland, ferner Wolfson: *Soziologie der Ehe und Familie,* Batkis über *Die sexuelle Revolution in der Sowjetunion* und andere.

III. Kapitel: Die Institution der Zwangsehe als Grundlage von Widersprüchen des Sexuallebens

Die Sexualreform wird vom Gesichtspunkt des Interesses an der ehelichen Zwangsmoral betrieben. Hinter ihr steht die Eheinstitution, und diese selbst ist in den ökonomischen Interessen fest verankert. Die eheliche Moral ist der äußerste ideologische Exponent dieser ökonomischen Interessen im ideologischen Überbau der Gesellschaft und durchsetzt als solcher das Denken und Handeln jedes Sexualforschers und -reformers ebenso, wie sie die Sexualreform unmöglich macht.

Wie hängen die ökonomischen Interessen mit der Ehemoral zusammen? Die nächste Folge ist das Interesse an der vorehelichen Keuschheit und der ehelichen Treue der Ehefrau. Der Münchener Sexualhygieniker Gruber hatte dieses letzte und entscheidende Motiv richtig erkannt:

»Wir müssen die Keuschheit der Frau als höchstes völkisches Gut schätzen und pflegen, denn in der Keuschheit der Frau ist die einzige sichere Bürgschaft dafür gegeben, daß wir wirklich die Väter unserer Kinder sein werden, daß wir für unser eigenes Blut schaffen und uns mühen. Ohne diese Bürgschaft aber keine Möglichkeit eines gesicherten, innigen Familienlebens, dieser unentbehrlichen Grundlage für das Gedeihen von Volk und Staat. Darin und nicht in selbstsüchtiger Willkür des Mannes ist es begründet, daß Gesetz und Sitte strengere Anforderungen an die Frau bezüglich Keuschheit vor der Ehe und Treue in der Ehe stellen als an den Mann. Es seht bei ihrer Ungebundenheit viel mehr auf dem Spiele als bei seiner.«

(*Hygiene des Geschlechtslebens*, 53.–54. Aufl., S. 146–147)

Durch die Verbindung des Erbrechts mit der Zeugung ist das leidige Eheproblem fest im Geschlechtsleben verwurzelt, die sexuelle Verbindung zweier Menschen hört damit auf, eine Frage des Geschlechtslebens zu sein. Die außereheliche Keuschheit und innerehelichen Treue der Ehefrau ist auf die Dauer ohne ein höheres Maß an Sexualverdrängung auf seiten der Frau nicht aufrechtzuerhalten; die nächste Folge ist daher die Keuschheitsforderung für das Mädchen. Ursprünglich und heute noch bei Primitiven mit bereits privatwirtschaftlicher Organisation darf das Mädchen bis zur Ehe sexuell leben, wie es will; erst mit dem Eintritt in die Ehe verpflichtet es sich zur außerehelichen

Keuschheit[1]. In unserer Gesellschaft, am schärfsten ausgeprägt in den letzten Jahrzehnten des 19. Jahrhunderts und um die Jahrhundertwende, ist die Forderung der Jungfrauenschaft für die Schließung der Ehe bedingungslos gestellt. *Strenge Treue der Ehefrau und voreheliche Keuschheit des Mädchens* bilden in diesem Stadium die beiden Eckpfeiler der reaktionären Sexualmoral, die die patriarchalische Ehe und Familie durch Bildung der sexualängstlichen Struktur zu stützen haben.

Soweit ist die Ideologie folgerichtig Ausdruck der ökonomischen Interessen. Nun setzt aber der Widerspruch des Prozesses ein. Durch die Keuschheitsforderung für das Mädchen werden der männlichen Jugend Liebesobjekte entzogen. Dadurch sind auf einmal mehrere geschlechtliche Tatbestände entstanden, die zwar *von der gesellschaftlichen Ordnung nicht beabsichtigt sind, aber notwendigerweise zum System ihrer Sexualform gehören:* Die monogame Ehe bekommt als Gegensatz den *Ehebruch*, der ebenso alt ist wie jene; die keuschen Jungfrauen werden durch die *Prostituierten* gegensätzlich ergänzt. Der Ehebruch und die Prostitution der Frauen sind so eiserne Bestandteile der doppelten Geschlechtsmoral, die dem Mann sowohl in als vor der Ehe gestattet, was sie den Frauen aus ökonomischen Gründen versagen *muß*. Die natürlichen Anforderungen der Sexualität bewirken aber, daß die strenge Sexualmoral das Gegenteil des Beabsichtigten erzielt. Und die Unmoral im reaktionären Sinne, der Ehebruch und die außereheliche Geschlechtsbeziehung, steigern sich in zwei Richtungen zu grotesken sozialen Erscheinungen: zur sexuellen Perversion und zur Vergeldlichung der Sexualität auch außerhalb der Ehe. Da die sinnliche Sexualbetätigung außerhalb der Ehe in den Bereich der Ware überhaupt fällt, leiden darunter natürlich die zärtlichen Beziehungen zum Sexualpartner, am ausgesprochensten in der Prostitution; der junge Mann etwa spaltet seine Sexualität, indem er seine Sinnlichkeit bei einer Frau der »unteren Schichten« befriedigt, seine Zärtlichkeit hingegen einem Mädchen seines eigenen Kreises zuwendet. Diese Spaltung des Liebeslebens und die Verknüpfung der Sinnlichkeit mit dem Gelderwerb haben eine völlige Erniedrigung und Brutalisierung des Liebeslebens zur Folge, als deren vornehmster Ausdruck die weite Verbreitung der *Geschlechtskrankheiten* erscheint, die so, ebenfalls unbeabsichtigt, ein wesentlicher Bestandteil der konservativen Sexualordnung wird. Der Kampf gegen Prostitution, außerehelichen Verkehr und Geschlechtskrankheiten wird mit der Parole »Askese« geführt, entsprechend der Anschauung, daß nur der eheliche Verkehr moralisch sei, wozu als Scheinbeweis für die Verderblichkeit der

1 Vgl. hierzu Bryk: *Negereros* (Marcus & Webers, S. 77), Ploss-Bartels: *Das Weib* (Leipzig 1902, Bd. I, S. 449) und besonders Malinowski: *Das Geschlechtsleben der Wilden* (London 1929).

außerehelichen Sexualbetätigungen ihre angebliche Gefährlichkeit dient.
Die reaktionären Autoren bestätigen selber die Unmöglichkeit der Askeseforderung als eines wirksamen Mittels gegen die Geschlechtskrankheiten, aber sie gelangen aus der Sackgasse der Ehemoral nicht zur richtigen Schlußfolgerung. Denn zwar werden die Geschlechtskrankheiten durch Bazillen erzeugt, aber ihre Verbreitung verdanken sie der Erniedrigung des außerehelichen Geschlechtslebens, die sich als moralische Kontrastwirkung zur sanktionierten ehelichen Beziehung etabliert; und diesen Gegensatz muß der reaktionäre Sexualforscher, ob er will oder nicht, sofern er nur aus seinem Milieu nicht heraustritt, ideologisch unterstützen.
In der Frage der Abtreibung sehen wir ebenfalls die Widersprüche zwischen Tatsachenfeststellung und Forderung und dahinter die ideologische Stütze der Ehemoral und die Rücksicht auf die Eheinstitution. Eines der Argumente gegen die Abschaffung des Abtreibungsparagraphen ist das Argument der »Sittlichkeit«. Wo würde es denn hinführen, wenn man die Abtreibung freigeben wollte? Der Paragraph sei ja doch ein Hemmschuh für »zügelloses Geschlechtsleben«. Man will Bevölkerungszuwachs erzielen und erreicht das Gegenteil: ständige Abnahme der Geburtenziffer. Man weiß, daß die Freigabe und Legalisierung der Fruchtabtreibung in Sowjetrußland die Volksvermehrung nicht beeinträchtigte, ja im Gegenteil, daß die nötige soziale Fürsorge in Verbindung mit dem legalen Abortus einen mächtigen Bevölkerungszuwachs bedingt[1].
Man benötigt doch nationale Übermacht und Kanonenfutter, man strebt also nach Hebung der Geburtenzahl.
Es ist irrig zu glauben, daß hier die Rücksicht auf die Produktion einer industriellen Reservearmee die Triebfeder ist. Das war sie wahrscheinlich früher, als die Arbeitslosigkeit eines bestimmten kleinen Prozentsatzes der Arbeiterschaft dem Lohndruck außerordentlich förderlich war. Doch die Zeiten haben sich geändert.
Die Massenarbeitslosigkeit in allen westlichen Ländern, die zu einem Strukturbestandteil unserer Ökonomie geworden ist, hat dieses Motiv entwertet. Die unmittelbar wirtschaftlichen Motive für die Nichtzulassung einer rationellen Geburtenregelung sind geringfügig im Vergleich zu den ideologisch weltanschaulichen Motiven, die ja letzten Endes ebenfalls in wirtschaftlichen Interessen wurzeln. Das Kernmotiv der Abortbestrafung ist die Rücksicht auf die »Sittlichkeit«. Gibt man die Abtreibung frei, so kann das nicht nur für die Ehefrauen, sondern muß auch für die Unverheirateten gelten. Damit billigt man aber die außereheliche Verbindung und hebt den moralischen Zwang zur Heirat

1 Genss: *Was lehrt die Freigabe der Abtreibung in Sowjet-Rußland?* (Agis-Verlag 1926.)

nach Schwängerung auf. Man würde die Eheinstitution schädigen; ideologisch muß eben, trotz der widersprechenden Tatsachen des Geschlechtslebens, die eheliche Moral gehalten werden, weil die Ehe das Rückgrat der autoritären Familie, und diese die *Erzeugungsstätte autoritärer Ideologien* und menschlicher Strukturen ist.
Dieses Moment wurde bisher bei der Diskussion der Abtreibungsfrage allzusehr vernachlässigt. Man könnte die halbe Konsequenz ziehen, etwa die Abtreibung nur für die verheirateten, nicht aber für die ledigen Frauen zulassen. Dann bliebe die Rücksicht auf die Ehe gewahrt. Dieser Einwand wäre richtig, wenn nicht noch ein Tatbestand im sexualideologischen Getriebe dagegen spräche. Es ist ein *Grundelement der Sexualmoral, daß der sexuelle Akt kein von der Fortpflanzung unabhängiger Bedürfnis- und Lustakt sein darf. Offizielle* Anerkennung der Sexualbefriedigung, abgesehen von der Fortpflanzung, würde ja mit einem Male alle offiziösen und kirchlichen Auffassungen über das Geschlechtsleben über den Haufen werfen. So schreibt etwa Max Marcuse im Sammelwerk *Die Ehe* (Kapitel: »Der eheliche Präventivverkehr«, Seite 399): »Sollte es wirklich gelingen, durch innerliche Medikation Frauen nach Belieben zeitweise zu sterilisieren, so wird es die dringlichste Aufgabe sein, die Methode der Zugänglichkeit und des Vertriebes dieser Mittel zu finden, die ihren ... Gewinn für ... die Hygiene sicherstellt, aber ihre unerhörte Gefahr für die sexuelle Ordnung und Moral, ja für Leben und Kultur (lies: autoritäres Leben und Kultur) überhaupt abwendet.«
Marcuses, des liberalen Sexualreformers großer ethischen Sorge vom Jahre 1927 wurde vom deutschen Faschismus 1933–1945 Rechnung getragen: Etwa anderthalb tausend Sterilisierungen im Dritten Reich haben zwar keinen Gewinn für die Hygiene sichergestellt, aber die »unerhörte Gefahr (der Trennung von Sexualität und Fortpflanzung) für die sexuelle Ordnung und Moral, ja für Leben und Kultur überhaupt abgewendet« – im Interesse der Bannung des »Sexualbolschewismus«.
Wir können durch eine einfache Rechnung demonstrieren, was diese Sätze wirklich bedeuten. Kein patriotischer und um den Fortbestand der Menschheit besorgter Sexualforscher kann von einer Arbeiterfrau fordern, daß sie mehr als – angenommen – fünf Kinder gebiert. Das hieße, fünfmal im Leben geschlechtlich verkehren dürfen, wenn der Akt nur als Mittel der Zeugung aufgefaßt wird. Die menschliche Natur hat es aber, wohl um unseren Sexualreformern soviel Kopfzerbrechen zu machen, so eingerichtet, daß der Mensch erstens auch Sexualerregung produziert und geschlechtlich verkehren will, wenn er kein Ehedokument hat, und zweitens diesen Drang durchschnittlich alle drei Tage verspürt; das heißt, er verkehrt vom 14. bis etwa zum

50. Lebensjahr gerechnet ungefähr 3000- bis 4000mal geschlechtlich, wenn er sich nicht um die Moral kümmert. Wollte Marcuse nur die Rassenvermehrung sichern, so müßte er vorschlagen und durchsetzen, daß die Frau die sicheren Präventivmittel in 2995 Fällen benützen darf, wenn sie sie nur fünfmal oder so oft nicht benützt, als notwendig wäre, um fünf Kinder zu liefern.

Doch den Sexualreformer bedrückt in Wirklichkeit nicht die Sorge um die »fünf« Fortpflanzungsakte, sondern die Angst, der Mensch könnte in der Tat, notabene *mit Zustimmung der Obrigkeit*, 3000 Lustakte nicht nur begehren, sondern sogar begehen. Weshalb bedrückt ihn diese Angst?

1. Weil die *Eheinstitution* für diesen natürlichen Tatbestand nicht eingerichtet ist und trotzdem als Kernelement der autoritären Ideologiefabrik Familie erhalten werden muß.
2. Weil er unausweichlich vor den Fragenkomplex der *jugendlichen Sexualität* gestellt wäre, den er heute mit dem Schlagwort »Askese« oder »Sexualaufklärung« zu erledigen glaubt.
3. Weil seine Theorie von der *monogamen Veranlagung* der Frauen, ja des Menschen überhaupt, von den biologischen und physiologischen Tatsachen erschüttert, jämmerlich zusammenbräche.
4. Weil er unter solchen Umständen in einen schweren Konflikt mit der Kirche geriete; er verträgt sich mit ihr nur so lange gut, wie er wie Van de Velde in seinem Buche *Die vollkommene Ehe* die Erotisierung *im Rahmen der Ehe* propagiert, nicht ohne dabei ausführlich nachzuweisen, daß seine Bestrebungen den kirchlichen Dogmen nicht widersprechen.

Die Ideologie der konventionellen Sittlichkeit ist ein stützender Bestandteil der autoritären Eheinstitution; sie widerspricht der Anerkennung der Sexualbefriedigung und hat die Sexualverneinung zur Voraussetzung. Von der Eheinstitution geht also der eigentliche hemmende Einfluß in der Frage der Abtreibung aus.

IV. Kapitel: Der Einfluß der konservativen Sexualmoral

1. »Objektive, unpolitische« Wissenschaft

Der spezifische Charakter der sexualideologischen Atmosphäre ist die Sexualablehnung und -erniedrigung, die sich bei jedem einzelnen Individium der autoritären Gesellschaft im Prozeß der *Sexualverdrängung* auswirkt. Es ist dabei gleichgültig, welche Anteile der sexuellen Bedürfnisse von der Verdrängung erfaßt werden, in welchem Ausmaße dies geschieht und welche Folgen es im Einzelfalle hat. Wichtig ist zunächst festzuhalten, welcher Mittel sich die »öffentliche Meinung«, zu der wir auch die konservative Sexualwissenschaft zählen, dabei bedient und welche allgemeinen Resultate sie dabei erzielt.
Der vornehmste und bedeutungsvollste Träger der ideologischen Atmosphäre ist die *konservative Sexualwissenschaft.* Wir werden bei der Besprechung des Eheproblems und der jugendlichen Sexualität im Detail darauf eingehen, während wir hier nur typische Beispiele für die moralistische Voreingenommenheit der angeblich objektiven Sexualwissenschaft anführen wollen.
Timerding schreibt in seinem Referat über »Sexualethik« in Marcuses *Handwörterbuch der Sexualwissenschaft,* einem Werk, das gewiß die Meinung der offiziellen Sexualwissenschaft zum Ausdruck bringt:

»Für die ganze Auffassung des Geschlechtslebens hat sich die allgemeine ethische Einstellung stets als bedeutungsvoll erwiesen, die Vorschläge zu Reformen auf sexuellem Gebiet werden fast immer durch ethische Grundsätze gerechtfertigt.« (II. Aufl., S. 710)

»Die wirkliche Bedeutung der sexualethischen Betrachtung liegt darin, daß sie die Erscheinungen des Geschlechtslebens in dem großen Zusammenhang der gesamten Persönlichkeitsentfaltung und der gesellschaftlichen Ordnung erblicken lehrt.« (l. c. S. 712)

Wir wissen, es handelt sich konkret um die *autoritäre* Ordnung, wenn von gesellschaftlicher gesprochen wird, und um die Entfaltung einer Persönlichkeit, die sich in *diese* Ordnung *einzufügen* vermag. Jede offizielle Sexualethik ist aber notwendigerweise sexualverneinend, mag sie im Kampfe mit den realen Erscheinungen des Sexuallebens auch manche Konzessionen an die Sexualbefriedigung machen, mag die herrschende Klasse ein dieser offiziellen Ethik noch so widersprechendes Sexualleben führen und fördern. Angesichts ihrer inneren Widersprochenheit gelangen manche Forscher zu Formulierungen, die im Widerspruch zur gesellschaftlichen Atmosphäre stehen. Aber praktisch wirkt sich dieser naturwissenschaftliche Gegenpol niemals aus, es kommt nie zu einer konkreten Aktion, die den von der reaktionären Gesellschaft gesetzten Rahmen überschritte. Das muß natürlich zu Inkonsequenzen, ja Absurditäten führen. So schreibt Wiese:

»... über die religiöse Askese hinaus gibt es (zumal in abgeschwächteren Formen) gerade auch in der *Gegenwart* viel Askese, also grundsätzliche Abstinenz, deren Motive der Philosophie, Ethik, sozialen Zweckmäßigkeitserwägungen, erotischer Seelen- oder Körperschwäche, einer Neigung zum Spiritualismus oder einer Mischung aller dieser Antriebe mit überkommenen religiösen Instinkten entstammen. Oft glaubt man Vergeistigung oder Beseelung des menschlichen Verkehrs nur unter Voraussetzung (größerer oder geringerer) Askese erlangen zu können. Dabei liegt stets die Geringschätzung der Sphäre des Körperlichen und die Vorstellung der Gesondertheit des Seelischen vom körperlichen und des Konkurrenzverhältnisses von Leib und Seele zugrunde. Diese moderne, oft nur theoretische oder aus der Not eine Tugend machende Askese kann nur in seltenen Fällen gleichbewertet werden mit einer echt religiösen Askese. Sie ist das oft durchaus schwächliche Ergebnis der Übersättigung oder einer zu geringen Lebenskraft, die das Pathos oder das bunte Wechselspiel des Sinnlichen nicht zu ertragen vermag.
Für jede Form und jeden Stärkegrad der Askese gilt die Beobachtung, daß ein starker Naturtrieb nicht beseitigt, sondern nur umgelenkt und umgewandelt werden kann. Die Askese »verdrängt« den Geschlechtstrieb. So sehr man sich vor manchen Übertreibungen der Freud-Schule hüten muß, so wird man die Lehre von der Verdrängung des Sexualinstinktes ins Unbewußte durch Askese in ihren Grundgedanken durchaus anerkennen müssen. Viel Fanatismus, Überspanntheit, Menschenhaß, Unkeuschheit der Phantasie kann aus Askese entstehen.« (l. c. S. 40)

Und weiter:

»Einen natürlichen Enthaltsamkeitsinstinkt (nicht zu verwechseln mit dem vorübergehenden, zeitweiligen Abschwellen des Triebes oder seiner Erkaltung mit zunehmendem Alter) gibt es beim gesunden Menschen nicht, die Askese ist in der Hauptsache sozialen, nicht biologischen Ursprungs. Bisweilen ist sie eine Erscheinung der Anpassung an unnatürliche Lebensbedingungen, bisweilen eine ungesunde Ideologie.« (l. c. S. 40)

Im ganzen richtige Aufstellungen; aber die Hemmung der praktischen Konsequenzen liegt bei Wiese etwa schon in der Unterscheidung einer religiösen und einer andersgearteten Askese, einer Unterscheidung, welche übersieht, daß auch die religiöse Askese einer »Neigung zum Spiritualismus« und nicht etwa »überkommenen religiösen Instinkten« entspringt. Durch

die Einräumung religiöser Instinkte wird der im wesentlichen sozial bedingten Askese ein religiöses Hintertürchen offengelassen, durch das sie wieder hinausspazieren kann, von wo sie der exakte Forscher durch die Feststellung, daß es beim gesunden Menschen einen »natürlichen Enthaltsamkeitsinstinkt nicht gibt«, hinausgejagt hat.
Ein anderes ethisches Hintertürchen der offiziellen Sexualwissenschaft ist die Redeweise von der »Versittlichung« und »Vergeistigung« der geschlechtlichen Beziehungen. Man hat ja ursprünglich die Sinnlichkeit verdammt; sie kehrte, jedes Individuum, das dieser Verdammung zustimmte, niedertretend, als Furie wieder; was mit einer Erscheinung tun, die sich in so krassen Widerspruch zum »sittlichen«, das heißt asketischen und keuschen Lebenswandel gesetzt hat? Es bleibt nur eines übrig: Die »Vergeistigung« und »Versittlichung« der Furie! Die »Veredelung des Geschlechtstriebes«, *das* Schlagwort eines weiten Sektors der Sexualreform meint, wenn sie sich auch so allgemeiner Redensarten bedient, etwas ganz Konkretes, nämlich wieder nichts anderes, als seine Verdrängung oder Lähmung. Zumindest bleiben uns die Versittlicher eine konkrete Auskunft darüber, was sie meinen, schuldig.
Interessant für den Betrachter dieser Widersprüche ist der Widersinn, der sich aus der Mischung von Tatsachenfeststellung und Sexualethik ergibt: So bei Timerding:

»Verweigert man der unverheirateten Frau das Recht auf Liebe, so muß man auch von dem Manne die geschlechtliche Enthaltsamkeit bis zur Ehe fordern. *Daß in der völligen Keuschheit vor der Ehe ein Zustand liegt, der, wenn er sich verwirklichen läßt, der menschlichen Gesellschaft den gesichertsten Bestand gewährleistet und dem einzelnen Menschen selbst viel Kämpfe und Leiden erspart, muß wohl zugegeben werden. Wenn aber die Forderung ein nur in seltenen Fällen erreichtes Ideal bleibt* (vom Ref. hervorgehoben) und allein zur Verurteilung anderer, nicht aber zur Richtschnur für das eigene Handeln benutzt wird, so ist wenig gewonnen. Es müßte sich der *Keuschheitsgedanke* als eine *individual*-ethische Norm erst allgemein durchsetzen, was aber, je mehr die einfachen Lebensbedingungen früherer Zeiten weichen und damit die Möglichkeit schwindet, unmittelbar nach der geschlechtlichen Reifung zur Eheschließung zu gelangen, um so aussichtsloser erscheint. Die bloße *sozial*-ethische Forderung, die einem weitgehenden Schutz der Familie dienen will, wird von dem einzelnen nur zu leicht als lästiger Zwang abgeschüttelt.« (l. c. S. 721)

»Es ist bezeichnend, wie diese Auffassung den wirklichen durch die Lebensbedingungen der Gegenwart gegebenen Verhältnissen gegenüber versagte und in der tatsächlichen Rechtsübung fast zu einer Farce geworden ist.« (l. c. S. 714)

Wir haben hier folgende Inkonsequenzen in der logischen Argumentation auf einmal vor uns: Wenn die Frau vor der Ehe keusch leben soll, warum dann nicht auch der Mann? Richtig!

Die Möglichkeit, den Keuschheitsgedanken als individual-ethische (?) Norm durchzusetzen, schwindet immer mehr. Richtig! Aber dieser Keuschheitsgedanke *müßte* sich durchsetzen, obwohl »diese Auffassung ... versagte und ... zu einer Farce geworden ist«. Wir haben auch gehört, daß die Durchführung der »Keuschheit vor der Ehe der Gesellschaft den gesichertsten Bestand gewährleisten würde«. Der Beweis für diese Behauptung bleibt regelmäßig aus. Sie ist eine typische Phrase, die aber ihren Sinn hat, sofern man nämlich den Bestand der autoritären Gesellschaft meint. Dies haben wir bereits zu zeigen versucht. Weiter:

»Die *hygienische* Beurteilung des Geschlechtslebens geht ... nach zwei verschiedenen Richtungen auseinander. Auf der einen Seite werden die gesundheitlichen und seelischen Schädigungen, die mit der gewaltsamen Unterdrückung des Geschlechtstriebes verknüpft sind, ins Feld geführt und demgemäß für den Menschen die Gewährleistung eines gesunden Geschlechtsverkehrs seiner Veranlagung entsprechend, aber unabhängig von seinen wirtschaftlichen Verhältnissen gefordert. Auf der anderen Seite wird die Unschädlichkeit der völligen Abstinenz entschieden verfochten, dagegen auf die gesundheitlichen Gefahren hingewiesen, die mit einem ungeregelten Geschlechtsverkehr verbunden sind. Es handelt sich namentlich um die in der Tat sehr verbreiteten und verderblichen Geschlechtskrankheiten ... Das einzig sichere Abwehrmittel hiergegen ist in der Tat die völlige geschlechtliche Enthaltung. Da man diese aber natürlich höchstens in Ausnahmefällen (?) fordern kann, kommt man auf das Ideal des allein in der *strengen Einehe* geübten Geschlechtsverkehrs zurück. *Durch die restlose Verwirklichung dieses Ideals würde das erstrebte Ziel praktisch erreicht werden.* (Vom Ref. hervorgehoben.) Die Geschlechtskrankheiten würden rasch abklingen. *Aber auch dieses Ideal wird kaum je verwirklicht werden* (vom Ref. hervorgehoben), und die Reinhaltung der einmal geschlossenen Ehe kann nicht viel helfen, da die größten Gefahren der Ansteckung vor der Ehe liegen. Es kann daher nur eine *allgemeine Schärfung des Gewissens* in geschlechtlicher Beziehung von Nutzen sein, um wenigstens die unvorsichtigen und häufig wechselnden geschlechtlichen Beziehungen zu vermeiden. *Man könnte vielleicht sogar denken, daß die Befreiung des auf persönlicher starker Zuneigung beruhenden Geschlechtsverkehrs von dem Zwange, unter den er durch die Anschauungen der bürgerlichen Gesellschaft und zum Teil auch durch die gesetzlichen Bestimmungen gestellt ist, über längere Zeit festgehaltene, ja vielleicht dauernde Verbindungen begünstigen, die öffentliche und geheime Prostitution beseitigen und damit nicht bloß die Geschlechtskrankheiten, sondern auch andere körperliche und seelische Gefahren erheblich verringern würde. Es ist jedenfalls nicht zu leugnen, daß die Personen beiderlei Geschlechtes, die zu sexueller Betätigung neigen, sich niemals durch die Forderungen der guten Sitte haben abhalten lassen, ihrem Triebe zu folgen, und vielleicht nur um so zügelloser, wenn sie, um den Schein zu wahren, sich der größten Heimlichkeit befleißigen mußten. Auf der anderen Seite kann sehr wohl das Ideal festgehalten werden, nur mit einem Menschen in geschlechtlichen Verkehr zu treten und bei ihm dauernd die volle körper-*

liche und seelische Befriedigung zu finden, denn es ist keine Frage, daß der, dem dies gelingt, nur glücklich zu schätzen ist.«

(l. c. S. 714, 715)

Wir sehen, der konservative Sexualreformer kommt selbst der praktischen Lösung der Misere nahe, aber er kann von der monogamen Eheideologie nicht los, sie belastet sein Urteil, zwingt ihn in eine Sackgasse: »Es kann aber sehr wohl auf der anderen Seite das Ideal festgehalten werden«, denn, »der, dem es gelingt«, ist nur glücklich zu schätzen. Das mag ja sein, aber wem gelingt es? Und hat nicht der Sexualethiker selbst das Fiasko dieses Ideals verkündet? Der Widerspruch erklärt sich auch hier aus der wirtschaftlichen Bedingtheit dieser Idealsetzung und der sexualökonomischen Unmöglichkeit der Verwirklichung des Ideals.

So pendelt man zwischen Keuschheits- und Eheideologie hin und her, denn dazwischen gähnt das Ungeheuer: »Geschlechtskrankheit«, mit dem man nicht fertig werden kann, weil es der praktische Gegenpol der Ehemoral und Keuschheitsideologie ist. Man hat zwar selbst festgestellt, »daß die Befreiung des Geschlechtsverkehrs ... von dem Zwang (der reaktionären Anschauungen und der Gesetzgebung) ... dauernde Verbindungen begünstigen ... die Geschlechtskrankheiten verringern ... würde«, aber auf die »sittliche Ordnung« und den »Zwang« kann – das meinen wir ganz ernst – nicht verzichtet werden, und so bleibt nur noch »die allgemeine Schärfung des Gewissens«; und die besorgte der Meister auf sexualhygienischem Gebiete selbst, Gruber, wie folgt:

»›Die Wollust der Kreaturen ist gemenget mit Bitterkeit.‹ Der Leser dieser Blätter hat bereits die Wahrheit dieses Spruches des Meisters Eckhart vielfach bestätigt gesehen. Und doch haben wir von den schlimmsten Übeln, die der Geschlechtsverkehr bringen kann, noch gar nicht eingehender gesprochen.«

(*Hygiene des Geschlechtslebens,* S. 121)

Die Wollust der Kreaturen ist gemenget mit der Bitterkeit. Das stimmt. Aber keinem, der diese Feststellung macht, ist es eingefallen, sich zu fragen, ob diese Bitterkeit gesellschaftlichen oder biologischen Ursprunges ist. Der Satz: Omne animal post coitum triste (»Alles Lebende ist nach dem Geschlechtsakt traurig«) wurde zu einem wissenschaftlichen Dogma. Man muß wissen, daß sich solche Sätze, von Autoritäten ausgesprochen, tief einprägen in das Gefühlsleben derer, die mit Ehrfurcht den Worten eines Gruber folgen, so tief, daß sie nicht nur die eigenen Wahrnehmungen, die dem widersprechen, verfälschen, sondern überdies umnebelt und betäubt von der hochtrabenden Phrase auf jedes selbständige Denken verzichten, das sie unfehlbar auf die Frage der gesellschaftlichen Situation bringen würde, in der sich Wollust mit Bitterkeit mengen *muß.*

Man muß sich einmal ganz lebhaft in einen Puberilen hineinversetzen, der etwa folgende Worte eines Sexuologen vom Rufe eines Fürbringer liest:

»Neue Aufgaben erstehen im *Jünglingsalter*, in erster Linie die ärztliche Stellungnahme zum *Geschlechtsverkehr* mit seinen Gefahren der Schädigung durch Rückwirkung auf den Allgemeinzustand und der Infektion. Es ist kein Geheimnis mehr, daß sich in unseren Kulturstaaten die große Mehrzahl der jungen Männer schon vor der Ehe sexuellen Umgang verschafft. Wir haben uns nicht über die Frage, ob und in welchem Umfang die Gepflogenheiten von der Gesellschaft geduldet, um nicht zu sagen gebilligt werden (!!), auszulassen.«

(*Handwörterbuch*, S. 718)

Der Jugendliche nimmt folgende Suggestion in sich auf:
1. Die ärztliche Stellungnahme, also die, vor der der Laie den größten Respekt hat, ist, daß der Geschlechtsverkehr »den Allgemeinzustand schädigt«. Wer gesehen hat, wie Jugendliche auf solche Sätze reagieren, wie sie von da aus in die Schrecken des sexuellen Konfliktes, in Neurose, Hypochondrie verfallen, und wie die kindlichen Erlebnisse sich solcher Aussprüche als Anlaß zur Produktion einer Neurose bedienen, wird mit uns einig sein, daß gegen solche autoritativen Aussprüche nicht nur protestiert, sondern auch praktisch vorgegangen werden müßte.
2. Der *Arzt* stellt fest, daß der Geschlechtsverkehr zur Infektion führen kann. Gruber behauptet ja, daß jede außer- und vorehelich verkehrende Frau verdächtig ist. Es gäbe nun die Auskunft, nur mit jemand zu verkehren, den man gut kennt und zu dem man zärtliche Beziehungen hat; ferner, mit dem Partner sich entweder auf Treue für die Zeit des Verhältnisses oder darauf zu einigen, daß nach einem Verkehr mit einem anderen Partner einige Wochen hindurch kein Verkehr stattfinde und anderes mehr. Wo bleibt dann aber die Rücksicht auf die Sittlichkeit? Da Gruber, Fürbringer und andere Forscher ähnlicher Gesinnung jedes außereheliche Geschlechtsleben durch die Bordellbrille, wie sich Engels einmal ausdrückte, ansehen, wirken sie ganz im Sinne der reaktionären sexualideologischen Atmosphäre, wenn folgende »sittlichen« Ermahnungen das Resultat sind:

»Angesichts der Ekelhaftigkeit und Gefährlichkeit der Prostitution ...« – schreibt Gruber – »werden sich gar manche versucht fühlen, in einem sogenannten ›Verhältnis‹ Befriedigung zu suchen bis zu dem Zeitpunkte, da sie imstande sind, eine Ehe zu schließen. Sie mögen aber folgendes zu Herzen nehmen: Volle Sicherheit vor Ansteckung würde ein solches Verhältnis nur dann bieten, wenn es mit einer unberührten Jungfrau eingegangen wird, und wenn beiderseits strenge Treue bewahrt wird, denn bei der heutigen Verbreitung der Geschlechtskrankheiten ist, wie schon früher betont wurde, *jeder* polygamische Verkehr in hohem Grade gefährlich. Bei einem Mädchen, das sich leichten Herzens, etwa gar gegen Entgelt in irgendwelcher, wenn auch verhüllten Form zu einem solchen ›Verhältnis‹ hergibt, darf man aber nicht auf Treue rechnen. Wenn es, wie dies so häufig der Fall ist, schon von Hand zu Hand gewandert ist (!), so ist es kaum weniger gefährlich als die offenkundige Dirne. Auch davor sollte sich der zum Streben nach Höherem erfüllte junge Mann scheuen, daß das Zusammenleben mit einem Mädchen, das geistig und gemütlich tief steht, das kein Verständnis für seine Ziele hat und nur platte Vergnügungen kennt, seinen eigenen Bildungsgrad erniedrigen muß. Ein solches ›Liebesverhältnis‹ beschmutzt *seelisch* weit mehr, als der gelegentliche Besuch einer Dirne, der das Wesen einer Notdurftverrichtung hat, wie der Besuch eines öffentlichen Aborts.«

(*Hygiene*, S. 142—143)

Um aber auch den Ausweg, mit einem »*unberührten* Mädchen« in Verkehr zu treten, von vornherein auszuschalten, folgt schon auf der nächsten Seite die Blüte sexualmoralischer Gesinnung:

»Ein ehrbares, hochgesinntes Mädchen zu ›Liebesverhältnis auf Zeit‹ verleiten, ist auch dann ein unverantwortliches Beginnen, wenn es mit voller Offenheit über die Endabsichten geschieht.« (S. 144)

»Ich will nicht davon reden, daß schon die Entjungferung an sich dem Mädchen Schaden bringt, indem sie ihm das spätere Eingehen der Ehe erschwert, da der Mann mit durchaus richtigem Instinkt die unberührte Frau als Gattin bevorzugt (sic!).

Die Hauptsache ist, daß es ohne Schädigung oder tiefe Verwundung der weiblichen Seele dabei nicht abgeht. Der Wunsch nach Mutterschaft ist der gutgearteten Frau eingeboren. Nur dann, wenn der Geschlechtsverkehr ihr die Hoffnung eröffnet, Mutter zu werden, beglückt er sie vollkommen. Wer eine Frau unter erbärmlichen Kunstgriffen in den Geschlechtsverkehr einführt, beraubt sie um die Stunde höchster Glücksempfindung, die ihr die redliche Ehe mit den ersten schrankenlosen Umarmungen gebracht hätte.« (l. c. S. 145)

So wurden im Interesse der Eheinstitution »wissenschaftliche« Feststellungen »gemacht«: Die Frau wird nur dann durch den Geschlechtsakt beglückt, wenn damit die Aussicht, Mutter zu werden, sich verbindet. Wir kennen die gleiche Ansicht aus Analysen frigider, sexualablehnender Frauen. Und wie die »ersten schrankenlosen Umarmungen ... in der redlichen Ehe« in Wirklichkeit aussehen, erfahren wir in der Behandlung der an der »redlichen Ehe« erkrankten Frauen.

Wer könnte sich zu solcher sexualmoralischen Massenbeeinflussung besser eignen als ein berühmter Universitätsprofessor? Die autoritäre Gesellschaft ist geschickt bei der Auswahl ihrer Prediger.

Der Gipfel gefährlicher Ausnutzung wissenschaftlicher Autorität im Dienste der reaktionären Ideologie war die Behauptung Grubers, die Abstinenz schade gar nicht, im Gegenteil, sie sei sogar im höchsten Maße nützlich, denn der Samen werde wieder aufgesaugt und das bedeute »Zufuhr an Eiweiß«. »An eine Schädlichkeit der Zurückhaltung des Samens im Körper ist erst recht nicht zu denken, der Samen ist kein schädlicher Auswurfstoff, kein Stoffwechselabfall wie der Harn und der Kot.« Allerdings hatte Gruber doch einige Bedenken, diesen Unsinn ohne weiteres dastehen zu lassen. Also:

»Man könnte nun allerdings denken, da die Aufsaugung von Samen nur dann nützlich ist, wenn sie eine gewisse Menge nicht überschreitet, daß ein Zuviel davon schädlich werden könnte. Diesem Einwande gegenüber muß darauf aufmerksam gemacht werden, daß die Natur durch die unwillkürlichen, nächtlichen Samenentleerungen – die etwas ganz regelrechtes sind, wenn sie nicht allzu häufig stattfinden –, schon vorgesorgt hat, daß keine übermäßigen Ansammlungen von Samenflüssigkeit stattfinden: ferner darauf, daß die *Absonderung des Samens von selbst abnimmt, wenn die Geschlechtsvorrichtung nicht benützt wird. Mit den Hoden verhält es sich in dieser Beziehung geradeso, wie mit den anderen Werkzeugen des Körpers. Wenn sie nicht benützt werden, erhalten sie weniger Blut zugeführt, und wenn sie weniger Blut zugeführt erhalten, sinkt ihre Ernährung und ihre ganze Lebenstätigkeit.* (Von mir hervorgehoben.) Auch dadurch ist einem Schaden vorgebeugt.« (l. c. S. 72, 73)

Man lese diese Sätze so aufmerksam, wie sie es verdienen. Was Gruber hier offen und ehrlich aussprach, ist in der ethischen Einstellung der gesamten reaktionären Sexualwissenschaft geheim enthalten: Im Interesse der sittlichen Ordnung, der Kultur, des Volkes und des Staates propagiert man die Atrophie des Sexualapparates. Hätten wir solches ohne Beleg zu behaupten gewagt, wir wären keines wissenschaftlichen Blickes gewürdigt worden. Was hier ausgesprochen ist, macht den Kern der reaktionären Sexualideologie aus: *Sexualatrophie!* Man staunt dann nicht mehr darüber, daß etwa 90 Prozent der Frauen und 60 Prozent der Männer sexuell gestört und die Neurosen ein *Massenproblem* geworden sind.

Wenn man auf die Eiweißzufuhr, auf die Samenergüsse und auf die Hodenatrophie vertröstet, so fehlt nur noch die Kastration, als aktive Maßnahme. Dann würde sich aber derlei »objektive« Wissenschaft selbst aufheben, was im Interesse des »menschlichen Fortschrittes« und der »Hebung der Kultur« vermieden werden muß!

In Form der faschistischen Sterilisation ist diese Blüte unserer »Kultur« Wirklichkeit geworden.

Da Grubers *Hygiene des Geschlechtslebens* in 400 000 Exemplaren erschien, gering geschätzt also von einer Million Menschen, vorwiegend Jugendlichen, gelesen wurde, kann man sich die Wirkung als gesellschaftlichen Einfluß gut vorstellen. Sie veranlaßte als äußere Versagung mindestens ebensoviel Erkrankungen an Impotenz oder Neurose.

Man könnte nun einwenden, es sei bösartig, gerade Gruber zu zitieren, die Mehrzahl der Sexualforscher identifiziere sich nicht mit ihm. Von anderer Seite sei die Bedeutung der Sexualität hervorgehoben worden. Es sei nun die Frage gestattet, welcher der

Sexualforscher, die sich angeblich nicht mit Gruber identifizieren, eine Schrift gegen ihn verfaßte, um seinen Einfluß zu paralysieren. Ich spreche hier nicht von den in wissenschaftlichen Zeitschriften vermodernden Abhandlungen über die Ursachen und das Wesen der Pollutionen oder der Onanie. Gemeint ist eine konsequente Überführung der wissenschaftlichen Überzeugung in entsprechende Aktionen, etwa Verfassung populärer Broschüren als Gegenmaßnahme gegen die Hunderttausende sexueller Schundliteratur, welche von gewissenlosen Ärzten, die nichts von der Sache verstehen, abgefaßt werden, weil, wie der Absatz lehrt, der Hunger der unwissenden Massen nach Erkenntnis auf sexuellem Gebiet, nach ein wenig Klarheit in den Wirren, in denen sie zugrunde gehen, ein schönes Einkommen gewährleistet. Der Wauwau »Geschlechtskrankheit«, das Schreckgespenst »Onanie«, angebliche Kulturinteressen als Verlockung können nicht durch esoterische Abhandlungen bekämpft werden. Kollegiale Rücksichten und die Wahrung der »Standesinteressen« können da nicht vorgeschoben werden. Nein, die Sache liegt ganz anders. Wer sich mit den klaren und eindeutigen Aussprüchen eines Gruber nicht solidarisiert, weil er sie erkenntnismäßig ablehnen muß, der zögert sicher, seine richtige Anschauung und wissenschaftliche Überzeugung konsequent zu Ende zu denken und auszusprechen, denn sie führt ihn geradewegs aus der konservativen Beschränkung der Erkenntnis, damit aber auch aus seiner Stellung in der Gesellschaft hinaus; und das riskiert man nicht gern.

Es fehlte zwar nicht an Versuchen, gegen diese Auffassungen anzukämpfen. Ihre Halbheit verrät aber die Befangenheit der Autoren. Oder die Auseinandersetzung erschöpft sich in Gemeinplätzen.

Als Typus:

»Ebenso ist zum Zweck einer gerechteren Beurteilung und Vermeidung des bei geschlechtlichen Vorgängen allzu leicht erfolgenden gesellschaftlichen Boykotts eine verbreitetere Kenntnis der physiologischen und psychischen Grundlagen des Geschlechtslebens zu wünschen. Auch für die Erkenntnis eigener Gefühlsregungen und ein dadurch beeinflußtes Verhalten kann die Bekanntschaft mit wissenschaftlich gesicherten Tatsachen von großer Bedeutung sein. Man muß vertrauen, daß die steigende Kultur, gerade wenn sie nicht bloß in einzelnen Auswirkungen, sondern in ihrem vollen Gehalte sich ausbreitet, letzten Endes doch nicht zu einer Verwilderung der Geschlechtssitten führen wird, sondern zu ihrer Verfeinerung und Veredelung.«

(H. E. Timerding, *Handwörterbuch*, S. 713)

Die Kenntnis der Grundlagen des Geschlechtslebens ist zu wünschen (nicht etwa zu *fordern*), die Bekanntschaft mit den wissenschaftlichen Tatsachen kann von großer Bedeutung sein (sie *ist* es nicht), man muß vertrauen . . . Verwilderung der Sitten, Verfeinerung und Veredelung . . . usw. Phrasen!

Die Misere reicht aber noch weiter: Die Tatsachenfeststellung selbst und die Theoriebildung sind moralisch befangen, und das bis tief hinein in Kreise von Autoren, die auf anderen Gebieten nicht konservativ befangen sind. Kein Wunder, da doch die reaktionäre Sexualideologie die allgemeinste und zutiefst verankerte ist.

Es ist bekannt, daß die sexuelle Gefühlskälte der Frau auf einer Hemmung der Scheidenempfindlichkeit beruht, und daß durch die Behebung der Verdrängung der allgemeinen und der vaginalen Erotik die vaginale Erregung und orgastische Fähigkeit sich einstellen. Paul Krische verfaßte eine populäre Broschüre: *Neuland der Liebe*, eine »Soziologie des Geschlechtslebens«. Da hören wir über die vaginale Anästhesie:

»Der einzige Erreger der Beglückung für das Weib ist die Klitoris, nicht wie selbst Wissenschaftler, Ärzte, heute noch vielfach behaupten, neben ihr das Innere der Scheide und Gebärmutter. Denn die Vorbedingungen des Rauschgefühles sind die Schwellkörper und die Krauseschen Endkörper, und die finden sich nur in der Klitoris. Weder die Gebärmutter, noch das Innere der Scheide können also Träger sexueller Lustgefühle sein, zumal sie neben der Begattung den Geburtsgang für die reife Lebensfrucht bilden ... Um die Geburt nicht zu unüberstehbarer Pein werden zu lassen, hat die Natur den empfindlichen Schwellkörper des Weibes kleiner werden lassen, ... so daß der Scheidenausgang für die Geburt unempfindlich wurde ... Dadurch hat die Natur jenen Konflikt heraufgeführt, den sie innerhalb der Geschichte der Menschheit nicht zu lösen vermochte, daß sie, um die Geburt zu ermöglichen, den Scheidenausgang unempfindlich machte und so die wünschenswerte Beglückung des Weibes bei der Gemeinschaft verhinderte.« (S. 10)

Die Tatsache, daß bei der germanischen Rasse »mindestens 60 Prozent Frauen bei der regulären sexuellen Gemeinschaft niemals oder nur selten die sexuelle Beglückung erleben« (sic! Der Rest erlebt sie also doch, aber wie, da doch die Natur es anders eingerichtet hat?), führt Krische auf die angeblich größere Dislozierung von Klitoris und Scheide zurück. Die Sexualfunktion wird final aus der Funktion der Arterhaltung erklärt, wie so oft in der offiziellen Sexuologie, aber der Einfluß der konservativen Moral kommt doch eine Seite weiter zum Vorschein:

»Für das Weib ist das günstigste Alter der Mutterschaft in der ersten Hälfte der Zwanzigerjahre. Die Eireifung setzt aber bereits beim 14jährigen Mädchen ein. Um eine vorzeitige Schwangerschaft zu verhüten, hat die Natur darum die geringe sexuelle Erregtheit des jungen Mädchens als starken Schutz eingerichtet.« (S. 10)

Weshalb die Natur dann so ungeschickt war, nicht auch die Eireifung ins 25. Lebensjahr hinaufzuverlegen, ist unergründlich. Daß sie aber einem großen Prozentsatz von Mädchen, die nämlich trotz aller Voraussicht dieses modernen Gottes »Natur« an sexuellen Erregungen schwer leiden, diesen Schutz nicht ge-

währt hat, ist noch weniger zu verstehen. Und besonders peinlich müssen wir es empfinden, daß die Mädchen nicht erst mit 14, sondern schon mit drei und vier Jahren onanieren und mit Puppen spielen und sich von ihren Vätern Kinder wünschen, wo doch die Natur just das Jahr 25. als richtig befunden hat. Ob die Natur sich bei näherem Zusehen nicht als die besondere wirtschaftliche Stellung der Frau in unserer Gesellschaft und als dementsprechend braves »sittliches« Empfinden entpuppen dürfte? Denn was ist mit den 14jährigen Negerinnen und Kroatinnen? Die hat die Natur zweifellos vergessen?
Solche Theoriebildungen sind objektiv nichts anderes als Methoden der Ablenkung des wissenschaftlichen Interesses von den wahren sozialen und psychischen Ursachen der sexuellen Störungen.
Die vorwiegende oder ausschließliche biologische Auffassung des Geschlechtstriebes im Sinne der Arterhaltung ist eine der Verdrängungsmethoden der konservativen Sexualwissenschaft. Diese Zugrundelegung der Arterhaltung ist eine finale, also idealistische Betrachtungsweise, sie setzt einen Zweck dem Geschehen zugrunde, der notwendigerweise von einer überindividuellen Instanz verfolgt werden muß, soll nicht das Ganze schon logisch ein Unsinn sein. Sie führt ein metaphysisches Prinzip wieder ein, ist also im Grunde religiös oder mystisch befangen.

2. Die Ehemoral als Bremsung jeder Sexualreform

a) *Helene Stöcker*

Wir haben im vorangegangenen Abschnitt zu zeigen versucht, daß die Sackgasse jeder Art konventioneller Sexualreform das Festhalten an der angeblich biologisch, in Wirklichkeit ökonomisch begründeten Eheinstitution bildet, daß sich von der Eheideologie, durch die die autoritäre Gesellschaft unmittelbar die gesamte sexuelle Situation beeinflußt, folgerichtig Stück um Stück der sexuellen Misere ableitet. Aber auch die besten und fortschrittlichsten unter den Sexualreformern versagen, während sie sonst überall vom Standpunkt der sexuellen Ökonomie durchaus richtige Thesen aufstellen, an diesem einen Punkte — und sind gerade dadurch zur Sterilität verurteilt.
Die deutsche Sexualreformbewegung ist zerschlagen worden. Doch in allen Ländern dringt die Sexualreformbewegung vor, wenn auch behaftet mit all den Widersprüchen, die aus der Ablehnung der jugendlichen Geschlechtlichkeit folgen. Die folgende Auseinandersetzung kann unschwer auf jede Art fortschrittlicher liberaler Sexualreform übertragen werden.
Der »Deutsche Bund für Mutterschutz und Sexualreform«, des-

sen Spiritus rector Helene Stöcker war, gab seine *Richtlinien* heraus (Verlag der neuen Generation, Berlin, angenommen von der Delegiertenversammlung des Bundes in Berlin am 25./26. November 1922). Wir lassen zunächst die Leitsätze folgen, mit denen man sich vom Standpunkt der Sexualökonomie grundsätzlich solidarisieren kann:

»RICHTLINIEN«
des Deutschen Bundes für Mutterschutz und Sexualreform

1. Inhalt und Ziel der Bewegung

Die Bewegung für Mutterschutz und Sexualreform erwächst auf dem Boden einer frohen, lebensbejahenden Weltanschauung. Sie stammt aus der Überzeugung von dem höchsten Wert, der Heiligkeit und Unantastbarkeit des menschlichen Lebens.
Von diesem Grunde aus will unsere Bewegung das Leben zwischen Mann und Weib, zwischen Eltern und Kindern, zwischen den Menschen überhaupt, so reich, so fruchtbar wie möglich gestalten.
Unsere Aufgabe ist daher, die Erkenntnis von der Widerwärtigkeit gesellschaftlicher Zustände und ethischer Anschauungen, die Prostitution und Geschlechtskrankheiten, sexuelle Heuchelei und erzwungene Enthaltsamkeit dulden und fördern, in immer weitere Kreise zu tragen.
Die Verwirrung der heute herrschenden sittlichen Wertungen, die daraus hervorgehenden persönlichen Leiden und sozialen Übel rufen nach Abhilfe. Diese aber kann nicht durch Beseitigung von Symptomen, sondern nur durch radikale Ausrottung der wirklichen Ursachen erkämpft werden.
Aber nicht nur durch Beseitigung von Übeln, sondern auch positiv fördernd will unsere Bewegung der Vervollkommnung des individuellen und sozialen Lebens dienen. Leben und Lebensfreude will sie erhalten und steigern.
Das Leben vornehmlich an seiner Quelle zu schützen, es rein und stark erstehen zu lassen: *Mutterschutz,* die Geschlechtlichkeit des Menschen zum machtvollen Instrument nicht nur der Fortpflanzung, sondern der Aufwärtsentwicklung, zugleich aber der erhöhten und kultivierten Daseinsfreude zu machen: *Sexualreform* – dies ist Inhalt und letztes Ziel unserer Bestrebungen.

2. Allgemeines Prinzip der Sittlichkeit

Erste Voraussetzung für Gesundung der menschlich-geschlechtlichen Beziehungen ist der unbedingte Bruch mit denjenigen Sittlichkeitsanschauungen, welche ihre Gebote, sei es auf angeblich überirdische Anordnungen, sei es auf willkürliche menschliche Satzungen oder aber lediglich auf traditionelle Überlieferung gründen. Auch die Sittlichkeitslehre ist auf die Erkenntnisse der fortschreitenden *Wissenschaft* grundlegend zu stützen. Was in Wahrheit anderen Zeitumständen entsprach oder nur den Interessen herrschender Klassen diente, dürfen wir nicht als sittliche Forderung gedankenlos fortgelten lassen. *Prüfstein* des »Sittlichen« sei uns, ob es sich eigne, das menschliche Leben – das soziale Zusammenwirken – reicher und *harmonischer* und frei von Übeln werden zu lassen!

Wir lehnen es daher ab, Körper und Geist des Menschen in einen Gegensatz zueinander zu stellen. Wir wollen nicht, daß die natürliche geschlechtliche Anziehung zur *»Sünde«* gestempelt, die *»Sinnlichkeit«* als etwas Niederes oder Tierisches bekämpft, die »Überwindung« des »Fleisches« zum Prinzip der Sittlichkeit erhoben werde! Der Mensch ist uns vielmehr ein einheitliches, sinnlich-seelisches Wesen, dessen geistige und körperliche Anlagen das gleiche Recht auf gesunde Entwicklung, den gleichen Anspruch auf fördernde Pflege haben.
Gebote der Sittlichkeit sind allein solche Forderungen, welche aus den Bedingtheiten eines gleichberechtigten und friedlichen Zusammenlebens, das allen Menschen die denkbar günstigste Ausbildung und Entfaltung ihrer Anlagen und Kräfte gewährleistet, notwendig hervorgehen. Sittlich ist uns, was unter den gegebenen Verhältnissen nach unserer besten Einsicht der Entwicklung des einzelnen zur Persönlichkeit, der Hinleitung der Gesamtheit zu höheren und vollkommeneren Daseinsformen dient.

3. Sexuelle Ethik

Wir sehen, daß unsere herrschenden ethischen Anschauungen, unsere bestehenden gesellschaftlichen Zustände Unwahrhaftigkeit in geschlechtlichen Dingen und erzwungene Enthaltsamkeit, körperliche Krankheiten und sonstige Gebrechen hervorrufen und fördern. Wir betrachten es daher als unsere Aufgabe, die Erkenntnis der Unerträglichkeit dieser Zustände, der Verworrenheit dieser Anschauungen in weiteste Kreise zu tragen, solche Zustände und Anschauungen aufs schärfste zu bekämpfen. Wir wollen *nicht*, daß »Tugend« mit »Enthaltsamkeit« verwechselt werde, nicht, daß für den Mann eine andere Moral als für das Weib gelte.
Der *Geschlechtsverkehr* als solcher ist weder sittlich noch unsittlich. Aus einem starken Naturtrieb geboren, wird er erst durch Gesinnung und begleitende Umstände zu dem einen oder anderen. Die Bedeutung der Sexualität erschöpft sich nicht in ihrer freilich wichtigsten Wirkung: der Fortpflanzung. Vielmehr ist für den Menschen ein seinem Wesen und seinen Bedürfnissen entsprechendes Sexualleben Vorbedingung innerer und äußerer Lebensharmonie. Es setzt seiner Natur nach einen zweiten gleichgerichteten Willen, eine durch die Kräfte der Anziehung zu gewinnende Persönlichkeit voraus. Dann aber eröffnet das Liebesleben eine Fülle neuer Lebens- und Erlebensmöglichkeiten, Wege zur Vertiefung und Verfeinerung der Menschenkenntnis und eigenen Lebensanschauung – den einzigen Weg endlich zur vollen schöpferischen Ausgestaltung menschlichen Seins und Wesens in *Mutterschaft* und *Vaterschaft*.

Wir haben so ausführlich zitiert, weil wir uns soweit solidarisieren, aber auch um den Widerspruch, der später folgt, klarer hervortreten zu lassen.
Im Abschnitt »Inhalt und Ziel der Bewegung« ist die »radikale Ausrottung der wirklichen Ursachen« der Sexualnot hervorgehoben; daß die »Sittlichkeit« den Interessen gewisser Klassen dient, wird richtig erkannt und gesagt; daß für den Menschen »ein seinem Wesen und seinen Bedürfnissen entsprechendes Sexualleben Vorbedingung innerer und äußerer Lebensharmonie

ist«, stimmt völlig überein mit den Ergebnissen des Studiums der Bedingungen der sexuellen Ökonomie. Aber schon bei der Formulierung, das alles sei der einzige Weg »zur vollen schöpferischen Ausgestaltung menschlichen Seins und Wesens in Mutterschaft und Vaterschaft«, schleicht sich eine unbewiesene und unbeweisbare These ein, die den Auftakt bildet zu einem Satz, der alles bisher Gesagte mit einem Schlage umwirft. Es ist der Punkt, an dem jede bisherige Betrachtung des Sexuallebens versagte, nämlich am Problem der Jugend und der Ehe.

»Wir halten es für notwendig, daß die Jugend beiderlei Geschlechts gestählt, daß sie zur Selbstzucht sowie zur Achtung des anderen Geschlechts und seiner Aufgaben erzogen werde, daß insbesondere die *männliche Jugend beizeiten Rücksichtnahme auf die Menschenwürde des Weibes, auf sein Seelen- und Triebleben lerne und übe. Wir fordern daher Enthaltsamkeit bis zur Erreichung der vollen körperlichen und geistigen Reife.* Wir anerkennen aber den natürlichen Anspruch des erwachsenen und mündigen Menschen, gleichviel ob Mann oder Weib, auf geschlechtlichen Verkehr seiner Veranlagung und Neigung gemäß und in freier Übereinstimmung mit seinem Liebespartner, vorausgesetzt, daß der Verkehr im Bewußtsein der Verantwortung für die *möglichen Folgen und ohne Verletzung der Rechte anderer Personen* (zum Beispiel auf geschlechtliche Treue) erfolgt.

Wir haben hier folgende Widersprüche zum früher Gesagten:
1. Die Rücksichtnahme auf die »Menschenwürde« des Weibes. Daß es sich hier nicht um die alte sexualverneinende Redensart in puncto weiblicher Sexualität handelt, wird beim nächsten Satz sofort klar:
2. »Wir fordern *daher* Enthaltsamkeit bis zur Erreichung der vollen körperlichen und geistigen Reife.«
Es wird nicht konkret untersucht, warum heute, in dieser Gesellschaft, der Geschlechtsakt für die Frau Verletzung ihrer Menschenwürde bedeutet; gilt das allgemein, abstrakt? Es wird ferner nicht konkret gesagt, *wann* die Jugend als körperlich und geistig reif angesehen werden soll, welche Kriterien dafür gelten. Denn körperlich reif zur Zeugung und Geburt ist der Jugendliche in unseren Breitengraden durchschnittlich um das 14. und 15. Lebensjahr. Die Entwicklung der geistigen Reife des Jugendlichen hängt hauptsächlich von seiner frühen und späteren Umgebung ab. Wir sehen hier bereits eine Menge von Widersprüchen, die durch die allgemeine Formulierung von der körperlichen und geistigen Reife in keiner Hinsicht erfaßt werden.
3. Anerkennung des natürlichen Anspruchs des »erwachsenen und mündigen Menschen« (Wann »erwachsen«? Wann »mündig«? Ist ein Industriearbeiter von 16 Jahren »mündig« oder »unmündig«?) ... auf geschlechtlichen Verkehr seiner Veranlagung und Neigung gemäß usw., vorausgesetzt, daß der Verkehr »ohne Verletzung der *Rechte* anderer Personen, zum Beispiel auf geschlechtliche Treue«, erfolgt. Das heißt: Der Gatte hat

ein Recht auf den Körper der Gattin und umgekehrt. Welches Recht? Dasjenige, das ihm von der rechtlichen Eheinstitution eingeräumt wird, sonst keines. Also ein Gesichtspunkt, der sich von dem des reaktionären Rechtes in keiner Weise unterscheidet, der unmittelbar ökonomische Interessen vertritt, von deren Einfluß die Herausgeber der Richtlinien die Sexualität befreien wollen.

Dann der nächste Widerspruch:

»Das Wesen der *Ehe* und ihrer ›*Sittlichkeit*‹ sehen wir nicht, wie es heute zumeist geschieht, in der *Erfüllung gewisser Förmlichkeiten* als erschöpft an. Die heutige Anschauung läßt, wenn nur die vorgeschriebene Form gewahrt ist, die Gesinnung, die zur Ehegemeinschaft geführt hat, außer acht; sie fragt auch nicht darnach, ob und wie die durch diese begründeten Pflichten erfüllt werden. Sie erklärt alle formgerecht abgestempelten Liebesbeziehungen als allein ›sittlich‹ und ächtet alle übrigen – ohne Prüfung ihrer inneren Berechtigung, ihres Wertes und ihres Willens zur Verantwortung – als ›unsittlich‹. Sie hält schließlich durch *Gesetzeszwang* eine Ehe selbst dann noch aufrecht, wenn die Gemeinschaft nach dem Willen und Empfinden der Beteiligten sinn- und zwecklos und lediglich zur qualvollen Gebundenheit geworden, wenn sie innerlich oder selbst tatsächlich schon gelöst ist.«

Aber:

»*Wir betrachten die rechtlich anerkannte Einehe als die höchste und wünschenswerte Form der menschlichen Geschlechtsbeziehungen*, als am besten geeignet, eine dauernde Ordnung des Sexualverkehrs, den gesunden Aufbau der Familie, die Erhaltung der menschlichen Gemeinschaft zu gewährleisten. Wir verkennen aber nicht, daß die lebenslängliche, streng monogamische Ehe stets und überall nur als ein wenigen erreichbares Ideal bestanden hat und besteht. Der größere Teil des Geschlechtslebens spielt sich tatsächlich *vor und außerhalb der Ehe* ab. Aus *seelischen* ebenso wie aus *wirtschaftlichen Gründen* ist die gesetzlich gebundene Ehe außerstande, alle und jede Möglichkeiten *berechtigter Liebesbeziehungen* in sich aufzunehmen, das heißt diese in allen Fällen zur dauernden ›Einehe‹ werden zu lassen.«

Man tritt also für die »rechtlich anerkannte Einehe« (von wem anerkannt?) ein, man »verkennt aber nicht«, daß die lebenslängliche monogamische Ehe als ein nur wenigen erreichbares Ideal bestanden hat und besteht, und daß sich de facto der größere Teil des Geschlechtsaktes außerehelich abspielt. Die grundsätzliche Verfechtung der Eheinstitution hat den Gedanken gar nicht aufkommen lassen, sich um ihre Geschichte und gesellschaftliche Funktion zu kümmern. Man dekretiert, sie sei die beste aller Sexualformen, obgleich man selber in einem Atem das gerade Gegenteil feststellt. Es ist so nur selbstverständlich, daß man seine reformerischen Absichten in allgemein gehaltenen, nichtssagenden Sätzen erschöpft wie etwa in folgenden:

»Hiernach treten wir ein:
a) Für *Aufrechterhaltung* der rechtlich anerkannten Einehe auf der Grundlage der wirklichen Gleichberechtigung der Geschlechter, die Förderung der *wirtschaftlichen* Möglichkeiten der Eheschließung, aber auch der *seelischen* Möglichkeiten durch Erziehung zur Ehe und Elternschaft sowie durch gemeinsame Erziehung der Geschlechter und andere geeignete Maßnahmen für ein besseres und tieferes ›Sichkennenlernen‹ der Geschlechter;
b) für Erweiterung der gesetzlichen Möglichkeiten der *Ehescheidung* bei Fortfall der Vorbedingungen, welche zu ihrer Schließung geführt haben, ferner wenn die Ehe die Zwecke einer dauernden Lebensgemeinschaft nicht mehr zu erfüllen vermag (insbesondere Ersatz des Verschuldungsprinzips als Voraussetzung der Ehescheidung durch Zerrüttungsprinzip);
c) für sittliche und rechtliche Anerkennung von Verbindungen, die das Bewußtsein der Verantwortung für die hieraus entstehenden Verpflichtungen in sich tragen und den Willen zu ihrer Erfüllung bewähren – auch dann, wenn die gesetzliche Förmlichkeit nicht gewahrt wird;
d) für Bekämpfung der ›Prostitution‹ durch sanitäre Maßnahmen wie durch geistige und wirtschaftliche Mittel zur Beseitigung ihrer Ursächlichkeiten.«

1. Die *»wirkliche Gleichberechtigung der Geschlechter«* ist eine Floskel in der autoritären Gesellschaft; sie setzt arbeitsdemokratische Wirtschaftsbedingungen und auch Freigabe des Rechtes auf den eigenen Körper voraus. Damit hört aber die Ehe auf Ehe zu sein.
2. Die *Förderung der wirtschaftlichen Möglichkeit der Eheschließung* ist unter den bestehenden Produktionsverhältnissen ein inhaltsleerer Satz. Wer soll fördern? Die Gesellschaft, zu deren Struktur die Aufrechterhaltung einer industriellen Reservearmee spezifisch dazugehört?
3. *Erziehung zur Ehe*: Das geschieht ja unausgesetzt von Kindheit auf, und gegen die Folgen dieser Erziehung anzukämpfen hatte sich eben der »Bund« konstituiert. Eine Institution, die zu ihrer Aufrechterhaltung, wie wir noch ausführlich zeigen werden, die Sexualverdrängung erfordert, steht von vornherein im Widerspruch zu einer »gemeinsamen Erziehung der Geschlechter« und zu einem »tieferen Sichkennenlernen«, wenn diese Sätze nicht wieder nur inhaltsleere Phrasen sein sollen.
4. Die *»Erweiterung der gesetzlichen Möglichkeit der Ehescheidung«* ist an sich eine Halbheit, denn entweder ist die wirtschaftliche Stellung der Frau und der Kinder derart, daß die Scheidung ökonomisch nicht möglich ist, dann nützt die »Erweiterung« des Gesetzes der Masse nichts, oder die Produktionsverhältnisse werden so verändert, daß die wirtschaftliche Selbständigkeit der Frau und die soziale Fürsorge der Kinder mit der Zeit möglich werden, dann hat aber die Trennung einer Geschlechtsgemeinschaft überhaupt keine äußeren Schwierigkeiten.

5. *Bekämpfung der Ursachen der Prostitution.* Das sind die Arbeitslosigkeit und die Keuschheitsideologie des kleinbürgerlichen Mädchens. Das zu bekämpfen, dazu gehört mehr als eine sanitäre Maßnahme. Wer soll diese durchführen? Die gleiche reaktionäre Gesellschaft, die mit der Arbeitslosigkeit nicht fertig werden kann und die Keuschheitsideologie nicht aufheben darf? Der Sexualmisere ist mit solchen Mitteln nicht beizukommen, sie ist ein wesentliches Stück der bestehenden gesellschaftlichen Struktur!

b) *August Forel*

Unter den sozialistischen Sexualforschern hat gewiß keiner so sehr wie August Forel die hygienischen Schäden der Vergeldlichung der Sexualfunktion hervorgehoben; er hat alle grundsätzlichen Schwierigkeiten des Sexuallebens, die der autoritären Daseinsweise entspringen, richtig gesehen, allerdings ohne die tiefere ökonomische Wurzel der sexuellen Not erfaßt zu haben. Dementsprechend münden seine Feststellungen in Klagen, statt in konsequentes Zuendedenken, in gutgemeinte Ratschläge, was man tun sollte, um den Mißständen abzuhelfen, statt in die Erkenntnis von der spezifischen Abhängigkeit der Misere von der herrschenden sozialen Struktur. Die weltanschauliche Befangenheit kommt dann, wie nicht anders zu erwarten, in Widersprüchen der eigenen Auffassung zum Ausdruck. In einer Broschüre »Sexuelle Ethik« vertrat er, solange die Formulierungen allgemein blieben, den ethischen Standpunkt, daß »die Befriedigung des Sexualtriebes, beim Manne wie beim Weibe, an und für sich im ganzen und großen ethisch indifferent« ist. »Wir haben daher die Kühnheit zu erklären, daß jeder Beischlaf, der weder dem einen noch dem anderen der Beteiligten, noch dritten Personen und auch nicht der Qualität eines etwa dabei erzeugten Kindes schadet oder schaden kann, ... nicht unmoralisch sein kann.« (S. 20.) Es sei zwecklos, die ethisch indifferenten Zeugungen behindern zu wollen. »Solange sie nicht schaden, muß man sie tolerieren, um so mehr, als Glück und gesundes frohes Schaffen der Individuen oft von einer normalen Triebbefriedigung abhängen.« (S. 20.) Großartige Sätze im Verhältnis zur Zeit, da Forel sie schrieb. Nachdem noch festgestellt wurde, daß der Mann »instinktiv meistens polygam angelegt« ist (S. 19) (Warum nur der Mann? Doppelte Geschlechtsmoral, welche die Tatsachenfeststellung trübt!), folgt der gute Rat (S. 20):

»*Das ethisch sexuelle Ideal ist entschieden eine auf gegenseitiger dauernder Liebe und Treue beruhende, mit einigen Kindern gesegnete monogamische Ehe* ... So selten, wie unsere modernen Pessimisten behaupten, ist die Sache nicht; doch auch nicht besonders häufig. Damit jedoch diese Ehe ganz das wird, was sie sein soll und kann, muß sie durchaus frei sein, das heißt es sollen beide Ehegatten absolut gleichberechtigt sein, und kein anderer äußerer Zwang als die Pflichten den erzeugten Kindern gegenüber darf die Ehe kitten. Hierzu ist vor allem die Gütertrennung und die richtige Wertung einer jeden Arbeitsleistung der Frau wie des Mannes nötig.«

Dann hebt sich die Ehe aber von selbst auf, denn die letzte Forderung nimmt ihr ihre Basis, die sexuelle und ökonomische Unterdrückung der Frau.

Und in der Praxis sieht es so aus:

Polygamischer Konflikt: »Seit längerer Zeit beherrscht mich für eine Frau eine Leidenschaft, die ich vergeblich zu bekämpfen suche. Als verheirateter Mann, im Besitze einer herzlieben Gattin, mit der ich seit 32 Jahren in Frieden gelebt, ... sehe ich wohl ein, daß eine solche Liaison in keiner Beziehung gerechtfertigt oder auch nur entschuldbar ist. Dennoch bin ich stets wieder zu schwach, der Leidenschaft zu widerstehen.«

»Bekämpfung durch Suggestion ist zuerst zu versuchen.« *»In diesen Fällen ist guter Rat teuer«* (von mir kursiv) sagt Forel selbst. Gewiß ist guter Rat teuer, wenn jedem Mitglied der konservativen Gesellschaft unausgesetzt eingeprägt wird, daß eine Beziehung zu einer anderen Frau oder zu einem anderen Mann »in keiner Weise gerechtfertigt oder auch nur entschuldbar ist«.

c) *Das Ende der Weltliga für Sexualreform*

Der liberale Humanist und Sozialist Magnus Hirschfeld hatte in der zweiten Hälfte der zwanziger Jahre seiner Forschungsarbeit eine organisatorische Form in Gestalt der »Weltliga für Sexualforschung« gegeben. Sie umfaßte die damals fortgeschrittensten Sexualforscher und -reformer der Welt. Ihr Programm umfaßte folgende Punkte:

1. Politische, wirtschaftliche und sexuelle Gleichberechtigung der Frau.
2. Befreiung der Ehe (besonders der Ehescheidung) von kirchlicher und staatlicher Bevormundung.
3. Geburtenregelung im Sinne verantwortlicher Kindererzeugung.
4. Eugenische Beeinflussung der Nachkommenschaft.
5. Schutz der unehelichen Mütter und Kinder.
6. Richtige Beurteilung der intersexuellen Varianten, insbesondere auch der homosexuellen Männer und Frauen.
7. Verhütung der Prostitution und der Geschlechtskrankheiten.
8. Die Auffassung sexueller Triebstörungen, nicht wie bisher als Verbrechen, Sünde oder Laster, sondern als mehr oder weniger krankhafte Erscheinungen.
9. Ein Sexualstrafrecht, das nur wirkliche Eingriffe in die Geschlechtsfreiheit einer zweiten Person bestraft, nicht aber selbst

in Geschlechtshandlungen eingreift, welche auf dem übereinstimmenden Geschlechtswillen erwachsener Menschen beruhen.
10. Planmäßige Sexualerziehung und Aufklärung.

Der dänische Sexualpolitiker Leunbach, der einer der drei Präsidenten der WLSR war, hat die großen Verdienste der Weltliga, aber auch ihre Widersprüche eingehender Kritik unterzogen (»Von der bürgerlichen Sexualreform zur revolutionären Sexualpolitik«, Ztschr. f. pol. Psych. u. Sexök. 1935/2). Die wesentlichsten Punkte seiner Kritik betrafen die Versuche der Weltliga, die Sexualreform »unpolitisch« durchzuführen; ihre liberalistische Freizügigkeit, die so weit ging, daß man jedem Land überließ, sich nach den betreffenden Gesetzen zu richten; die Nichteinbeziehung der kindlichen und jugendlichen Sexualität; die Bejahung der Eheinstitution usw.

Nach dem Tode Hirschfelds gaben Norman Haire und Leunbach folgende Erklärungen heraus:

Mitteilung
an alle Mitglieder und Sektionen der Weltliga für Sexualreform

Wir, Dr. Norman Haire, London, und Dr. Leunbach, Kopenhagen, die überlebenden Präsidenten der WLSR, sind in der traurigen Lage, den Tod unseres Präsidenten, Magnus Hirschfeld, bekanntgeben zu müssen. Er ist am 15. Mai 1935 in Nizza gestorben.

Am liebsten möchten wir einen Kongreß einberufen, um über die Zukunft der WLSR Beschluß zu fassen. Das scheint aber zur Zeit aus denselben Gründen unmöglich zu sein, die es verhinderten, einen neuen internationalen Kongreß seit dem letzten in Brünn 1932 abzuhalten. Die politischen und ökonomischen Verhältnisse in Europa haben nicht nur das Abhalten internationaler Kongresse, sondern auch die weitere Arbeit der WLSR in vielen Ländern unmöglich gemacht. Die französische Sektion existiert nicht mehr, die spanische Sektion hat seit dem Tode Hildegarts jede Tätigkeit aufgegeben, die Sektionen in den meisten anderen Ländern ebenso. Soweit wir feststellen konnten, ist die englische Sektion die einzige, die noch aktiv funktioniert.

In Ermangelung eines internationalen Kongresses fühlen die zwei überlebenden Präsidenten sich zu der Feststellung gezwungen, daß die Aufrechterhaltung der WLSR als einer internationalen Organisation nicht mehr möglich ist.

Deshalb erklären wir die Weltliga für Sexualreform für aufgelöst. Die Ländersektionen müssen selbst entscheiden, ob sie als selbständige Organisationen weiterarbeiten oder sich auflösen wollen.

Unter den Mitgliedern verschiedener Sektionen sind große Differenzen entstanden, inwieweit die Liga den ursprünglichen nichtpolitischen Charakter aufrechterhalten sollte. Einige Mitglieder vertreten die Meinung, daß es ausgeschlossen sei, die Zwecke der WLSR durchzuführen, ohne gleichzeitig für eine sozialistische Revolution zu kämpfen.

Dr. Haire besteht fest darauf, daß alle revolutionäre Tätigkeit aus dem Programm der WLSR ferngehalten werden soll. Dr. Leunbach meint, die WLSR könne nichts erreichen, weil sie sich der revolutionären Arbeiterbewegung nicht angeschlossen hat und nicht anschließen kann. Dr. Leunbachs Standpunkt ist in der *Zeitschrift für politische*

Psychologie und Sexualökonomie, Band 2, Heft 1/1935, veröffentlicht worden. Dr. Haires Äußerungen hierzu werden in Heft 2 veröffentlicht, also in demselben Heft, das vorliegende Mitteilung enthält.
Nachdem nun die Weltliga für Sexualreform aufgelöst worden ist, können die Mitglieder der Ländersektionen völlig frei über diese Probleme selbst entscheiden.

Norman Haire J. H. Leunbach

Das war das Ende einer Organisation, die *im Rahmen der reaktionären Gesellschaft* die Sexualität befreien wollte.

3. Die Sackgasse der Sexualaufklärung

Die Krisenhaftigkeit der heutigen Erziehung im allgemeinen und der Sexualerziehung im besonderen hat auch die Frage in den Vordergrund gerückt, ob man die Kinder »sexuell aufklären« und an den Anblick des nackten menschlichen Körpers, genau gesprochen, der menschlichen Genitalien, gewöhnen soll oder nicht. Zwar ist man sich darüber einig – zumindest in Kreisen, die nicht allzu unmittelbar unter dem Einfluß der Kirche stehen –, daß das sexuelle Heimlichtun unendlich mehr schadet als nützt; zwar besteht auch der redliche und energische Wille, die trostlosen Zustände in der Erziehung zu beheben, aber es existieren zweifellos auch schwere Widersprüche und Hemmnisse innerhalb der Gruppe der Erziehungsreformer, an denen zweierlei Gründe deutlich zu unterscheiden sind: solche individueller und solche gesellschaftlicher Natur. Ich beschränke mich auf die Diskussion einiger grundsätzlicher Schwierigkeiten, die sich schon mit der Aufstellung des Zieles »Nackterziehung« und »Sexualaufklärung« ergeben.
Unter diesen Sexualtrieben kennt man besonders gut auch den Schautrieb und die Zeigelust, deren Triebziel das Betrachten bzw. das Zeigen erotisch betonter Körperteile, insbesondere der Geschlechtsorgane, ist. Dieser Trieb pflegt unter den Erziehungsbedingungen, wie sie heute fast durchwegs gegeben sind, sehr bald der Unterdrückung zum Opfer zu fallen. Das Kind macht rasch die Erfahrung, daß es weder seine Geschlechtsorgane zur Schau stellen noch die von anderen Personen betrachten darf, und entwickelt daraus zweierlei Empfindungen: erstens die, etwas streng Verpöntes zu tun, wenn es seinem Verlangen dennoch nachgibt, wobei es Schuldgefühle produziert, zweitens bekommt mit den verhüllten und »verbotenen« Genitalien alles Sexuelle einen mystischen Charakter; dementsprechend verwandelt sich die ursprünglich natürliche Schaulust in lüsterne Neugierde. Um sich dem Konflikt zwischen Schaulust und Schauverbot zu entziehen, muß das Kind den Antrieb verdrängen. Je nach dem Umfang und dem Grad der Verdrängung wird

entweder die Scheu und Schamhaftigkeit oder die Lüsternheit stärker entwickelt. Gewöhnlich bestehen beide nebeneinander, wodurch an die Stelle des alten ein neuer Konflikt tritt. Für die weitere Entwicklung gibt es zwei extreme Möglichkeiten: entweder das Entstehen einer Schädigung des Liebeslebens und neurotischer Symptome durch Beibehalten der Verdrängung der Zeigelust oder aber Entstehen einer Perversion, des Exhibitionismus. Welcher von den beiden möglichen Ausgängen sich ergibt, läßt sich nie mit Sicherheit voraussagen. Die Entwicklung einer weder das soziale Sein noch das subjektive Befinden störenden Sexualstruktur aus der sexualverneinenden Erziehung ist fast nur Sache des Zufalls und des Zusammenspiels vieler anderer Faktoren, wie Schicksale der Pubertät, Lösung von der elterlichen und teilweise Überwindung der gesellschaftlichen Autorität, vor allem aber die Findung eines Weges zu einem gesunden Geschlechtsleben.

Wir sehen also: Die Unterdrückung der Schau- und Zeigelust führt zu Resultaten, die kein Erzieher für wünschenswert halten kann.

Die bisherige Sexualerziehung geht durchweg von negativen Wertungen der Sexualität und von ethischen, nicht hygienischen Argumenten aus. Ihr Ergebnis sind Neurosen und Perversionen. Die Nackterziehung verneinen heißt der üblichen Sexualerziehung beistimmen, denn jene ist von dieser nicht getrennt zu behandeln. Die Nackterziehung hingegen bejahen und im übrigen die Sexualerziehung und die Erziehungsziele unangetastet lassen hieße einen Widerspruch setzen, der von vornherein jeden praktischen Versuch entweder illusorisch machen oder aber den Zögling in noch schwierigere Situationen bringen würde. Ein Kompromiß aber auf dem Gebiete der Sexualerziehung ist aus der dem Sexualtrieb innewohnenden Gesetzmäßigkeit kaum möglich. Ehe man die Frage der Sexualaufklärung überhaupt stellt, muß man sich zunächst eindeutig für Sexualbejahung oder Sexualverneinung, gegen die herrschende Sexualmoral oder für sie entscheiden; ohne eine derartige Klarheit über die eigene Stellung zur Sexualfrage ist jede Diskussion fruchtlos; sie ist die Voraussetzung für eine Verständigung in diesen Dingen. Wohin aber eine solche Klärung der Voraussetzungen führt, soll hier gezeigt werden.

Wir nehmen also an, daß wir die sexual*verneinende* Erziehung wegen der gesundheitlichen Gefahren ablehnen, uns also für das Gegenteil, die sexual*bejahende* Erziehung, entscheiden. Man wird dann vielleicht sagen, das sei gar nicht so gefährlich, man erkenne den Wert der Sexualität an und müsse nur die »Sublimierung der Sexualität fördern«. Darum handelt es sich hier aber gar nicht. Nicht um die Sublimierung geht es, sondern um die ganz konkrete Frage, ob die Geschlechter ihre Scheu, die Genitalien und die übrigen erotisch betonten Körperstellen zu entblößen, verlieren sollen oder nicht; noch konkreter, ob Erzieher und Zöglinge, Eltern und Kinder, Badende und Spielende nackt oder in Schwimmgewändern voreinander erscheinen sollen, ob das Nacktsein zur Selbstverständlichkeit werden soll. Wer die Selbstverständlichkeit des Nacktseins beim Baden, Spielen usw. bedingungslos anerkennt – und eine bedingte Bejahung hat ihren Platz nur in den Vereinen für Nacktkultur, in denen man die Nacktheit zur Übung in sexueller Enthaltsamkeit betreibt, um nachher mit den auftretenden Gliedsteifungen nicht fertig zu werden –; wer nicht Inseln in der gesellschaftlichen Moral, sondern Allgemeinheit der Nackterziehung und natürlichen Geschlechtlichkeit erstrebt, wird die Beziehung der Nacktheit zum übrigen Sexualleben prüfen und sich entscheiden müssen, ob auch die Konsequenzen solcher Bestrebungen – sehen wir zunächst von ihrer Durchführbarkeit ab – in der Richtung seiner Absichten liegen.

Die sexualärztliche Erfahrung lehrt, daß Sexualunterdrückung krank, pervers oder lüstern macht. Versuchen wir, die Bedingungen und Folgen einer sexual*bejahenden* Erziehung zu erraten. Zeigt man dem Kinde gegenüber keine Scham hinsichtlich der Genitalien, so wird es zwar keine Schüchternheit und Lüsternheit produzieren, es wird aber sicher, nachdem seine sexuelle Neugierde befriedigt und daher herabgesetzt wurde, auch seine sexuelle Wißbegierde befriedigt haben wollen. Man wird ihm das schwer abschlagen können, denn sonst würde ein weit schwererer Konflikt gesetzt, und das Kind hätte weit mehr Mühe zu verdrängen. Überdies bestünde die Gefahr der Perversion in höherem Maße. Man dürfte dann natürlich auch nichts gegen die Onanie einzuwenden haben, die man ja längst als natürlich erkannt hat; dem Kinde könnte dann auch der Vorgang der Zeugung nicht unerklärt bleiben. Um die Forderung des Kindes, diesen Vorgang auch zu sehen, könnte man sich herumdrücken, wenn die Beziehungen so sind, daß man das Kind leiten kann. Das würde aber zweifellos bereits eine Einschränkung der Sexualbejahung bedeuten; denn was könnte man einem zynischen Sexualethiker erwidern, der nun fragte, warum denn das Kind den Geschlechtsverkehr nicht auch sehen sollte. Belauscht habe ihn ja fast jedes Kind, auch der bestsituierten Familie, wie die analytische Erfahrung lehrt, also warum nicht auch sehen dürfen? Und in besondere Verlegenheit könnte uns unser Sexualethiker versetzen, wenn ihm die Frage einfiele, was denn gegen das Mitansehen des Aktes vom Standpunkt des Kindes, das diesen Vorgang oft auf der Straße zwischen Hunden sich abspielen sehen kann, einzuwenden wäre, wenn man es folgerichtig auch darüber aufgeklärt hat. Wir müßten dann, hätten wir den Mut, ehrlich zu sein, bekennen, daß wir ein Argument dagegen nicht anzuführen wissen, es sei denn ein ethisches — was ja wieder die Position unseres Gegners der Sexualaufklärung stärken würde; oder wir brächten den Heroismus auf, zuzugeben, daß wir ja gar nicht im Interesse des Kindes, sondern in dem unseres Strebens nach ungestörter Lust handeln, wenn wir es nicht zusehen lassen wollen. So in die Enge getrieben, bliebe uns nur noch die Alternative, entweder uns wieder zur Sexualethik, die ja notwendigerweise immer sexualverneinend sein muß, zu bekehren, oder aber an die heikelste aller Fragen, die nach der Stellung zum Geschlechtsverkehr heranzutreten. Wenn wir uns aber dazu entschließen, müßten wir uns dessen vergewissern, daß die Staatsanwaltschaft nichts davon erfährt, die sonst unweigerlich den Sittlichkeitsparagraphen in Anwendung brächte.

Wer nun behaupten will, daß wir übertreiben, den bitten wir, ein Stück weit noch mitzugehen, um sich zu überzeugen, daß die Nackterziehung und Sexualaufklärung — sachlich und sinnvoll durchgeführt — vorläufig Erzieher und Zögling in den Kerker führen[1].

Nehmen wir, eine Konzession machend, an, wir hätten das Kind in *unserem* geschlechtlichen Interesse davon abgebracht, den Geschlechtsakt mit ansehen zu wollen, so würden wir uns in unlösbare Widersprüche verwickeln und alles, was wir begonnen und mühselig erarbeitet haben, sofort über Bord werfen, wenn wir auf die unausweichliche Frage des Kindes, wann es dasselbe werde machen können, nicht eine strikte und der Wahrheit entsprechende Antwort gäben. Es hat ja erfahren, daß die Kinder im Leibe der Mutter wachsen; es hat auch sehr gut verstanden, daß zu diesem Zwecke der Vater sein Lulu oder Wipfi in das Locherl der Mutter gesteckt hat. Wenn die Eltern mutig waren, haben sie ihm auch mitgeteilt, daß das »gut ist«, so wie wenn es mit seinem Lulu spielt. (Man vergesse nicht, daß wir sinnvoll, das heißt konsequent, und nicht sinnlos handeln wollen, wenn wir aufklären.) Wenn es das aber weiß, dann werden wir es vielleicht nur für kurze Zeit aufs »Großsein« vertrösten können; kommt es in die Pubertät, treten geschlechtliche Erregungen, Erektionen, Samenergüsse bzw. Menstruation auf, so wird es sicher den Wechsel einfordern, den man ihm in der Kindheit ausgestellt hat. Wollten wir dann hinauszuschieben trachten, so träte unser Sexualethiker, der uns unbedingt ad absurdum führen will und dem das sehr gut gelingt, auf mit der folgerichtigen Frage, die nur ironisch klingen würde, was wir denn gegen den Geschlechtsakt in der Zeit der Sexualreife einzuwenden hätten. Er wird sich mit gutem Recht

1 Der Redakteur einer Zeitschrift, die diesen zuerst 1927 in der *Ztschr. f. psa. Paed.* erschienenen Artikel abdruckte, erhielt von höchst liberalen Regierungsleitern 40 Tage Kerker.

darauf berufen, daß in weiten Kreisen der Industriearbeiterschaft und in der Bauernschaft der Beginn des Geschlechtslebens mit der vollen Sexualreife, also etwa im 15. oder 16. Lebensjahr, zu den Selbstverständlichkeiten gehört. Wir werden uns zweifellos bei dem Gedanken, daß unsere Söhne und Töchter mit 15 oder 16 Jahren, vielleicht sogar schon früher, auf dem Recht ihres natürlichen Sexualverlangens beharren könnten, peinlich berührt fühlen und werden nach einigem Zögern der Verlegenheit nach Argumenten für eine nicht sehr aussichtsreiche Position suchen. Es wird uns etwa das Argument der »kulturellen Sublimierung« einfallen: Askese in der Pubertät sei notwendig für die geistige Entwicklung. Man werde halt die Jugend (die bisher in zwangloser Körperlichkeit aufgewachsen ist!) vernünftig zu beeinflussen trachten, ihr die Enthaltsamkeit »eine Zeitlang« in ihrem eigenen Interesse empfehlen. Unser boshafter und gut orientierter Sexualethiker wird aber zwei Argumente ins Feld führen, denen wir nicht mehr gewachsen sein werden. Erstens, das mit der Askese stimme nicht, denn es gäbe Sexuologen und Analytiker, die ernstlich behaupten, daß fast 100 Prozent aller Puberilen onanieren, und er könne den prinzipiellen Unterschied zwischen Sexualakt und Onanie nicht sehen. Im Gegenteil, die Onanie erledige nicht nur die sexuelle Spannung unter gewöhnlichen Bedingungen genauso wie der Sexualakt, sie sei sogar mit unendlich mehr Konflikten verknüpft als dieser, also sicher noch störender. Zweitens – wird er im Anschluß daran mit Recht einwenden –, wenn die Behauptung über die Allgemeinheit der Onanie richtig sei, so könne auch die These von der Notwendigkeit der Askese für die geistige Entwicklung nicht stimmen. Er habe behaupten gehört, daß nicht die Onanie, sondern im Gegenteil ihr Ausbleiben in der Kindheit und Pubertät ein schwer pathologisches Zeichen sei; man hätte noch nicht feststellen können, daß die asketisch lebenden Puberilen auf die Dauer auch die geistig regsameren wären, ja das Gegenteil hiervon, so behaupten einige, sei wahr. Uns könnte bei dieser Gelegenheit sogar einfallen, daß Freud einmal die allgemeine geistige Inferiorität der Frauen auf ihre größere sexuelle Denkhemmung zurückgeführt und behauptet hat, daß das sexuelle Leben auch für die soziale Leistung vorbildlich sei. Er widersprach sich dann selbst, wenn er die kulturelle Notwendigkeit der Sexualunterdrückung betonte. Er unterschied nicht zwischen befriedigter und unbefriedigter Sexualität. Jene fördert, diese hemmt die kulturelle Leistung. Auf die paar schlechten Gedichte, die bei Askese gelegentlich entstehen, kommt es doch nicht an.

Nunmehr intellektuell überzeugt, werden wir uns auf die Motive unserer haltlosen Argumentation besinnen und dabei allerlei interessante und für uns nicht sehr angenehme Tendenzen finden, Tendenzen, die zu unserer Überraschung gar nicht recht zu unseren fortschrittlichen Bestrebungen passen wollen. Unser Argument von der geistigen Entwicklung wird sich als Rationalisierung einer unbewußten Scheu entpuppen, der Sexualität ihren natürlichen Lauf zu lassen. Das werden wir unserem Ethiker wohlweislich verschweigen, ihm aber aufrichtig die Nichtigkeit unserer Argumente zugeben und ein ernsteres vorbringen. Was soll denn mit den Kindern geschehen, die diesen ersten Verbindungen entstammen werden? Es bestehe doch keinerlei wirtschaftliche Möglichkeit, sie aufzuziehen. Verwundert wird unser Gegner fragen, warum wir denn nicht alle Schulkinder in der Pubertät über den Präventivverkehr aufklären wollen. Eine Vision des Kuppeleiparagraphen wird uns wieder auf den Boden der Wirklichkeit, der gesellschaftlichen Realität, stellen. Dabei wird uns noch allerhand einfallen, wie daß wir z. B. mit unseren Bestrebungen der Nackterziehung, sexuellen Aufklärung – nicht über die Befruchtung der Blumen, sondern der *Menschen*! – und anderen schönen Dingen mehr, einen Stein nach dem anderen aus dem ganzen Gebäude der konservativen Moral zu ziehen im Begriffe sind; daß dann das Ideal der unberührt in die Ehe tretenden Jungfrau ebenso seinen Halt verliert wie das der ewigen Monogamie und mit diesem das der Ehe überhaupt. Denn daß Menschen, die eine ernst zu nehmende, kompromißlose, wissenschaftlich fundierte, das heißt wahre Sexualerziehung genossen haben, sich dem Zwang der heute herrschenden Sitte und Moral fügen, wird kein Vernünftiger behaupten wollen.

Triumphierend wird unser Ethiker, der uns dorthin gebracht hat, wo er uns haben wollte, fragen, ob wir denn glauben, daß sich irgendeine der Forderungen, die sich aus dem ersten ernsten Ansatz, der aufrichtigen Sexualerziehung, automatisch ergeben und innerhalb weniger Jahre ergeben werden, in der bestehenden Gesellschaft wird durchsetzen lassen; ob wir selber uns Rechenschaft darüber gegeben haben, ob wir das alles auch für wünschenswert halten. Er wird wieder mit vollem Recht hinzufügen, er habe uns nur beweisen wollen, daß man alles lassen müsse wie bisher, die sexualverneinende Erziehung, die Sexualverdrängung, die Neurosen, die Perversionen, die Prostitution und die Geschlechtskrankheiten, wenn man, wie er von uns erwarte, die hohen Güter der Ehe, der Keuschheit, der Familie und die autoritäre Gesellschaft unangetastet lassen will. Mancher Aufklärungsfanatiker wird darauf die Flucht ergreifen, und – er wird ehrlicher und bewußter handeln, rascher seinen wahren Standpunkt begriffen haben als derjenige, welcher, um das Gefühl seiner Fortschrittlichkeit nicht zu verlieren, sich auf die Behauptung versteifen wird, das alles sei ja übertrieben, die Sexualaufklärung könne gar nicht solche Wirkungen haben, sie

sei gar nicht so bedeutungsvoll. Jetzt fragen aber wir: Wozu dann überhaupt die Anstrengung?
Das einzelne Elternpaar wird die Erziehung seiner Kinder nach seinem Geschmacke und seiner Überzeugung einrichten können. Die Eltern werden sich dabei bewußt sein müssen, daß sie bei konsequenter, wissenschaftlich begründeter Sexualerziehung auf vieles werden verzichten müssen, was sonst Eltern an ihren Kindern hoch einzuschätzen pflegen, etwa Anhänglichkeit an die Familie lange über die Pubertät hinaus, ein nach den heutigen Begriffen »anständiges« Sexualleben der Kinder, Einflußnahme auf die lebenswichtigen Entscheidungen, nach vorherrschenden Begriffen gute Verheiratung der Töchter und anderes mehr. Die wenigen Eltern, die ihrer Überzeugung nach handeln und erziehen werden, verschwinden völlig in der Masse, haben vor allem keinen gesellschaftlichen Einfluß. Sie werden aber auch daran denken müssen, daß sie ihre Kinder schweren Konflikten mit der bestehenden Gesellschaftsordnung und -moral aussetzen, wenn auch vielleicht neurotische Konflikte dadurch erspart werden. Wer aber, mit dieser Gesellschaft unzufrieden, glaubt, durch Wirkung in großem Maßstabe, etwa in Schulen, am Bestehenden rütteln zu können, wird bald zu spüren bekommen, daß ihm entweder durch Entzug seiner Existenzbedingungen oder durch weit schärfere Maßnahmen (Psychiatrie oder Kerker) die Möglichkeit genommen werden kann, mit uns darüber zu diskutieren, ob seine Methode, die Gesellschaft zu ändern, auch die passende ist. Wir brauchen hier keine Beweise dafür anzuführen, daß die Gesellschaftsschicht, die am Bestehen der gegenwärtigen Ordnung materiell interessiert ist, wohl solche reformerischen Bestrebungen duldet, ja fördert, die unwichtige Spielereien sind, daß sie aber sofort brutal wird und die ihr reichlich zu Gebote stehenden Mittel der Verhinderung anwendet, sobald es sich um ernste Absichten handelt, am Bestand ihrer materiellen und der dazugehörigen ideellen Werte zu rütteln.
Die Sexualerziehung liefert meiner Überzeugung nach ungemein ernste und weit folgenschwerere Probleme, als die meisten Sexualreformer wähnen. Und eben deshalb geht es auf diesem Gebiete gar nicht vorwärts, trotz aller Erkenntnisse und Mittel, die uns die Sexualforschung zur Verfügung gestellt hat. Wir haben mit einem machtvollen gesellschaftlichen Apparat zu kämpfen, der vorläufig passive Resistenz leistet und bei der ersten ernsten Bestrebung unsererseits zur aktiven Resistenz übergehen wird. Und alles Zögern und Vorsichtigsein, alle Unentschiedenheit und Neigung zu Kompromissen in Fragen der Sexualerziehung lassen sich nicht nur auf die eigenen Sexualverdrängungen, sondern unbeschadet der Ehrlichkeit der pädagogischen Bemühungen auf die Scheu zurückführen, mit der

konservativen Gesellschaftsordnung in ernsten Konflikt zu geraten.
Zum Abschluß bringen wir zwei typische Fälle aus der Sexualberatung vor, die demonstrieren sollen, daß das ärztliche Gewissen zu Maßnahmen zwingt, die nicht nur zur konservativen Moral, sondern auch zur Sexualreform von der geschilderten Art in diametralem Gegensatz stehen.

Ein 16jähriges Mädchen und ein 17jähriger Junge, beide kräftig und gut entwickelt, kommen scheu und verängstigt in die Beratungsstelle. Nach langem Zureden stellt der Junge die Frage, ob es denn wirklich so schädlich sei, wenn man vor dem 20. Lebensjahre geschlechtlich verkehrt.
»Warum glaubst du, daß das schädlich ist?«
»Das hat uns der Gruppenführer bei den Roten Falken gesagt, und das sagen alle, die bei uns über die sexuelle Frage sprechen.«
»Sprecht ihr bei den Roten Falken über diese Dinge?«
»Gewiß, wir leiden alle furchtbar, aber keiner wagt es, *offen* zu sprechen. Jetzt ist eine Gruppe von Jungen und Mädeln aus unserer Abteilung ausgetreten und hat eine eigene Gruppe gegründet, weil sie sich mit dem Gruppenführer nicht vertragen. Der sagt auch immer, der Geschlechtsverkehr sei schädlich.«
»Wie lange kennt ihr euch?«
»Seit drei Jahren!«
»Habt ihr schon geschlechtlich verkehrt?«
»Nein, aber wir haben einander sehr lieb und wir müssen voneinander gehen, weil wir uns immer schrecklich aufregen.«
»Womit?«
(Langes Schweigen.) »Nun, wir küssen uns und tun auch sonst. Aber das tun die meisten. Und jetzt sind wir beide schon fast verrückt. Das Arge ist, daß wir wegen unserer Funktionen immer zusammenarbeiten müssen. Sie hat in der letzten Zeit sehr oft Weinkrämpfe, und ich komme in der Schule nicht mehr nach.«
»Was denkt ihr selber, was das beste wäre?«
»Wir wollten uns trennen, aber es geht nicht; die ganze Gruppe, deren Führer wir sind, würde zerfallen, und dann kommt sicher dasselbe mit einer anderen wieder.«
»Betreibt ihr Sport?«
»Ja, aber es nützt gar nichts. Wenn wir beisammen sind, können wir an nichts denken als immer an das eine. Bitte sag uns, ob das wirklich schädlich ist.«
»Nein, es ist nicht schädlich, aber es bringt oft große Schwierigkeiten im Elternhaus.«

Ich erklärte ihnen nun die Physiologie der Pubertät und des Geschlechtsverkehrs, die gesellschaftlichen Hindernisse, die Gefahr der Schwangerschaft und die Verhütungsmittel. Mit dem Rat, die Sache zu überdenken und wiederzukommen, entließ ich sie.
Zwei Wochen später sah ich sie wieder, froh, dankbar, arbeitsfreudig: Sie hatten alle inneren und äußeren Schwierigkeiten überwunden. Ich verfolgte den Fall noch einige Monate und

war nun gewiß, zwei junge Menschen vor Erkrankung bewahrt zu haben. Getrübt wurde die Freude nur durch die Erfahrung, daß solche Erfolge der einfachen Beratung wegen der neurotischen Fixierungen der Mehrzahl der ratsuchenden Jugendlichen vereinzelte Ausnahmen sind.

Als zweites Beispiel sei eine 35jährige, noch sehr jugendlich aussehende Frau angeführt, die die Sexualberatungsstelle in folgender Angelegenheit aufsuchte: Sie war 18 Jahre verheiratet, hatte einen erwachsenen Sohn und lebte mit ihrem Mann in äußerst friedlicher Ehe. Seit drei Jahren hatte der Gatte ein Verhältnis mit einer anderen Frau. Die Ratsuchende wußte und duldete es mit gutem Verständnis dafür, daß man nach so langer Ehe Verlangen nach anderen Objekten bekommt. Sie war bisher treu geblieben, obwohl der Mann seit etwa zwei Jahren nicht mehr mit ihr verkehrte. Seit einigen Monaten litt sie unter der Abstinenz, war aber zu stolz, um ihren Mann zum Verkehr zu bewegen. In letzter Zeit traten Herzbeschwerden, Schlaflosigkeit, Gereiztheit und Depressionen immer gehäufter und intensiver auf. Zu einem Ehebruch mit einem Freund, den sie vor einiger Zeit kennenlernte, konnte sie sich aus moralischen Bedenken nicht entschließen, obgleich sie selbst die Unsinnigkeit dieser Bedenken einsah. Der Mann brüstete sich immer mit der Treue seiner Gattin, und sie wußte genau, daß er nicht bereit gewesen wäre, ihr das Recht einzuräumen, das er sich wie selbstverständlich nahm. Was sie tun sollte, fragte sie, sie halte den Zustand nicht länger aus.

Man überlege den Fall genau. Weitere Abstinenz bedeutete für sie die sichere neurotische Erkrankung. Den Mann in seinem Verhältnis stören und ihn wiedergewinnen, ging aus zwei Gründen nicht. Erstens weil er sich nicht hätte stören lassen und zugegeben hatte, kein sinnliches Interesse für sie mehr zu haben, zweitens weil sie selbst ihren Gatten nicht mehr begehrte. Es blieb also nur noch der Ehebruch mit dem geliebten Freund. Die Sache hatte aber einen Haken: Sie war ökonomisch nicht unabhängig, und der Gatte hätte sofort die Scheidung gefordert, wenn er davon erfahren hätte. Ich setzte der Frau alle diese Möglichkeiten auseinander, ließ ihr Zeit zur Entscheidung und hörte nach einigen Wochen, daß sie sich entschlossen hatte, das Verhältnis zum Freund bis zum letzten zu führen und sich vom Mann nicht erwischen zu lassen; ihre aktualneurotischen Beschwerden schwanden nach kurzer Zeit. Zu dieser Entscheidung war sie befähigt worden durch meinen erfolgreichen Versuch, ihre moralischen Bedenken zu zerstreuen. Nach dem Gesetz hatte ich mich eines Vergehens schuldig gemacht; ich hatte einer unbefriedigten, am Rande der neurotischen Erkrankung stehenden Frau den Ehebruch ermöglicht.

V. Kapitel: Die Zwangsfamilie als Erziehungsapparat

Die wichtigste Erzeugungsstätte der ideologischen Atmosphäre des Konservatismus ist die Zwangsfamilie. Ihr Grundtypus ist das Dreieck: Vater, Mutter und Kind. Während die konservative Anschauung in der Familie die Grundlage, wie manche sagen, die »Zelle« der menschlichen Gesellschaft überhaupt sieht, erblicken wir in ihr bei Berücksichtigung ihrer Wandlungen im Laufe der historischen Entwicklung und ihrer jeweiligen gesellschaftlichen Funktion ein *Ergebnis* bestimmter ökonomischer Strukturen. Wir sehen also die Familie nicht als Baustein und Grundlage, sondern als Folge einer bestimmten ökonomischen Struktur der Gesellschaft an (matriarchalische, patriarchalische Familie, Zadruga, polygynes und monogynes Patriarchat usw.). Wenn aber die konservative Sexualforschung, die reaktionäre Sexualethik und die Rechtsordnung von der Familie immer wieder als *der* Grundlage des »Staates« und der »Gesellschaft« sprechen, so haben sie nur in dem Sinne recht, daß die Zwangsfamilie zum Bestand des autoritären Staates und der autoritären Gesellschaft unabtrennbar gehört. Ihr gesellschaftlicher Sinn erschöpft sich in drei Grundeigenschaften:

1. *Ökonomisch*: Sie war in den Anfängen des Kapitalismus der wirtschaftliche Kleinbetrieb und ist es heute noch in der Bauernschaft und im Kleingewerbe.
2. *Sozial*: Sie hat in der autoritären Gesellschaft die wichtige Funktion des Schutzes der wirtschaftlich und sexuell entrechteten Frau und der Kinder.
3. *Politisch*: Während die Familie in der vorkapitalistischen Zeit des Privateigentums und in den Anfängen des Kapitalismus eine unmittelbare ökonomische Wurzel in der familiären Kleinwirtschaft (wie heute noch in der Kleinbauernwirtschaft) hatte, vollzog sich mit der Entwicklung der Produktivkräfte und der Kollektivierung des Arbeitsprozesses ein *Funktionswechsel der Familie.* Ihre unmittelbare ökonomische Basis verlor an Bedeutung, und zwar zunehmend mit dem Grad der Einbeziehung der Frauen in den Produktionsprozeß; was an ökonomischer Basis verlorenging, wurde durch ihre *politische Funktion* ersetzt. Ihre kardinale Aufgabe, diejenige, um derentwillen sie von konservativer Wissenschaft und konservativem Recht am meisten verteidigt wird, ist ihre Eigenschaft als *Fabrik autoritärer Ideolo-*

gien und konservativer Strukturen. Sie bildet den Erziehungsapparat, durch den fast ausnahmslos jedes Mitglied der Gesellschaft vom ersten Atemzuge an hindurch muß. Nicht nur als Institution autoritärer Art, sondern, wie wir gleich sehen werden, kraft der ihr eigenen Struktur beeinflußt sie das Kind im Sinne der konservativen Weltanschauung; sie ist der Mittler zwischen der wirtschaftlichen Struktur der Gesellschaft und deren ideologischem Überbau, sie ist durchtränkt von der konservativen Atmosphäre, die sich notwendigerweise jedem ihrer Mitglieder unauslöschlich einprägt. Sie übermittelt durch ihre Formation und durch direkte Beeinflussung nicht nur allgemeine Einstellungen zur bestehenden Gesellschaftsordnung und konservative Gesinnungsart, sondern nimmt auch insbesondere durch die sexuelle Struktur, der sie entspringt und die sie weiterpflanzt, unmittelbaren Einfluß auf die sexuelle Struktur der Kinder in konservativem Sinne. Es ist kein Zufall, daß die Einstellung der Jugend für beziehungsweise gegen die herrschende Ordnung bis zu einem sehr hohen Grade in einem proportionalen Verhältnis zu ihrer Einstellung für beziehungsweise gegen die Familie steht. Es ist auch kein Zufall, daß die konservative und die reaktionäre Jugend im ganzen und großen, von abweichenden Einzelfällen abgesehen, familienanhänglich und -erhaltend, die revolutionäre Jugend dagegen familienfeindlich und -zerstörend ist und sich aus dem Familienverband mehr oder weniger vollständig löst.
Das hängt mit der sexualfeindlichen Atmosphäre und Struktur der Familie, mit den Beziehungen der Familienmitglieder zueinander aufs innigste zusammen.
Wir haben demnach, wenn wir die erzieherische Bedeutung der Familie betrachten, zwei Tatbestände gesondert zu untersuchen: den Einfluß der konkreten gesellschaftlichen Ideologien, die sich der Familienerziehung bei der Beeinflussung der Jugend bedienen, und den unmittelbaren Einfluß der »Dreiecksstruktur« selbst.

1. Der Einfluss der gesellschaftlichen Ideologie

Die Familien des Großbürgertums unterscheiden sich von denen des Kleinbürgertums, und diese wieder von denen der Industriearbeiter. Sie alle sind aber der gleichen sexualmoralischen Atmosphäre ausgesetzt, die die spezifische Klassenmoral nicht austilgt, sondern diese bleibt teils widerspruchsvoll neben jener bestehen, teils schließt sie mit ihr Kompromisse.
Der vorherrschende Typus der Familie, der kleinbürgerliche, reicht nun bedeutend weiter als die gesellschaftliche Schicht »Kleinbürgertum«, weit hinein ins Großbürgertum und noch weiter in die Industriearbeiterschaft. Die Grundlage der klein-

bürgerlichen Familie ist die Beziehung des patriarchalischen Vaters zu Frau und Kindern. Er ist sozusagen der Exponent und Vertreter der staatlichen Autorität in der Familie. Er ist wegen des Widerspruchs zwischen seiner Stellung im Produktionsprozeß (Diener) und seiner Familienfunktion (Herr) folgerichtig und typisch eine Feldwebelnatur; er duckt sich nach oben, saugt die herrschenden Anschauungen restlos auf (daher seine Nachahmungstendenz) und er herrscht nach unten; er gibt die obrigkeitlichen und gesellschaftlichen Anschauungen weiter und setzt sie durch.

In *sexualideologischer* Hinsicht fällt in der kleinbürgerlichen Familie die gesellschaftliche Eheideologie mit dem Kern der Familie überhaupt, der dauermonogamen Ehe, zusammen. So miserabel und trostlos, leidvoll und unerträglich die Ehesituation und Familienkonstellation ist, ideologisch muß sie nach außen sowohl wie nach innen von den Familienmitgliedern verfochten werden. Die gesellschaftliche Notwendigkeit dieses Seins zwingt zum Vertuschen der Misere und zu ideologischem Hochhalten der Familie und Ehe, erzeugt auch die weitverbreitete Familiensentimentalität und die Schlagworte vom »Familienglück«, vom »trauten Heim«, vom »stillen Ruhepunkt« und vom Glück, das die Familie für die Kinder angeblich bedeutet. Aus der Tatsache, daß es in unserer Gesellschaft außerhalb der Ehe und Familie noch trostloser aussieht, weil da jeder materielle, rechtliche und ideologische Schutz des Sexuallebens fehlt, schließt man auf die Naturnotwendigkeit der Familieninstitution. Das Verschleiern vor sich selbst und die sentimentalen Schlagworte, welche wichtige Bestandteile der ideologischen Beeinflussungsatmosphäre bilden, sind seelisch notwendig, denn sie unterstützen das Durchhalten in der seelisch unökonomischen Familiensituation. So erklärt es sich, daß die Behandlung von Neurosen so leicht den Familien- und Ehezusammenhang zerstört; sie räumt nämlich mit den Illusionen auf, die Wahrheit tritt unerbittlich zutage.

Erziehung zur Ehe und zur Familie ist das Ziel der Aufzucht der Kinder von Anbeginn. Die Erziehung zum Beruf tritt ja erst viel später hinzu. Die sexualverneinende und -verleugnende Erziehung ist nicht nur von der gesellschaftlichen Atmosphäre diktiert, sondern sie wird notwendig durch die Sexualverdrängung der Erwachsenen. Ohne umfassenden Sexualverzicht ist ein Existieren in der Familienatmosphäre nicht möglich.

In der typischen kleinbürgerlichen Familie nimmt die Beeinflussung des sexuellen Triebapparates bestimmte, für sie spezifische Formen an, welche die individuelle Disposition für »Ehe- und Familiensinn« legen. Es wird nämlich die prägenitale Erotik durch Überbetonung der Eß- und Exkretionsfunktionen fixiert, während die genitale Betätigung restlos unterbunden wird

(Onaniebekämpfung). Die genitale Hemmung und die prägenitale Fixierung bedingen eine Verschiebung des sexuellen Interesses ins Sadistische, und die sexuelle Wißbegierde des Kindes wird aktiv unterdrückt. Das gerät in Widerspruch mit der Wohnungslage, der allgemeinen sexuellen Ungeniertheit der Eltern und mit dem unvermeidlich sexuell betonten Milieu in der Familie. Die Kinder nehmen ja doch alle Vorgänge wahr, wenn auch verzerrt und mit falschen Auslegungen durchsetzt.
Die ideologische und erzieherische Hemmung des Sexuellen einerseits, das Mitansehen und Miterleben der intimsten Vorgänge unter den Erwachsenen andererseits setzen im Kinde bereits die Grundlage zur sexuellen Heuchelei. Das ist etwas gemildert in Industriearbeiterfamilien, wo die Betonung der Eß- und Verdauungsfunktionen weniger stark ist, die genitalen Betätigungen hingegen stärker besetzt und weniger verboten sind. Die Widersprüche sind daher geringer, die Bahn für die Genitalität ist freier. Das ist durchwegs bedingt durch die wirtschaftliche Daseinsweise der Industriearbeiterfamilie. Steigt ein Industriearbeiter wirtschaftlich auf in die Reihen der Arbeiteraristokratie, so verändert sich dementsprechend auch seine Gesinnung, seine Kinder geraten unter stärkeren Druck von seiten der konservativen Moral.
Während in der kleinbürgerlichen Familie die Sexualunterdrükkung sich mehr oder minder vollständig durchsetzt, gerät sie im Industriearbeitermilieu in Widersprüche mit der notwendigerweise geringeren Beaufsichtigung der Kinder, die sich ja meist selbst überlassen sind.

2. Die Dreiecksstruktur

Während die Familie, derart von der ideologischen Atmosphäre der Gesellschaft beeinflußt, auf das Kind einwirkt, ergibt sich aus ihrer *Dreiecksstruktur* überdies eine für sie spezifische Konstellation des Kindes, ganz in der Richtung der konservativen Tendenzen der Gesellschaft.
Die Freudsche Entdeckung, daß überall, wo diese Dreiecksstruktur besteht, das Kind in ganz bestimmte sexuelle Beziehungen sinnlicher und zärtlicher Art zu seinen Eltern kommt, ist grundlegend für das Verständnis der individuellen sexuellen Entwicklung. Der sogenannte »Ödipus-Komplex« umfaßt alle diese Beziehungen, die in ihrer Quantität, vor allem aber in ihrem Ausgang, von der weiteren Umgebung und von der Struktur der Familie bestimmt werden. Das Kind richtet seine ersten genitalen Liebesregungen (von den prägenitalen sehen wir hier der Einfachheit halber ab) auf die nächsten Personen seiner Umgebung, und das sind meist die Eltern. Typischerweise wird der heterosexuelle Elternteil geliebt und der gleichgeschlechtliche

zunächst gehaßt. Gegen diesen werden Eifersuchtsregungen und Haß entwickelt, aber gleichzeitig auch Schuldgefühle und Angst vor ihm. Die Angst betrifft in erster Linie die eigenen genitalen Regungen zum andersgeschlechtlichen Elternteil. Diese Angst, zusammen mit der realen Unmöglichkeit der Befriedigung des Inzestwunsches, bringt diesen mitsamt der genitalen Strebung zur Verdrängung. Aus dieser Verdrängung leiten sich die allermeisten späteren Liebesstörungen primär ab.
Nun sind aber zwei für die Folgen dieses kindlichen Erlebens kardinale Tatbestände nicht zu übersehen. Erstens käme keine Verdrängung zustande, wenn der Knabe etwa zwar auf seine Mutter verzichten müßte, ihm aber das genitale Spiel mit Altersgenossinnen sowie die Onanie gesellschaftlich gestattet wären. Man gibt nicht gern zu, daß solche sexuellen Spiele (»Doktorspiele« usw.) immer stattfinden, wo Kinder mit anderen länger beisammen sind; sie erfolgen allerdings mit klarem Wissen um das Verpönte dieses Tuns, daher mit Schuldgefühlen und schädigenden Fixierungen an diese Spiele. Das Kind, das solche Spiele, wenn es Gelegenheit dazu hat, nicht wagt, ist sicherer Kandidat einer schweren Beeinträchtigung seines späteren Sexuallebens, es entspricht aber den Prinzipien der Familienerziehung. Über die Versuche, solche Feststellungen als Produkte verderbter Phantasie abzutun, wird sich die Geschichte glatt hinwegsetzen. Man wird nicht lange diese Tatsachen verleugnen und den Konsequenzen, die sie aufzwingen, ausweichen können. Freilich, die offizielle gesellschaftliche Auseinandersetzung mit ihnen wird nicht und so lange nicht erfolgen, wie die Familienerziehung innerhalb der autoritären Gesellschaft wirtschaftlich und politisch verankert ist.
Die Verdrängung der frühen sexuellen Regungen wird qualitativ und quantitativ entscheidend von der sexuellen Denkungsart der Eltern bestimmt. Es hängt viel davon ab, ob sie mit mehr oder weniger Strenge erfolgt, ob sie die Onanie mitbetrifft oder nicht, u. a. m.
Daß das Kind gerade im kritischen Alter zwischen dem vierten und sechsten Lebensjahr seine Genitalität im Elternhaus erlebt, zwingt ihm eine bestimmte, eben für die Familienerziehung spezifische Lösung auf. Ein Kind, das vom dritten Lebensjahre an in Gemeinschaft mit anderen Kindern und unbeeinflußt von der Elternbindung erzogen wäre, würde seine Sexualität ganz anders entwickeln, in Formen, die hier nicht zur Diskussion kommen können. Man darf auch die Tatsache nicht unterschätzen, daß die Familienerziehung praktisch individualistisch ist, den günstigen Einfluß eines Kinderkollektivs ausschließt, auch dann, wenn das Kind täglich einige Stunden in einem Kindergarten verbringt. Die Familienideologie beeinflußt praktisch weit mehr den Kindergarten als dieser die Familienerziehung.

Das Kind ist also in die Familie hineingezwängt und bringt daher eine Fixierung an die Eltern in sexueller und autoritativer Hinsicht zustande. Es wird schon zufolge seiner physischen Kleinheit von der elterlichen Autorität erdrückt, möge diese nun streng sein oder nicht. Die autoritative Bindung überwuchert bald die sexuelle, drängt sie in den Zustand der unbewußten Existenz und steht später, wenn die sexuellen Interessen sich der außerfamiliären Welt zuwenden sollen, als mächtiger hemmender Block zwischen Sexualinteresse und Wirklichkeit. Gerade weil die autoritative Bindung selbst zu einem großen Teil unbewußt wird, entzieht sie sich der bewußten Beeinflussung. Es hat wenig zu sagen, wenn die unbewußte Bindung an die elterliche Autorität oft als Gegenteil, als neurotisches Revoltieren zum Ausdruck kommt; es vermag die sexuellen Interessen dennoch nicht zur Entfaltung zu bringen, es sei denn in Form triebhafter und unbeherrschter sexueller Aktionen, als krankhafte Kompromisse zwischen Sexualität und Schuldgefühl. Die spätere Lösung dieser Bindung an die Eltern ist *die* Voraussetzung eines gesunden Sexuallebens. Sie gelingt heute in einer Minderzahl.

Die Elternbindung, sowohl die sexuelle Gebundenheit wie die Unterordnung unter die Autorität des Vaters, erschwert in der Pubertät den Schritt in die sexuelle und soziale Realität, wo sie ihn nicht völlig unmöglich macht. Das kleinbürgerliche Ideal des braven Sohnes und der braven Haustochter, die noch bis ins reife Alter in der kindlichen Situation stecken, ist das extreme Gegenteil der freien, selbständigen Jugend.

Ein weiteres Kennzeichen der Familienerziehung ist, daß die Eltern, im besonderen die Mutter, sofern sie nicht gezwungen ist, ihren Lebensunterhalt außerhalb des Hauses zu verdienen, in ihren Kindern bald immer mehr *den* Inhalt ihres Lebens suchen — und zu deren Nachteil auch finden, daß die Kinder dabei die Rolle von Haushunden spielen, die man lieben, aber auch beliebig quälen kann, daß die affektive Einstellung der Eltern sie völlig ungeeignet zur Erziehung macht, das sind allzu abgeleierte Tatsachen, als daß wir uns hier ausführlicher mit ihnen beschäftigen müßten.

Was an Ehemisere in den ehelichen Konflikten nicht direkt ausgelebt werden kann, ergießt sich auf die Kinder. Das setzt neuerliche Schädigungen ihrer Selbständigkeit und sexuellen Struktur, schafft aber auch einen neuerlichen Widerspruch: den zwischen dem Miterlebthaben der elterlichen Ehe, daher *Ehegegnerschaft*, und dem späteren wirtschaftlichen Zwang zu heiraten. In der Pubertät spielen sich gerade dann Tragödien ab, wenn die Jugendlichen sich glücklich aus den Schädigungen der kindlichen Sexualerziehung gerettet haben und nunmehr auch die puberilen Fesseln der Familie abstreifen wollen.

Die Sexualeinschränkung, die die Erwachsenen auf sich nehmen mußten, um das eheliche und familiäre Dasein ertragen zu können, pflanzen sie auf ihre Kinder fort. Und da diese später aus wirtschaftlichen Gründen in die familiäre Situation zurücksinken müssen, setzt sich die Sexualeinschränkung von Generation zu Generation fort.

Da die Zwangsfamilie ökonomisch mit der autoritären Gesellschaft verwachsen ist, heißt es völlig blind den Tatsachen und Zusammenhängen gegenüberstehen, wenn man ihre Wirkungen innerhalb dieser Gesellschaft auszurotten hofft. Diese Wirkungen liegen ja in der Situation der Familie selbst und sind durch die unbewußten Mechanismen der Triebstruktur in den einzelnen Individuen unausrottbar verankert.

Zur direkten Sexualhemmung, die aus dem Verhältnis zu den Eltern resultiert, addieren sich die Schuldgefühle aus dem maßlosen Haß, welcher sich in den Kindern in der jahrelangen familiären Situation aufspeicherte. Bleibt dieser Haß bewußt, so kann er zu einer mächtigen individuellen revolutionären Triebkraft werden; er wird der Motor der Lösung aus dem Familienverband und kann sich dann leicht auf die rationellen Ziele des Kampfes gegen diejenigen Zustände übertragen, die diesen Haß verursachten.

Wird aber der Haß verdrängt, so entwickeln sich aus ihm die entgegengesetzten Regungen der treuen Anhänglichkeit und des kindlichen Gehorsams, welche sicher zu Bleigewichten werden, wenn rationelle Gründe den Betreffenden später zur freiheitlichen Bewegung bringen. Man begegnet dann dem Typus, der vielleicht sogar für die vollständige Freiheit ist, aber seinen Kindern Religionsunterricht erteilen läßt und selber aus der Kirche nicht austritt, obwohl es seiner Überzeugung widerspricht, weil er »so etwas seinen alten Eltern nicht antun« kann. Man beobachtet an ihm aber auch Züge des Zauderns und Zögerns, Unentschlossenheit, Gebundenheit durch Rücksichten auf die Familie usw. Er ist sicher nicht der Typus des Vorkämpfers für Freiheit.

Aus der gleichen familiären Situation kann aber auch der »Revolutionär aus neurotischen Gründen« entstehen. Er ist sehr häufig bei kleinbürgerlichen Intellektuellen. Das sagt natürlich über seinen Wert als Revolutionär nichts aus. Aber die Verbundenheit mit Schuldgefühlen macht die so strukturierte revolutionäre Persönlichkeit zu einer problematischen Angelegenheit.

Die familiäre Sexualerziehung muß ihrem Wesen nach Schädigungen des Sexuallebens beim einzelnen setzen. Gelingt es dem einen oder anderen doch, sich zu einem gesunden Sexualleben durchzuringen, so geschieht es gewöhnlich auf Kosten seiner familiären Bindungen.

Die Unterdrückung der sexuellen Bedürfnisse wirkt sich darüber hinaus in einer allgemeinen Schwächung der geistigen und gefühlsmäßigen Funktionen aus, vor allem der Selbstsicherheit, der Willensstärke und der Kritikfähigkeit. Der autoritären Gesellschaftsordnung kommt es nicht auf die »Moral an sich« an. Die Veränderungen im psychischen Organismus, die der Verankerung der Sexualmoral zuzuschreiben sind, schaffen erst diejenige seelische Struktur, die die massenpsychologische Basis jeder autoritären Gesellschaftsordnung bildet[1]. Die Untertanenstruktur ist ein Gemisch aus sexueller Impotenz, Hilflosigkeit, Anlehnungsbedürftigkeit, Führersehnsucht, Autoritätsfurcht, Lebensängstlichkeit und Mystizismus. Sie kennzeichnet sich durch Neigung zum Rebellentum und durch Hörigkeit gleichzeitig. Die Sexualscheu und Sexualheuchelei bilden den Kern dessen, was man Spießertum nennt. Derartig strukturierte Menschen sind demokratieunfähig. An ihren Strukturen zerbrechen die Versuche, echt demokratisch geleitete Organisationen aufzubauen oder zu erhalten. Sie bilden den massenpsychologischen Boden, auf dem sich die diktatorischen Gelüste und bürokratischen Neigungen der demokratisch gewählten Führer entwikkeln können.

Die politische Funktion der Familie ist also eine doppelte:

1. Sie reproduziert sich selbst, indem sie die Menschen sexuell verkrüppelt; indem sich die patriarchalische Familie erhält, konserviert sich auch die Sexualunterdrückung mit ihren Folgen: Sexualstörungen, Neurosen, Geisteskrankheiten, Sexualverbrechen.

2. Sie erzeugt den autoritätsfürchtigen, lebensängstlichen Untertanen und schafft derart immer neu die Möglichkeit, daß Massen durch eine Handvoll Machthabender beherrscht werden können.

So gewinnt die Familie für den Konservativen ihre besondere Bedeutung als Bollwerk der von ihm bejahten Gesellschaftsordnung. Daher kommt es auch, daß sie in der konservativen Sexualwissenschaft eine der am schärfsten verteidigten Positionen ist. Denn sie ist »staats- und volkserhaltend« – im reaktionären Sinne. Die Bewertung der Familie darf uns daher als Maßstab für die Beurteilung der allgemeinen Natur gesellschaftlicher Ordnungen dienen.

1 Historisch nachgewiesen in *Der Einbruch der Sexualmoral* (1934).

VI. Kapitel: Das Problem der Pubertät[1]

Wohl auf keinem anderen Gebiet hat die autoritäre Weltanschauung die Sexualwissenschaft so zu beeinflussen vermocht wie auf dem der Sexualfrage der Jugend. Das A und Z aller Untersuchungen ist der Sprung von der Feststellung, daß die Pubertät doch im wesentlichen *Sexualreifung* bedeutet, zur Forderung, die Jugend müsse oder solle *abstinent* leben. Wem das letzte Argument zerfließt, der schweigt. Wie immer die Forderung verkleidet und begründet wird, ob man sich nun auf biologische Argumente beruft, wie etwa auf die »noch nicht vollendete Reife« vor dem 24. Lebensjahr (Gruber), oder ob ethische, kulturelle oder hygienische Gründe ins Feld geführt werden, keinem der mir bekannten Autoren ist es eingefallen, daß die Sexualnot der Jugend im Grunde ein rein gesellschaftliches Problem ist, daß sie mit der Abstinenz*forderung* erst beginnt. Bei dem Versuch, diese gesellschaftliche Forderung biologisch, kulturell oder ethisch zu rechtfertigen, gerät die Argumentation in ganz absurde Widersprüche.

1. Der Pubertätskonflikt

Die Phänomene des Pubertätskonfliktes und der Pubertätsneurose in allen ihren Formen lassen sich auf die eine Tatsache zurückführen, daß ein Widerspruch besteht zwischen der Tatsache der vollen Geschlechtsreife etwa um das 15. Lebensjahr, also der physiologischen Notwendigkeit geschlechtlich zu verkehren und der Fähigkeit Kinder zu zeugen beziehungsweise zu gebären, und der wirtschaftlichen und strukturellen Unmöglichkeit, in diesem Alter den von der Gesellschaft geforderten legalen Rahmen für die Geschlechtsbeziehung, die Ehe, zu schaffen. Das ist der Grundzug der Schwierigkeit, zu dem sich mehrere andere hinzuaddieren, etwa die Nachwirkungen der sexualverneinenden Erziehung des Kindes, die ja selber ebenfalls eine Folge des gesamten Systems der konservativen Sexualordnung ist. Die primitive mutterrechtliche Gesellschaft kennt keine Sexualnot der Jugend; im Gegenteil, alle Berichte, sie mögen nun von Missionaren oder von ernsten Forschern stammen, verzeichnen mit

1 Vgl. hierzu meine Schrift *Der sexuelle Kampf der Jugend.*

oder ohne die gebührende Empörung über die »sittliche Verwahrlosung« der »Wilden« die Tatsache, daß die Pubertätsriten den Jugendlichen sofort mit Beginn der Geschlechtsreife ins Geschlechtsleben einführen, daß in manchen dieser primitiven Gesellschaften auf die sexuelle Freude großes Gewicht gelegt wird; daß die Pubertätsweihe ein großes gesellschaftliches Ereignis ist; daß manche primitiven Völker das Sexualleben der Jugendlichen nicht nur nicht behindern, sondern in jeder Weise fördern, etwa indem sie Gemeinschaftshäuser einrichten, in die die Jugendlichen mit Eintritt der Geschlechtsreife zum Zwecke des Geschlechtsverkehrs übersiedeln[1]. Auch in denjenigen primitiven Gesellschaften, in denen die Institution der strengen monogamen Ehe bereits besteht, hat die Jugend vom Eintritt der Geschlechtsreife an bis zur Heirat das Recht völlig freien Geschlechtsverkehrs. Keiner dieser Berichte enthält Hinweise auf sexuelle Not oder auf Selbstmorde von Jugendlichen infolge unglücklicher Liebe (wenn auch diese selbst natürlich vorkommt). Dort fällt der Widerspruch zwischen Sexualreife und Mangel an genitaler Sexualbefriedigung weg. Das ist aber nur der Grundzug des Unterschiedes zwischen primitiver und autoritärer Gesellschaft. In dieser wird das Fest der Pubertätsweihe zwar in Form verschiedener kirchlicher Riten (Konfirmation usw.) festgehalten, aber mit restloser Verschleierung ihres eigentlichen Wesens, ja mit der tatsächlichen Tendenz zur gegenteiligen Beeinflussung der Jugend[2].

1 »... Kann uns aber auch nicht auffallend erscheinen, wenn dergleichen Völker ruhig gestatten, daß schon bei Kindern der kaum erwachende Trieb mit einer Freiheit befriedigt wird, die wir selbst als freche Unzucht (!) bezeichnen, die von den Erwachsenen dort aber als ›Spielen‹ aufgefaßt wird ... begegnen sich mit der naivsten Hingebung Knaben und Mädchen unter vielen Naturvölkern.«
Ploss-Bartels: *Das Weib*, Leipzig 1902 (Bd. I, S. 449).
Vgl. ferner: Havelock-Ellis: *Geschlecht und Gesellschaft*, 1923, S. 355, S. 368. – Mayer: »Das Sexualleben bei den Wahehe und Wossangu« (*Geschlecht und Gesellschaft*, XIV. Jahrg., H. 10, S. 455). Die beste Schilderung findet sich in Malinowski: *Das Geschlechtsleben der Wilden*.

2 Es gibt eine ganze Wissenschaft, welche alle Mittel komplizierter Argumentation darauf verwendet, zu beweisen, daß das Wesen der Pubertät nicht etwa die *Pubertät* ist, nicht die Reifung des genitalen Geschlechtsapparates, als deren Folge die bekannten seelischen Veränderungen auftreten, sondern daß das Eigentliche der Pubertät und ihrer Konflikte die Tatsache »neuer Aufgaben« wäre, vor die der Jugendliche nun gestellt sei, und sein Minderwertigkeitsgefühl, diesen Aufgaben nicht gewachsen zu sein. Diese Wissenschaft ist die Individualpsychologie Alfred Adlers. Nach dieser Theorie dürfte der Jugendliche, der die wichtigste Periode seiner Pubertät etwa in einem Gymnasium verbringt, wo sich keinerlei neue Aufgaben zeigen (oder sollte das Hinzutreten des Griechischen im Lehrplan die neue Aufgabe sein?), keinerlei Pubertätskonflikte haben. Es ist der Individualpsychologie gleichgültig, daß sich die Leistungen der Schüler etwa um das 14. Lebensjahr durchschnittlich zu verschlechtern beginnen, es ist ihr auch nicht interessant genug, daß breite Schichten der Arbeiterjugend, die mit der Geschlechtsreife auch den Geschlechtsverkehr aufnehmen, alles andere, nur keine Sexualnot kennen – freilich bis auf die Tatsache, daß sie von Schwangerschaftsverhütung wenig wissen und keine Wohnungen haben, in denen ein hygienischer Geschlechtsverkehr möglich wäre. Gerade der junge Arbeiter ist etwa um das 14. Lebensjahr vor neue Aufgaben gestellt. Ihre Wirkung im Sinne Adlers bleibt aber in dem Maße aus, in dem die Geschlechtlichkeit zur Befriedigung gelangt.

Der bestumschriebene Ausdruck der Pubertätsnot ist die *Onanie.* Sie ist außer in pathologischen Fällen einzig und allein Ersatz des mangelnden Geschlechtsverkehrs. Diese Feststellung, so einfach und selbstverständlich sie ist, habe ich noch in keiner Abhandlung gefunden. Sollte ich irgendeine doch übersehen haben, so bitte ich um Entschuldigung. Es genügt, daß diese Selbstverständlichkeit so verborgen gehalten ist, daß man sie überhaupt übersehen kann. Wir wollen hier nur vermerken, daß die Autoren den Pubertätskonflikt nicht aus dem Konflikt: *Reife — kein Geschlechtsverkehr,* sondern aus dem: *Reife — keine Ehemöglichkeit* ableiten. Gegen die Onanie wird von der Kirche und von sexuologisch ungebildeten und moralisch voreingenommenen Ärzten nach wie vor Sturm gelaufen. Daß der Kampf gegen die Onanie das Elend nur noch steigert, weil er die krankmachenden Schuldgefühle festigt, ist zwar in letzter Zeit immer häufiger ausgesprochen worden, aber die Aufklärung ist — bis auf die populären Schriften wie etwa Max Hodanns — in den wissenschaftlichen Abhandlungen steckengeblieben. Die Masse der Jugendlichen weiß nichts davon.
Die psychoanalytische Erforschung der unbewußten Triebfedern des Pubertätskonfliktes ergab, kurz zusammengefaßt, ein Wiederaufleben der alten, frühinfantilen Inzestwünsche und sexuellen Schuldgefühle, die in Wirklichkeit den unbewußten Phantasien und nicht der onanistischen Tat entsprechen. Doch es sind nicht die Inzestwünsche, die die Onanie bedingen, sondern die sexuelle Erregung, welche der forcierten Tätigkeit des Sexualapparats entspricht; so korrigiert die Orgasmusforschung die psychoanalytische Feststellung. Die Sexualstauung ruft die alte Inzestphantasie erst zu neuem Leben, die ihrerseits zwar nicht die Tatsache, daß onaniert wird, bedingt, wohl aber Form und Inhalt des psychischen Erlebens beim onanistischen Akt. Anders wäre nicht zu verstehen, daß die Inzestphantasie sich gerade im Zeitpunkt der Geschlechtsreife *wieder* einstellt, nicht früher und auch nicht später.
Der Pubertäts*konflikt* entspricht somit einer Rückentwicklung zu primitiveren, kindlichen Formen und Inhalten des Sexuallebens. Wenn sie nicht von vornherein durch pathologische Fixierung im Kindlichen bedingt ist, ist sie *einzig und allein Folge der gesellschaftlichen Versagung der genitalen Befriedigung im Geschlechtsakt in der Reifezeit.* Es gibt also prinzipiell zwei Möglichkeiten: Entweder tritt der Jugendliche infolge seiner bisherigen Sexualentwicklung unfähig zur Findung eines Sexualpartners in die Pubertät ein, oder die gesellschaftliche Versagung der Sexualbefriedigung in der Pubertät drängt ihn in die Onaniephantasien, mithin auch in die pathogene Situation des infantilen Konfliktes hinein. Es ist aber klar, daß diese zwei Möglichkeiten nicht prinzipiell verschieden sind, denn die erste

ist ja auch nur die Folge der pathogenen kindlichen Sexualerziehung, der streng sexualverdrängenden sexuellen Situation in der Kindheit. Es hat nur die gesellschaftliche Schranke des Sexuallebens sich hier schon in der Kindheit, im anderen Falle erst in der Geschlechtsreife voll ausgewirkt. Wir treffen den Tatbestand noch richtiger, wenn wir sagen, daß die beiden Hemmungen der Sexualentwicklung, die infantile und die puberile, zusammentreffen, indem die infantile Hemmung der Sexualentwicklung die Fixierung schafft, zu der die spätere gesellschaftliche Hemmung in der Pubertät die Sexualität zurückweichen läßt. Überwiegt die infantile Schädigung des Sexuallebens, so nimmt in demselben Maße die Fähigkeit des Puberilen ab, ein normales Geschlechtsleben aufzunehmen; um so leichter kann sich dann die gesellschaftliche Schranke des puberilen Geschlechtsverkehrs auswirken.

Das sexuelle Schuldgefühl ist bei der Onanie deshalb bedeutend stärker als beim Geschlechtsverkehr, weil die Onanie mit Inzestphantasien überlastet ist, während der befriedigende Geschlechtsverkehr unter normalen Umständen die Inzestphantasien überflüssig macht. Überwiegt die Fixierung an Objekte der Kindheit, so wird auch der Akt gestört, die Schuldgefühle sind dann nicht geringer als bei der Onanie. Es zeigt sich auch beliebig oft, daß ein befriedigendes Sexualerlebnis auch die sexuellen Schuldgefühle abzubauen vermag. Da nun die Onanie unter sonst gleichen Bedingungen nie so befriedigt wie der Geschlechtsverkehr, tritt bei ihr auch das Schuldgefühl stärker auf.

Von dem Typus des Puberilen, der völlig unfähig ist, den Schritt aus seiner infantilen Bindung an die Eltern in das reale Sexualleben zu machen, bis zu dem Typus, der diesen Schritt skrupellos unternimmt und sich so aus dem Infantilismus seiner Sexualität rettet, gibt es alle Übergänge. Der erste ist gewiß derjenige, welcher dem Ideal des »braven« Jugendlichen nahekommt, der der Familie anhängt, sich den Forderungen der Eltern, die ja Repräsentanten der konservativen Gesellschaft sind, fügt; er ist der im Sinne der konservativen Auffassung gute Schüler: anspruchslos, bescheiden, unterwürfig. Dieser Typus bildet später die Kerntruppe der braven Ehepartner und kritiklosen Staatsbürger. Er ist aber auch derjenige, der das Hauptkontingent der Neurosen liefert. Der andere Typus, der leicht als dissozial bezeichnet wird, im Kern rebellisch, anspruchsvoll, dem Elternhaus im Grunde abhold, den Forderungen seines kleinbürgerlichen Milieus feindlich gesinnt ist, stellt bei den Arbeitern und Angestellten das revolutionäre Kontingent, in gewissen Schichten des Kleinbürgertums und im Großbürgertum viele Psychopathen, triebhafte Charaktere, die gesellschaftlich herunterkommen, wenn sie nicht rechtzeitig den Anschluß an eine soziale Bewegung finden, weil sie sonst innerhalb ihrer Klasse in unlösbare Konflikte geraten. Da sie überdurchschnittlich intelligent und zu intensivem Erleben befähigt sind, wissen sich die auf den »Braven« und unterdurchschnittlich Intelligenten eingestellten Lehrer mit ihnen keinen Rat. Sie sind »moral insane« (Moral hier durchaus im Sinne der reaktionären Lebensauffassung), werden zumindest als solche bezeichnet, auch wenn sie nichts anderes anstellen, als die natürliche Funktion ihres Geschlechtstriebes zu erfüllen. Da aber gerade das in der konservativen Gesellschaft, unter den gegebenen Bedingungen des sexuellen Daseins, allzuoft hart an das Kriminelle streifen *muß*, sind solche Jugendliche aus rein sozialen Gründen der Verwahrlosung leicht ausgesetzt. Wir befinden uns bei dieser Beurteilung der jugendlichen Sexualität in voller Übereinstimmung mit Lindsey, der in seinem Buche *Die Revolution der modernen Jugend* bei der Besprechung der Schwierigkeiten des Jugendlichen sagt:

»Im allgemeinen unterscheide ich mehrere Arten von Jugendlichen, die nicht leicht in derartige Schwierigkeiten kommen. Zunächst sind das die Energielosen, die kein Selbstvertrauen, keine Initiative haben. Die jungen Sünder besitzen allermeistens gerade diese wertvollen Eigenschaften und sind deshalb um so mehr wert, gerettet zu werden. Es ist nicht immer so, aber sehr oft. Gute Schulzeugnisse im Betragen können für den Knaben nur bedeuten, daß ihm Mut und Energie oder Gesundheit fehlt und er nicht durch ›Tugend‹, sondern durch Furcht zurückgehalten wird. Moral spielt für den normalen Jungen keine große Rolle, wenn er wirklich das gesunde, junge Lebewesen ist, das er sein soll. Er sollte sich seiner Seele ebenso unbewußt sein wie seines Atems oder irgendeiner anderen Lebensbetätigung.«

(*Revolution der modernen Jugend*, S. 75)

2. Gesellschaftliche Forderung und sexuelle Wirklichkeit

Wir haben hier zunächst drei Fragen über die jugendliche Sexualität zu beantworten:

1. Welche Anforderungen stellt die autoritäre Gesellschaft an die Jugendlichen, und aus welchen Gründen geschieht das?
2. Wie sieht das Sexualleben der Jugend zwischen dem 14. und 18. Lebensjahre wirklich aus?
3. Welche sicheren Tatsachen kennt man über die Folgen: a) der Onanie, b) der Abstinenz, c) des Geschlechtsverkehrs bei Jugendlichen?

Die reaktionäre Gesellschaft fordert, indem sie »sittliche Normen« für das Geschlechtsleben aufstellt, vom Jugendlichen unbedingte Keuschheit vor der Eheschließung. Sie verurteilt ebensowohl den Geschlechtsverkehr wie die Onanie. (Wir sprechen hier nicht von einzelnen Forschern, sondern von der ideologischen Atmosphäre.) Die Wissenschaft, soweit sie, natürlich ohne

es zu ahnen, von autoritärer Weltanschauung beeinflußt ist, stellt Thesen auf, die jener Weltanschauung eine solide Basis abgeben sollen. Gewöhnlich tut sie nicht einmal dies, sondern beruft sich lediglich auf die berühmte sittliche Natur des Menschen. Dabei vergißt sie ihren eigenen Gesichtspunkt, den sie so oft dem weltanschaulichen Gegner entgegenhält, daß Wissenschaft nichts anderes zu tun berechtigt sei als Tatsachen zu beschreiben, und zwar wertungsfrei zu beschreiben, und auf ihre Ursachen hin zu erklären. Wo sie über die Begründung der gesellschaftlichen Forderungen durch ethische Argumente hinausgelangt, ohne sich in Wirklichkeit von ihnen befreit zu haben, bedient sie sich einer objektiv weit gefährlicheren Methode, nämlich der Verschleierung der ethischen Gesichtspunkte durch pseudowissenschaftliche Thesen. Die Ethik wird wissenschaftlich rationalisiert.
Es wird etwa behauptet, *die Askese der Jugendlichen sei notwendig, weil sonst die sozialen und kulturellen Leistungen herabgesetzt würden.* Man stützt sich dabei auf die Theorie Freuds, daß die sozialen und kulturellen Leistungen des Menschen energetisch gespeist werden von Sexualenergie, die von ihrem ursprünglichen Ziele ab und auf ein »höheres« Ziel gelenkt wurde. Diesen Vorgang kennen wir unter dem Begriff der »Sublimierung«. Die Theorie ist richtig und beruht auf reicher klinischer Erfahrung. Man hat aber Sexualbefriedigung und Sublimierung zu einem starren und absoluten Gegensatz gemacht. Man muß konkret die Frage stellen: *welche* Art der Sexualbefriedigung und -betätigung, Sublimierung *welcher* sexuellen Triebkräfte?
Das Argument: Askese sei zur sozialen Entwicklung nötig, stimmt schon rein beobachtungsmäßig nicht. Man behauptet, der Geschlechtsverkehr der Jugend im geschlechtsreifen Alter würde ihre Leistungen herabsetzen. Tatsache ist – und darin stimmen alle modernen Sexualforscher überein –, daß nahezu 100 Prozent der Jugendlichen onanieren. Dadurch ist jenes Argument völlig entkräftigt. Denn, Geschlechtsverkehr soll der sozialen Leistung abträglich sein, Onanie hingegen nicht? Inwiefern unterscheidet sich die Onanie *prinzipiell* vom Geschlechtsverkehr? Und ist überdies die konfliktuöse Onanie nicht unendlich störender, als ein geordnetes Geschlechtsleben je sein könnte? Eine hoffnungslose Sackgasse in der Argumentation! Da man nicht befriedigendes und unbefriedigendes Geschlechtsleben unterscheidet, kann man auch ihre verschiedenartigen Beziehungen zur sozialen Leistung und zur Sublimierung nicht sehen. Und warum klafft hier eine so klar übersehbare Lücke in der Theorie? Weil ihre Ausfüllung zu praktischen Konsequenzen führt – wie ja jedes konsequente Zuendedenken von Tatsachen überhaupt –, die Schraube um Schraube aus dem

komplizierten und raffinierten Bau der reaktionären Lebensauffassung lösen könnten.
Würde das wesentlichste Argument für die Keuschheit der Jugend offiziell entwertet, so könnte die Jugend auf Ideen kommen und zu Taten vordringen, die zwar nicht ihrer Gesundheit und ihrer Sozialität, wohl aber dem Gefüge der Zwangsfamilie und dem Bestande der Eheinstitution gefährlich werden könnten. Wir werden später diesen Zusammenhang zwischen Keuschheitsforderung für die Jugend und ehelicher Moral an Tatsachen klar sehen.
Wie sieht nun das Geschlechtsleben der Jugendlichen in Wirklichkeit aus? Sicherlich nicht so, wie die Moral es fordert. Konkret lassen sich leider keine statistischen Ergebnisse bringen. Durch Fragebogen, durch die Erfahrungen in der Sexualberatung und in den Vorträgen vor Jugendlichen (die von den Jugendlichen gestellten Fragen) sowie durch breite sexualökonomische Erhebungen sind wir in der Lage, allgemein zu sagen: Völlige Abstinenz, das heißt keinerlei geschlechtliche Betätigung, kommt bei Knaben, die in die Pubertät eingetreten sind, kaum, und wenn, so nur bei schwer neurotischen und gehemmten vor; bei Mädchen ist sie etwas häufiger, doch sind die Aussagen und Erhebungen darüber allzu unverläßlich. Es steht jedoch fest: Ein sexuelles Verhalten, das man mit einiger Berechtigung als Abstinenz bezeichnen könnte, ist so selten festzustellen, daß es praktisch gar nicht in Betracht kommt.
Unter dem Scheine der Abstinenz werden in Wirklichkeit alle möglichen sexuellen Praktiken geübt. Man lernt Frauen und auch Männer kennen, die jahrelang onaniert haben, ohne es gewußt zu haben. Bei Frauen spielt sich die Onanie verstellt sehr häufig durch Zusammenpressen der Schenkel ab; das Radfahren und Motorradfahren ist eine brauchbare Gelegenheit, unbewußt zu onanieren. Das sexuelle Tagträumen ist, auch wenn es nicht mit begleitender Betätigung einhergeht, psychisch vollwertige Onanie, zumindest nach ihrer schädlichen Seite hin. Sexuelle Tagträumer, die nicht onanieren, werden bestimmt behaupten, abstinent zu leben. Bis zu einem gewissen Grade werden wir ihnen beipflichten; *sie sind abstinent, was die Befriedigung, nicht aber was die Reizung anlangt.*

a) *Arbeiterjugend*

Es besteht unterschiedslos eine große Scheu, mit den Führern über sexuelle Dinge zu sprechen. Es ist bezeichnend, daß die Jugendlichen diese Frage untereinander auch nicht in ernster Weise zu diskutieren wagen. Wohl aber wird darüber sehr viel in Form der Zote und des Witzes gesprochen, die Atmosphäre ist unter den Jugendlichen von den sexuellen Fragen durch-

tränkt. Sehr oft werden Schimpfworte, welche allgemein üblich sind, gebraucht, um Sexuelles auszudrücken.
Die üblichen Sexualaufklärungsabende in den Arbeiterorganisationen verfolgen nur allzuoft den Zweck, die Jugend in der Enthaltsamkeit zu bestärken. Man trifft nur selten bewußte Sexualpolitiker, die der Jugend ihr zentrales Problem in korrekter Weise darlegen. Es kommt sehr auf die Art an, die sexuelle Frage aufzurollen. Erstens darf man selbst keinen Schimmer von Scheu oder negativer Einstellung zur Sexualität verraten, zweitens muß man ganz unverblümt und geradeheraus darüber sprechen, drittens verrät sich das brennende Interesse erst, wenn man die Anfragen schriftlich stellen läßt. Dadurch wird die persönliche Scham geschont, und es gibt nur wenige Jugendliche, die nach so einem Vortrag keine Fragen stellen.
Trotz dieser Einstellung der Jugendlichen wird der Geschlechtsverkehr sehr häufig geübt, bei der bäuerlichen Jugend schon mit etwa 13, bei der Arbeiterjugend mit etwa 15 Jahren.
Bei der bäuerlichen Jugend gibt es oft den Brauch, daß das Mädel vor dem Tanzlokal wartet, bis ein Bursch sie zum Tanz auffordert und ins Lokal führt. Nach dem Tanz, in dem sich die Sinnlichkeit offen zeigt, führt der Bursch das Mädel hinter einen Zaun, wo sie geschlechtlich verkehren. Schwangerschaftsverhütung ist so gut wie unbekannt, dagegen wird der Akt meist unterbrochen und auch die Fruchtabtreibung blüht (natürlich durch Pfuscher).
Die städtische Arbeiterjugend ist über die Schwangerschaftsverhütung vielfach unterrichtet, macht aber sonderbarerweise wenig Gebrauch von dem Wissen. Die Jugendorganisationen und die Parteien beschäftigten sich in Deutschland und Österreich vor der Zeit der faschistischen Herrschaft nicht mit der Frage der Schwangerschaftsverhütung. Sehr viele jüngere Jugendführer standen den Schwierigkeiten der Jugend mit vollem Interesse gegenüber; ebenso manche der unteren Parteifunktionäre. Dagegen stellten sich die leitenden Führer durchaus ablehnend zum Problem.
Viele Jugendliche und energische Jugendführer nahmen daher die Sache selbst in Angriff und versuchten, Vorträge darüber zu veranstalten. Dabei stieß man auf die größte Schwierigkeit, die Eltern der Jugendlichen. Es war typisch, daß selbst politisch organisierte Eltern ihren erwachsenen Kindern verboten, in die Organisation zu gehen, wenn sie hörten, daß dort über »solche Dinge« gesprochen wurde. Das galt auch dann, wenn sie bloß die Anknüpfung rein freundschaftlicher Beziehungen merkten, auch wenn es sich um 18jährige handelte. Doch die Erfahrung lehrt, daß die strengsten Eltern ihren harten Standpunkt in Gegenwart einer geschlossenen Masse von Jugendlichen nicht aufrechterhalten können.

Es war eine allgemeine Erscheinung, daß Eifersucht, die gelegentlich zur Prügelei ausartete, die Organisationen zersplitterte. Unter den jugendlichen Funktionären konnte man zwei Typen unterscheiden. Solche, die völlig abstinent lebten, und solche, die voll sexuell waren, mit einem Freund beziehungsweise einer Freundin in ungehemmter Sexualbeziehung standen. Bei dem ersten Typus war es der Umgebung bekannt, daß die Parteiarbeit der Ablenkung vom Sexualverkehr dient. Bei ihnen war typisch, daß ihre Parteitätigkeit nachließ, wenn sie ein Mädel gefunden hatten. Viele Jugendliche kommen in die Organisation nur, um dort einen Sexualpartner zu finden, und verschwinden wieder, nachdem sie ihn gefunden haben.
Sehr oft kommt es vor, daß ein Junge und ein Mädel sehr lange »miteinander gehen«, ohne zu verkehren, weil es »an Gelegenheit mangelt«. Daran sind die inneren Hemmungen (Impotenzangst) beteiligt wie der Mangel an Gelegenheit. Bei den Mädeln ist die Angst vor dem Geschlechtsverkehr typisch. Die Jungen drängen öfter nach Geschlechtsverkehr, die Mädel hingegen erlauben alle Arten des Liebesspiels, lehnen aber den Geschlechtsverkehr ab. Dafür gehören die hysterischen Anfälle und Weinkrämpfe zu den Alltäglichkeiten.
Die nervösen Störungen bilden ein zentrales Problem der Jugend. In dieser Hinsicht ist es bei den Mädeln besonders arg. Bei der sportlichen Jugend ist die Sexualverdrängung stärker als bei der nichtsportlichen, und man betreibt den Sport oft bewußt, um der Sexualität Herr zu werden.
Auch in den Sommerkolonien, den Studentenheimen und den Kolonien der Gymnasiasten begegnet man den beiden typischen Erscheinungen: einerseits weitgehender sexueller Freiheit, anderseits schwersten Konflikten der unentschlossenen Jugend, die nicht selten zu Explosionen führen, welche das gesamte Leben in der Kolonie erschüttern.
Mädel machen gelegentlich im Vertrauen die Mitteilung, sie hätten, wenn sie zu Hause säßen, intensivste Sehnsucht nach einem Freund oder dem Freund, sie wären aber, wenn es darauf ankommt, ins Liebesleben einzutreten, zu ihrem Leidwesen völlig ablehnend. Sie finden nicht den Übergang vom Phantasieleben zur realen Sexualbetätigung.
Die Jungen onanieren allein oder miteinander, was sich gelegentlich zu kollektiven Exzessen steigert. Bei den Jungen ist die Onanie verbreiteter als bei den Mädchen.
Tanzunterhaltungen und kollektive Festlichkeiten steigern die sexuelle Spannung, ohne daß eine entsprechende Entspannung erfolgt.
Die Jugendlichen, welche für sich mit dem Problem insofern fertig geworden sind, als sie sich zur Aufnahme des Geschlechtsverkehrs entschlossen, klagen über den zermürbenden

Raummangel. Der Geschlechtsverkehr wird im Frühling und Sommer im Freien durchgeführt, aber im Winter leiden sie sehr unter den äußeren Unmöglichkeiten, geschlechtlich zu verkehren. Sie besitzen kein Geld, um die relativ teueren Hotels aufzusuchen; daß ein Jugendlicher über ein Zimmer für sich allein verfügt, kommt kaum vor; und die Eltern lehnen durchwegs energisch ab. So kommt es zu schweren Konflikten und zu unhygienischer Art des Geschlechtsverkehrs (in Hausfluren, in dunklen Straßenecken usw.).
Die Hauptschwierigkeit der ganzen Frage ist, daß *die Atmosphäre in der Arbeiterjugend von sexueller Spannung durchsetzt ist, während ein großer Teil der Jugendlichen sowohl innerlich gehemmt als auch von äußeren Schwierigkeiten zu sehr erdrückt ist, um einen Ausweg daraus finden zu können. Eltern, Parteiführung und die gesamte gesellschaftliche Ideologie stehen dagegen, während das Gemeinschaftsleben der Jugend den Durchbruch der gezogenen Sexualschranken nur fördert.*

Ein typisches Bild bot eine Arbeiterjugendgruppe in Berlin, mit der ich in engstem Kontakt stand. Die Gruppe bestand aus etwa 60 jungen Arbeitern im Alter zwischen 14 und 18 Jahren. Die Jungen waren in der Mehrzahl. Man sprach auch hier viel über Sexuelles, aber in Witzform, hauptsächlich über den Geschlechtsverkehr, seltener über Onanie. Man hänselte einander und machte Witze, wenn man zum Beispiel einen Jungen mit einem Mädel »gehen« sah. Fast alle hatten Geschlechtsverkehr, und man wechselte die Partner ziemlich häufig. Man nahm den Verkehr nicht sehr ernst, es fehlte aber an schweren Konflikten, mit Ausnahme einiger dramatischer Vorfälle von Eifersucht, die in Prügeleien ausarteten. Von Exzessen oder öffentlichen sogenannten Orgien war nie etwas zu sehen. Der Geschlechtsverkehr vollzog sich meist auf Nachtpartien, aber auch sehr oft auf Tagespartien im Freien; man sah nichts Besonderes darin, daß ein Junge und ein Mädel gelegentlich »verschwanden«. Von Onanie hörte man nur wenig, ebenso von homosexuellen Akten. Aber die Jungen erzählten einander gern ihre Erlebnisse, seltener auch die Mädel. Ein junges Mädchen, das eine Zeitlang in der Gruppe als Funktionärin gearbeitet hatte, antwortete mir auf die Frage, warum man denn die Sache nicht ernst nehme und in Witzen darüber spreche: »Wie soll es denn anders sein? Die Erziehung sagt, das alles sei schlecht, aber sprechen muß man darüber, und dann kommt es in Witzen heraus.«
Das Pessar war wenig bekannt und gebraucht; meist wurde der Geschlechtsverkehr unterbrochen oder auch ein Condom benutzt. Der Coitus condomatus wurde allgemein als kostspielige Angelegenheit betrachtet (ein Condom kostet etwa 30 bis 50 Pfennig).

Die Parteiarbeit wurde oft durch sexuelle Konflikte gestört. Man machte gelegentlich Jungen und Mädeln den Vorwurf, sie seien nur wegen eines Partners in die Partei eingetreten. Mädel waren sehr oft nur wegen eines Jungen dabeigeblieben. Eine Funktionärin meinte, das sei nur deshalb so gewesen, weil die Jugendlichen sich selbst nicht ganz klar über ihr Geschlechtsleben waren; unterdrücken – meinte sie – wäre noch schlimmer, aber die Sache würde keine solche Rolle spielen, wenn die Erziehung eine andere wäre und man offen und ernst die Frage behandelte. Im Winter zum Beispiel sei allein der Konflikt wegen der mangelnden Gelegenheit zu verkehren sehr groß. Die Jugendlichen litten alle sehr darunter.

Ich kenne nur die österreichische und die deutsche Arbeiterjugend genau. Ich darf auf Grund vieljähriger ärztlicher und jugendpolitischer Arbeit versichern, daß die Verhältnisse mit geringen Unterschieden überall gleich trostlos, die Gesundheit vernichtend sind. 1934 verbot die nationalsozialistische Regierung Deutschlands das gemeinsame Wandern und Übernachten der männlichen und weiblichen Jugend. Keine Partei wagte, diesen lebendigen Tatbestand im Interesse der Jugend aufzugreifen.

Ich zweifle nicht daran, daß die sexuellen Lebensverhältnisse in allen Ländern furchtbar sind; diese Ansicht wird durch Berichte bestärkt, die ich aus England, im speziellen aus London, aus Ungarn, Amerika usw. bekam.

Das wohl scheußlichste, verderblichste Elend bereitet der Arbeiter- und Kleinbürgerjugend die Tratschsucht der alten Jungfrauen und unbefriedigten Weiber und Männer in den Kleinstädten und auf dem Lande international. Es wird hier der Jugend, auch wenn sie könnte, völlig unmöglich, eine Liebesbeziehung zu entfalten. Die Langeweile, der die Bevölkerung ausgesetzt ist, schafft viel geile Lüsternheit und Bösartigkeit, die ungezählte Selbstmorde verursachen. Trostlos ist das Bild dieser Jugend. Als ich in Malmö im Exil leben mußte, hatte ich reichlich Muße, mir Beweise für die Korrektheit meiner Anschauungen zu holen. Zwischen 8 und 11 Uhr abends spazierte die Jugend zwischen etwa 17 und 30 Jahren in der einzigen Hauptstraße der Stadt auf und ab. Jungen und Mädel getrennt, je drei bis vier Jungen und ebensoviel Mädel zusammen. Die Jungen machten dumme Witze, setzten freche Mienen auf, denen die Scheu hindurchleuchtete; die Mädel kicherten verschämt einander zu. Alle wissend, keiner bewußt. Gelegentlich in Hausfluren Knutschereien. Kultur? Brutstätten für faschistische Gesinnung, wenn die Langeweile und die Sexualverrottung dem nationalsozialistischen Trara begegnen. Und die sozialistischen Organisationen sind nicht bereit, das Leben zu organisieren.

b) *Großbürgerliche Jugend*

Hören wir nun Lindseys Bericht über das Sexualleben der großbürgerlichen Jugend Amerikas.

Der Durchbruch des genitalen Sexuallebens in den Schulen nahm Formen an, die die Behörden zum Einschreiten zwangen. Lindsey schreibt:

»Eine ... erstklassige Studienanstalt (Phillips Academy) mußte das Tanzen in der Schule verbieten wegen der Ausschweifungen, die dabei vorkamen. Auch dieses Vorkommnis beschäftigte die ganze Öffentlichkeit stark. Direktor E. Sterns von der Phillips Academy berichtete in einem Artikel an die Zeitung *Boston Globe*, daß unter anderen Maßnahmen, die er kürzlich hatte ergreifen müssen, die Einsetzung eines Ausschusses aus der Lehrer- und Studentenschaft gewesen wäre mit den Pflichten:

1. Als Polizei zu dienen und die Paare, die undezent tanzten, anzuhalten, eventuell auszuweisen.
2. Zu verhüten, daß Mädchen zweifelhaften Charakters zugelassen würden.
3. Das Trinken zu verhüten bei den jungen Leuten beiderlei Geschlechts im Tanzsaal und anderswo.
4. Angetrunkene nicht zuzulassen oder hinauszuweisen.
5. Den Ankleideraum der Mädchen zu überwachen, um ungehörige Kleidung zu verhüten, ebenso Trinken und unanständige Reden.
6. Darauf zu halten, daß Mädchen, die zum Besuch dieser Knabenschule kämen, von Anstandsdamen begleitet würden, und daß während des Tanzes keine Autofahrten von den jungen Leuten unternommen würden.
7. Dafür zu sorgen, daß keine Autos in der Nähe des Tanzsaales hielten.
8. Andere Versammlungen und Zusammenkünfte draußen zu verhüten, die sich der Kontrolle des eigentlichen Tanzes entzögen.
9. Darauf zu achten, daß die Mädchen nach dem Tanz sofort ihre Zimmer aufsuchten.

Ich gebe diese Aufstellung ungekürzt wieder, weil sie die Zustände an einer der allerersten und feinsten Schulanstalten unseres Landes so deutlich aufzeigt, wie es nichts anderes vermag. Die jungen Leute sind fast alle aus reichen Häusern des Ostens mit alter Kultur und haben erstklassige Erziehung und beste Traditionen hinter sich.«

(*Revolution der modernen Jugend*, S. 45)

Versuchen wir über das moralische Staunen, daß sich derartige Zustände bei Jugendlichen »aus reichen Häusern des Ostens mit alter Kultur« vorfinden, zur Erkenntnis vorzudringen, daß diese Zustände eben trotz des äußeren Puritanismus und der antisexuellen Erziehung da sind; nur ihre Formen imponieren als das dialektische Gegenteil der antisexuellen Moral. Was uns hier besonders interessiert ist nicht, daß sich die unterdrückte Sexualität gegen die moralischen Forderungen durchsetzt, sondern *welchen Einfluß die Sexualmoral auf die Formen der Sexualbetätigungen nimmt.* Wir werden sofort sehen, daß diese

Sexualbetätigungen weder der Sexualmoral noch der sexuellen Ökonomie entsprechen, wohl aber Kompromisse beider sind, wobei beide zu kurz kommen.

»Die Zeugen sind alle Besucher höherer Lehranstalten. Der erste Punkt ihrer Aussagen ist, daß mehr als 90 Prozent aller Mädchen und Jungen, die Gesellschaften, Tänze und Autofahrten mitmachen, sich in Küssen und Sichabdrücken ergehen. Dies bedeutet nicht, daß jedes Mädchen sich von jedem Jungen abknutschen läßt. Aber jedes findet immer einen, mit dem es sich soweit einläßt. Die übrigbleibenden 10 Prozent sind junges Volk, das nicht körperliche oder seelische Energie genug hat, um seine natürlichen Triebe zum Ausdruck zu bringen. Das heißt, daß es Kraftüberschuß, überschäumender Lebensmut ist, was diese jungen Menschen in Konflikte, in Not bringt, und daß es sich einzig darum handelt, diese mächtigen Energien weiser zu lenken.
Die Aussagen über den Prozentsatz, von dem ich eben spreche, sind fast einstimmig. Wenn das die Wahrheit ist, so bedeutet es, daß die Jugend ungefähr einmütig zu dem Schlusse gekommen ist, diese erste, schwächere Form von sexueller Erfahrung als ihr rechtmäßig zukommend zu betrachten. Sie nimmt dieses Recht in weitesten Kreisen tatsächlich in Anspruch, überschreitet aber nicht die Grenzen, die ziemlich klar gezeichnet sind. Einige Mädchen bestehen auf solchen Ergötzungen bei den Jungen, mit denen sie sich abgeben, und sind in einer geschickten Art ebenso angriffslustig wie die Knaben selber.
Ich entsinne mich eines sehr schönen, lebhaften Mädels, das mir erzählte, sie hätte mit einem bestimmten Jungen nichts zu tun haben wollen, weil er kein rechter Draufgänger wäre und nicht verstände, sie ordentlich abzuknutschen.
»Tun denn heutzutage alle Jungen so etwas?« fragte ich.
»Natürlich«, sagte sie. »Wenn nicht, dann stimmt's nicht bei ihnen.«
(*Revolution der modernen Jugend*, S. 48 f.)

Wenn Lindsey hier von Kraftüberschuß spricht, von überschäumendem Lebensmut, so hat er nur insofern recht, als das »Über« zum Teil der viveren Sexualität des Jugendlichen entspricht, zum anderen Teil das Resultat des widerspruchsvollen Charakters der Sexualbetätigung ist. Wir haben gehört, die Jugend betrachte das Abknutschen, das heißt die Vorlustakte, »als ihr rechtmäßig zukommend«; sie überschreite aber »nicht die Grenzen, die ziemlich klar gezeichnet sind«. Wir dürfen uns weniger vorsichtig ausdrücken. Die Jugendlichen üben also alle Arten sexueller Reizung, schreiten aber in der Mehrzahl nicht zum Geschlechtsakt. Weshalb, müssen wir fragen, gestatten sie sich alles bis auf den Geschlechtsakt? Die Antwort ergibt sich, wenn man bedenkt, daß die Moral ausdrücklich den Geschlechtsakt als das schlimmste sexuelle Tun hinstellt. Ist es doch auch in der Tat der bedeutsamste Abschluß der Liebeserregung. Mit dem Abknutschen hat man sich bereits emanzipiert, mit der Ablehnung des Geschlechtsaktes hängt man noch an der Zwangsmoral. Hier spielt die Heiratsfähigkeit der Mädchen hinein, denn die virginale Intaktheit ist für die Jugendliche eine

Heiratschance mehr. Trotzdem bleiben, wie Lindsey weiter schreibt, »wenigstens 50 Prozent der jungen Leute, die mit dem Abdrücken und Küssen anfangen, nicht dabei stehen, sondern gehen weiter und geben sich anderen sexuellen Freiheiten hin, die sogar nach den von ihnen angenommenen sittlichen Forderungen empörend und unanständig sind« (S. 52). Nur 15 Prozent gelangen zum Geschlechtsverkehr. In den Jahren 1920 und 1921 hatte Lindsey mit 769 Mädchen zwischen 14 und 17 Jahren wegen »geschlechtlicher Verfehlungen« zu tun; »daß die Zahl nicht höher war«, sagt Lindsey, »lag an der physischen Unmöglichkeit, alle Fälle zu bewältigen«. Ein Schüler der oberen Klassen hatte mit 15 Mädchen derselben Schule geschlechtlichen Verkehr gehabt (S. 58). 90 Prozent der Knaben haben nach Lindsey »sexuelle Erfahrungen«, bevor sie die Schule verlassen, also vor dem 18. Lebensjahr. Die Mädchen sind aus ihrer Reserve herausgetreten.

»Der Schüler der oberen Klassen, mit dem ich kürzlich sprach, gestand mir zu, daß er geschlechtlichen Verkehr mit 15 Schulmädchen gehabt hätte. Er hatte sie den gewöhnlichen Straßenmädchen vorgezogen. Ich stellte die Wahrheit dieser Beichte fest, sprach mit allen 15 Mädchen und fand, daß sie gute Durchschnittstypen waren. Er hatte mit jeder nur einige Male zu tun gehabt. Sie waren mit zwei Ausnahmen keine Mädel, die wahllos einen nach dem anderen nehmen, und haben sich, wie ich glaube, wieder ganz auf den rechten Weg begeben.
Die Existenz eines Roten-Licht-Bezirkes in Denver hätte diese Mädchen vielleicht vor solchen Erfahrungen behütet, aber das würde weder die Schüler noch die Prostituierten behütet haben, die ebensogut ein Recht auf Rettung haben wie jeder andere. Wenn jetzt sehr viele mehr unserer ›guten‹ Mädel sexuelle Erfahrungen haben, so sind dafür aber, so merkwürdig das erscheinen mag, viel weniger als früher ›verloren‹ und ›zugrunde gerichtet‹.«

Hier spricht Lindsey, vielleicht ohne es zu ahnen, das Grundgeheimnis der Prostitution und die Lösungen aus, die sich die sexuelle Krise schafft: *Niedergang der Prostitution durch Einbeziehung der weiblichen Jugend ins Geschlechtsleben.*

»Diese angriffslustige, fordernde, geistige Haltung der Mädchen hinsichtlich Aufklärung, Wahrheit ist in den letzten Jahren immer allgemeiner und unverhüllter geworden. Der Grund dazu ist, daß die Mädchen bei den heutigen wirtschaftlichen und sozialen Verhältnissen mehr und mehr den Männern gleichgestellt werden. Viele kommen, nachdem sie die Schulen verlassen haben, in besser bezahlte Stellungen als die Jünglinge, mit denen sie ›gehen‹. So findet sich mancher Liebhaber in diesem Punkt von seiner Liebsten mit kritischen, wenn nicht geringschätzigen Blicken betrachtet.« (l. c. S. 95)

Weiter:

»Ich habe bestimmte Zahlen an der Hand, die beweisen, daß auf jeden Fall geschlechtlicher Verfehlungen, der herauskommt, eine ganze Menge anderer kommen, die nicht entdeckt werden. Zum Beispiel

wurden nur 25 Mädchen schwanger von 495, die mir gestanden hatten, sich mit jungen Leuten abgegeben zu haben. Sie waren alle im Alter von 14 bis 18 Jahren. Das würden 5 Prozent sein. Die anderen vermeiden Schwangerschaft, einige durch glücklichen Zufall, andere, weil sie Verhütungsmittel kennen. Solche Kenntnis ist unter den Jugendlichen auch viel weiter verbreitet, als man gewöhnlich annimmt ... Drei Viertel dieser 495 Mädchen kamen aus freien Stücken zu mir, einige weil sie schwanger, einige weil sie angesteckt, andere weil sie voller Gewissensbisse waren oder irgendeinen besonderen Rat brauchten. Die Not trieb sie zu mir, sonst wären sie gewiß nicht gekommen. Nun sind aber eine ganze Menge da, die trotz solcher Not den Weg zu mir nicht kennen oder finden, oder sich lieber selbst helfen wollen und wissen, wie es ›gemacht‹ wird.
Mit anderen Worten: diese rund 500 Mädchen, die in einem Zeitraum von weniger als zwei Jahren durch mein Büro gingen, stellten nur eine ganz kleine Gruppe von allen denen dar, die in gleicher Lage waren, sich aber besser allein zu helfen wußten. Hunderte gehen zum Beispiel zum Abtreiber. Das vermute ich nicht nur. Ich weiß es.«

(l. c. S. 54, 55)

Welche Schlüsse zieht Lindsey aus seinen vom Standpunkt der Zwangsmoral niederschmetternden Feststellungen?

»Ich brauche nicht zu sagen, daß dies eine höchst schwierige und gefährliche Frage ist. Sie kann nicht gelöst werden durch Angebertum oder Wachsamkeit auf seiten der Älteren. Ihr kann nur durch ein *freiwillig innegehaltenes Sittengesetz begegnet werden, durch echte innere Hemmungen*, die von dem Jungvolk selbst gutgeheißen und angenommen werden. Solch ein Gesetz kann sich nur durch die *freimütigste und gründlichste Erziehung in freie natürliche Tat* umsetzen lassen.«

(S. 52)

Was ist dieses Sittengesetz? Wie stellt sich Lindsey konkret die Lösung vor? Wie sollen solche »echte innere Hemmungen« erzielt werden? Echter als die anerzogenen Einschränkungen und Verdrängungen der Sexualität, wie sie an allen Orten der Gesellschaft durch Elternhaus, Schule und Kirche der Jugend beigebracht werden, können keine Hemmungen sein, aus einem sehr einfachen Grunde: weil es andere als anerzogene, von der Außenwelt aufgenommene Hemmungen nicht gibt, weil die Natur ein »Sittengesetz« nicht kennt. Und welches ist das Resultat Jahrhunderte währender Sexualunterdrückung der Jugend? Das, was Lindsey geschildert hat.
Lindsey geriet in Widersprüche, die vom Standpunkt seiner Anschauung des Wesens der Dinge und Vorgänge ganz unlösbar wurden. Er stellt einerseits Tatsachen fest, die den Untergang der Zwangsmoral in der Jugend bedeuten. Von da gelangt er zu Forderungen, aus eben diesen Tatsachen, die nichts anderes bedeuten als Wiederaufrichtung derselben Moral, deren Untergang er selber feststellt und zum Teil sogar ausdrücklich billigt. *Er kommt aus der monogamen Eheideologie und aus der*

Keuschheitsforderung für das Mädchen schließlich doch nicht heraus. So schreibt er an einer Stelle:

»Vor Jahren hatte ich ein junges Mädchen von 17 Jahren unter meiner Obhut, das schon fünf Jahre vor dieser Zeit Verkehr mit mehreren Schulkameraden gehabt hatte. Unmoralisch? Schlecht? Dummes Zeug! *Unwissend* war sie. Ein einziges Gespräch mit ihr hatte der Sache damals ein Ende gemacht. Sie wurde eines der *besten jungen Mädel* in Denver. Kein männliches Wesen *wagte es mehr, ihren Weg zu kreuzen.* Sie ist sehr schön, außergewöhnlich klug und ist nun mit einem Mann verheiratet, der sie, wie ich glaube, verdient.« (l. c. S. 91)

Er mildert also nur die zwangsmoralische Wertung, er nimmt nicht Stellung *gegen* sie, er zieht aus den beobachteten Tatsachen nicht den Schluß ihres Fiaskos und endgültigen Niederganges. Die Alten sagten, das Mädchen sei dumm und schlecht; Lindsey meint, sie sei nur unwissend. Ich bezweifle, daß sie unwissend war. Sie wußte genau, was sie tat; sie landete aber schließlich und *mußte* landen in der Ehe, wie sie für ein Mädchen vorgeschrieben ist. Dadurch wurde sie nicht wissender im Sinne sexueller Orientiertheit, sondern höchstens »wissender« unter dem Einfluß Lindseys um die Folgen, die ihr drohten, wenn sie sich der normierten Sexualform nicht beugte.
Lindsey stellt also fest:

1. *daß sich die sozialen Maßstäbe ändern:*

»Es geht also nicht an, zu behaupten, daß die erwähnten Dinge nur eine vorübergehende Nachkriegshysterie waren und jetzt behoben sind, nachdem man sie äußerlich unter Kontrolle bekommen und das Tanzverbot, das den sich als unwirksam erweisenden Polizeimaßnahmen gefolgt war, aufgehoben hat. Heute wird die Sache nur geschickter gemacht, heimlicher und allgemeiner betrieben, weil sie nicht mehr neu ist. Die Älteren im Lande aber glauben, daß nichts mehr unter der relativ beruhigten Oberfläche vor sich geht, und leben wieder in ihrem Narrenparadies. Die Jugend indessen ist schlauer und verachtet die ältere Generation mehr denn je und ist kaltblütiger als je zuvor entschlossen, ihre eigenen Wege zu gehen. Was nicht immer bedeutet, daß es üble Wege sind, noch daß sie alle durchaus auf ihren eigenen Ruin ausgehen. Es bedeutet, daß sich unsere sozialen Maßstäbe ändern, und ich bin davon überzeugt, daß sie siegen werden, wenn nicht mit, dann ohne uns.« (S. 47)

2. *daß die wirtschaftlichen Hemmungen wegfallen,* in erster Linie bei der weiblichen Jugend:

»Die äußeren Hindernisse, die wirtschaftlichen Hemmungen, die früher so mächtig waren, sind verschwunden auf Nimmerwiedersehen, und die einzige Frage ist jetzt, wie bald und wie erfolgreich werden diese Hemmungen ersetzt werden durch die *inneren* eines *freiwillig angenommenen sittlichen* Standpunktes, die allein imstande sind, jemanden auf dem *rechten* Weg zu erhalten. Ich glaube nicht, daß diese jüngere Generation einzig und allein ein blinder Bulle im Porzellanladen ist.«

3. *daß die heutige Jugend die »gesündeste und sittlichste ist, die die Welt je gesehen hat«.* (S. 48).

4. *daß der Ersatz des Bordells durch Mädchen der eigenen Klasse besser und auch moralischer ist:*

»Denn die Jünglinge und Männer, die die Distrikte der Prostitution überhaupt möglich machten und machen, werden oder bleiben gute und angesehene Bürger, Gatten und Väter. Den Mädchen jener Welt aber ist das verwehrt. So scheint es doch, daß trotz vermehrter sexueller Verfehlungen unter den Mädchen die neue Zeit weniger für das Weib zerstört als die alten Tage des ›Roten Lichts‹ mit den starren, härteren Konventionen, den grausamen Strafen und dem heuchlerischen Standpunkt der doppelten Moral. Ich will damit ganz gewiß nicht sagen, daß die neuen Zustände keiner Besserung bedürfen. Ich bestehe nur darauf, daß sie mehr wirkliche Moral haben als die alten und daß wir allen Klageweibern zum Trotz *nicht* zurückgekommen sind.« (S. 61)

5. *daß die heutigen Mädchen mit dem »männlichen Tier« Bescheid wissen:*

»Früher würde ein ›nettes‹ Mädchen es als Beleidigung aufgefaßt haben, wenn ihr so etwas zugemutet worden wäre. Jetzt mag sie die Sache ablehnen, ist aber kaum noch gekränkt darüber. Sie weiß zu genau mit dem männlichen Tier Bescheid und begreift, daß sein Instinkt schließlich etwas Normales ist. Ich will hier nicht untersuchen, ob diese Offenheit zwischen jungen Mädchen und jungen Männern ein Gewinn oder Verlust ist. Sie gehört jedenfalls zu der absoluten Entschlossenheit der Jugend, das Kind beim rechten Namen zu nennen, und wir Erwachsenen haben damit zu rechnen, ob wir mögen oder nicht.« (S. 56)

6. *»Wie der Appetit auf Nahrung, so ist das Geschlechtsverlangen weder gesetzlich noch ungesetzlich, weder moralisch noch unmoralisch.«* (S. 100.)

Bei seinen Schlußfolgerungen untersucht aber Lindsey nicht die Ursachen des *Mißglückens* der sexuellen Revolution der Jugend, sondern er wertet sie vom sittlichen Standpunkt.

»Als Ganzes haben sie durch ihre Abkehr von alten Standpunkten zweifellos einige echte Fortschritte gemacht, die einzelnen aber sind einfach von der einen Form von Sklaverei in eine andere gefallen. Zügellosigkeit ist Knechtschaft. *Freiheit ist dagegen ein freiwilliges Unterordnen unter höhere Gesetze, die zwingender, schwieriger und weit strenger sind als menschliche Gesetze.* Die Jugend verwechselt die beiden oft miteinander, weil sie aus sich selbst noch nicht die rettende Erkenntnis hat.« (S. 80 f.)

Wir erkennen in den »höheren Gesetzen« die Lebensnotwendigkeiten und Daseinsbedingungen der autoritären Gesellschaft, in ihrem Zwang den Mangel einer gesellschaftlichen Basis für ein sexualökonomisches Leben der Jugend, in ihrer Strenge den Willen der Gesellschaft, ihre Jugend sich nicht entgleiten, sie den Fängen der Untertanenfabrik, Familie genannt, nicht ent-

kommen zu lassen. Und die Jugend kann aus sich heraus keine rettende Erkenntnis haben, sie darf sie nicht haben, weil sie selbst gerade an der Gesellschaftsordnung materiell interessiert ist, die ihrem Sexualleben so große Schwierigkeiten bereitet.
Wie kommt es aber, daß selbst Lindsey, der verehrungswürdige und mutige Kämpfer für die Jugend, nicht zu den Konsequenzen vorzudringen vermag, daß wir auch bei ihm den Eindruck eines moralisch getrübten und daher gehemmten Kämpfers für die Rechte der Jugend haben? Vielleicht verrät sich uns hier das Geheimnis, weshalb man so strikt, trotz des Fiaskos der Forderung, auf dem Boden der Askese steht.
Lindsey schreibt weiter: »War dieses Mädchen (das vor der Ehe Verkehr hatte und später heiratete) nun wirklich besudelt durch ihr Verhältnis oder verfehlte sie sich nur, weil sie gesellschaftliche Sittenregeln brach? Die Unterscheidung ist von höchster Wichtigkeit. *Wir können zugeben, daß sie unrecht hatte, vor der Ehe intim mit einem Manne zu verkehren.* (Kursiv vom Ref.) Aber der Fehler lag in einer Mißachtung des Herkommens, nicht in einer geheimnisvollen ›Verunreinigung‹, die nur durch den Aberglauben unserer Rasse heraufbeschworen wird.« (S. 92.) Also ist sie zwar nicht »verunreinigt« durch den außerehelichen Verkehr, aber sie verging sich gegen das »Herkommen«. Deutlicher kann die Keuschheitsforderung des Mädchens nicht begründet werden: Sie hatte unrecht, vor der Ehe geschlechtlich zu verkehren ... absolut? Nein, sondern mit Rücksicht auf das Herkommen, *daß die konservative Gesellschaft aus ideologischen und ökonomischen Gründen den außerehelichen Verkehr nicht billigen kann, weil dann die Ehen und auch die Familienideologie zugrunde ginge.* Sagt doch Lindsey im Falle der rebellischen Mary: »Und doch soll keinesfalls für ›freie Liebe‹ und dergleichen Dinge Bahn gebrochen werden. Wir kommen nicht ohne die Ehe aus. Sie muß durch weise, vorsichtige Änderung ihrer Regeln erhalten bleiben ...« Es ist also völlig klar: *Sexuelle Freiheit der Jugend bedeutet Untergang der Ehe (im Sinne der Zwangsehe), sexuelle Unterdrückung der Jugend soll sie ehefähig machen.* Darauf reduziert sich letzten Endes die vielgenannte Formel von der »kulturellen« Bedeutung der Ehe und der jugendlichen »Sittlichkeit«. Einzig aus diesen Gründen läßt sich die Frage der Ehe nicht ohne die der jugendlichen Sexualität und umgekehrt diskutieren. Wird der Zusammenhang gestört, so gerät die Jugend in unlösbare Konflikte, denn ihre Sexualfrage ist ohne die Ehefrage und diese wieder nicht ohne die Frage der wirtschaftlichen Selbständigkeit der Frau und der schwierigen Probleme der Erziehung und ökonomischen Verhältnisse zu lösen.
Und Lindsey wurde trotz seiner Selbstbeschränkung in Amerika kaltgestellt. Er verlor seinen Richterposten.

Diese Sätze wurden etwa zwei Jahre vor der ersten Veröffentlichung, im Sommer 1928, niedergeschrieben. Sie formulierten eine Schlußfolgerung aus den studierten soziologischen Beziehungen zwischen ehelicher Moral und Askeseforderung für die Jugend. Ein glücklicher Zufall versetzte mich nun im Herbst 1929 in die Lage, den statistischen Beweis für die Richtigkeit dieser Schlußfolgerungen zu finden, die bisher nur ein Erraten von Zusammenhängen waren. In Moskau publizierte ein Arzt des Venerologischen Instituts, M. Barash, eine Arbeit: »Sex Life of the workers of Moscow« im *Journal of Social Hygiene*, (Bd. XII, H. 5, Mai 1926), in der sich auch eine statistische Untersuchung über die Beziehungen der ehelichen Untreue zum zeitlichen Beginn des Geschlechtsverkehrs vor der Ehe fand. Von denen, die den Geschlechtsverkehr *vor dem 17. Lebensjahr* aufnahmen, waren 61,6 Prozent in der Ehe untreu, von denen, die *zwischen dem 17. und 21. Lebensjahre* geschlechtlich zu verkehren anfingen, 47,6 Prozent, und von denen, die erst nach dem 21. Lebensjahre zum Geschlechtsverkehr kamen, nur mehr bloß 17,2 Prozent. Dazu bemerkt der Autor (S. 283):

»Je früher der eine oder der andere aus der untersuchten Gruppe den Geschlechtsverkehr aufgenommen hatte, desto weniger standhaft erwies er sich später in der Ehe; er neigte zu häufigen gelegentlichen Geschlechtsbeziehungen. ... Diejenigen, welche in frühem Alter Geschlechtsverkehr aufnahmen, hatten später ein unregelmäßiges Geschlechtsleben.«

Wenn richtig ist, daß die Askeseforderung für die Jugend soziologisch direkt von der Eheinstitution, indirekt von den gleichen wirtschaftlichen Interessen bestimmt ist wie die ofizielle Sexualreform, wenn ferner statistisch nachgewiesen ist, *daß früher Geschlechtsverkehr eheunfähig macht* im Sinne der Zwangsehemoral (»lebenslänglich *ein* Partner«), dann ist es auch klar, daß die *Askeseforderung dazu dient, eine sexuelle Struktur der Individuen zu schaffen, die dem strengen ehelichen Geschlechtsleben entsprechen und brave Staatsuntertanen erziehen soll.*

Wie diese Sexualstruktur aussieht, wie sie sich bei den Jugendlichen selbst auswirkt und welche Widersprüche sie für die Ehesituation schafft, soll der Gegenstand der folgenden Untersuchungen sein.

3. Eine medizinische, unethische Betrachtung über den Geschlechtsverkehr der Jugend

Der Jugendliche hat nur drei Möglichkeiten: Abstinenz, Onanie (inklusive homosexueller Betätigung und heterosexueller Reizung) oder Geschlechtsverkehr. Man muß sich nur klar darüber sein, von welchem Gesichtspunkt man die Frage aufrollt. Hier gibt es wieder drei Standpunkte: den ethischen, den sexualökonomischen und den gesellschaftlichen. Ethisch ist die Frage unzugänglich und unlösbar. Konkret läuft die Frage auf die der sexuellen Ökonomie der Individuen und auf das Interesse der Gesellschaft an ihren Mitgliedern hinaus.

Wir haben gesehen, daß die autoritäre Gesellschaft das größte Interesse an der Unterdrückung der jugendlichen Sexualität hat. Der Bestand der Zwangsehe und Familie sowie die Erzeugung der Untertanenstruktur erfordern diese Unterdrückung. Der Sexualethiker meint allerdings, *autoritäre* Gesellschaft und *menschliche* Gesellschaft vermengend, daß der Bestand der menschlichen Gesellschaft überhaupt gefährdet wäre, wenn die Jugend sich, wie er sich typisch ausdrückt, »auslebte«. Aber das gerade muß erst untersucht werden. Konkret ist die Frage zu stellen, ob und welche gesellschaftlichen Interessen den sexualökonomischen widersprechen, ob eine Schädigung der einen erforderlich ist, wenn die anderen gewahrt werden sollen. Man kann auch zunächst das Interesse der Jugendlichen selbst ins Auge fassen und fragen, welche hygienischen Vor- und Nachteile für den Jugendlichen die Abstinenz, die Onanie beziehungsweise der Geschlechtsverkehr haben.

a) *Die sexuelle Abstinenz in der Pubertät*

Wir müssen natürlich die Erscheinungen der *völligen* Abstinenz untersuchen, denn alles andere fällt unter den erweiterten Begriff der Onanie. Wir haben also die unerschütterliche Tatsache vor uns, daß durchschnittlich um das 14. Lebensjahr herum die Sexualität durch die verstärkte Arbeit des innersekretorischen Apparates und die Reifung des Genitalapparates in eine höchst aktive Phase tritt. Der sexuelle Drang ist *naturgemäß* auf Geschlechtsverkehr gerichtet. Wenn so viele Jugendliche nicht bewußt auf den Geschlechtsverkehr eingestellt sind, so ist das nicht, wie allgemein irrtümlich angenommen wird, ein Ausdruck biologischer Unreife, sondern eine *Folge der Erziehung*, die jeden derartigen Gedanken zur Verdrängung bringt. Es ist wichtig, das festzuhalten, wenn man die Dinge sehen will, wie sie sind, und nicht, wie sie die autoritäre Gesellschaft und die Kirche sehen möchten. Jugendliche, die die Verdrängung der Vorstellung vom Geschlechtsakt überwunden haben, wissen ganz genau, daß es das gibt und daß sie nunmehr gerade danach verlangen. *Eine Voraussetzung der Abstinenz ist gerade die Verdrängung der sexuellen Vorstellungen, insbesondere der vom Geschlechtsakt.* Es gibt auch die vielleicht weiter verbreitete Möglichkeit, daß die Geschlechtsaktvorstellung zwar nicht unbewußt, aber von seelischem Interesse so weit entblößt oder sogar mit Ekel- und Angstvorstellungen verknüpft ist (typisch für kleinbürgerliche Mädchen!), daß sie keine praktische Bedeutung hat. Damit die Abstinenz durchgeführt werde, ist mehr notwendig: auch die *Verdrängung der sexuellen Erregung*. Das gibt eine Zeitlang Ruhe. Es hat auch den Vorteil, daß man sich den quälenden Onaniekonflikt und den sozial gefährlichen Kampf gegen das Milieu erspart, der unvermeidlich ist, wenn der Jugendliche bewußtes und daher unüberwindliches Verlangen nach Geschlechtsverkehr hat.

Die Jugendlichen zeigen meist eine deutliche Veränderung ihrer Stellung zur Sexuallust, wenn sie über die ersten Stadien ihrer Pubertät hinausgelangen. Sie verneinen die Sexualität viel schärfer etwa nach dem 16. oder 17. Lebensjahre als vorher. Die Analyse weist nach, daß an Stelle des Strebens nach Lust die *Angst vor ihr* getreten ist.

Man kann sie *Lustangst* nennen. Sie ist etwas grundsätzlich anderes als die Angst vor Strafe für sexuelle Handlungen, die in der meist unbewußten Kastrationsangst gipfelt. Die Sexualscheu, die immer mehr Platz greift, ist in dieser Lustangst verankert. Das hat folgenden Grund: Durch die ständige Einwirkung der Sexualverbote wird der Ablauf der sexuellen Reizung selbst verändert. Die klinische Erfahrung lehrt, daß *gehemmte* Lust zu Unlust, ja oft zu *schmerzhafter* Erregung am Genitale wird. Derart wird die Lusterregung etwa bei der Sexualbefriedigung zu einer Unlustquelle und dadurch zum eigentlichen Motiv, das den Jugendlichen zwingt, *gegen* seine Sexualität anzukämpfen und sie niederzuzwingen. Dem geschulten Sexualarzt ist das eigenartige Verhalten Jugendlicher bekannt, daß z. B. Erektionen des Gliedes, weil sie unlustvoll werden, wenn die Befriedigung ausbleibt, künstlich rückgängig gemacht werden. Bei Mädchen in der Pubertät ist die Angst nicht vor der Bestrafung, sondern vor der starken Erregung noch weit ausgesprochener. Die Erregung wird als Gefahr erlebt. In dieser *Lustangst* haben wir die eigentliche Verankerung der von außen erworbenen Angst vor Bestrafung sexueller Handlungen zu suchen. Derart wird der Jugendliche selber oft zum Sachwalter der Sexualverbote.

Der Zustand sexueller Erregtheit ohne Befriedigung ist aber nie lange tragbar. Es gibt nur zwei Lösungen: Verdrängung der Sexualerregung oder Befriedigung. Die erste führt regelmäßig zu seelischen Störungen, die zweite in der heutigen Gesellschaft zu sozialen Konflikten.

Die Abstinenz ist also gefährlich und absolut gesundheitsschädlich. Zunächst ist da der Umstand, daß die unterdrückte Sexualerregung sich verschiedene Auswege schafft. Entweder tritt sehr bald eine nervöse Störung auf, oder der Jugendliche verfällt in sexuelle Tagträume, die ihn in seiner Arbeit arg behindern. Wer allerdings den Zusammenhang zwischen sexueller

Erregung und Nervosität in allen ihren Formen nicht sehen will, der kann leicht sagen, daß die Abstinenz nicht schade, oder sogar, daß sie in den meisten Fällen durchzuführen wäre. Er stellt nur fest, daß der Jugendliche abstinent lebt, also kann er es offenbar auch. Daß er aber dafür eine Neurose und andere Schwierigkeiten eintauscht, entgeht dem Blick des Unorientierten. Er meint etwa, die Neurose sei Ausdruck einer »degenerativen Veranlagung« oder des Willens zur Macht. Er erspart sich mehr als der Jugendliche; er erspart sich das Nachdenken über das schwierige Problem der jugendlichen Sexualität überhaupt und über das der gesellschaftlichen Ordnung dazu.

Nicht alle Jugendlichen, die abstinent sind, erkranken sofort neurotisch, wird man sagen. Gewiß, aber wie soll man nun die Tatsache hinnehmen, daß sich dann die Neurose erst recht später einstellt, wenn in fortgeschrittenem Alter die Anforderungen der »legalen« Sexualbetätigung an den Menschen herantreten? Die sexualökonomische Klinik lehrt, daß diejenigen Fälle die ungünstigsten sind, die niemals den Mut zur Onanie aufbrachten. Man hat zuerst verdrängt, vielleicht sogar für eine Zeit glücklich, hat seinen Sexualapparat nicht betätigt, und wenn man dann so weit ist, daß die autoritäre Gesellschaft zufrieden sein kann, versagt der Apparat, er ist sozusagen eingerostet. Das zahlenmäßige Überwiegen der weiblichen Sexualstörungen gegenüber der Impotenz des Mannes weist darauf hin, daß zwischen der selteneren Onanie und stärkeren Sexualverdrängung der Mädchen und ihrer späteren sexuellen Erlebnisunfähigkeit ein inniger Zusammenhang besteht. Das den Jugendlichen zu sagen, hütet man sich wohl, auch wenn man es weiß, denn welche Rechtfertigung gäbe es dann noch, Abstinenz zu predigen? Man könnte nicht einmal mehr auf die sportliche Betätigung als Ausweg aus der Sexualnot hinweisen.

Wiederholt wurde mir die Möglichkeit der sportlichen Ablenkung des Sexualtriebes entgegengehalten, wenn ich das Onanieproblem besprach. Darauf konnte ich, wollte ich nicht Tatsachen unserer Sexualmoral zuliebe verfälschen, nur entgegnen, daß zwar der Sport die beste Art ist, den Sexualtrieb herabzusetzen, daß aber auch Sportler, die mit ihrer Betätigung den Sexualtrieb völlig abtöten wollen, recht häufig ihre Absicht so gut erreichen, daß sie später über ihre Sexualität nicht mehr verfügen können. Man staunt immer wieder, wieviel kräftige, sportlich trainierte Menschen es gibt, die sexuell gestört sind. Sie haben den Sport mehr oder minder auch im Kampfe gegen ihre Sexualität getrieben. Da sie aber nicht die ganze Sexualerregung auf die Dauer in sportlichen Leistungen unterbringen konnten, mußten sie schließlich zum Mittel der Verdrängung greifen, mit all den Folgen, die diese gewöhnlich nach sich zieht. Der Sport ist also zwar ein Mittel zur Herabsetzung der Sexualerregung, aber so

ungeeignet, das Sexualproblem der Jugend zu lösen, wie irgendeines, das auf Ertötung der Sexualerregung zielt.
Wer wissend um die Folgen seines Tuns diese auf sich nimmt, den lassen wir gerne gewähren. Wir wollen ja niemand zum befriedigenden Geschlechtsleben zwingen, aber wir sagen: Wer mit dem Risiko einer seelischen Erkrankung oder einer Herabsetzung der Leistungs- und Lebensfreude abstinent leben will, der tue es. Wer es nicht will, der trachte, zu einem geordneten, befriedigenden Sexualleben zu kommen, sobald der sexuelle Drang nicht mehr zu verleugnen ist. Es ist aber Pflicht, das Einrosten der Sexualität, ihr Zurückfluten in kindliche und perverse Betätigungen und die seelische Erkrankung als Folgen der abstinenten Lebensweise im jugendlichen Alter hervorzuheben. Sind doch jene Fälle die tragischsten, die im vorgeschrittenen Alter zu uns in die Ordination oder Sexualberatung kommen, 35-, 40-, ja 50- und 60jährige, mit schwersten Störungen ihres seelischen Haushalts, neurotisch, vergrämt, vereinsamt, lebensüberdrüssig, und von uns Hilfe verlangen. Meist rühmen sie sich, nicht »ausschweifend« gelebt zu haben, worunter sie die Vermeidung der Onanie und des frühen Geschlechtsverkehrs verstehen.
Die Gefahren der sexuellen Abstinenz werden auch von sonst klarblickenden Autoren nicht richtig eingeschätzt, und das aus zwei Gründen: Erstens ist ihnen der Zusammenhang zwischen einer erst später einsetzenden Sexualstörung und zu langer Abstinenz nicht bekannt, zweitens haben sie nicht Gelegenheit gehabt, den innigen Zusammenhang zwischen nervösen Störungen und sexueller Enthaltsamkeit so gehäuft vor sich zu sehen wie der praktizierende Psychotherapeut und der Sexualberater. Fritz Brupbacher schreibt in seiner sonst ausgezeichneten Broschüre *Kindersegen, Fruchtverhütung, Fruchtabtreibung* (Neuer Deutscher Verlag, 1925):

»In allen möglichen Schriften wird über Schaden und Nutzen der Enthaltsamkeit philosophiert. Wem sie gefällt, der mag sie üben. Sie wird ihm nichts schaden. ... Auf alle Fälle ist Enthaltsamkeit gesünder als die Geschlechtskrankheiten.« (S. 18)

Brupbacher hat, wie sich in Gesprächen zeigte, diese Ansicht aufgegeben. Er übersah, daß der Hang zu lang dauernder Askese selbst bereits ein krankhaftes Symptom ist, Anzeichen einer ziemlich vollständigen Verdrängung des bewußten Sexualverlangens. Und sie schädigt das Liebesleben und die Arbeitsleistung immer, früher oder später. *Das ist Erfahrungstatsache.* Sie der Jugend zu empfehlen bedeutet, den Keim zu einer früher oder später hervorbrechenden Neurose, zumindest aber zu verminderter Lebensfreude und Leistungsfähigkeit zu legen. Und vom Standpunkt der seelischen Ökonomie aus betrachtet

möchte man auch bezweifeln, daß sie gesünder ist als die Geschlechtskrankheiten. Diese kann man loswerden, wenn man sich ordentlich behandeln läßt. Die krankhaften Charakterveränderungen hingegen, die man durch enthaltsames Leben erwirbt, lassen sich nur selten ganz beseitigen, und überdies verfügen wir nicht über die Zahl an tüchtigen Psychotherapeuten, die notwendig wäre, um das Übel zu heilen, das lange Abstinenz anrichten kann. Damit soll die Geschlechtskrankheit nicht unterschätzt werden. Aber man pflegt sie gewöhnlich als Kinderschreck zu verwenden, als geeignetes Mittel, die Sexualverdrängung durchzusetzen. Im übrigen lautet die Alternative gar nicht: Enthaltsamkeit oder Geschlechtskrankheiten, denn man kann die Geschlechtskrankheit vermeiden, wenn man nur mit geliebten Partnern der gleichen Schicht und nicht mit Prostituierten verkehrt.
Wir sprechen hier von der Abstinenz der Jugendlichen und meinen damit – man mißverstehe uns nicht – die 15-, 16-, 17- und 18jährigen. Gefordert wird die Abstinenz von autoritativer Seite »bis zum Schluß der Epiphysenfugen«, das heißt etwa bis zum 24. Lebensjahr. In Wien hielt seinerzeit eine sozialistische Fürsorgerin Vorträge vor Jugendlichen, in der diese schädliche »Lehre« unter dem Deckmantel wissenschaftlicher Thesen den Jugendlichen eingebleut wurde. Sie hatte sich aber nicht darüber geäußert, was der Epiphysenschluß mit der um rund zehn Jahre früher erfolgenden Reifung des Geschlechtsapparates zu tun hat. Im *Morgen* hatte ein individualpsychologischer Jugendberater eine schriftliche Aussprache und Beratung eingerichtet. Am 18. März 1929 fand sich unter anderem folgende hübsche Beratung:

»G. Sch. Ihre Frage berührt das oftmals in biologischen Kreisen behandelte Problem des Beginnens der ›Sexualübung‹. Der römische Schriftsteller Tacitus rühmt von den Germanen, daß sie vor dem 24. Lebensjahr kein Weib berührten, und diese Regel soll auch bei uns gelten. Der Geschlechtstrieb, der zu den mächtigsten im menschlichen Leben gehört, darf nicht frühzeitig zur Herrschaft kommen und Sie haben ganz Recht, wenn Sie im Sporte jene Entlastung suchen, die Ihnen auf sexuellem Gebiete noch nicht zukommt. (!) Wenn Ihre Freunde, trotzdem sie jünger sind, anders handeln, so ist dies gegen die Gebote der Sexualhygiene. (!) Der berühmte Führer auf dem Gebiete der Gesundheitslehre, Geheimrat Professor Dr. Max von Gruber (sic!!) hat in seiner temperamentvollen Art nie aufgehört zu predigen, daß die sexuelle Abstinenz noch nie einen Schaden gebracht hat.«

Die Berufung auf Gruber und die alten Germanen ist gewiß ein gewichtiges Argument! Derselbe Professor Gruber hatte aber auch behauptet, daß die Abstinenz nicht nur nicht schade, sondern sogar nützt: Der nicht vergossene Samen werde nämlich wieder resorbiert, und das bedeute eine Zufuhr an Eiweiß . . .

Ich weiß eine bessere und angenehmere Art der Eiweißzufuhr: *fleischliche Nahrung.* Aber staatsordnungsgemäß und dem objektiven Sittengesetz treu gegen alles Fleischliche eingestellt, fiel dem um die autoritäre Gesellschaftsordnung besorgten Gruber gar nicht ein, daß es noch eine andere Eiweißzufuhr als die durch Aufsaugung von Sperma gibt.

Ich erwähne diese Beispiele von dazumal nicht nur deshalb, weil sie historisch interessant sind und beweisen, welche Mühe es kostete, sich von dieser Ideologie frei zu machen. Der Wiener sozialdemokratische Frauenarzt Dr. Karl Kautsky hatte 1930 in der *Freiheit* einen schweren Angriff gegen meine Tätigkeit unternommen und mich beschuldigt, daß ich den Arbeitern ihre »Ideale« nähme. Es ist außerordentlich wichtig, festzuhalten, daß die Sexualscheu an den Grenzen der Arbeiterbewegung nicht aufhört.

Es wird sich bei der Untersuchung der sowjetischen Sexualrevolution erweisen, daß man der Arbeiterbewegung keinen guten Dienst erweist, wenn man solche Dinge verheimlicht. Wir müssen es endlich zuwege bringen, daß die Sexualärzte und Jugendberater aufhören, mit der Kirche im »Sittlichkeitsdienst« zu wetteifern. Wie bedenkenlos man in unseren Kreisen vorging, zeigt das folgende Beispiel.

Unter den Wiener Jugendberatern gab es auch einen Pfarrer. Eine 22jährige (!) Jugendliche wurde von ihm in folgender Weise beraten (schriftlicher Bericht der Jugendlichen):

»Einleitend gab ich bekannt, daß ich in der Zeitung von der Beratungsstelle gelesen habe und daß ich auch zu den unglücklichsten Menschen gehöre und mir nicht mehr zu helfen weiß.

Dr. P. ermunterte mich hierauf und sagte, ich solle mich nur ruhig aussprechen.

Hierauf erzählte ich, daß ich einen Freund habe, wir beide hätten uns sehr lieb, wir stünden uns jedoch seit einiger Zeit sehr gespannt gegenüber, so daß ich mir nicht mehr zu helfen weiß. Ich fügte hinzu, daß ich es schon versucht habe, mich mit der Religion abzufinden, worin ich jedoch keine Befriedigung finden konnte.

Nun begann Dr. P. zu fragen.

Wie alt ich sei? – 22 Jahre.

Wie lange ich meinen Freund kenne? – 4 Jahre.

Wie alt er wäre? – 24 Jahre.

Seine Antwort lautete hierauf beiläufig: Er kenne auch junge Leute, die sich 8 und 9 Jahre kennen und trotzdem *rein* geblieben sind.

Was er unter rein versteht, hat er nicht näher definiert, das heißt, er sagte anschließend: Er könne sich zwei Menschen vorstellen, die, obwohl sie sich sehr gerne haben, keinen sinnlichen Gedanken mit dem Freunde verbinden.

Weiters stellte er folgende Frage: wie sich mein Bräutigam zu der ganzen Sache stelle. Ich erklärte hierzu, daß natürlich auch er unter diesen Umständen furchtbar leide und daß ich deshalb es nicht länger ertragen und zusehen könne, wie sich jemand quält. Hierauf fragte er

nach unserer finanziellen Lage. Darauf sagte ich, daß ich wenig verdiene und mein Freund eine ganz unsichere Stellung habe.
Weiters fragte er, wie meine Verhältnisse zu Hause wären, und ich erklärte hierauf, daß ich von zu Hause auf keinerlei Unterstützung rechnen könne.
Dr. P. meinte, ich sollte mich diesbezüglich mit meiner Mutter besprechen und trachten, so bald als möglich zu einer Ehe zu kommen. In diesem Zusammenhang sagte er unter anderem: Die Gebote der Kirche haben tiefere Gründe, zum Beispiel das Gebot: Du sollst nicht Unkeuschheit treiben. Denn bei eventuellen Folgen käme das Kind in keine es sorgsam betreuende Familie.
Auf meine Einwendung, daß es noch einige Jahre dauern werde, bis ich in finanzieller Hinsicht in der Lage sein werde, eine Ehe einzugehen, und daß meine Kräfte bis dahin sicher nicht ausreichen werden, in einem solchen Zustand auszuharren, meinte Dr. P., ich dürfe mir eben nicht ein Jahr vor Augen halten, sondern Tag für Tag ausharren und stark bleiben. Ferner fragte er in diesem Zusammenhang, ob ich meinen Freund treffe und ob meine Eltern hiervon Kenntnis hätten, was ich bejahte. Und er gab mir hierauf den *guten Rat,* ich solle es vermeiden, mich allein mit meinem Freund zu treffen, das heißt, mich nicht selbst in eine unangenehme Situation zu begeben, um sich nicht gegenseitig zu quälen.
Dr. P. sprach mir noch Mut zu und sagte, ich selbst müsse nur glauben, daß es mir möglich wäre durchzuhalten, dann ginge es sicherlich. Mit dem nochmaligen Rat, zu trachten, baldmöglichst zu einer Ehe zu kommen und mit einem ›Gott segne Sie‹ war ich entlassen.«

Auch die Naturheilkundigen betreiben Sexualberatung. Nach einem Vortrage wurde mir folgender Zettel zur Begutachtung übergeben, ein Rezept, das ein Naturheilkundiger einem abstinenten jungen Mann von 17 Jahren, der an täglichen Pollutionen litt, verschrieb:

»Dreimal täglich eine Messerspitze voll Enzianpulver in Oblaten. Ferner kochen Sie 30 Gramm zerdrückten Hanf in 1/2 Liter Milch schleimig und nehmen Sie davon einen Eßlöffel voll 3- bis 4mal im Laufe des Tages. Außerdem nehmen Sie jeden zweiten Tag ein Sitzbad von Kalmusabkochung zirka 20 Minuten lang. Außerdem lassen Sie sich abends das Rückgrat mit folgender Mischung gut massieren: Arnikaspiritus 90 Gramm, Lavendel- und Melissengeist je 4 Gramm, Pfefferminzgeist und Feldthymiangeist je 1 Gramm. Alles gut mischen.«

Solche und ähnliche zum Lachen reizende »Ratschläge« sind der Ausfluß der vollkommenen Hilflosigkeit in der schwierigen Situation eines Jugendberaters, gleichgültig, ob er an sein Mittel glaubt und ob er von der Fruchtlosigkeit der Abstinenzforderung überzeugt ist oder nicht. Er ist ja nur, abgesehen von seinen eigenen Hemmungen, unbewußtes Vollzugsorgan der lebensverneinenden Sexualordnung, ein Präparator der »Ehefähigkeit«, der »Bravheit« – des Untertanentums. Wir werden ja auch bald sehen, daß das Wissen um die Wahrheit ihm seine Situation keineswegs erleichtert, sondern nur erschwert.

b) *Die Onanie*

Die Onanie stellt einen Ausweg aus den Schäden der Abstinenz nur in engen Grenzen dar. Sie kann den Sexualhaushalt nur regeln, wenn sie ohne allzu große Schuldgefühle und Störungen des Reizablaufes erfolgt, ferner nur so lange, wie der Mangel eines realen Partners nicht allzu störend empfunden wird. Sie kann gesunden Jugendlichen gewiß über die ersten Stürme der Pubertät hinweghelfen. Unter den Bedingungen aber, die die sexuelle Entwicklung der Jugend von Kindheit auf beeinflußt haben, erfüllt sie diese Funktion in der Minderzahl der Fälle. Nur die wenigsten Jugendlichen haben sich so weit von den moralischen Einflüssen der genossenen Erziehung emanzipiert, daß sie skrupellos zur onanistischen Befriedigung greifen. Meist kämpfen die Jugendlichen gegen den Onaniezwang mit mehr oder weniger Erfolg an. Gelingt ihnen der Sieg über die onanistische Betätigung nicht, so onanieren sie unter schwersten Hemmungen mit den schädlichsten Praktiken, etwa indem sie den Samenerguß zurückhalten. So steuern sie sicher zumindest einer neurasthenischen Störung zu. Gelingt ihnen der Kampf, so verfallen sie wieder in jene Abstinenz, aus der sie sich durch die Onanie gerettet haben; diesmal aber ist die Situation weit ungünstiger geworden, weil die mittlerweile aktivierten Phantasien und die geweckte sexuelle Erregung die Abstinenz noch unerträglicher machen als früher. Nur wenige finden den sexualökonomisch besseren Ausweg, den zum Geschlechtsverkehr.

Bis vor wenigen Jahren war die Onanie allgemein das Schreckgespenst. Neuestens ist es Mode geworden, nur um die sittliche Ordnung zu schützen und in der Erkenntnis, daß sich die Abstinenzforderung ja doch nicht durchführen läßt, die Onanie als ganz unschädlich und völlig natürlich hinzustellen. Das ist nur bedingt richtig. Onanie ist sicher besser als Abstinenz. Aber auf die Dauer wird sie unbefriedigend und reichlich störend, denn der Mangel eines Liebesobjektes macht sich bald heftig bemerkbar; und wenn die Onanie nicht mehr befriedigt, erzeugt sie Überdruß und Schuldgefühle und wird wegen der drängenden Sexualerregung unter den Widersprüchen des Ichs zum Zwang. Sie hat ferner, auch unter den besten Bedingungen, den Nachteil, daß sie die Phantasietätigkeit immer mehr in neurotische und bereits verlassene kindliche Sexualpositionen hineindrängt, wodurch wieder Verdrängungen notwendig werden. Die Gefahr einer Neurose wächst dann mit der Dauer der onanistischen Befriedigung. Und wenn wir unsere Jugendlichen genau betrachten, ihr Wesen mit ihrem Sexualleben in Zusammenhang zu bringen wissen, fällt uns sofort ihr scheues, mehr oder weniger verkrampftes Gehaben auf. Als frisch, tüchtig und rege erweisen sich immer die, welche im richtigen Augenblick den Schritt von der Onanie zum Geschlechtsverkehr zu machen wagten. Auf die Dauer schwächt ja die Onanie auch die Beziehungen zur Wirklichkeit; die Leichtigkeit, mit der die Befriedigung zu erzielen ist, macht oft unfähig, den belebenden Kampf um einen geeigneten Partner zu führen.

Der Schluß, zu dem wir gelangen, ist der: So wie das Gespenst »Geschlechtsverkehr der Puberilen« früher und oft auch heute noch zur Feststellung von der Unschädlichkeit, ja Nützlichkeit der Abstinenz drängte, so zwingt es seit kurzer Zeit zur ungerechtfertigten Auffassung, daß die Onanie der Pubertät *natürlich* gemäß, völlig unschädlich und *die* Lösung der Pubertätsfrage sei. Das eine wie das andere ist nur ein Ausweichen vor der heikelsten Frage:

c) *Der Geschlechtsverkehr der Puberilen*

Wir haben diese Frage sowohl prinzipiell wie konkret mit Berücksichtigung der gegebenen wirtschaftlichen und erzieherischen Verhältnisse zu betrachten. Sie wurde in der gesamten bisherigen Literatur wie absichtlich gemieden.

Wir haben gezeigt, daß es die Interessen der autoritären Gesellschaft sind, die auf indirektem Wege (Familie, Ehefähigkeit) die Einschränkungen der puberilen Sexualität und auch ihre Not bedingen. Diese Einschränkung gehört in das System der autoritären Gesellschaft; die daraus hervorgehende Not ist eine unbeabsichtigte Beigabe. Wenn aber dem so ist, dann wird folgerichtig auch eine sexualökonomische Lösung der Frage innerhalb dieser Gesellschaft nicht möglich sein. Das sehen wir sofort, sobald wir die Voraussetzungen prüfen, unter denen unsere Jugendlichen zwischen 14 und 18 Jahren in die Phase der Geschlechtsreife eintreten. Wir wollen hier die Einwirkung der spezifischen Klassenlage vernachlässigen und bloß die Einflüsse der ideologischen Atmosphäre und der gesellschaftlichen Institutionen prüfen.

1. Der Jugendliche hat zunächst einen Berg von inneren Hemmungen, das Werk der sexualverneinenden Erziehung zu überwinden. Seine Genitalität ist, durchschnittlich betrachtet, entweder nicht frei (das gilt besonders für die Mädchen) oder gestört oder aber homosexuell, bewußt oder unbewußt, abgelenkt. Er ist also schon innerlich der Aufgabe der unter solchen Umständen erschütternden heterosexuellen Geschlechtsbeziehung nicht gewachsen.

2. Seine biologische Sexualreife ist entweder psychisch verbaut, oder aber, was man bei der kleinbürgerlichen Jugend beliebig oft sehen kann, der psychische Infantilismus, das Zurückgehalten- und -gebliebensein in der kindlichen Stellung in der Familie, in der Beziehung zu den Eltern, hat eine Ungleichartigkeit zwischen physischer und psychischer Reife geschaffen.

3. In gewissen Schichten, die materiell besonders leiden, sind die Puberilen auch *körperlich* zurückgeblieben. Hier besteht sowohl körperliche wie psychische Unterentwicklung bei physiologischer Sexualreife.

4. Zum sexuellen Tabu, das schwer auf der jugendlichen Geschlechtlichkeit lastet, tritt nicht nur der Mangel jeder gesellschaftlichen Fürsorge, sondern die aktive Behinderung der Aufnahme des Geschlechtsverkehrs in den verschiedensten Formen hinzu. Hierher gehören:

a) Die aktive Behinderung des *sachgemäßen Unterrichtes* der Puberilen in den Fragen ihrer Geschlechtlichkeit. Die heute modern gewordene »Aufklärung« ist eine Halbheit, die die Wirren nur steigert, weil sie einen Weg beschreitet, der Konsequenz erfordert, ohne die Entschlossenheit, auch die letzten Konsequenzen zu ziehen. Man klärt also etwa die 14jährigen Mädchen über das Wesen der Menstruation auf, aber man schweigt sich über die Natur ihrer sexuellen Erregungen gründlich aus. Hier zeigt sich deutlich, was wir an anderer Stelle sagten, daß die nur-biologische Betrachtung des Geschlechtslebens ein Verschleierungsmanöver ist. Dem Puberilen ist es psychisch weniger wichtig zu wissen, daß und wie Ei und Samenzelle sich zum »Mysterium«: neues Lebewesen, zusammensetzen; das interessiert ihn nicht so sehr wie das »Mysterium« der Sexualerregung, mit der er verzweifelt ringt. Aber welches logische Argument hätte man, den Jugendlichen vom Geschlechtsverkehr abzuhalten, wenn man ihn wahrheitsgemäß darüber belehrte, daß er nun reif zum Geschlechtsverkehr geworden ist und daß seine Sorgen und Schwierigkeiten der drängenden und unbefriedigten Sexualität entspringen. So bringt ihm die Aufklärung nur noch größere Schwierigkeiten. Wir müssen zugeben, daß die Nichtaufklärung und die Sexualverneinung der gegebenen gesellschaftlichen Situation voll entsprechen. Die sexuelle Verkrüppelung der Puberilen ist die Fortsetzung der Verbildung der kindlichen Sexualität.

b) Die *Wohnungs-* und *Präventivmittelfrage*. Hier liegen die Tatbestände so: Ist die Möglichkeit, allein und ungestört zu sein, bei der allgemeinen Wohnungsmisere der arbeitenden Bevölkerung schon für die Erwachsenen fast nicht vorhanden, so steigert sich die geschlechtliche Wohnungsnot der Jugend zu einem stummen, aber furchtbaren Martyrium. Es ist bezeichnend, daß unsere sonst so leicht gerührten Sexualreformer diese Tatsache nirgend vermerken. Denn was könnten sie einem dreisten Jungen oder gar einem ausgelassenen Mädel auf die Frage antworten, warum denn die Gesellschaft *nicht* für sie sorge, auch in dieser Hinsicht? Es ist zu erwarten, daß mancher Fürsorger vor dieser Frage die Flucht ergreifen wird, auch wenn er sonst Vorträge über »die sexuelle Frage« vor Jugendlichen hält, in denen er nicht gerade Abstinenz bis zur »völligen seelischen und körperlichen Reife« fordert, wohl aber sich human um die Frage des Geschlechtsverkehrs herumdrückt. Er wird so lange »Verantwortungsgefühl« predigen, bis es ihm gelingt, sich nicht mehr verantwortlich zu fühlen, daß die Jugendlichen mit dem nötigen »Verantwortungsgefühl« in Haustoren, hinter Zäunen, in Scheunen und ständig in Angst vor Entdeckung geschlechtlich verkehren.

Und gar erst die Schwangerschaftsverhütungsmittel! Übermütige Jugendliche könnten die naive Frage stellen, welches Interesse denn die Gesellschaft habe, sie *nicht* über die besten Methoden der Schwangerschaftsverhütung zu unterrichten und Ärzte bereitzuhalten, die eingreifen, wenn einmal ein Verhütungsmittel versagt habe; oder ihnen keine Räume zu beschaffen.

Es ist klar, daß in einer Gesellschaftsordnung, die den außerehelichen Geschlechtsverkehr nicht anerkennt, die nicht einmal für ein hygienisches Geschlechtsleben der Erwachsenen sorgt, solche Fragen weder beantwortet noch gelöst werden können.

Es ist ebenso klar, daß ohne eine gründlich vorbereitete Lösung der Frage der *kindlichen* Sexualerziehung, daß ohne die Lösung der Präventivmittel- und Wohnungsfrage eine kritiklose Aufforderung der Jugend, geschlechtlich zu verkehren, verantwortungslos und schädlich wäre, ebenso schädlich wie das Gegenteil, das Predigen von Abstinenz. Und das war ja die Aufgabe, die Widersprüche aufzuzeigen, ihre momentane Unlösbarkeit nachzuweisen. Ich kann nur hoffen, daß es mir gründlich gelungen ist. Doch prinzipiell müssen wir, wenn wir nicht Scharlatane oder Feiglinge sein wollen, die Sexualität der Jugendlichen bejahen, ihnen helfen, wo wir können, und alles tun, um die endgültige Befreiung der jugendlichen Sexualität vorzubereiten. Eine riesenhafte und verantwortungsvolle Aufgabe!

Doch jetzt begreifen wir besser die Halbheit, Befangenheit und Inkonsequenz der heutzutage geübten Sexualaufklärung. Sie zeichnet sich durch folgende Eigenschaften aus: Sie kommt immer zu spät, tut geheimnisvoll und geht am Wesentlichsten, der Sexual*lust*, vorbei. Es erklärt sich aus den Widersprüchen der Situation, daß jene konsequenter handeln, die *gegen* jede Aufklärung sind. Man muß sie bekämpfen, weil sie Feinde wissenschaftlicher Konsequenz sind, aber sie sind doch irgendwo klarer als die seligmachenden Reformisten, die ernstlich glauben, mit ihrem Aufklärertum die Lage zu ändern. Sie umnebeln nur die wahre Situation, sie verschleiern die Notwendigkeit der Umwälzung unserer Existenz.

Das alles bedeutet natürlich nicht, daß man so vorgehen darf wie der zitierte Pfarrer P. Im Einzelfall, nach genauer Prüfung der sozialen, psychischen und ökonomischen Lage wird man als

Sexualberater dem dazu reifen Jugendlichen den Geschlechtsverkehr nicht verbieten, sondern im Gegenteil empfehlen. Einzelhilfe und gesellschaftliche Maßnahme sind eben verschiedene Dinge.

Gesellschaftlich bleibt es vorläufig dabei, daß die Kleinkinder weiter zur Askese erzogen werden, daß den Jugendlichen weiter eingeredet wird, die Kultur fordere von ihm Abstinenz oder die Onanie könne sie bis zur redlichen Ehe vertrösten. Auf die Gesinnung, dies ruhig weiter zu betreiben, sollte man nicht stolz sein. Sie ist eine der vielen Schanden unserer Zeit. Sie bewahrt gewiß vor der Konsequenz, von der Wissenschaft zur Politik zu gelangen.

Der Widerspruch zwischen der fortschreitenden Kollektivierung des Lebens und der gesellschaftlichen sexualverneinenden Atmosphäre muß zu einer fortschreitenden Krise der jugendlichen Geschlechtlichkeit führen, für die es eine Lösung in der konservativen Gesellschaft nicht gibt. Solange die Jugend im Familienverband steckte, die Mädchen mit voller Sexualverdrängung, geringen sexuellen Reizungen ausgesetzt, auf den versorgenden Mann warteten, die Jungen ebenfalls im Elternhaus verharrten, entweder abstinent lebten, onanierten oder zu Prostituierten gingen — so lange gab es nur stilles Leiden, Neurose oder sexuelle Brutalität. Unter den heutigen Lebensbedingungen müssen die nach Freiheit ringenden sexuellen Bedürfnisse mit den anerzogenen Hemmungen einerseits, dem Widerstand der autoritären Gesellschaft andererseis in leidvollen individuellen Kämpfen ausarten. Dagegen werden die sexualreformerischen Vertröstungen, die guten Ratschläge à la »geistige Ablenkung«, »hartes Lager«, und »wenig Fleisch essen« gar nichts ausrichten.

Ich behaupte, daß die heutige Jugend es unendlich schwerer hat als die Jugend etwa um die Jahrhundertwende. Diese konnte noch komplett verdrängen; heute sind alle Quellen des jugendlichen Lebens aufgebrochen, doch die Jugend ermangelt sowohl der gesellschaftlichen Stütze als auch der strukturellen Kraft, diese Quellen auszuschöpfen. Sie wieder zu verschütten ist nicht mehr möglich und auch gar nicht unsere Absicht.

Die sexuelle Krise der Jugend wird zu einem Teil der Krise der autoritären Gesellschaftsordnung überhaupt. Sie bleibt in diesem Rahmen — im Massenmaßstabe — unlösbar.

VII. Kapitel: Zwangsehe und sexuelle Dauerbeziehung

[Zusatz 1945: Die Konfusion über den Begriff der »Ehe« und »Familie« ist so groß, daß man als Arzt, der in persönlichen Lebensfragen zu beraten hat, immer wieder in Widerspruch zum *formalen* Ehebegriff gerät. Der allgemeine Eindruck ist, daß der gerichtliche Eheschein für das Unbewußte der sexualängstlichen Menschen nichts anderes als eine *Erlaubnis, Geschlechtsverkehr zu pflegen,* bedeutet. Das zeigt sich z. B. beim Abschluß von »Kriegsehen« (»war marriages«): Liebespaare, die vor dem Abmarsch des einberufenen Mannes noch rasch das Glück der sexuellen Umarmung erleben möchten, eilen zum Amt um Erlaubnis in Form des Ehescheins. Die Trennung dauert mehrere Jahre und lischt allmählich die Erinnerung an den Partner aus. Sind die Partner jung, so treffen sie andere Liebespartner, was kein Vernünftiger verurteilen wird. Doch der Eheschein übt weiter seine rein formale, inhaltsleere Wirkung der Bindung. Die jungen Menschen, die einander noch kurz vor der langen Trennung beglücken wollten und es ohne Gerichtserlaubnis nicht zu tun wagten, finden sich in einem Netz gefangen. Es ist besonders in den USA viel über das Elend geschrieben worden, das aus solchen »Eheschließungen« hervorgeht. Doch niemand fand sich, der den Kern des Problems, die Forderung nach Legalisierung eines Liebeserlebnisses, bloßgelegt hätte. Dennoch: Jeder weiß, daß »Wir wollen *heiraten*« – in Wirklichkeit »Wir wollen einander umarmen« bedeutet.

Ein anderes Gebiet von Konfusion und Unglück ist der Widerspruch zwischen dem gesetzlichen (kirchlichen) und dem faktischen Inhalt des Begriffs »Ehe«. Er erscheint dem formalen Juristen ganz anders als dem sachlichen Psychiater. Eine Ehe ist dem Juristen eine Verbindung zweier Menschen verschiedenen Geschlechts auf Grund eines Dokuments. Sie ist dem Psychiater eine emotionelle Bindung auf Grund sexueller Gemeinschaft, meist mit dem Wunsch nach Kindern erfüllt. Für den Psychiater liegt *keine* Ehe vor, wenn die Betreffenden nur einen Eheschein besitzen, aber sonst keine Ehegemeinschaft bilden. *Der Eheschein an sich konstituiert keine Ehe.* Für den Psychiater liegt eine Ehe dann vor, wenn zwei Menschen verschiedenen Geschlechts einander lieben, füreinander sorgen, zusammen wohnen und die Gemeinschaft zu einer Familie erweitern, indem sie

Kinder haben. Die Ehe ist dem Psychiater eine praktische und faktische Verbindung sexueller Natur, *gleichgültig, ob ein Eheschein vorliegt oder nicht.* Für den Psychiater bedeutet der Eheschein nur die amtliche Bestätigung einer *von den Partnern* beschlossenen, eingerichteten und gelebten sexuellen Beziehung. Für ihn entscheiden in der Praxis die Partner, und nicht der Gerichtsbeamte, ob die Ehe existiert oder nicht.

Da nun die menschliche Sexualstruktur infolge der Zwangsmoral entartete, bedeutet der Eheschein für die Frau einen Schutz gegen mögliche Verantwortungslosigkeit des Mannes. Insofern erfüllt der Eheschein eine Funktion, aber auch *nur insofern.* Das Bewußtsein von der *faktischen* Natur *natürlicher* Ehen ohne Eheschein ist im Volksbewußtsein allgemein tief verwurzelt. In den USA existiert, wie in Frankreich, Skandinavien und vielen anderen Ländern, die »common-law marriage«, die in den allermeisten Staaten auch vor Gericht anerkannt ist. Nur dort, wo der Katholizismus noch Macht ausübt, wird die common-law marriage vor Gericht »nicht anerkannt«. Das bedeutet aber *nicht,* wie viele sexuell schuldbewußte Menschen glauben, daß die faktische Ehe ohne Eheschein *verboten* ist. Es gibt keine Gesetze gegen faktische Ehen ohne Eheschein.

Der rationellen Mentalhygiene ist natürlich die faktische, und nicht die formale Ehe, das Vorbild einer sexuellen Dauerbeziehung. Dies ist klar. Denn die Mentalhygiene zielt auf *innere* Verantwortlichkeit, und nicht auf Erzwingung von Verantwortung. Die Erzwingung von Verantwortung ist ihr nur ein Notmittel zur Bewältigung asozialer Handlungen. Sie ist nicht der wünschenswerte Endzustand.

Das Interesse an der moralischen Selbststeuerung fordert schärfsten Kampf und strenge Gesetze gegen die Wirkungen der emotionellen Pest auf diesem Gebiet: Gegen Diffamierung von Ehepartnern ohne Eheschein und ihrer Kinder durch emotionell pestkranke Individuen, die selbst diesen hoch moralischen Typus sozialen Verhaltens weder zu begreifen noch zu leben vermögen; gegen die zutiefst unmoralischen, pestkranken Erpressungen und geldlichen Unanständigkeiten, die das zwangsmoralische Ehegesetz ermöglicht; gegen die sexuelle Geilheit und Lüsternheit, die durch Scheidungsprozesse formaler, unglücklicher »Ehen« provoziert werden; gegen die Sinnlosigkeit, von »Ehe« zu sprechen, wo nur Haß und Niedertracht regieren, usw.

Auf diesem Gebiete ist so gut wie alles verkehrt, ist unendlich viel Schmutz aufzuräumen. Vor allem anderen müssen die Liebesbeziehungen vor jeder Einmischung wirtschaftlicher Interessen geschützt werden; *es müssen strenge Gesetze gegen die Diffamierung natürlicher und anständiger Liebesverhältnisse und der ihnen entsprungenen Kinder geschaffen; es müssen*

Schritte unternommen werden, das sexuelle Schuldgefühl zu beseitigen und die äußere Zwangsmoral durch innere Verantwortungsbewußtheit zu ersetzen. Die Zeit ist reif dafür; die Notwendigkeit einer radikalen Gesetzreform ist nirgends mehr bestritten, es sei denn in den Kreisen, die von der Existenz der veralteten, mentalhygienisch verderblichen Sexualgesetze wirtschaftlichen Nutzen ziehen.]

Die Zwangsehe, die ja nur eine bestimmte Entwicklungsstufe der Eheinstitution überhaupt darstellt, ist ein Kompromißergebnis von ökonomischen Interessen und solchen des Sexualbedürfnisses. Gewiß sind die sexuellen Interessen nicht solcherart, wie sie sich manchem Sexualforscher darstellen, etwa als natürliches Bedürfnis, sein Leben lang mit einem Partner in geschlechtlichen Beziehungen zu stehen, oder als Interessen der Brutpflege. Es ist notwendig, für die Untersuchung der Frage die genannten zwei Anteile am Eheproblem gesondert zu betrachten; dabei werden wir diejenige Form der Sexualbeziehung, welche dem Sexualbedürfnis entspringt und auf Dauer der Beziehung zielt, reinlich von der anderen unterscheiden müssen, die den wirtschaftlichen Interessen und der Stellung der Frau und der Kinder in der Gesellschaft entspricht. Die erste nennen wir *sexuelle Dauerbeziehung*, die zweite *Ehe*.

1. Die sexuelle Dauerbeziehung

Die gesellschaftliche Voraussetzung der sexuellen Dauerbeziehung wäre materielle Selbständigkeit der Frau, Versorgung und Aufzucht der Kinder durch die Gesellschaft, Wegfall jeglicher Einmengung wirtschaftlicher Interessen. Vorübergehende, lokkere, rein sinnliche Beziehungen hätten mit Dauerbeziehungen zu konkurrieren. Vom Standpunkt der sexuellen Ökonomie weist die vorübergehende Beziehung Nachteile gegenüber der sexuellen Dauerbeziehung auf, die wir gerade in der heutigen Gesellschaft sehr gut studieren können. Denn in keiner Gesellschaft war die Promiskuität – gefühlsgemäß erniedrigt und sexualökonomisch wertlos durch die Vermengung mit Geldinteressen – so weit verbreitet und Regel wie im Zeitalter der Ideologie von der strengen Einehe.

Die lockere Sexualbeziehung, deren klarster Ausdruck die Eine-Stunde- oder Eine-Nacht-Beziehung ist, unterscheidet sich von der Dauerbeziehung durch den Mangel an zärtlichem Interesse am Geschlechtspartner. Die zärtliche Einstellung zum Sexualpartner kann mehrere Motive haben:

1. *Eine sexuelle Bindung an ihn infolge gemeinsamer lustvoll-sinnlicher Erlebnisse*; sie hat einen starken Einschlag von sexueller *Dankbarkeit*, die sich auf die genossene, und sexueller

Anhänglichkeit (nicht zu verwechseln mit Hörigkeit), die sich auf die noch zu erwartende Sexuallust bezieht. Beide zusammen sind die Grundelemente der natürlichen Liebesbeziehung.

2. *Eine Bindung an den Partner infolge verdrängten Hasses: Reaktive Liebe.* Ihre Erörterung sparen wir uns für die Diskussion der Ehe auf. Sie schließt die Sexualbefriedigung aus.

3. *Eine Beziehung infolge unbefriedigter Sinnlichkeit.* Ihre Kennzeichen sind Überschätzung, ihr Wesen gerade die Hemmung der Sinnlichkeit und eine unbewußt nicht erlöschende Erwartung der Sexualbefriedigung. Sie kann leicht in Haß umschlagen.

Der dauernde Mangel an Zärtlichkeit in der Geschlechtsbeziehung setzt das sinnliche Erleben, mithin auch die sexuelle Befriedigung herab. Das gilt aber erst von einem bestimmten Alter ab, wenn die sinnlichen Stürme der Pubertät und der Nachpubertät vorüber sind, wenn eine gewisse Ausgeglichenheit der sexuellen Affektivität Platz ergriffen hat. *Die zärtlichen Einstellungen gelangen, wenn nicht eine neurotische Hemmung die sinnliche Strebung unterdrückt hat, erst mit einer gewissen Absättigung des sinnlichen Bedürfnisses zur Geltung.* Diese zärtlichen Strebungen sind nicht zu verwechseln mit der kindhaften Pseudozärtlichkeit des schwärmerischen Jünglings, der in der Phantasie einem weiblichen Ideal nachjagt, das seiner Mutter entspricht, und dabei die Sinnlichkeit verurteilt, unter dem Druck von Onanieschuldgefühlen steht und ein Impotenzkandidat wird, wenn ihn nicht irgendwelche günstigen Umstände (etwa Eintritt in eine Jugendgemeinschaft) oder eine seelische Behandlung aus der Neurose herausreißen. Die lockeren, zunächst noch kurzdauernden Sexualbeziehungen, wie wir sie in gewissen Schichten der proletarischen Jugend vorfinden, scheinen mir die natürlichen, gesunden, der Jugend entsprechenden Sexualerlebnisformen zu sein. Sie nähern sich in Erscheinung und Wesen dem Sexualleben der Puberilen bei primitiven Völkern. Sie ermangeln gewiß nicht eines hohen Grades von Zärtlichkeit, die aber noch nicht auf Dauer der Beziehungen zielt. Es handelt sich nicht um eine lüsterne Gier nach Erneuerung des sexuellen Reizes, wie wir sie bei den neurotischen Formen der Polygamie erwachsener Lebemänner und Don-Juans finden, sondern um ein Übersprudeln der reifgewordenen Sinnlichkeit, um ein libidinöses Erfassen jedes geeigneten Sexualobjektes, das zur Tat drängt. Man möchte es mit der Bewegungslust eines jungen Tieres vergleichen, die ebenfalls mit steigendem Alter nachläßt. Diese sexuelle Agilität des gesunden Jugendlichen unterscheidet sich, sofern sie nicht neurotisch ist, für das geübte Auge auch leicht von der hysterischen Hyperagilität.

Im reiferen Lebensalter müssen lockere, kurzdauernde Liebesbeziehungen nicht unbedingt neurotisch sein. Ja, man muß, wenn man seine sexuologischen Erfahrungen ehrlich zu Ende denkt und dabei jede moralische Rücksicht fahren läßt, feststellen, daß, wer nie den Mut oder die Kraft zu einer lockeren Sexualbeziehung (auch im reiferen Alter, gleichgültig ob Mann oder Frau) aufgebracht hat, unter dem Drucke eines rational nicht begründeten, also neurotischen Schuldgefühls stand. Aber auch wer sich zur Herstellung einer Dauerbeziehung unfähig erweist, steht nach gesicherten klinischen Erfahrungen unter der Herrschaft einer kindlichen Fixierung seiner Liebesbedingungen, ist also sexuell nicht in Ordnung. Diese Unfähigkeit hat ihren Grund darin, daß die zärtlichen Strebungen entweder in irgendeiner Form homosexueller Bindung verankert sind (was man typisch bei Sportsleuten, Studenten, Militärs und anderen findet) oder darin, daß ein phantasiertes Ideal jedes reale Sexualobjekt überschattet und entwertet. Überaus häufig findet man als unbewußten Hintergrund anhaltender und unbefriedigender promiskuer Lebensweise eine Scheu vor der Bindung an ein Objekt, weil jede solche Bindung inzestuös betont ist und die Inzestscheu als Hemmung dazwischentritt. Am häufigsten wirkt hier eine Störung der orgastischen Potenz, die eine zärtliche Bindung an den Sexualpartner durch die Enttäuschung verhindert, die sich mit jedem Sexualakt neu einstellt.

Der sexualökonomisch wichtigste Nachteil der vorübergehenden Beziehung ist, daß nie eine so vollständige sinnliche Angleichung der Partner, mithin auch keine so vollkommene sexuelle Befriedigung möglich wird wie in der Dauerbeziehung. Dies ist vom sexualökonomischen Standpunkt der wichtigste Einwand gegen die vorübergehende und das stärkste Argument für die dauernde Beziehung. Daß wir nicht auf diesem Wege ganz raffiniert die ethische Dauermonogamie wieder einschmuggeln, wird sich zum Bedauern der Vertreter der Eheideologie bald herausstellen. Denn wenn wir von Dauerbeziehung sprechen, haben wir keine objektiv zu normierende Zeitspanne im Auge. Es ist sexualökonomisch nicht wichtig, ob diese Beziehung Wochen, Monate, zwei oder zehn Jahre dauert. Es ist auch nicht gemeint, daß die Dauerbeziehung monogam sein muß oder soll, weil wir ja keine Normen aufstellen.

Ich habe an anderer Stelle[1] gezeigt, daß die Anschauung, als wäre der erste Sexualverkehr mit einer Jungfrau, als wären die Flitterwochen das sexuell Befriedigendste, falsch ist. Dem widersprechen strikt die klinischen Erhebungen. Diese Anschauung hat sich nur aus dem Kontrast zwischen der Lüsternheit nach unberührten Frauen und der späteren Abstumpfung und sexuellen Öde in der monogamen Dauerehe herausgebildet. Die sexuelle Beziehung zweier Menschen setzt voraus, daß eine Anpassung der sexuellen Rhythmen zustande kommt, daß die

1 *Die Funktion des Orgasmus.* Int. Psa-Verl. 1927.

Partner die selten bewußten, immer aber bereitstehenden speziellen sexuellen Bedürfnisse allmählich genau kennenlernen, weil nur so die entsprechende Befriedigung und die Ordnung des Sexualhaushaltes auf die Dauer gewährleistet sind. Eingehen einer Ehe ohne vorhergehendes gegenseitiges sexuelles Kennenlernen und Anpassen ist unhygienisch und führt meist zu Katastrophen.

Ein weiterer Vorteil der befriedigenden sexuellen Dauerbeziehung ist, daß es das ewige Suchen nach einem geeigneten Partner unnötig macht und dadurch Interessen für soziale Leistungen freisetzt.

Die Fähigkeit zur sexuellen Dauerbeziehung setzt in erster Linie *volle orgastische Potenz der Sexualpartner* voraus, das heißt *keine Störung des Zusammenhanges von zärtlicher und sinnlicher Sexualität;*

Überwindung der Inzestbindung und der kindlichen Sexualangst;

keine Verdrängung irgendwelcher unsublimierter Sexualregungen, sei es nun homosexueller oder nichtgenitaler Strebungen;

absolute Bejahung der Sexualität und Lebenslust;

Überwindung der Grundelemente des Moralismus; Fähigkeit zu geistiger Kameradschaft mit dem Partner.

Betrachten wir jede der genannten Voraussetzungen auf ihre gesellschaftlichen Seiten hin, so werden wir zugeben müssen, daß keine von ihnen in der autoritären Gesellschaft — wenn wir die Masse und nicht einzelne meinen — verwirklicht werden kann. Da die Sexualverneinung und -verdrängung spezifische und unabtrennbare Attribute der autoritären Gesellschaft sind, so muß auch die Sexualerziehung notwendigerweise von ihnen bestimmt sein. Und wir sehen auch, daß die Familienerziehung die Inzestbindung festigt, statt sie zu lösen, daß das Inzestverbot und die Einschränkung der kindlichen Sexualbetätigung den Zusammenhang zwischen Sinnlichkeit und Zärtlichkeit zerreißt, dadurch eine sexualverneinende Ichstruktur schafft, die prägenitalen und homosexuellen Anlagen züchtet, so wieder ihre Verdrängung und mit dieser Schwächung des Sexuallebens bewirkt. Ferner schließt die Erziehung zur Vorherrschaft des Mannes die Kameradschaft mit der Frau aus.

Wie in jeder dauernden Beziehung sind auch in der geschlechtlichen Konfliktstoffe reichlich gegeben. Nicht aber die allgemein menschlichen Schwierigkeiten jeder Beziehung interessieren uns hier, sondern die besonderen, für das Sexuelle spezifischen. *Die Grundschwierigkeit jeder sexuellen Dauerbeziehung ist der Konflikt aus der (zeitweiligen oder endgültigen) Abstumpfung des sinnlichen Verlangens einerseits* und der mit der Dauer wachsenden *zärtlichen Bindung an den Partner andererseits.*

In jedem sexuellen Verhältnis treten früher oder später, mehr oder minder gehäuft Perioden geringerer sinnlicher Beziehung, ja sinnlicher Gleichgültigkeit auf. Das ist eine empirisch festgestellte Tatsache, gegen die keinerlei moralisches Argument ins Feld geführt werden kann. Sinnliches Interesse läßt sich nicht kommandieren. Je besser die Sexualpartner sinnlich und zärtlich aufeinander abgestimmt sind, desto seltener und weniger endgültig wird der Sprung in der sinnlichen Beziehung sein. Aber der sinnlichen Abstumpfung ist jede Sexualbeziehung ausgesetzt. Diese Tatsache wäre von geringerer Bedeutung, wenn nicht drei Umstände einzeln oder zusammen die Sachlage komplizierten:

1. Die Abstumpfung kann nur bei einem Partner auftreten.
2. Die meisten Sexualbeziehungen sind derzeit auch ökonomisch gebunden. (Wirtschaftliche Abhängigkeit der Frau und der Kinder.)
3. Unabhängig von solchen äußeren Schwierigkeiten liegt eine innere in der Bindung der Dauerbeziehung selbst, die den einzig denkbaren Ausweg beim ökonomisch nicht gebundenen und kinderlosen Verhältnis, nämlich die Trennung und das Finden anderer Partner, meist sehr kompliziert.

Jeder Mensch ist ständig neuen sexuellen Reizen von anderer Seite als der des Partners ausgesetzt, besonders bei der heutigen Kollektivierung der Arbeit. Diese Reizungen von außen bleiben in der Hochperiode des Verhältnisses unwirksam. Sie lassen sich aber nie ausschalten, und keine kirchliche Kleiderverordnung oder irgendwelche asketische oder ethische gesellschaftliche Maßnahme wird je etwas anderes erreichen als die Reizung nur erhöhen, weil der sexuelle Anspruch durch Unterdrückung immer nur gesteigert wird. Das Übersehen dieser fundamentalen Tatsache macht die Tragik, ja Tragikomik aller asketisch orientierten Sexualmoral aus. Die neuen sexuellen Reize, gegen die es nur einen wirksamen Schutz, nämlich die neurotische Sexualhemmung gibt, lösen also bei jedem sexuell intakten Menschen mehr oder minder intensiv, mehr oder minder bewußt (eher: je gesünder, desto bewußter) Sexualwünsche nach anderen Objekten aus. Durch das bestehende befriedigende Sexualverhältnis bleiben diese Wünsche anfänglich ohne besondere Wirkung und können, je bewußter sie sind, desto erfolgreicher unterdrückt werden. Es ist klar, je weniger moralische Rücksicht, je mehr sexualökonomische Entwertung oder Verurteilung an dieser Unterdrückung beteiligt ist, desto harmloser ist sie. Häufen sich aber diese Wünsche nach anderen Objekten, so wirken sie auf die sexuelle Beziehung zum Partner zurück, sie beschleunigen vor allem die Abstumpfung. Die sicheren Anzeichen dieser Abstumpfung sind: Abnahme des Sexualdranges vor dem Akt und der Lust im Akt. Der Geschlechtsverkehr wird allmählich zur Gewohnheit oder Pflicht. Die Abnahme der Be-

friedigung beim Partner und der Wunsch nach anderen Objekten summieren sich und verstärken einander wechselseitig. Dagegen hilft kein Vorsatz, keine Liebestechnik. Jetzt pflegt das kritische Stadium der Gereiztheit gegen den Partner einzusetzen, die je nach Temperament und Erziehung zum Ausdruck kommt oder unterdrückt wird. Auf jeden Fall: Unbewußt wird der Haß gegen den Partner, wie Analysen solcher Zustände eindeutig ergeben, immer stärker; sein Motiv ist die Behinderung der Erfüllung der Wünsche nach anderen durch den Partner; ja, nur scheinbar paradox ist die Tatsache, daß der unbewußte Haß um so stärker werden kann, je liebenswürdiger der Partner und toleranter er ist. Man hat dann keinen Grund, ihn persönlich zu hassen, und empfindet ihn, besser: die eigene Liebe zu ihm, doch als Behinderung. Der Haß wird so durch extreme Zärtlichkeit betäubt. Diese aus dem Haß hervorgegangene Zärtlichkeit und die Schuldgefühle, die in solchen Stadien wuchern, sind die spezifischen Bestandteile der klebrigen Anhänglichkeit in der Dauerbindung und die eigentlichen Motive, daß so oft auch Unverheiratete sich nicht trennen können, obgleich sie einander nichts mehr zu sagen, noch weniger zu geben haben und ihr Verhältnis nur noch eine gegenseitige Qual bedeutet.
Doch diese Abstumpfung braucht keine endgültige zu sein. Sie wird aus einem vorübergehenden Zustand leicht zu einem endgültigen, wenn die Sexualpartner gegenseitige Haßregungen nicht zur Kenntnis nehmen und ihre Wünsche nach anderen Objekten als ungehörig und unmoralisch von sich weisen. Dem folgt gewöhnlich eine Verdrängung der Regungen mit allem Unheil und Schaden für ein Verhältnis zweier Menschen, die eben aus Verdrängung übermächtiger Regungen zu resultieren pflegen. Vermag man solchen Tatsachen unbefangen, ohne sexualmoralische Verbiegung entgegenzutreten, so gestaltet sich der Konflikt milder, und es ergibt sich irgendein Ausweg. Voraussetzung ist, daß die normale Eifersucht, die man empfindet, nicht Ausdruck eines Besitzanspruches wird, daß man die Natürlichkeit und Selbstverständlichkeit des Wunsches nach anderen anerkennt. Keinem Menschen wird es einfallen, einem anderen einen Vorwurf daraus zu machen, daß er nicht jahrelang gern das gleiche Kleid trägt, oder daß man überdrüssig wird, immer die gleiche Speise zu genießen. Nur im Sexuellen ist die Ausschließlichkeit des Besitzes zu einem starken Gefühlswert geworden, weil die Vermengung von ökonomischen Interessen und Sexualbeziehung die natürliche Eifersucht zum Besitzanspruch erweitert hat. Mir haben viele reife und überlegene Menschen mitgeteilt, daß für sie nach Durchkämpfung des Konfliktes die Vorstellung, daß der Sexualpartner das eine oder andere Mal vorübergehend mit anderen in Beziehung tritt, seinen

Schrecken verloren hat, und daß ihnen nachher die frühere Unmöglichkeit, eine »Untreue« auszudenken, lächerlich erschien. Unzählige Beispiele lehren, daß *Treue aus Gewissen* mit der Zeit dem sexuellen Verhältnis schadet. Dem stehen viele Beispiele gegenüber, aus denen klar hervorgeht, daß eine gelegentliche Beziehung zu einem anderen Partner dem Sexualverhältnis, das gerade im Begriffe war, sich wie ein eheliches zu gestalten, nur nützte. Beim wirtschaftlich nicht gebundenen Dauerverhältnis gibt es da zwei Möglichkeiten: Entweder ist die Beziehung zum Dritten nur vorübergehend gewesen; das beweist, daß sie nicht mit der dauernden konkurrieren konnte; dann hat sich das Verhältnis nur gefestigt. Die Frau hat das Gefühl verloren, gehemmt oder zu einem Verhältnis mit einem anderen Mann unfähig zu sein. Oder die Beziehung zum anderen Partner wird intensiver als die bestehende, lustvoller und sonst befriedigender; dann wird die erste gelöst.
Was geschieht nun mit dem Partner, dessen Liebesbeziehung noch nicht zersetzt war? Er wird zweifellos einen schweren Kampf durchkämpfen müssen, in erster Linie mit sich selbst. Eifersucht und sexuelles Minderwertigkeitsgefühl werden mit dem Verständnis für das Schicksal seines Partners kämpfen. Er wird vielleicht bestrebt sein, den Partner wiederzugewinnen, was die Automatie des längerdauernden Verhältnisses beheben, die Besitzsicherheit zerstören wird; er wird es vielleicht auch vorziehen, sich abwartend, passiv zu verhalten und die Entscheidung dem Lauf der Dinge zu überlassen. Wir geben ja keine Ratschläge, sondern erwägen bloß Möglichkeiten, die realen Tatsachen entsprechen. Auf jeden Fall ist die Schwierigkeit geringer als das Malheur, das sich ergibt, wenn zwei Menschen aus moralischen oder anderen Rücksichten aneinander kleben. Die Rücksicht, die so viele in solchen Fällen auf den Partner zu nehmen pflegen, indem sie ihre Wünsche dauernd unterdrükken, ohne sie austilgen zu können, schlägt allzuoft in das Gegenteil um. Wer zu viel Rücksicht genommen hat, fühlt sich leicht berechtigt, den anderen dafür zu Dank zu verpflichten, sich als Opfer zu betrachten, intolerant zu werden, lauter Haltungen, die das Verhältnis weit mehr gefährden und sicher häßlicher gestalten, als es je eine »Untreue« vermocht hätte. Wir wollen uns aber nicht verhehlen, daß solche Rücksichtnahme auf die Bedürfnisse des Partners unter den Bedingungen der heutigen menschlichen Struktur und Sexualideologie nur bei einem kaum nennenswerten Prozentsatz möglich ist.
Leider gelten diese Ausführungen nur für einen kleinen Kreis von Beteiligten, weil die Sexualbeziehungen in der heutigen Gesellschaft durch die ökonomische Bindung der Frau sich völlig anders gestalten als die beschriebene Beziehung zweier unabhängiger Menschen, und weiter, weil die Frage der Kinder-

aufzucht in der Gesellschaft einen dicken Strich durch alle sexualökonomischen Erwägungen macht. Auch die genossene Sexualerziehung und die gesellschaftliche Atmosphäre machen solche Lösungen der Schwierigkeiten zu uninteressanten individuellen Begebenheiten.

Hier sei nur noch eine Schwierigkeit erwähnt, die zu ernsten Konsequenzen führen kann, wenn der, der mit ihr kämpft, sich über ihr Wesen nicht im klaren ist. Ist nämlich das Stadium eingetreten, in dem die sinnliche Anziehung des Partners nachläßt oder völlig schwindet, so können sich beim Manne Störungen der Potenz zeigen. Meist handelt es sich um mangelhafte Erektion oder auch im Ausbleiben der Erregung trotz Reizung. Bei fortbestehender zärtlicher Bindung oder bei einer bisher nicht in Erscheinung getretenen Impotenzangst kann ein solcher Vorfall eine Depression auslösen, ja zu einer länger dauernden Impotenz führen. Da nämlich der Mann nun versucht, seine Kälte zu verbergen, fühlt er sich getrieben, den Geschlechtsverkehr immer wieder zu versuchen. Das kann gefährlich werden. Diese Erektionslosigkeit ist nämlich zunächst nicht wirkliche Impotenz, sondern einfacher Ausdruck mangelnden Verlangens nach diesem und gewöhnlich unbewußten Verlangens nach einem anderen Partner. Bei der Frau kann sich das gleiche abspielen, nur hat die Empfindungsstörung bei ihr nicht die gleiche Bedeutung wie die des Mannes. Erstens nicht, weil der Akt trotz der Störung der Frau durchführbar ist, zweitens, weil die Frau eine Störung nicht so kränkend empfindet wie der Mann. Vorausgesetzt, daß das Verhältnis sonst gut ist, beseitigt eine offene Aussprache über die Ursachen der Störung (sinnliche Abneigung — Wunsch nach anderem Partner) die Schwierigkeit oft leicht. Auf jeden Fall muß abgewartet werden, bis die Abneigung sich gibt. Das sexuelle Verlangen pflegt bei sonst guten Beziehungen früher oder später wieder aufzutreten. Ein Versuch bei einem anderen Partner kann in einem solchen Zeitpunkte wegen der Schuldgefühle gegenüber dem bisherigen Freund leicht mißglücken. In anderen Fällen nützt der Verkehr mit anderen Partnern.

Bei entsprechender neurotischer Disposition kann die Verdrängung des Wunsches nach einem anderen Partner und der Versuch, die Abneigung gegen den bisherigen zu übertönen, zu einer neurotischen Erkrankung führen. Sehr oft hat ein solcher aktueller Konflikt eine Störung der Arbeitsfähigkeit zur Folge. Die Erkrankung kommt zustande, indem die Befriedigung, die in der Wirklichkeit versagt ist, in der Phantasie gesucht wird. Daher tritt in solchen Zuständen leicht der Drang zu onanieren auf. Der Ausgang solcher aktueller Konflikte kann sich je nach der Disposition, der Art der dauernden Sexualbeziehung, der eigenen moralischen Einstellung und der des Partners sehr verschieden gestalten. Unsere sexualmoralischen Vorurteile pflegen da sehr oft unendliches Unheil anzurichten, indem meist schon der bloße Gedanke an einen anderen als Treubruch, als ungehörig oder ähnlich empfunden wird. Daß solche Zustände absolut zur Natur des Sexualtriebes gehören, daß sie ganz selbstverständlich sind und nichts mit Moral zu tun haben, müßte allgemein bekannt werden. Die Geliebten- und Gattenmorde und -quälereien würden sicher abnehmen; es fielen auch manche Anlässe zu seelischen Erkrankungen weg, die ja nur einen unzulänglichen Ausweg aus der Situation darstellen.

Ich habe bisher die Schwierigkeiten besprochen, die sich aus der Dauerbeziehung von selbst ergeben. Ehe ich zur Komplikation dieser Schwierigkeiten durch die Einmischung wirtschaftlicher Interessen übergehe, müssen noch einige Tatbestände besprochen werden, die zwar ökonomische in einem weiteren Sinne sind, Tatbestände der gesellschaftlichen Ideologie, die auch im sexuellen Verhältnis, das noch nicht »Ehe« ist, erschwerend wirken. Gemeint ist die monogame Ideologie, die besonders von den Frauen angenommen und vertreten wird.

Die Lösung einer sexuellen Dauerbeziehung ist für eine Frau keine einfache Sache, auch wenn sie ökonomisch unabhängig ist. Da ist zunächst die sogenannte *öffentliche Meinung,* die sich berufen fühlt, sich in jede Privatangelegenheit einzumengen. Sie drückt heute zwar schon ein Auge zu, wenn eine Frau ein uneheliches Verhältnis hat, aber sie geifert leicht und stempelt jede Frau zur Hure, die es sich herausnimmt, zu *mehreren* Männern in Beziehung zu treten.

Die von Besitzinteressen durchtränkte Sexualmoral hat es zur Selbstverständlichkeit gemacht, daß der Mann die Frau »besitzt«, die Frau hingegen sich dem Manne »hingibt«. Da Besitzen aber eine Ehre, Sich-Hingeben dagegen eine Erniedrigung bedeutet, hat sich in der Einstellung der Frauen zum Sexualakt die Haltung herausgebildet, den Sexualverkehr als solchen zu scheuen. Diese Haltung wird durch gleichgerichtete Bestrebungen der autoritären Erziehung gefördert. Und da für die meisten Männer das Besitzen der Frau mehr ein Beweis ihrer Männlichkeit als ein Liebeserlebnis wird, da das Erobern vorher das Lieben nachher übertönt, bekommt diese Scheu der Frauen eine tragische Berechtigung.

Ferner hat das Mädchen schon mit der Muttermilch die Forderung in sich aufgesogen, daß man nur mit *einem* Manne geschlechtlich verkehren dürfe. Diese Erziehungseinflüsse sitzen tiefer und haben stärkere Wirkung (weil sie unbewußt durch Schuldgefühle festgehalten werden) als die sexuelle Aufklärung, die zu spät einsetzt. Man begegnet ja so oft Frauen, die trotz besserer intellektueller Einsicht es nicht über sich bringen, sich von einem ungeliebten Mann zu trennen, jeden Gedanken daran mit allerlei mehr oder minder unstichhaltigen Argumenten von sich weisen. Das wirkliche, unbewußt bleibende Motiv läßt sich etwa in die Worte fassen: »Meine (kleinbürgerliche) Mutter hat es ihr Leben lang in dieser entsetzlichen Ehe ausgehalten, also muß ich es auch können.« Diese Identifizierung mit der treuen, monogamen Mutter ist in den allermeisten Fällen das wirksamste hemmende Element.

Sexuelle Dauerbeziehungen, die nicht eheliche werden, dauern gewöhnlich nicht das Leben lang. Je früher solche Beziehungen geschlossen werden, desto größer ist die Wahrscheinlichkeit und, wie sich leicht zeigen läßt, auch die psychologische und biologische Berechtigung, daß sie sich rascher lösen als spät eingegangene. Etwa bis zum 30. Lebensjahre befindet sich der Mensch, wenn er nicht durch seine wirtschaftliche Lage allzusehr zu Boden gedrückt wird, in ständiger seelischer Entwicklung. Erst um diese Zeit pflegen sich im Durchschnitt die Interessen zu festigen, dauernde zu werden. Die Ideologie der Askese und Dauermonogamie steht somit in krassem Widerspruch zum körperlichen und seelischen Entwicklungsprozeß. Sie ist praktisch undurchführbar. Das leitet über zum Widerspruch jeder Eheideologie.

2. Das Eheproblem

Die beschriebenen Schwierigkeiten der sexuellen Dauerbeziehung werden durch ökonomische Bindungen erschwert und in Wirklichkeit unlösbar. *Die biologisch und sexualpsychologisch fundierte sexuelle Dauerbeziehung wird zur Ehe.* Ihre ideologischen Kennzeichen sind die kirchlichen Forderungen, sie müßte *lebenslänglich* und *streng monogam* sein. Die Gesellschaft lockert zwar die kirchliche Form der Ehe, dringt aber niemals zu ihren inneren Widersprüchen vor, weil sie sonst mit ihren eigenen liberalen Ansichten in Widerspruch geriete. Ökonomisch muß sie an der Eheinstitution festhalten, ideologisch liberal müßte sie unmögliche Konsequenzen ziehen. Diese Widersprochenheit ist ausnahmslos in allen wissenschaftlichen und literarischen Abhandlungen festzustellen und läßt sich kurz so formulieren: *Die Ehen sind schlecht, aber die Eheinstitution muß gepflegt und erhalten werden.* Das erste ist eine Feststellung, das zweite eine Forderung. Jene entspricht den Tatsachen, diese der reaktionären Zwangsmoral, in der die Eheinstitution ein unerläßlicher Bestandteil ist.

Die Autoren gelangen infolge dieser doppelten Gebundenheit — Tatsachenfeststellung einerseits, Moralismus anderseits — zu den merkwürdigsten und absurdesten Argumenten für die Erhaltung der Ehe.

So bemüht man sich etwa nachzuweisen, daß die Ehe und die Monogamie »natürliche« Einrichtungen, also biologische Erscheinungen seien. Man sucht also eifrig unter den Millionen Tierarten, die unzweideutig geschlechtlich ungeregelt leben, die Störche und die Tauben heraus und stellt fest, Störche und Tauben leben – zeitweise notabene! – monogam; also sei die Monogamie »natürlich«. Hier ist der Mensch kein überirdisches Wesen, das nicht mit Tieren verglichen werden dürfte, weil diese Feststellung die monogame Eheideologie stützt. Die Tatsache hingegen, daß die Promiskuität bei den Tieren die Regel ist, wird glatt unberücksichtigt gelassen, wenn man das Eheproblem *biologisch* erörtert; es kann aber doch nicht ganz übersehen werden, also muß der Mensch sich vom Tier auch unterscheiden und wegen seiner »höheren Berufung« an der Ehe als der »höchsten« Form der geschlechtlichen Beziehungen festhalten. Hier ist also der Mensch kein Tier mehr, sondern ein »höheres Wesen« mit angeborener Sittlichkeit, und: Kampf der Sexualökonomie! ist die Parole, denn sie hat eindeutig nachgewiesen, daß es eine angeborene Sittlichkeit nicht gibt. Wenn aber die »Sittlichkeit« nicht angeboren ist, so kann sie nur anerzogen sein. Und wer hat anerzogen? Die Gesellschaft oder deren Ideologiefabrik, die auf der monogamen Ehe fußende Zwangsfamilie. Damit hat aber die Eheform aufgehört, eine natürliche Einrichtung zu sein, ihr gesellschaftlicher Charakter ist prinzipiell zugegeben. Das reaktionäre Argument ist aber hartnäckig, es weiß sich Sukkurs zu verschaffen. Schön, also die Ehe ist weder eine natürliche Einrichtung noch eine Forderung einer übernatürlichen Bestimmung des Menschen; sie ist dann folgerichtig eine gesellschaftliche Institution. Man versucht also nachzuweisen, daß die Menschen immer monogam gelebt haben, und leugnet jede Entwicklung und Änderung der Sexualformen. Man verfälscht sogar die Ethnologie, wie etwa Westermark es tat, und gelangt zum Schluß: Wenn die Menschen immer in monogamer Ehe gelebt haben, so muß diese Institution für den Bestand der menschlichen Gesellschaft überhaupt, des Staates, der Kultur und der Zivilisation notwendig sein. Aber wohlgemerkt! Solche Berufung einer Forderung auf Vergangenes, schon logisch ein Irrtum, erfolgt nicht bei gegenteiligen Befunden, wenn man etwa feststellen muß, daß neben der monogamen Lebensweise die polygame beziehungsweise promiskue eine gewiß dem Umfang und der Intensität nach größere Rolle gespielt hat. Um diesem Argument auszuweichen, tauscht man wieder den Ewigkeitsstandpunkt gegen den Gesichtspunkt der Entwicklung ein; man stellt die Entwicklung zu »höheren« Formen der Geschlechtlichkeit fest, findet auf einmal, daß die primitiven Völker eben in tierischer Unmoral leben, und daß wir stolz darauf sein müssen, jene »anarchischen« Zustände des

Sexuallebens überwunden zu haben. So denkt man auch gar nicht über die wichtige Tatsache nach, daß der Mensch sich vom Tier nicht durch geringere, sondern durch intensivere Sexualität unterscheidet (ständige Bereitschaft zum Geschlechtsverkehr). Das mit der »Erhebung über das Tier« stimmt im Sexuellen nicht: Der Mensch ist »tierischer« als das Tier. Daß bei solcher Stellungnahme die moralische Wertung die Beobachtung verfälscht und die Feststellung der der unseren weit überlegenen sexuellen Ökonomie der »Primitiven«[1] nicht erfolgen kann, leuchtet ein. Damit begibt man sich aber jeder Möglichkeit, die zeit- und ortsgebundene Sexualform auf ihre materiellen, gesellschaftlichen Grundlagen zu prüfen. Man kommt aus der moralisch-wertenden Betrachtung nie mehr heraus und gerät in uferlose und fruchtlose Debatten. Man versucht soziale Phänomene, die längst dem Untergang geweiht sind, moralisch, metaphysisch oder biologisch zu rechtfertigen, und das alles unter dem Mantel unantastbarer, angeblich objektiver Wissenschaftlichkeit, mit all der Scheu und dem Respekt, die diese Art Wissenschaft, und je moralischer sie tut, desto gründlicher, dem Philister einzuflößen pflegt.
Die Tatsachen allein sprechen zu lassen und aus diesen Tatsachen nicht ohne weiteres Forderungen abzuleiten, sondern den Gang der Entwicklung zu studieren, das zum Absterben bestimmte zum Sterben, das Neue in den Daseinsformen der menschlichen Gesellschaft zur Entfaltung zu bringen, heißt wissenschaftliche Anwendung der Erkenntnis.
Bei strenger Betrachtung der Tatsachen ergeben sich zwei Fragestellungen:
1. Welche gesellschaftliche Funktion hat die Ehe?
2. Worin beruht der Widerspruch der Ehe?

a) *Die gesellschaftliche Funktion der Ehe*

Die gesellschaftliche Funktion der Eheinstitution ist dreifacher Art: wirtschaftlicher, politischer und sozialer. Sie fällt zusammen mit der bürgerlichen Familie.
Wirtschaftlich: So wie die Ehe in der Geschichte der Menschheit sich mit dem Eigentum an den Produktionsmitteln zu entwikkeln beginnt, so bezieht sie aus dieser ihrer materiellen Basis fortlaufend ihre materielle Existenzberechtigung.[2] Das heißt,

1 Hier sei auf Malinowski: *Das Geschlechtsleben der Wilden* und auf mein Buch *Der Einbruch der Sexualmoral* verwiesen.

2 Zusatz 1944: Diese Formulierung ist zwar richtig, aber unvollständig. In der Sowjetunion gibt es kein Privateigentum an Produktionsmitteln, wohl aber Staatseigentum. Trotzdem wurde die Zwangsehe wieder eingeführt. Die obenstehende Formulierung muß deshalb wie folgt ergänzt werden:
a) Die autoritäre Zwangsfamilie hat ihre historische Basis im Privatbesitz der Produktionsmittel, und sie wird von staatlichen Behörden aufrechterhalten, sogar nach Abschaffung des Privatbesitzes an Produktionsmitteln.
b) Die autoritäre Zwangsfamilie ankert in der autoritären sexualunterdrückenden Struktur des Menschen.

solange es Privateigentum an Produktionsmitteln geben wird, so lange ist die Ehe *gesellschaftlich notwendig*, so lange ist sie mit gesellschaftlichem Sinn erfüllt. Daß auch Klassen, die kein solches Interesse haben, in der gleichen Sexualform leben, ist ein unberechtigter Einwand, denn die jeweils herrschenden Ideologien sind die Ideologien der herrschenden Klasse; die Eheform ergibt sich nicht nur unmittelbar aus ihrer materiellen Basis, sondern sie wird auch gehalten durch die moralischen Anschauungen der ideologischen Atmosphäre und die lebensängstliche menschliche Struktur. Darum ist auch die wirkliche Grundlage der Sexualform den Menschen nicht bewußt, man beruft sich bloß auf die ideellen Rationalisierungen der Sexualform, auf ihre ideologischen Haftpunkte im Kopfe des Einzelmenschen. Wo aber die materielle Basis es erfordert, ändert sie die Ideologie ab. Als nach dem Dreißigjährigen Kriege die mitteleuropäische Menschheit an Zahl eingeschrumpft war, erließ der Kreistag von Nürnberg am 14. Februar 1650 einen Erlaß, der die monogame Forderung aufhob: »Demnach auch die unumgängliche des heiligen Römischen Reiches Notdurft erfordert, die in diesem Dreißigjährigen Kriege ganz abgenommene, durch das Schwerdt, Krankheit und Hunger verzehrte Mannschaft wiederumb zu ersetzen, ... so sollen hiefüro innerhalb der nächsten zehn Jahren jedem Mannspersonen zwei Weiber zu heiraten erlaubt sein.« (Zitiert nach Fuchs' »Sittengeschichte«, Renaissance. S. 40 ff.) Mit der gottgewollten Monogamie ist es also anders bestellt.

Politisch: Da die monogame Dauerehe der Kern der Zwangsfamilie ist, diese aber, wie wir schon ausgeführt haben, die ideologische Präparationsstätte für jedes Mitglied der autoritär gelenkten Gesellschaft in der Kindheit wird, hat sie auch eine politische Daseinsberechtigung.

Sozial: Für die patriarchalische Gesellschaft ist die materielle Abhängigkeit der Frau und der Kinder kennzeichnend. Sekundär wird so die Ehe zu einem materiellen und moralischen (moralisch im Sinne der patriarchalischen Interessen) Schutz der Frau und der Kinder. *Daher müssen alle Phasen der patriarchalischen Gesellschaft an der Zwangsehe festhalten.* Hier gilt nicht die Frage, ob die Ehe gut oder schlecht ist, sondern ob sie gesellschaftlich berechtigt und notwendig ist. Man kann daher in der Gesellschaft, in der die Ehe wirtschaftlich wurzelt, sie nicht abschaffen wollen; man kann nur »reformieren«, ohne daß am Wesentlichsten gerüttelt wird, etwa indem man nach zehn Jahre langer Debatte an Stelle des Verschuldungs- das Zerrüttungsprinzip als Scheidungsgrund gelten läßt.

Diese Reformen gehen aus den Widersprüchen der Ehesituation hervor, die sich nicht auf wirtschaftlichem, sondern auf dem Gebiete der sexuellen Ökonomie innerhalb der Ehesituation ergeben. Sie haben ja meist den Charakter tragikomischen Ulks nach folgendem Muster: (Meldung des *Pester Loyd* vom 25. Januar 1929.)

»*Kartenspiel als Schulfach.* Aus Cleveland in Amerika kommt eine überraschende Meldung. Das Lehrerkollegium der städtischen Schule hat sich dort entschlossen, Bridge als obligates Schulfach einzuführen. Als Begründung für diese merkwürdige Neuerung wird angeführt, daß das amerikanische Home deshalb dem Untergang geweiht ist, weil das Bridgespiel nachläßt. Wieviel Ehen sind bereits daran gescheitert, daß die Ehegatten statt miteinander oder in guter Gesellschaft Bridge zu spielen, jeder für sich ausgingen. Man will für die städtische Schule zwölf Bridgelehrer engagieren. Man hofft, daß die Schuljugend auf diese Art nicht nur für ein solides Eheleben vorbereitet wird, sondern daß die Kinder einen guten Einfluß auf ihre meistenteils in zerrütteter Ehe lebenden Eltern werden ausüben können.«

Daß die Ehen zerfallen, ist keine Neuigkeit. Trotzdem einige Zahlen. Zunächst eine Statistik der Eheschließungen und Ehelösungen in Wien 1915–1925[1].

Jahr	Zahl der Eheschließungen	Zahl der Ehelösungen
1915	13 954	617
1916	12 855	656
1917	12 406	659
1918	17 123	1 078
1919	26 182	2 460
1920	31 164	3 145
1921	29 274	3 300
1922	26 568	3 113
1923	19 827	3 371
1924	17 410	3 437
1925	16 288	3 241

Während also die Eheschließungen ungefähr gleich geblieben sind und nur in den Jahren nach Kriegsende eine Steigerung auf über das Doppelte erfahren haben, nahmen die Scheidungen konstant zu, und zwar stiegen sie im Laufe von zehn Jahren um das Fünffache. Betrug das Verhältnis der Lösungen zu den Schließungen 1915 noch etwa ein Zwanzigstel, so 1925 bereits ein Fünftel.

Der *Pesti Napló* vom 18. November 1928 bringt einen Artikel über die Ehefrage:

»Es ist wahr, daß die Lust zum Heiraten angewachsen ist, doch eilt man zu den Ehescheidungsgerichten viel gieriger als zum Standesamt. Dafür spricht wenigstens das, daß von 1878 bis 1927 sich die

1 Walter Schiff: *Die natürliche Bewegung der Bevölkerung der Bundeshauptstadt Wien in den Jahren 1905–1925* (1926).

Zahl der Eheschließungen *vervierfacht* hat, aber während derselben Zeit ist die Zahl der durch Scheidung gelösten Ehen auf das *achtzigfache* gestiegen. Im Jahre 1926 war das Verhältnis *hundertfach.*«

In diesem Artikel wird noch festgestellt, daß der größte Teil der Ehen im fünften oder sechsten Jahr ihres Bestandes gelöst wurde. Von 1645 Scheidungen im Jahre 1927 waren mit der Motivierung »mutwilliges Verlassen« 1498 begehrt worden und nur in zwei Fällen wurde die Ehe wegen Ehebruchs gelöst.
Der *Budapesti Hirlap* vom 24. November 1928 meldet, daß im Oberhaus mit Besorgnis das rapide Wachsen der Ehescheidungen zur Rede gebracht wurde. Während 1922 1813, 1923 1888 Ehen geschieden wurden, so 1878 nur 21, 1879 nur 15 Ehen. Seit der Wirtschafts- und Bankkrise im Jahre 1898 nahmen die Ehescheidungen rapid zu (1900 255, 1905 464, 1910 659). Es wird festgestellt, daß die Höchstzahlen der Ehescheidungen auf Zeiten der wirtschaftlichen Krisen fallen.
Seit 1931 zeigte sich mit Ausnahme der Tschechoslowakei eine Steigerung der Eheschließungszahlen in Europa:

Die Zahl der Eheschließungen betrug (in 1000) in

	1931	1932	1933	1934
Deutschland	514,4	509,6	631,2	781,5
Italien	276,0	267,8	289,9	309,2
Portugal	44,9	45,4	45,8	47,5
Polen	273,3	270,3	273,9	277,3
Niederlande	59,5	55,8	59,2	60,6
Ungarn	76,4	71,2	73,1	77,7
Tschechoslowakei	129,9	128,0	124,3	118,3

Diese Zahlen spiegeln zwar den verschärften Druck der *politischen* Reaktion wider (366 178 Ehestandsdarlehen in drei Jahren in Deutschland zur Förderung der Familienideologie), sind in ihrer Bedeutung aber nicht zu überschätzen. Sie sagen weder über den inneren Zustand der Ehen noch über eine Änderung der konkreten sexuellen Lebensverhältnisse etwas aus. An dem Grundwiderspruch der Eheinstitution hat sich nichts geändert.
In Sowjetrußland, wo die Eheinstitution gesetzlich und praktisch so gut wie aufgehoben wurde (denn die Registrierung einer geschlechtlichen Verbindung steht frei, sie ist nicht obligat), sind die Ergebnisse der Statistik folgende:
In Moskau stieg die Zahl der Registrierungen von 24 899 im Jahre 1926 auf 26 211 im Jahre 1929; dagegen die Trennungen von 11 879 auf 19 421 in der gleichen Zeit. In Leningrad betrug die Zahl der Registrierungen 1926 20 913, 1927 24 369; die Trennungen stiegen in der gleichen Zeit von 5536 auf 16 008 (!).
Eindeutige Zahlen gibt Lindsey in seinem Buche *Kameradschaftsehe* für die USA (S. 153 ff.). In Denver in den USA kam im Jahre 1922 auf eine Eheschließung bereits eine Eheschei-

dung. Auf 2909 Schließungen kamen 1492 Scheidungen und 1500 Fälle von böswilligem Verlassen, zusammen 2992. 1922 ergab gegenüber 1921 um 45 Scheidungen mehr und um 618 Schließungen weniger. Die Schließungen sanken in Denver von 4002 im Jahre 1920 auf 3008 im Jahre 1922. In Chikago kamen im Jahre 1922 auf 39 000 Heiraten 13 000 Scheidungen, also genau ein Drittel. »Die Menschen werden kopfscheu«, fügt Lindsey seinem Bericht verzweifelt hinzu.

Noch einige Zahlen über die Verhältnisse in Amerika, die deutlich zeigen, daß der Zerfall der Ehe nicht etwa eine Erfindung der Bolschewiken ist. Nach einem Bericht der »United Press« für das Jahr 1924 kamen in *Atlanta* auf 3350 Eheschließungen 1845 Scheidungen (über die Hälfte), in *Los Angeles* auf 16 605 7882 (fast die Hälfte), in *Kansas City* auf 4821 2400 (fast die Hälfte), in *Ohio* auf 53 300 11 885 (ein Fünftel), in *Denver* auf 3000 1500 (die Hälfte), in *Cleveland* auf 16 132 5256 (ein Drittel).

Seinem Bericht fügt Lindsey hinzu:

»Die Ehe, wie sie jetzt ist, bedeutet für die meisten, die sie eingehen, einfach eine Hölle. Wer die lange, lange Prozession von schiffbrüchigen Leben, unseligen Männern und Frauen, elenden, heimatlosen, verwahrlosten Kindern gesehen hat, wie sie durch meinen Gerichtshof gezogen sind, der kann zu keinem anderen Schluß kommen.«

(l. c. S. 129)

»Wenn aber 13 000 Ehescheidungen wirklich ausgesprochen wurden, wieviel Paare, glauben Sie wohl, sind da gewesen, die geschieden werden wollten, es aber nicht wagten? Denn eine Ehescheidung ist immer noch eine sehr aufregende, kostspielige, unangenehme Sache und wird erst unternommen, wenn man an der äußersten Grenze des Erträglichen angekommen ist. Wenn in Chikago im Jahr des Heils 1922 39 000 Eheschließungen stattfanden, so ist es eine höchst konservative Schätzung, daß volle 26 000 zu den 13 000, die geschieden wurden, sich hätten scheiden lassen, wenn es ihnen möglich gewesen wäre. Diese Schätzung gründet sich bei mir auf meine Erfahrungen mit verheirateten Leuten, die im Vertrauen zu mir kommen, um sich Rat und Trost zu holen, und die sich nie zur Scheidung entschließen, obgleich sie sie doch so sehr wünschen. Ich glaube, daß ihre Zahl bei weitem größer ist als die Zahl derer, die wirklich zum Gericht gehen.« (S. 154)

»Wenn die obigen Zahlen mit denen früherer Jahre verglichen werden, so sieht man deutlich, daß Trennungen und Ehescheidungen ständig zunehmen, und daß sie bald die Zahl der Eheschließungen erreicht haben werden.« (S. 155)

»Wir haben Tausende und aber Tausende von Fällen, die auch ohne gesetzliche Bestätigung das Versagen der betreffenden Ehe bezeugen. Es liegt kein Grund vor, warum diese nicht zu den Ehescheidungen gerechnet werden sollen, denn sie wären ebenfalls legale Scheidungen, wenn nicht irgendein Umstand, irgendwelche Verhältnisse hindernd dazwischengestanden hätten. Innerlich und äußerlich gehören sie ganz gewiß zu dem Sammelbegriff ›Ehen‹, die versagt haben.« (S. 155)

Noch ein peinliches Gespräch mit einem amerikanischen Girl:

»Mary fürchtete den Ehekontrakt als ein Ding, aus dem es so schwer Entrinnen gab, wenn etwas verkehrt gehen sollte. Sie wollte ihr freier Herr bleiben, sonst hätte sie geheiratet, denn sie gab gewisse Vorteile der gesetzlichen Ehe zu.
Gut! So war es vielleicht ihre Pflicht, die Ehelosigkeit zu wählen und ihr geschlechtliches Leben zu unterdrücken, das nach seinem normalen Ausdruck drängte?
Darauf antwortete Mary richtig oder verkehrt, daß sie sich einem Fetisch von Gleichförmigkeit nicht opfern will. Sie will nicht zwischen dem Entweder-Oder zu wählen haben, weil sie beides für unvernünftig und abscheulich hält.
Statt dessen schwingt sie die Fahne der Rebellion und sagt: ›Nein! Ich und meine Generation, wir werden einen dritten Weg finden. Ob ihr es gutheißt oder nicht: wir machen unter uns unseren eigenen Ehekontrakt, der sich mit unseren Wünschen und Bedürfnissen deckt. Wir glauben ein natürliches Recht auf Kameradschaft und intimen Verkehr zu haben, nach dem es uns triebhaft verlangt. Wir kennen Schutzmaßregeln, die unerwünschte Mutterschaft auszuschließen, solange eine solche die Lage erschweren würde. Wir geben nicht zu, daß solches Verhalten die Sicherheit der menschlichen Gesellschaft gefährdet, und wir glauben, daß dieser Versuch, die Tradition durch gesunden Menschenverstand zu ersetzen, eher gut als schlecht ausgehen wird.‹
So sprechen sie.
Was soll nun ich, ein Mann in verantwortlicher gerichtlicher Stellung, zu einer solchen Herausforderung sagen? Kann ich mit Stillschweigen darüber hinweggehen, daß die Eheschließung zu Nutz und Frommen der Menschheit gemacht ist und nicht die Menschheit zu Nutz und Frommen der Eheschließungen? Daß die Heirat kein Endzweck, sondern ein Mittel zum Zweck ist? Daß der Schuh und nicht der Fuß geändert werden muß, wenn der Schuh nicht paßt? Und was das Zölibat betrifft als die einzige Möglichkeit außer einer vielleicht unglückseligen Heirat – : Warum Worte darüber verlieren und Forderungen stellen, die Menschen doch niemals erfüllen werden und die auch einem natürlichen und notwendigen Trieb Gewalt antun?«

(*Rev. d. mod. Jugend,* S. 106)

Und welche Schlüsse zieht Lindsey aus den eigenen Feststellungen und der peinlichen Aussprache mit Mary?

»Und doch soll damit keinesfalls für ›freie Liebe‹ und dergleichen Dinge Bahn gebrochen werden. Wir kommen nicht ohne die Ehe aus. Sie muß durch weise, vorsichtige Änderungen ihrer Regeln erhalten bleiben, um im Leben der Menschen wirklich das Glück zu schaffen, das sie schaffen kann. Ich glaube fest an die segensreichen Möglichkeiten der Ehe, das hoffe ich nun ganz klargemacht zu haben.«

(*Rev. d. mod. Jugend,* S. 107)

Wir sehen, auch ein so hervorragender Mann wie Lindsey macht den Sprung von der Feststellung des Zerfalls der Ehe und ihrer sexualökonomischen Widersinnigkeit in das Reich der Ethik, die ja in Wirklichkeit nur ein Spiegelbild der ökonomischen Notwendigkeiten des herrschenden Systems ist. Daß der

Zerfall der Ehen in Amerika so rasch fortschreitet und so klar zum Ausdruck kommt, liegt zweifellos daran, daß dort der Kapitalismus am weitesten fortgeschritten und dementsprechend die schärfsten Widersprüche auf dem Gebiete der sexuellen Ökonomie produziert: Strengster Puritanismus auf der einen und Zusammenbruch der Zwangsmoral auf der anderen Seite. Das haben wir ja schon bei der Frage der Jugend gesehen.
Lindsey ist überzeugt, daß die Ehe zu erhalten ist, weil sie »dennoch Glück bringen kann«. Es ist aber nicht die Frage, ob sie es bringen *kann*, in doppelter Hinsicht. Es muß erwiesen sein, daß sie es wirklich bringt, und wenn sie es nicht tut, muß untersucht werden, weshalb, und wenn sie zerfällt, müssen die sexualökonomischen und wirtschaftlichen Ursachen dafür erfaßt werden.
Hoffinger, ein Forscher des 19. Jahrhunderts, kam in einer Untersuchung zum Schluß:

»Obwohl er gewissenhaft und mit Eifer nach der Zahl der glücklichen Ehen geforscht, so ist doch seine Forschung stets soweit vergeblich gewesen, daß er es nie dahin bringen konnte, die *glücklichen* Ehen als etwas anderes als *höchst vereinzelte Ausnahmen von der Regel zu erkennen.*« (Zitiert nach Bloch, *Sexualleben unserer Zeit*, S. 247)

Gross-Hoffinger stellt auch fest:

»1. Ungefähr die Hälfte aller Ehen ist absolut unglücklich.
2. Weit über die Hälfte derselben ist ganz offen demoralisiert.
3. Die Moralität der übrigen kleineren Hälfte besteht durchaus nicht in Beobachtung der ehelichen Treue.
4. 15 Prozent aller Ehen betreiben das Gewerbe der Unzucht und Kuppelei.
5. Die Zahl der völlig über allen und jeden Verdacht der Untreue (bei vorhandener Fähigkeit) erhabenen orthodoxen Ehen ist in den Augen jedes Vernünftigen, der die Gebote der Natur kennt und das Ungestüme ihrer Forderungen, gleich Null.«
(*»Das Sexualleben unserer Zeit«*, 2. u. 3. Auflage, S. 253)

Bloch untersuchte hundert Ehen und fand:

Ausgesprochen unglücklich	48
Gleichgültig	36
Unzweifelhaft glücklich	15
Tugendhaft	1

Unter diesen 100 Ehen fand Bloch »absichtlich unmoralisch« 14, »liederlich und leichtsinnig« 51, völlig unverdächtig 2. Man beachte die wertende Ausdrucksweise. Ich untersuchte die einzeln angeführten Fälle nach und fand, daß von den als glücklich bezeichneten Ehen 3 in vorgerücktem Alter waren, bei 13 bestand Untreue eines oder beider Ehegatten, 3 waren als »phlegmatisch« gekennzeichnet, das heißt sexuell anspruchslos (impotent oder frigid), 2 waren als scheinbar glücklich bezeichnet. Wenn unter 15 als unzweifelhaft glücklich bezeichneten Ehen sich 13 untreue finden, so besagt das, daß eine Ehe auf die Dauer eben nur unter Opferung der wichtigsten Forderung der Eheideologie, der ehelichen Treue, oder aber unter der Bedingung voller sexueller Anspruchslosigkeit glücklich sein kann. Eine eigene statistische Untersuchung über 93 Ehen, deren Verhältnisse mir genau bekannt waren, ergab:

Schlecht oder ausgesprochen untreu	66
Resigniert oder kranke Ehegatten	18
Sehr fraglich (äußerlich ruhig)	6
Gut	3

Von den drei von mir als fraglos glücklich bezeichneten Ehen war keine älter als drei Jahre. Die Statistik stammt aus dem Jahre 1925. Seither ist eine der Ehen geschieden, eine andere zerfiel innerlich, wenn auch vorläufig ohne Scheidung, als der Mann in Analyse kam, die dritte hielt 1929 noch.
Lebedewa teilte in einem Kurs für ausländische Ärzte in Moskau interessante statistische Zahlen über die Dauer der Geschlechtsbeziehungen mit. Eine Kontrolle bilden dort nur die registrierten Ehen, welche praktisch fast reinen sexuellen Dauerbeziehungen gleichkommen. Von allen registrierten Verbindungen dauern bis zu einem Jahre 19 Prozent, 3 bis 4 Jahre 37 Prozent, 4 bis 9 Jahre 26 Prozent, 10 bis 19 Jahre 12 Prozent, über 19 Jahre 6 Prozent.
Diese Zahlen beweisen, daß für die sexuelle Basis einer Beziehung 4 Jahre das durchschnittliche Höchstmaß sind. Wie will die Ehereform mit dieser Tatsache fertig werden?

Hier noch einige Bemerkungen über jene Ehen, die als gut und ruhig bezeichnet werden. »Ruhig« heißt, daß die Konflikte nicht in Erscheinung treten, und man nennt »gut« auch solche Ehen, bei denen stille Resignation alles überbaut hat. Kommt ein solcher Ehepartner in die analytische Behandlung, so staunt man immer wieder über die Fülle an unbewußtem und verhaltenem Haß, der sich im Laufe einer mehrjährigen ehelichen Gemeinschaft in dem Ehepartner aufgespeichert hat und seinen Ausdruck schließlich in einer seelischen Erkrankung fand, ohne dem Betreffenden je zu Bewußtsein gekommen zu sein. Man tut unrecht, diesen Haß nur auf kindliche Erlebnisse zurückzuführen. Man kann feststellen, daß die Übertragung des Hasses von einer in der Kindheit gehaßten Person auf den Ehegatten erst erfolgte, als sich in der Ehe selbst reichlich Konfliktstoffe angehäuft hatten, die die alten Schwierigkeiten zu neuem Leben erweckten. Meiner Erfahrung nach zerfallen die Ehen in der analytischen Behandlung, wenn ohne Rücksicht auf die eheliche Moral analysiert wird, das heißt, wenn man nicht bewußt oder unbewußt Themen, die am Bestand der Ehe rühren könnten, unangetastet läßt. Solche Fälle kommen vor. Und eine zweite

Erfahrung geht dahin, daß die Ehen, welche den Druck einer Analyse zu ertragen hatten, nur dann halten, wenn der Analysierte selbst seine sexuelle Agilität gewinnt und entschlossen ist, sich der strengen ehelichen Moral nicht unbedingt zu fügen. Diese erweist sich regelmäßig als gehalten durch neurotische Verdrängungsmechanismen.

Die Analyse von Ehegatten hat ferner folgende eindeutige Ergebnisse:

1. Es findet sich keine Frau, die nicht die sogenannten »Dirnenphantasien« hätte. Die wenigsten Frauen phantasieren, sich zu prostituieren. Es handelt sich fast immer nur um den Wunsch, mit mehreren Männern geschlechtlich zu verkehren, seine sexuellen Erfahrungen nicht mit *einem* Manne zu beschließen. Dieser Wunsch ist begreiflicherweise mit Vorstellung der Prostitution verknüpft. Die charakteranalytische Klinik zerstört den Glauben an eine monogame Veranlagung der Frau restlos. Manche Psychoanalytiker halten diese »Dirnenphantasien« für neurotisch und sehen ein Ziel darin, die Frau davon zu befreien. Mit einem solchen Urteil hat man sich der notwendigen amoralischen Haltung in der analytischen Behandlung beraubt, man analysiert nur mehr im Interesse der krankmachenden Moral. Man hat aber als Arzt die Gesundheit des Patienten, also seine Libidoökonomie und nicht die Moral zu berücksichtigen. Stellt man aber wieder fest, daß ein Widerspruch besteht zwischen den libidinösen Forderungen des Kranken und der gesellschaftlichen Moral, so ist es »unanalytisch«, die Forderungen als »infantil«, als Machinationen des »Lustprinzips« abzutun und sich auf die notwendige »Realitätsanpassung« oder »Resignation« zu berufen, ehe man untersucht und sich genau Rechenschaft gegeben hat, ob die sexuellen Ansprüche wirklich infantile und die Realitätsforderungen — im Sinne der menschlichen Gesundheit! — wirklich annehmbare sind. Eine Frau, die ihren sexuellen Ansprüchen gemäß mit mehreren Männern geschlechtlich verkehrt, ist noch nicht ohne weiteres als infantil abzustempeln. Sie paßt nur nicht recht zur Ideologie der Zwangsehe; das ist alles. Sie ist deswegen noch nicht krank, wird aber vermutlich erkranken, wenn sie sich der herrschenden Moral allzusehr fügt. Und man sollte doch die Tatsache mehr beachten, daß die braven, die realitätsangepaßten Frauen, jene, die die Last der Ehe äußerlich widerspruchslos auf sich genommen haben, weil sie teils aus ökonomischen, teils aus moralischen Gründen sexuell gehemmt sind, alle Zeichen der Neurose an sich haben. Aber sie sind »realitätsangepaßt«.

2. Die Analyse lehrt uns, wenn wir das soziale Sein einbeziehen, die Motive der monogamen Ideologie kennen. Hier findet man: Starke Identifizierung mit den Eltern, die wenigstens äußerlich die Monogamie vertraten, besonders die Identifizie-

rung der Tochter mit der monogamen Mutter, aber auch ihren Gegensatz, die Reaktion auf die monogame Strenge der Mutter in Form *neurotischer Polygamie.* Wir finden ferner als Ursache der monogamen Einstellung Schuldgefühle gegen den Gatten, als Reaktion auf den verdrängten Haß gegen ihn, der die sexuelle Freiheit einschränkt. Das kindliche Sexualverbot und die in der Kindheit entstandene Angst vor sexuellen Betätigungen wirken in der Reihe der seelischen Motive der monogamen Einstellung in erster Linie. *Die monogame Ideologie erweist sich so beim einzelnen als mächtige reaktive Schutzorganisation gegen die eigenen sexuellen Tendenzen, die den Gegensatz Monogamie-Polygamie oder -andrie nicht kennen, sondern nur Befriedigung.* Die inzestuöse Bindung an den gegengeschlechtlichen Elternteil spielt eine große Rolle, und die Lösung dieser Bindung zerstört ein breites Stück der monogamen Einstellung. Nicht zuletzt ist auch die ökonomische Gebundenheit der Frau in ihrer monogamen Tendenz wirksam. Man erlebt es gelegentlich, daß sich die starre monogame Moralforderung ohne weitere analytische Arbeit lockert, wenn wirtschaftliche Unabhängigkeit möglich wird.

3. Auch die Forderung des Ehegatten, seine Frau müsse monogam sein, hat ihre besonderen individuellen Gründe. Die ökonomische Basis der monogamen Forderung ist, den bisherigen Erfahrungen nach zu urteilen, psychologisch nicht unmittelbar repräsentiert. Wir finden in erster Linie die Angst vor dem Konkurrenten, insbesondere dem mit der besseren Potenz, und die narzißtische Scheu vor der sozialen Ächtung, vor dem Stigma des »Gehörnten«. Die betrogene Frau wird ja nicht verachtet, sondern bemitleidet. Das hat seinen Grund darin, daß für die Frau in ihrer abhängigen Stellung die Untreue des Gatten eine wirkliche Gefahr bedeutet. Die Untreue der Frau hingegen ist der öffentlichen Meinung ein Beweis, daß der Gatte seine Herrenrechte nicht zu wahren vermochte, vielleicht auch, daß er nicht Mann genug im rein sexuellen Sinne war, um seine Frau treu zu erhalten. Daher erträgt auch die Frau eine Untreue des Gatten gewöhnlich leichter als umgekehrt der Gatte die seiner Frau. Würden die ökonomischen Interessen die Ideologie unmittelbar beeinflussen, so müßte das Gegenteil der Fall sein. Es ist aber so, daß sich zwischen die wirtschaftliche Basis der moralischen Anschauungen und diese selbst viele Zwischenglieder einschalten, etwa die Eitelkeit des Mannes, so daß schließlich doch die Linie des gesellschaftlichen Sinnes der Ehe gewahrt bleibt: Der Mann darf untreu sein, die Frau nicht.

b) *Der Widerspruch der Ehesituation*

Der Widerspruch der Eheinstitution ergibt sich aus dem Widerspruch zwischen den sexuellen und den wirtschaftlichen Interessen in der Ehe. Vom Standpunkt der wirtschaftlichen Interessen werden sehr konsequente und folgerichtige Forderungen gestellt. Da es unwahrscheinlich, ja sexualökonomisch unmöglich ist, daß ein sexuell vollintakter Mensch sich den Bedingungen der ehelichen Moral unterwirft — nur *ein* Partner, und mit diesem *lebenslänglich* —, ist eine sehr tiefgreifende Unterdrükkung des Sexualbedürfnisses, vor allem bei der Frau, allererste Forderung. Die Moral fordert daher — natürlich ohne es praktisch allgemein durchzusetzen —, die Frau dürfe vor der Ehe nicht geschlechtlich verkehren, womöglich auch der Mann nicht; aber hier werden beide Augen zugedrückt. Nicht die sinnliche Sexualität — heißt es —, sondern das Kind mache das Wesen der Ehe aus (das stimmt für die ökonomische Seite der Ehe, nicht aber für die sexuelle Dauerbeziehung); die Gatten dürfen während der Ehe keinen anderen Menschen geschlechtlich kennenlernen. Es ist nun richtig, daß diese Forderungen für die dauernde Aufrechterhaltung einer Ehe notwendig sind. *Aber die gleichen Forderungen sind es, die die Ehe untergraben, sie schon bei ihrer Schließung dem Untergang weihen.* Die Forderung der lebenslänglichen Geschlechtsgemeinschaft birgt von vornherein die Revolte gegen den Zwang in sich, die sich bewußt oder unbewußt um so heftiger gestaltet, je lebendiger und aktiver die sexuellen Bedürfnisse sind. Die Frau hat bis zur Heirat keusch gelebt, ist sexuell unerfahren, muß, um treu bleiben zu können, ihre genitalen Ansprüche verdrängen. Diese stehen nunmehr kaum noch ganz zur Verfügung, sie bleibt anästhetisch, kalt, kann den Mann weder reizen noch befriedigen, sobald der Reiz der Neuheit des Erlebnisses vorüber ist. Gerade der gesunde Mann zieht sein Interesse sehr bald ab, sucht andere Frauen, die ihm mehr geben können, der erste Riß in der Beziehung ist da. Auch der Mann soll nach der herrschenden Moral nicht allzu große »Seitensprünge« wagen, auch er muß, besonders wenn er heiratet, einen großen Teil seiner genitalen Interessen verdrängen. Das ist zwar gut für den Bestand der Ehe, aber schlecht für die sexuelle Beziehung, denn die Verdrängung hat Potenzstörungen oder -schädigungen zur Folge. Ist die Frau daran, ihre Sexualität zu erwecken, so ist sie bald enttäuscht, wenn sie wissend ist, und sucht einen anderen Partner, oder sie erkrankt an der Sexualstauung, an der Unbefriedigtheit, in irgendeiner neurotischen Form: *in beiden Fällen ist die Ehe durch das gleiche Motiv untergraben worden, das ihren Bestand sichern sollte: durch die sexualverneinende Erziehung zur Ehe.*

Dazu kommt, daß die immer mehr zunehmende wirtschaftliche Unabhängigkeit der Frau die sexuellen Hemmungen beseitigen hilft; sie ist nicht mehr ans Haus und an die Kinder gebunden, sondern lernt andere Männer kennen; die Einbezogenheit in

den wirtschaftlichen Prozeß lehrt sie über Dinge nachdenken, die bisher ihrem Gesichtskreis entrückt waren.
Die Ehen könnten, eine Zeitlang zumindest, gut sein, wenn sexuelle Übereinstimmung und Befriedigung bestünde. Voraussetzung dessen wäre aber eine sexualbejahende Erziehung, sexuelle Erfahrenheit vor der Ehe, Überwindung der herrschenden gesellschaftlichen Moral. *Das aber, was die Ehe unter Umständen gut gestaltet, ist gleichzeitig der Totengräber der Ehe, denn ist die Sexualität einmal bejaht, ist die moralische Anschauung überwunden, dann gibt es kein inneres Argument mehr gegen den Verkehr mit anderen Partnern* (außer eine gewisse Zeit lang, aber sicher nicht lebenslänglich, die *Treue aus Befriedigtheit); die eheliche Ideologie geht unter, die Ehe ist keine Ehe mehr,* wohl aber eine sexuelle Dauerbeziehung, die sich gerade wegen der wegfallenden Unterdrückung der genitalen Wünsche, bei sonst gutem Einvernehmen im ganzen glücklicher gestalten kann, als es die strenge Einehe je vermag. Die Heilung der unglücklichen Ehe ist in vielen Fällen – dem Ehebandsverteidiger und dem bürgerlichen Gesetz zum Trotz – die eheliche Untreue.
Gruber schreibt:

»Gewiß wird es in jeder Ehe Zeiten – wenn auch vielleicht Augenblicke – hochgradiger Verstimmung geben, wo es als drückende Last empfunden wird, aneinander gefesselt zu sein. Über solche unglücklichen Störungen werden *jene* Gatten am leichtesten hinwegkommen, die keusch in die Ehe eingetreten und einander treu geblieben sind.«

(*Hygiene*, S. 148)

Er hat gewiß recht: Je keuscher vor, desto treuer in der Ehe. Diese Treue verdankt ihren Bestand der Eintrocknung der Sexualität durch die voreheliche Abstinenz.
Die Ergebnislosigkeit der Ehereform erklärt sich so aus dem Widerspruch zwischen der Zwangseheideologie, von der die eheliche Not und die Reformbestrebung ausgeht, und der Tatsache, daß die Eheform, die reformiert werden soll, spezifisch zur Gesellschaftsordnung gehört, in der sie ökonomisch sinngemäß verankert ist. Wir haben früher zu zeigen versucht, daß die Grundelemente der allgemeinen sexuellen Not sich aus dem Widerspruch zwischen dem natürlichen Sexualverlangen und der Ideologie: außereheliche Askese – monogame Dauerehe, ableiten. Der Sexualreformer stellt also etwa fest, daß das Gros der Ehen miserabel ist, weil die Sexualbefriedigung in der Ehe unvollkommen ist, die Männer ungeschickt, die Frauen kalt sind.
Er schlägt also etwa Erotisierung der Ehe vor, wie Van de Velde, will die Gatten sexualtechnisch belehren und erhofft sich davon eine entsprechende Besserung im Verhältnis der Ehegatten. Sein Grundgedanke ist richtig; die Ehe, welche auf einer befriedigen-

den erotischen Basis ruht, ist in der Tat besser als die unerotische; aber er übersieht dabei alle Voraussetzungen für die Erotisierung der dauernden Geschlechtsbeziehung. Eine Voraussetzung wäre die sexuelle Erfahrenheit der Frau, Bejahung der Sexualität überhaupt. Die Sexualerziehung wird aber vom Zielpunkt: Keuschheit des Mädchens, Zwangstreue der Ehefrau bestimmt. Beides macht ein ganz erhebliches, wenn nicht vollständiges Maß an Sexualverdrängung bei der Frau notwendig. Die sexuell anspruchslose, nicht sehr selbständige, sexualverneinende oder das Erotische bloß duldende Frau ist die treueste, beste Ehegattin. Eine sexualbejahende Sexualerziehung würde die Frau selbständiger machen, wäre also im Grunde ehefeindlich. *Diese Sexualerziehung ist absolut folgerichtig vom Standpunkt der lebenslänglichen Einehe betrachtet, die Forderung nach Erotisierung der Ehe widerspricht der Eheideologie.* Das hat der Baseler Professor Häberlin richtig erkannt, der in seinem Buche »Über die Ehe« ausführt, daß zwar das eigentliche Ehemotiv die Geschlechtsliebe sei; »ist ohne sie eine Ehe im vollen Sinne nicht möglich, so bildet sie anderseits in der Ehe das gefährliche und unberechenbare Element, und ihre Anwesenheit macht geradezu die Ehegemeinschaft zu einer andauernd problematischen Angelegenheit«. Er kommt auch zum Schluß: »Die Ehe als Lebensgemeinschaft ist zu verwirklichen trotz der Geschlechtsliebe, die mit ihr verbunden ist.« Das heißt: Man ist an der monogamen Zwangsehe ökonomisch interessiert und kann auf die Geschlechtsinteressen keine Rücksicht nehmen.
Daher ist jede Erleichterung der gesetzlichen Formalitäten der Ehescheidung praktisch für die Masse bedeutungslos. Der Ehescheidungsparagraph bedeutet ja nur, daß man bereit ist, die Scheidung prinzipiell zuzulassen. Aber ist man auch bereit, alle wirtschaftlichen Voraussetzungen zu schaffen, die für die Frau unerläßlich sind, wenn sie die Scheidung auch wirklich durchsetzen können soll? Eine dieser Voraussetzungen wäre etwa, daß die Rationalisierung der Produktion nicht Arbeitslosigkeit, sondern Verkürzung der Arbeitszeit und Erhöhung des Lohnes zur Folge hätte. Die wirtschaftliche Abhängigkeit der Frau vom Mann, ihre geringere und niedriger eingeschätzte Anteilnahme am Produktionsprozeß macht die Ehe zu einer Schutzinstitution für sie, wenn sie auch gerade in diesem »Produktionsverhältnis« doppelt ausgebeutet ist. Sie ist nämlich nicht nur sexuelles Objekt des Mannes und die Gebärmaschine des Staates, sondern ihre unbezahlte Arbeit in der Hauswirtschaft erhöht indirekt die Profitrate des Unternehmers. Denn der Mann kann nur unter der Bedingung zum üblichen niedrigen Stundenlohn Mehrwert erzeugen, daß ihm zu Hause soundsoviel Arbeit unbezahlt abgenommen wird. Hätte der Unternehmer für die häusliche Ord-

nung des Arbeiters zu sorgen, so müßte er entweder dem Arbeiter eine Wirtschafterin bezahlen oder aber ihn wirtschaftlich in die Lage versetzen, sich eine solche zu halten. Diese Arbeit leistet aber die Ehefrau umsonst. Steht auch die Frau im Fabrikbetrieb, so muß sie entweder für eine Reihe von unbezahlten Überstunden Arbeit leisten, um das Haus in Ordnung zu halten, oder aber sie tut es nicht, dann leidet der familiäre Zusammenhang, und die Ehe hat aufgehört, eine bürgerliche Ehe zu sein.

Zu diesen wirtschaftlichen Schwierigkeiten kommt die Tatsache hinzu, daß die Frauen zu einem großen Teile nur auf das eheliche Sexualleben eingestellt sind, auf dieses Leben mit all seinem sexuellen Elend, seinem Zwang, seiner Erlebnisöde, aber auch seiner äußerlichen Ruhe, seiner gebundenen Marschroute, die der heutigen Durchschnittsfrau das Nachdenken über ihre Geschlechtlichkeit und den aufreibenden Kampf im außerehelichen Sexualleben erspart. Für das Bewußtsein dieser Frau hat es wenig zu bedeuten, daß diese Ersparnis teuer bezahlt ist durch ihr seelisches Leiden. Ihr Geschlechtsbewußtsein würde ihr vielleicht die Neurose, aber nicht das sexuelle Leiden ersparen, das sie heute bedroht.

Die Widersprüche der Eheinstitution spiegeln sich folgerichtig in den Widersprüchen der Ehereform (à la Van de Velde) wider. Die Reform der Ehe durch Erotisierung ist in sich widerspruchsvoll. Auch Lindseys Vorschlag der »Kameradschaftsehe« krankt daran, daß nicht etwa der Niedergang als solcher festgestellt und auf seine Ursachen geprüft wird, sondern daß man Zusammenbrechendes, von der Zielvorstellung ausgehend: »Die Ehe ist die beste Sexualform«, zurechtflicken will. Auch in Lindseys Schriften ist der Sprung von der Entwicklungslinie, die die Tatsachen einhalten, zur Linie der zwangsmoralischen Wertungen klar ausgesprochen. Er ist etwa gegen die Probeehe aus moralischen Gründen, verficht aber das System der Kameradschaftsehe, das heißt der »gesetzlich sanktionierten« Verbindung von Mann und Frau mit »gesetzlich gestatteter Geburtenkontrolle«. Sucht man nach der Begründung für die gesetzliche Sanktion, so findet man nichts als die Anschauung, die Sexualbeziehungen *»müßten«* gesetzlich anerkannt sein. Die Kameradschaftsehe würde sich demnach von der richtigen Ehe nur durch die Geburtenkontrolle unterscheiden und dadurch, daß sie ohne weiteres zu lösen wäre, im Gegensatz zur Kinderehe. Dieser Vorschlag ist gewiß der weitestgehende in der konservativen Gesellschaft. Aber man muß klar sehen, daß er gesellschaftlich gebunden ist und die sexuelle Ökonomie hinter die Frage der wirtschaftlichen Versorgung von Frau und Kind zurückstellen *muß*, also zur Lösung der Ehefrage nichts beitragen kann.

Die Tatsachen liegen jedoch so: *Der Ehekonflikt wird im Rah-*

men der bestehenden Ordnung unlösbar, weil einerseits der Sexualtrieb sich nicht länger mit der ihm aufgezwungenen Sexualform abfindet, daher Zerfall der Ehemoral, andererseits die materielle Daseinsweise der Frau und der Kinder die Aufrechterhaltung der Eheform notwendig macht, daher fortgesetztes Eintreten für die bestehende Sexualform: Ehe. Der Konflikt ist nur die Fortsetzung eines anderen auf höherer Ebene. Dieser andere Konflikt besteht darin, daß sich im Rahmen der autoritären Gesellschaftsordnung die arbeitsdemokratischen Produktionsweisen entwickeln, und die Ehemoral verändert sich in dem Maße, wie einerseits die materielle Verselbständigung der Frau und die Kollektivierung der werktätigen Jugend, andererseits der Sexualkonflikt selbst sexuelle Krisen vorbereiten. *Die Ehe gehört spezifisch zum kapitalistischen Wirtschaftssystem und hält sich daher notwendigerweise trotz aller ihrer Krisenhaftigkeit.* Ihr Zerfall und der in diesem gesellschaftlichen Rahmen unlösbare Widerspruch mit dem ökonomisch begründeten Fortbestehen sind ja nur Zeichen der Krisenhaftigkeit der Daseinsweise überhaupt. Die Ehe fällt automatisch, stirbt an ihrer inneren Unmöglichkeit, in dem Augenblick, in dem ihre materielle Grundlage zerbröckelt. Das historische Ereignis ihres Zerfalls begab sich in der Sowjetunion.

Wie morsch die Eheinstitution in sexualökonomischer Hinsicht ist, konnte man daran sehen, daß die Ehen insbesondere der fortgeschritteneren Schichten der Bevölkerung, der führenden Arbeiter und Angestellten, nach der Revolution rasch und vollends zerfielen, wie ja die latente Ehekrise immer zu Zeiten gesellschaftlicher Krisen in Form des Ehezerfalles in Erscheinung tritt. »Sinken der Moral in stürmischen Zeiten« wird man sagen. Wir wollen aber Tatsachen in ihrem gesellschaftlichen Zusammenhang sehen und endlich aufhören, sie moralisch zu betrachten. Der Zerfall der Zwangsmoral war eben nur ein Zeichen, daß die soziale Revolution auch eine sexuelle zur Folge hatte, daß sie vor keinem »heiligen Gut« haltmachte.

Solange es eine Normierung des Geschlechtslebens im Sinne der zwangsmonogamen Eheideologie gibt, ist das Sexualleben nach außen hin geregelt, nach innen anarchisch, sexuell unökonomisch. Wenn sich die Eheideologen durch die tatsächlichen Effekte der von ihnen gebilligten und geforderten Normierung des Geschlechtslebens, durch die Erniedrigung des Liebeslebens, die Ehemisere, die jugendliche Sexualnot, die Sexualmorde und andere schöne Dinge mehr nicht überzeugen lassen, so wird ihnen auch das Argument nicht einleuchten, daß die naturgesetzlich bestimmten Lebensbedürfnisse einer solchen Patronanz der Gesellschaft nicht bedürfen, sofern nur die Gesellschaft nichts dazu tut, um die Befriedigung zu stören. Der Sinn der Vergesellschaftung des Menschen ist, die Befriedigung des Hungers und der Liebe zu erleichtern. Auf dem Gebiete der Liebe war fast die ganze Menschheit in der Befriedigung eingeschränkt. Gerade das Eingreifen der Klasseninteressen in die Befriedigung der Grundtriebe hat die Anarchie geschaffen. Bringt die *Beseitigung* der gesellschaftlichen Normierung des Geschlechtslebens die *naturgesetzliche* Regelung, die der *sexuellen Ökonomie,* wieder zur Geltung? Wir können weder hoffen noch fürchten, sondern nur studieren, ob die Entwicklung der Gesellschaft dahin zielt, die natürlichen Bedingungen der materiellen sowohl wie der sexuellen Ökonomie durch Einrichtungen zu verbessern, welche den menschlichen Bedürfnissen Rechnung tragen. Es ist gewiß: Eine sich allgemein durchsetzende wissenschaftliche und rationelle Betrachtung des Lebens wird die Altäre jeder Art von Gottheit zerstören; man wird nicht mehr gewillt sein, im Interesse einer abstrakten Kulturidee oder eines »objektiven Geistes«, oder der metaphysischen »Sittlichkeit« Gesundheit und Lebensfreude von Millionen zu opfern. Werden sich noch Wissenschaftler – wie in unserem Zeitalter – dazu hergeben, die vernichtende zwangsmoralische Regulierung des menschlichen Lebens durch ihre »wissenschaftlichen« Feststellungen zu stützen?

Die wissenschaftliche Seinsbetrachtung herbeizuführen, so hieß es vor 1918, war die »soziale Revolution« berufen. In Rußland vollzog sich 1917 die »soziale Revolution«. Versuchen wir zu begreifen, wie sie mit dem Sexualproblem fertig wurde, was ihr dabei gelang und wo sie nicht erfüllen konnte, was die nach Freiheit lechzende Menschheit von ihr erhoffte.

Zweiter Teil: Der Kampf um das »neue Leben« in der Sowjetunion

Sexualreaktion in Rußland

»Ist die Konstruktion der Zukunft und das Fertigwerden für alle Zeiten nicht unsere Sache, so ist desto gewisser, was wir gegenwärtig zu vollbringen haben, ich meine die rücksichtslose Kritik alles Bestehenden, rücksichtslos sowohl in dem Sinne, daß die Kritik sich nicht vor ihren Resultaten fürchtet und ebensowenig vor dem Konflikte mit den vorhandenen Mächten.«

Karl Marx

Im Verlaufe der letzten Jahre häuften sich reaktionäre sexual- und kulturpolitische Nachrichten aus Sowjetrußland, die alle Hoffnungen enttäuschten.

Im Juni 1934 wurde in der Sowjetunion der Homosexualitätsparagraph wieder eingeführt, Gerüchte über Homosexuellenverfolgungen häuften sich. Die österreichischen und deutschen Sexualreformer hatten anderthalb Jahrzehnte lang in ihrem Kampf gegen den Homosexualitätsparagraphen immer wieder auf die fortschrittliche Sowjetunion hingewiesen, die die Bestrafung der Homosexualität aufgehoben hatte.

In den letzten Jahren wurde die Schwangerschaftsunterbrechung bei Erstgebärenden und Müttern mit nur einem Kinde immer mehr erschwert, wurde die Abtreibung auch sonst immer mehr bekämpft. Die deutsche Geburtenregelungs-Bewegung hatte in der ursprünglichen sowjetischen Haltung zur Geburtenregelung ihre mächtigste Stütze gegen die politische Reaktion (vgl. die Wolf-Kienle-Kampagne 1932). Jetzt hören wir immer häufiger den Triumph der Gegner der Freigabe des Abortus, die Sowjetunion kehre ebenfalls ihren ursprünglichen Anschauungen den Rücken.

In Deutschland gab der Verlag für Sexualpolitik unter Mitwirkung verschiedener Jugendorganisationen mein Buch »Der sexuelle Kampf der Jugend« heraus, um auf diesem Gebiete eine Anschauung und Praxis zu entwickeln. In der Jugendarbeit beriefen wir uns auf die Freiheit, die die Sowjetunion auf sexuellem Gebiete der Jugend eröffnet hatte. Die Kommunistische Partei Deutschlands verbot 1932 den Vertrieb des Buches; ein Jahr später setzten es die Nazis auf den Index. Wir hören, daß in der Sowjetunion die Jugend einen harten Kampf gegen die alten Ärzte und manche hohe Staatsfunktionäre führt, die immer mehr zur alten Askesetheorie zurückkehren. Wir können

uns nicht mehr auf die sexuelle Freiheit der Sowjetjugend berufen und sehen Verwirrung und Widersprüche in der westeuropäischen Jugend, die dies nicht begreift.
Wir lesen in Artikeln und hören, daß in der Sowjetunion die Zwangsfamilie wieder hochgehalten und »gefestigt« wird. Wie zur Zeit der Niederschrift dieser Zeilen verlautet, soll beabsichtigt sein, die Eheregelung, die 1918 getroffen wurde, wieder rückgängig zu machen. Wir stützten uns im Kampfe gegen die Zwangsehegesetze immer mit Erfolg auf die sowjetische Ehegesetzgebung. Wir konnten den Marxschen Satz, daß die soziale Revolution »die Zwangsfamilie aufhebe«, bestätigt finden und hatten nur harte Arbeit, um den familiengebundenen Menschen die Notwendigkeit und Nützlichkeit dieses Prozesses zu erklären. Heute triumphiert die reaktionäre Familienpolitik: »Seht, mit euren Theorien ist es Essig. Selbst die Sowjetunion gibt die Irrlehre von der Zerstörung der autoritären Familie auf. Die Zwangsfamilie ist und bleibt die Grundlage der Gesellschaft und des Staates.«
Wir lesen und hören, daß anläßlich der Verwahrlosungsfrage den Eltern wieder die Erziehungsverantwortung über die Kinder übertragen wird. In unserer pädagogischen und kulturellen Arbeit gingen wir von der Tatsache aus, daß in der Sowjetunion den Eltern die Gewalt über die Kinder genommen und die erzieherische Sorge der Gesamtgesellschaft übertragen wurde. Die Kollektivierung der Kindererziehung stand für uns als ein Grundprozeß der sozialistischen Gesellschaft fest. Jeder fortgeschrittene Arbeiter, jede klare Mutter anerkannte und bejahte diese Richtung des Sowjetismus. In der Masse kämpften wir gegen den Besitzinstinkt und Machtmißbrauch der Mütter den Kindern gegenüber, wandten wir alles Wissen auf, um den Müttern zu zeigen, daß ihnen die Kinder nicht »genommen« werden, sondern daß die gesellschaftliche Erziehung der Kinder ihnen die Lasten und Sorgen abnehmen soll. Wir hatten Erfolg. Jetzt kann die politische Reaktion in der Pädagogik sagen: »Seht, selbst in der Sowjetunion ist man von dem Unsinn abgekommen, wird das natürliche Recht und die ewige Gewalt der Eltern über die Kinder wiederhergestellt.«
Ich empfehle dem Leser, sich die russische Schrift von Jessipov Goncharov *I want to be like Stalin* (1947), (»Ich möchte wie Stalin sein«) zu beschaffen. Diese Schrift wurde vom Russischen Kommissariat für Erziehung, also *offiziell* herausgegeben. Sie stellt den infamsten Mißbrauch kindlichen Charakters zu Machtzwecken dar, der mir je in 30 Jahren psychiatrischer Arbeit untergekommen ist.
In den sowjetischen Schulen wurde der Daltonplan längst fallengelassen, wir hören, daß sich die Unterrichtsmethoden immer mehr autoritativ gestalten. Wir können uns in unseren pädago-

gischen Kämpfen um die Selbstverwaltung der Kinder und die Vernichtung der autoritären Schulform lange nicht mehr auf die Sowjetunion stützen.

Wir beriefen uns bei unseren Kämpfen um eine rationelle Sexualaufklärung der Kinder und Jugendlichen immer auf die Erfolge der Sowjetunion. Wir hören aber seit Jahren nichts mehr darüber, außer daß die Askeseideologie immer schärfere Formen annimmt.

Wir müssen also eine *Bremsung der sowjetischen Sexualrevolution*, mehr, einen *Rückschritt zu autoritärmoralischen Formen* der Regelung des menschlichen Liebeslebens feststellen.

Wir erfahren von verschiedenen Seiten, daß in der Sowjetunion die Sexualreaktion ständig überhand nimmt, daß die fortschrittlichen Kreise sich diese Vorgänge nicht zu erklären wissen; daß man nach Klarheit sucht und keine findet und deshalb den Übergriffen der Reaktion ohnmächtig gegenübersteht. Sowohl die Verwirrung innerhalb der Sowjetunion wie außerhalb stellt also die Frage der sowjetistischen Sexualpolitik auf die Tagesordnung. Was ist geschehen? Weshalb gewinnt die Sexualreaktion überhand? Woran scheitert die Sexualrevolution? Was ist zu tun? Das sind die Fragen, die jeden Erzieher und Fürsorger heute beschäftigen und auch jeden Wirtschaftspolitiker interessieren müssen.

Das Argument, die politische Reaktion könnte eine offene Behandlung dieser Frage stören, gilt nicht.

Erstens kann sich die politische Reaktion niemals auf den Standpunkt wissenschaftlicher Sexualpolitik *gegen* die heutigen Maßnahmen der Sowjetunion stellen. Im Gegenteil: Sie *triumphiert* über diese Maßnahmen.

Zweitens ist die Klärung der Frage in der europäischen und amerikanischen Arbeiterbewegung wichtiger als Rücksicht auf etwaiges Prestige. Verwirrung ist schädlich. In Frankreich proklamierte die *Humanité* bereits die Rettung der »Rasse« und der »französischen Familie«. Die reaktionären sowjetischen Maßnahmen sind heute jedermann bekannt und können nicht geleugnet werden.

Der Rückschritt auf sexuellem Gebiet in der Sowjetunion hängt mit allgemeinen Fragen der revolutionären Kulturentwicklung zusammen. Wir wissen, daß die Richtung zur Selbstverwaltung des gesellschaftlichen Lebens zugunsten der autoritativen Lenkung der Gesellschaft wich. Der Rückschritt prägt sich nur auf dem sexuellen Gebiet am besten aus und ist hier am klarsten zu fassen. Nicht ohne Grund. Der Sexualprozeß der Gesellschaft war immer der Kern ihres Kulturprozesses. Das sehen wir an der Familienpolitik des Faschismus ebenso klar wie in der Urgesellschaft am Übergang vom Matriarchat zum Patriarchat. Im Kommunismus ging mit der wirtschaftlichen Umwälzung in den

ersten Jahren eine Revolution im sexuellen Leben einher. Diese Sexualrevolution war der objektive Ausdruck des revolutionären Umbaus der Kultur. Ohne den Sexualprozeß der Sowjetunion ist ihr Kulturprozeß nicht zu fassen.
Es ist katastrophal, wenn Führer einer revolutionären Bewegung reaktionäre, spießige Anschauungen mit dem Schlagwort »Kleinbürgerei«, die sie auf den Sexualrevolutionär anwenden, zu verteidigen versuchen. Die Rückkehr zum Kitsch in verschiedenen Formen ist nur ein Ausdruck davon, daß der Durchbruch nach *vorn* nicht gelang. Die Beziehung der Bremsung der Sexualrevolution zum kulturpolitischen Rückschritt wird hier nur angedeutet werden. Vielleicht gelingt es, in absehbarer Zeit des Materials habhaft zu werden, das zur Klärung der allgemeinen Kulturfrage notwendig ist. Doch es ist nützlicher, ihren Kern zuerst zu behandeln, statt umgekehrt das allgemeine differenzierte Kulturproblem ohne Kenntnis seiner menschlich strukturellen Basis – zu verwirren.

I. Kapitel: Die »Aufhebung der Familie«

Die sexuelle Revolution in der Sowjetunion setzte mit der Auflösung der Familie ein. Sie zerfiel radikal in allen Kreisen der Bevölkerung, hier früher, dort später. Dieser Prozeß war schmerzhaft und chaotisch; er verursachte Schrecken und Verwirrung. Ein vollgültiger objektiver Beweis für die Richtigkeit der sexualökonomischen Theorie über Wesen und Funktion der Zwangsfamilie war gegeben: Die patriarchalische Familie ist die strukturelle und ideologische Reproduktionsstätte aller gesellschaftlichen Ordnungen, die auf dem Autoritätsprinzip beruhen. Mit der Abschaffung dieses Prinzips mußte automatisch auch die Familieninstitution erschüttert werden.

Der Zerfall der Zwangsfamilie ist der Ausdruck dafür, daß die sexuellen Bedürfnisse der Menschen die Fesseln sprengen, die ihnen mit der wirtschaftlichen und autoritären familiären Bindung auferlegt wurden. *Es vollzieht sich die Trennung von Wirtschaft und Sexualität.* Stand vorher im Patriarchat das Sexualbedürfnis im Dienste und daher unter dem Zwange wirtschaftlicher Interessen einer Minderheit; stand im urkommunistischen Matriarchat die Wirtschaft im Dienste der Bedürfnisbefriedigung der Gesamtgesellschaft (auch der *sexuellen*), so zielt die echte soziale Revolution eindeutig darauf, die Wirtschaft wieder in den Dienst der Bedürfnisbefriedigung aller produktiv Arbeitenden zu stellen. Diese Umkehrung des Verhältnisses von Bedürfnis und Wirtschaft ist einer der Kernpunkte der sozialen Revolution. Nur aus diesem allgemeinen Prozeß ist der Zerfall der Zwangsfamilie zu begreifen. Er würde sich rasch und gründlich, auch reibungslos vollziehen, käme nichts anderes in Frage als die Last, die die familiäre ökonomische Bindung für die Familienmitglieder bedeutet, und die Stärke der durch sie gefesselten sexuellen Bedürfnisse. Das Problem ist also nicht so sehr das, weshalb die Familie zerfällt; die Gründe dafür liegen klar zutage. Viel schwieriger ist die Frage zu beantworten, weshalb dieser Zerfall psychisch so schmerzhaft ist wie keine andere Umwälzung. Die Enteignung der Produktionsmittel bereitet nur ihrem früheren Besitzer Schmerzen, jedoch nicht der Masse, dem Träger der Revolution. Doch die Aufhebung der Familie betrifft gerade diejenigen, die die wirtschaftliche Umwälzung vollziehen sollen: die Arbeiter, Angestellten, Bauern.

Gerade hier enthüllt sich die konservative Funktion der Familienbindung am allerdeutlichsten. Durch die ungeheuer intensiven Familiengefühle wirkt sich eine Bremsung gerade auf den Träger der Revolution selbst aus. Seine Bindung an Frau und Kinder, seine Liebe zum Heim, wenn er es hat, auch wenn es noch so notdürftig ist, sein Hang zur gebundenen Marschroute usw. behindern ihn mehr oder minder, wenn er den Hauptakt der Revolution, den Umbau des Menschen, durchführen soll. So wie bei der Heranbildung der faschistischen Diktatur etwa in Deutschland die familiäre Bindung als Bremsung der revolutionären Kraft sich ausgewirkt hatte (was Hitler erst ermöglichte, die imperialistische, nationalistische Ideologie auf dem festen Fundament dieser Bindungen aufzubauen), so wirkt sich in der Revolution die familiäre Bindung bremsend auf die beabsichtigte *Änderung* des Lebens aus. Es entsteht ein schwerer Widerspruch zwischen dem Zerfall der Grundlagen der Familie einerseits und der alten, nicht so leicht und rasch wandelbaren familiären Struktur der Menschen, die die Familie gefühlsmäßig, und zwar meist unbewußt, aufrechterhalten wollen, andererseits. Die Ersetzung der patriarchalischen Familienform durch das Arbeitskollektiv stellt fraglos den Kern des revolutionären Kulturproblems dar. Durch das oft so laute rebellische Geschrei: »Los von der Familie« darf man sich hier keineswegs täuschen lassen. Oft ist gerade der, der am lautesten die Vernichtung der Familie fordert, unbewußt am allerstärksten an seine familiäre Kindheit gebunden. Solche Rufer sind wenig geeignet, das schwerste aller Probleme, die Ablösung der familiären Bindung durch gesellschaftliche Bindungen theoretisch und praktisch zu lösen. Gelingt es nun nicht, gleichzeitig mit der Herstellung der selbstregulierenden arbeitsdemokratischen Gesellschaft ihre strukturelle Verankerung in der psychischen Struktur des Menschen zu sichern, erhält sich auf die Dauer das familiäre Gefühl, dann muß notwendigerweise eine immer weiter klaffende Schere entstehen zwischen der wirtschaftlichen und der massenstrukturellen, d. h. kulturellen Entwicklung der arbeitsdemokratischen Gesellschaft. Die Umwälzung im kulturellen Überbau bleibt aus, weil der Träger und Pfleger dieser Umwälzung, die *psychische Struktur des Menschen* nicht *qualitativ* mit verändert wurde.

Wir finden in Trotzkis *Fragen des Alltagslebens* (S. 53–60) reichlich Material zum Prozeß des Familienzerfalls in den Jahren 1919–1920. Folgende Tatsachen wurden festgestellt:

Die Familie, auch die proletarische, hat sich »gelockert«. Diese Tatsache wurde bei einer Besprechung der Moskauer Agitatoren als feststehend betrachtet und von niemandem bestritten. Sie wurde während der Besprechung in verschiedener Weise bewertet: »von den einen mehr beunruhigt, von den anderen zurückhaltend, von den dritten unschlüssig.« Es war für alle klar, daß man »irgendeinen großen, sehr chaotischen, bald tragische Formen annehmenden Prozeß« vor sich hatte, der noch »gar nicht die in ihm verborgenen Möglichkeiten einer neuen, höheren Familienordnung offenbaren konnte«. Hinweise über den Verfall der Familie drangen auch in die Presse, »wenn auch äußerst selten und in allgemeiner Form«. Viele glaubten, daß man in dem Zerfall der Arbeiterfamilie das Zutagetreten des »bürgerlichen Einflusses auf das Proletariat« erblicken müßte. Viele andere hielten diese Erklärung für falsch. Die Sache, meinten sie, wäre tiefer und komplizierter. Natürlich bestünde ein Einfluß der bürgerlichen Vergangenheit und der bürgerlichen Gegenwart. Aber der Hauptprozeß wäre in der krankhaften und krisenhaften »Evolution der proletarischen Familie« selbst zu suchen; man wäre Zeuge der ersten sehr chaotischen Etappen dieses Prozesses.

Auf dem Gebiete des Familienlebens wäre die erste Zerrüttungsperiode noch bei weitem nicht beendet; die Zerrüttung und der Zerfall wären noch im vollen Gange. Das Alltagsleben wäre viel konservativer als die Wirtschaft, unter anderem auch deshalb, weil es viel weniger bewußt erkannt wurde als diese.

Ferner wurde festgestellt, daß sich der Zerfall der alten Familie nicht auf die oberste Schicht der Klasse beschränkte, die dem Einfluß der neuen Verhältnisse am meisten ausgesetzt war, sondern über die Avantgarde hinaus noch weiter drang. Letzten Endes machte, so lautete die Ansicht, die kommunistische Avantgarde nur früher und in schrofferer Form durch, was für die Klasse als Ganzes mehr oder weniger unvermeidlich war.

Der Mann oder die Frau geriet mehr und mehr in öffentliche Funktionen; dadurch zerstörte sich der Anspruch der Familie auf das Familienmitglied. Heranwachsende Kinder kamen in die Kollektive. So entstand eine *Konkurrenz zwischen den familiären und den gesellschaftlichen Bindungen.* Doch die gesellschaftlichen Bindungen waren neu, jung, kaum geboren, die familiären hingegen saßen in jeder Ritze und Fuge des Alltagslebens, in jeder Äußerung der psychischen Struktur. Die geistige Öde der sexuellen Beziehungen in den meisten Ehen konnte mit den neuen und lebensfrohen sexuellen Beziehungen im Kollektiv nicht konkurrieren. Und dies alles auf der Grundlage einer ständig fortschreitenden Entwurzelung des Hauptbandes der Familie, der materiellen Gewalt des Vaters über Frau und Kinder. Die wirtschaftliche Bindung riß, und mit ihr zerbrach die sexuelle Hemmung. Doch das bedeutete noch nicht »sexuelle Freiheit«. Die *äußere* Freiheit zu sexuellem Glück ist noch nicht das sexuelle Glück selbst. Dazu gehört vor allem die psychische Fähigkeit, es zu gestalten und zu genießen. Doch in der Familie waren meist an die Stelle der genitalen Bedürfnisse säuglinghafte Abhängigkeiten oder krankhafte Sexualgewohnheiten getreten. Bedürfnisse, die mit aller Kraft sexueller Energie ausgestattet sind, aber jede biologisch normale orgastische Erlebnisfähigkeit zerstörten. Die Familienmitglieder haßten einander bewußt oder unbewußt und übertönten den Haß mit einer krampfhaften Liebe und mit einer klebrigen Abhängigkeit, die ihre Herkunft aus verhülltem Haß schlecht verbarg. Im Vordergrunde der Schwierigkeiten stand die Unfähigkeit der genital-sexuell verkrüppelten und für wirtschaftliche Selbständigkeit unvorbereiteten Frauen zum Verzicht auf den familiären Sklavenschutz und auf die Ersatzbefriedigung in der Herrschaft über die Kinder. Die Frau, deren ganzes Leben sexuell öde und wirtschaftlich abhängig war, hatte in der Aufzucht ihrer Kinder den Sinn ihres Lebens gesehen. Jede, auch die für die Kinder günstige Einschränkung dieser Beziehung, empfand sie als eine schwere Beeinträchtigung, und sie verstand es, sich kräftig dagegen zu wehren. Dieses Wehren ist durchaus begreiflich; man mußte ihm Rechnung tragen. Aus Gladkows Roman *Neue Erde* geht eindeutig hervor, daß der Kampf um den Aufbau des Kollektivs keiner Schwierigkeit begegnet, die sich mit dem Kampf der Frauen um Heim, Familie und Kinder auch nur annähernd hätte vergleichen lassen können. Die Kollektivierung des Lebens ging zunächst von oben mit Dekreten und mit Unterstützung der revolutionären Jugend vor sich, die die Fesseln der elterlichen Autorität zerbrach. Doch die Hemmungen der Familienbindung wirkten in jedem Schritt, den das durchschnittliche Mitglied der Masse zur Kollektivierung hin machen wollte, in erster Linie in Form der eigenen unbewußten familiären Abhängigkeit und Sehnsucht.

Was sich an Schwierigkeiten und Konflikten im kleinen Alltagsleben ergab, entsprach nicht etwa einem »zufälligen« »chaotischen« Zustand, der durch die »Unvernunft« oder »Unsittlichkeit« der Menschen zustande gekommen wäre; er stand vielmehr durchaus im Einklang mit einem Gesetz, das die Beziehung zwischen den Sexualformen und den gesellschaftlichen Organisationsformen beherrscht.

In der Urgesellschaft, die kollektiv und »urkommunistisch« strukturiert ist, ist die Einheit der Klan, die Summe aller von einer Urmutter sich ableitenden Blutsverwandten. Innerhalb dieses Klans, der gleichzeitig auch die wirtschaftliche Einheit darstellt, existiert nur die lockere Paarungsehe. In dem Maße, in dem infolge wirtschaftlicher Umwälzungen die Klans der keimhaft patriarchalischen Familie des Häuptlings untertan werden, beginnt auch die Zerstörung des Klans durch die Familie. Familie und Klan treten in Gegensatz zueinander. Die Familie wird nunmehr fortschreitend anstelle des Klans zur wirtschaftlichen Einheit und somit zum gesellschaftlichen Kristallisationspunkt des Patriarchats. Der Häuptling der mutterrechtlichen Klanorganisation, der ursprünglich in keinem Gegensatz zur Klangesellschaft stand, wird allmählich der Patriarch der Familie, bekommt dadurch ein ökonomisches Übergewicht und entwickelt sich fortschreitend zum Patriarchen des gesamten Stammes. Es entsteht, wie sich nachweisen ließ, erstmalig ein Klassengegensatz zwischen der Familie des Häuptlings und den unteren Klans des Stammes.

Die ersten Klassen waren also die Familie des Häuptlings auf der einen Seite, die Gens auf der anderen Seite.

In der Entwicklung vom Mutterrecht zum Vaterrecht, die sich solcherweise anbahnt, erhält die Familie neben ihrer wirtschaftlichen Funktion noch die andere und bedeutsamere der Umstrukturierung des Menschen vom freien Klangenossen zum unterdrückten Familienmitglied. In der heutigen indischen Großfamilie ist diese Funktion am klarsten ausgeprägt. Indem sich die Familie gegenüber dem Klan verselbständigt, wird sie nicht nur Ursprungsorganisation des Klassenverhältnisses, sondern auch der sozialen Unterdrückung innerhalb und außerhalb ihrer Grenzen. Der nun entstehende »Familienmensch« beginnt die werdende patriarchalische Klassenorganisation der Gesellschaft durch Veränderung seiner Struktur zu reproduzieren. Der Kernmechanismus dieser Reproduktion ist der Umschwung von der Sexualbejahung zur Sexualunterdrückung, ihre Basis ist das materielle Übergewicht des Häuptlings.

Fassen wir das Wesen dieses psychischen Umschwungs kurz zusammen: An die Stelle der freien, freiwilligen, nur von gemeinsamen Lebensinteressen getragenen Beziehung der Klan- und Stammesgenossen tritt ein Gegensatz wirtschaftlicher und mit ihnen sexueller Interessen. An die Stelle der freiwilligen Arbeitsleistung tritt die Forderung nach ihr und die Rebellion gegen sie; an die Stelle der natürlichen sexuellen Sozialität die moralische Forderung; an die Stelle kameradschaftlicher Kriegerschaft die autoritäre Gefolgschaft; an die Stelle der freiwilligen glückhaften Liebesvereinigung die »seelische Pflicht«; an die Stelle der Klansolidarität die Familienbindung gleichzeitig mit der Rebellion gegen sie; an die Stelle des sexualökonomisch geordneten Lebens die genitale Einschränkung und mit ihr erstmalig seelische Erkrankungen und sexuelle Perversionen; der natürlich starke, selbstsichere biologische Organismus wird hilflos, anlehnungsbedürftig, gottesfürchtig; das orgastische Naturerleben macht mystischer Extatik, dem späteren »religiösen Erleben«, und unauslöschlicher vegetativer Sehnsucht Platz; das geschwächte Ich jedes einzelnen sucht Stärkung in der Anlehnung und Identifizierung mit dem Stamm, der allmählich zur »Nation« wird, mit dem Stammeshäuptling, der allmählich zum Stammespatriarchen und schließlich zum König wird. Die

Geburt der Untertanenstruktur ist vollzogen; die strukturelle Verankerung der menschlichen Unterjochung ist gesichert.
Die soziale Revolution in der Sowjetunion enthüllt uns in ihren ersten Phasen die neuerliche Umkehr dieses Prozesses: Die Wiederherstellung der urkommunistischen Verhältnisse auf einer höheren, zivilisierten Ebene; *den Umschwung von der Sexualverneinung zur Sexualbejahung.*
Nach den Feststellungen von Marx, die im Kommunistischen Manifest entwickelt sind, ist eine der Hauptaufgaben der sozialen Revolution die Aufhebung der Familie[1]. Was hier theoretisch aus dem Prozeß der Gesellschaft erschlossen wurde, fand seine Bestätigung später durch die Entwicklung der gesellschaftlichen Organisation in der Sowjetunion: An die Stelle der Familie begann eine Organisation zu treten, die mit dem alten Klan der Urgesellschaft bestimmte Ähnlichkeiten hatte: das *sozialistische Kollektiv* im Betrieb, in der Schule, am Kolchos usw. Der Unterschied zwischen dem Klan der Urzeit und dem Kollektiv des Kommunismus ist der, daß jener auf der Blutsverwandtschaft beruht und als solcher auch zu einer wirtschaftlichen Einheit wird; das sozialistische Kollektiv des Kommunismus dagegen besteht aus nicht blutsverwandten Menschen und gründet sich auf gemeinsame wirtschaftliche Funktionen; es entsteht als wirtschaftliche Einheit und führt notwendigerweise zur Bildung persönlicher Beziehungen, die es auch als ein sexuelles Kollektiv kennzeichnen, besser zu kennzeichnen beginnen. *So wie in der Urgesellschaft die Familie den Klan zerstörte, so zerstört im Kommunismus das wirtschaftliche Kollektiv die Familie,* die schon in der Krise des Kapitalismus zu zerbröckeln begann. Der Prozeß kehrt sich um. Wenn die Familie ideologisch oder strukturell festgehalten wird, dann wird das Kollektiv in seiner Entwicklung gebremst; gelingt es ihm nicht, die Bremsung zu überwinden, dann zerstört es sich selbst an den Schranken der familiären Struktur der Menschen wie z. B. in den Jugendkommunen (vgl. Kapitel V). Der Prozeß im Beginn der kommunistischen Entwicklung läßt sich kennzeichnen als ein *Konflikt zwischen wirtschaftlichem Kollektiv und der ihr anhängenden sexualbejahenden Tendenz zur sexuellen Selbständigkeit auf der einen Seite und der individualistisch-familiären, sexualängstlichen Struktur der Individuen auf der anderen Seite.*

1 »Daß die Aufhebung der getrennten Wirtschaft von der Aufhebung der Familie nicht zu trennen ist, versteht sich von selbst.« (I. Teil.)

II. Kapitel: Die sexuelle Revolution

1. Voranstrebende Gesetzgebung

Das sowjetische Sexualrecht war der deutlichste Ausdruck des ersten Ansturms der sexuellen Revolution gegen die lebensverneinende Sexualordnung. Im Gesetz wurde das meiste des Althergebrachten buchstäblich auf den Kopf gestellt. Es wird sich zeigen, daß dort, wo dieser Umschwung nicht restlos vollzogen wurde, später die Sexualreaktion wieder Fuß faßte, so zum Beispiel in Lücken der Ehegesetzgebung, der Abortusgesetze usw. Um den vollen Gegensatz von sexual*moralischer* und sexual*ökonomischer* Regulierung besser zu begreifen, ist es notwendig, der Gesetzgebung der Revolution die frühere zaristische entgegenzustellen. Es ist überflüssig, hier ausführlich zu beweisen, daß die liberalistischen und »demokratischen« Sexualgesetze sich von den zaristischen Sexualgesetzen im Prinzip gar nicht und hinsichtlich des Grades der sexuellen Unterjochung nur in sehr geringem Ausmaße unterscheiden. Die sexual-moralisch-autoritären Regelungsmaßnahmen bleiben im Grunde immer dieselben. Dies hervorzuheben ist deshalb wichtig, weil wir dem Grundsatz entgegentreten müssen, der behauptet, daß die sowjetischen Maßnahmen nur eine andere autoritäre Ordnung an die Stelle der kapitalistischen setzen; daß also etwa das sowjetische Ehegesetz bloß eine Aufhebung der Unterdrückung sei und nicht eine prinzipiell, in allen Grundlagen wesentlich *andersartige* Regelung. Gerade das Wesen dieser anderen Art »Ordnung« ist das Problem der Sexualökonomie.
Hören wir zunächst einen Ausschnitt der zaristischen Gesetzgebung:

Aus Art. 106 des Codex: Der Ehemann ist verpflichtet, seine Frau wie seinen eigenen Körper zu lieben, mit ihr in Eintracht zu leben, sie zu ehren und ihr während Krankheiten beizustehen. Er ist verpflichtet, der Frau den Lebensunterhalt je nach seiner Lage und Möglichkeit zu verschaffen.
Art. 107: Die Frau ist verpflichtet, ihrem Mann als dem Haupt der Familie zu gehorchen, in Liebe, Ehrerbietung und unbegrenztem Gehorsam bei ihm zu bleiben und ihm jeden Gefallen und jede Anhänglichkeit als Hausfrau zu erweisen.

Art. 164. *Die Rechte der Eltern:* Die Macht der Eltern erstreckt sich auf die Kinder beiderlei Geschlechts und jeglichen Alters ...
Art. 165: Den Eltern steht das Recht zu, zur Besserung der widerspenstigen und ungehorsamen Kinder häusliche bessernde Maßregeln zu gebrauchen. Im Falle eines Mißerfolges dieser Mittel steht in der Macht der Eltern:
1. die Kinder beiderlei Geschlechts, die nicht im Staatsdienst stehen, für den eigensinnigen Ungehorsam gegenüber der elterlichen Gewalt, für unsittlichen Lebenswandel und andere offenkundige Laster ins Gefängnis zu sperren ...
2. die Klagen über sie in den gerichtlichen Institutionen einzureichen. Für eigensinnigen Ungehorsam gegenüber der elterlichen Gewalt, für unsittlichen Lebenswandel und andere offenkundige Laster sind die Kinder auf das Verlangen der Eltern ohne besondere gerichtliche Untersuchung der Gefängnisstrafe von 2–4 Monaten ausgesetzt. Den Eltern steht in diesem Falle das Recht zu, die Dauer der Gefängnisstrafe nach ihrem Ermessen zu kürzen oder zu erlassen.

Versuchen wir eine Übersicht darüber zu gewinnen, wo sich hier die moralische autoritäre Regelung ausdrückt: Die Ehegatten stehen unter dem Zwang einer moralischen, gesetzlich gesicherten Verpflichtung. Der Mann *muß* seine Frau lieben, ob er es kann oder nicht, ob er es später will oder nicht; die Frau *muß* untertänige Hausfrau sein; eine Abänderung desolat gewordener Situationen ist unmöglich. Das Gesetz beauftragt die Eltern geradeheraus, die ihnen über die Kinder verliehene Gewalt gerade zu den Zwecken zu gebrauchen, die mit den Interessen der autoritären Staatsmacht restlos eins sind: für »eigensinnigen Ungehorsam gegenüber der elterlichen Gewalt« (gleich Vertreterin der Staatsgewalt), um die Untertanenstruktur zu sichern; für »unsittlichen Lebenswandel und andere offenkundige Laster«, um auch die wesentlichsten *Mittel* dieser Sicherung festzulegen. Angesichts derart offenkundiger, ahnungslos freimütiger Bekenntnisse der patriarchalisch-staatlichen Ordnung ist es schier unwahrscheinlich, wie wenig Sinn die revolutionäre Bewegung für die Sexualunterdrückung als das Haupt*mittel* der menschlichen Unterjochung übrig hatte und noch hat. Die Sexualökonomie brauchte nicht erst Inhalt und Mechanismen der Unterdrückung jeder Art zu enthüllen; sie lagen und liegen in jeder Gesetzgebung wie in jeder kulturellen Erscheinung des Patriarchats offen zutage. Das Problem ist hier, weshalb es *nicht* gesehen, weshalb die mächtigen Waffen, die derartiges Enthülltsein liefert, *nicht* benützt werden. Das zaristische wie auch jedes andere reaktionäre Sexualgesetz drückt offen die Ansicht der Sexualökonomie darüber aus: *Zweck der autoritär-moralischen Ordnung ist die sexuelle Unterjochung.* Wo immer man moralische Regelung und ihr Hauptmittel, sexuelle Unterdrückung findet, kann von wirklicher Freiheit keine Rede sein.
Die Bedeutung, die die soziale Revolution der sexuellen beimaß,

kommt darin zum Ausdruck, daß bereits am 19. und 20. Dezember 1917 von Lenin zwei Dekrete erlassen wurden, die im wesentlichen alle bisherigen Bestimmungen aufhoben. Das eine Dekret war benannt: »Von der *Auflösung* der Ehe«; sein Inhalt war nicht derart eindeutig wie seine Benennung. Das zweite Dekret hieß: »Von der Zivilehe, den Kindern und von der Eintragung in den Zivilstand«. Beide Gesetze nahmen dem Mann das Recht zur Führung in der Familie, gaben der Frau volle materielle und auch sexuelle Selbstbestimmung, erklärten es für selbstverständlich, daß die Frau frei Namen, Wohnsitz und Staatsbürgerschaft bestimmen könne. Mit der Gesetzgebung allein war, was jeder Einsichtige wußte, bloß einem Prozeß, der sich erst abspielen sollte, *äußerlich* freie Entwicklung gesichert und eine bestimmte ideologische Form gegeben worden. Daß das revolutionäre Gesetz unmißverständlich die Aufhebung der patriarchalischen Gewalt aussprach, verstand sich von selbst. Mit der Entmachtung der früher herrschenden Klasse und ihres staatlichen Unterdrückungsapparates fiel natürlich auch die väterliche Gewalt über die Familienmitglieder, fiel auch die Vertretung des Staates *innerhalb* der Zwangsfamilie als der strukturbildenden Zelle der Klassengesellschaft. Hätte man diesen logischen und naturnotwendigen Zusammenhang zwischen autoritärem Staat und patriarchalischer Familie als seiner strukturellen Reproduktionsstätte damals klar gekannt und praktisch gehandhabt, wären der Revolution manche müßigen Diskussionen und Fehlschläge, mehr, auch sehr bedenkliche Rückentwicklungen erspart geblieben. Vor allem hätte man gegen die Vertreter der alten Ideologie und Moral, die sich allmählich überall zu regen begannen, die richtigen Worte und Maßnahmen gefunden. Sie saßen in den höchsten Ämtern, ohne daß die revolutionäre Bewegung ahnte, welchen Schaden sie stifteten.

Die Auflösung der Zwangsehe wurde entsprechend der allgemeinen Tendenz des Sowjetsystems zur Vereinfachung des Lebens ungemein erleichtert. Ein sexuelles Bündnis, das man noch »ehelich« nannte, konnte ebenso einfach gelöst werden, wie es geschlossen worden war. Maßgebend war einzig die »freie Willensübereinstimmung« der Partner. Keiner durfte den anderen zu einem Verhältnis zwingen, das seinem »freien Willen« widersprach. Nicht also der Staat entschied mehr über die Beziehung der Partner, sondern deren freier Entschluß. Scheidungsgründe zu verlangen wurde sinnlos. Wenn ein Partner aus einer sexuellen Gemeinschaft scheiden wollte, so war er nicht verpflichtet, dies zu begründen. Ehe und Ehescheidung wurden zu rein privaten Angelegenheiten, und ein »Verschuldungs-« oder »Zerrüttungsprinzip« wurde dem Sowjetgesetz »absolut fremd« (Batkis).

Registrierung einer Beziehung war freigestellt. Anderweitige sexuelle Beziehungen eines der beiden Partner wurden auch bei bestehender Registrierung »nicht verfolgt«. Doch wurde die Nichtmitteilung einer zweiten Beziehung an den Partner als »Betrug« angesehen. Die Verpflichtung zur Alimentation war ursprünglich nur als »Übergangsmaßnahme« angesehen. Die Verpflichtung zur Alimentation nach Trennung dauerte sechs Monate und galt nur dann, wenn der Partner erwerbsunfähig oder arbeitslos war. Daß die Alimentationspflicht nur vorübergehenden Charakter tragen mußte, versteht sich von selbst aus der Tendenz des Sowjetismus zur Herstellung der vollen wirtschaftlichen Unabhängigkeit aller Gesellschaftsmitglieder. In den ersten Revolutionsjahren hatte diese Verpflichtung nur die Funktion, über die ersten Schwierigkeiten hinwegzuhelfen, die den eigentlichen Absichten der gesellschaftlichen Ordnung zur vollen persönlichen und wirtschaftlichen Freiheit im Wege standen. Die Familie war ja bloß gesetzlich aufgehoben, aber nicht in der Wirklichkeit. Denn solange die Gesellschaft nicht allen Erwachsenen und Heranwachsenden die Versorgung sichern kann, bleibt die Funktion der Familie, soziale Sicherheit der Familienmitglieder zu gewährleisten, als Vertreterin der Gesellschaft bestehen. Also sowohl Registrierung wie Alimentation waren als vorübergehende Einrichtungen gemeint. Lebte jemand längere Zeit in einer registrierten Ehe und sorgte für den Unterhalt seiner Familie, so entstand ein Schaden für seine Familie, wenn er neue Verpflichtungen auf sich nahm. Setzte nun der Betreffende seine erste Frau nicht in Kenntnis von der neuen Beziehung, so übte er einen unzweifelhaften Betrug an ihr aus. Aus diesem familiären Verhältnis ergab sich somit von selbst eine Bremsung bzw. ein Widerspruch zum Sinn des Sowjetgesetzes, das ausdrücklich persönliche Freiheit zusicherte, auch in der Beziehung zu mehreren Partnern.

Wir erkennen daran zum ersten Male einen realen Widerspruch zwischen einem Stück sowjetischer Freiheitsideologie, die im Ehegesetz die zukünftige, erstrebte sexuelle Freiheit vorweggenommen hatte, und den realen familiären Seinsbedingungen. Die Alimentationspflicht und das Interesse der *noch nicht* selbständig gewordenen Frau daran widersetzten sich der angestrebten Freiheit. Derartige Widersprüche werden wir später in Hülle und Fülle finden. Doch hier ist nicht wichtig, daß Widersprüche bestanden, sondern *in welcher Form* sie gelöst wurden, ob die Lösung in der Richtung des ursprünglichen Ziels der Freiheit oder in der der Bremsung lag.

Das Sowjetgesetz weist demnach deutlich einerseits Elemente auf, die den erstrebten Endzustand ideologisch vorwegnehmen, andererseits aber auch solche Elemente, die der Übergangszeit Rechnung tragen. Nur wenn man den dynamischen Gang dieser Widersprüche zwischen erstrebtem Ziel und momentaner wirklicher Lage von Anfang an verfolgt, entschleiert sich das Rätsel der später in der Sowjetunion immer schärfer hervortretenden Bremsung der Sexualrevolution.

Lenin wird oft von der kulturellen und sexuellen Muckerei zur Autorisierung reaktionärer Haltungen angerufen; es ist daher nützlich zu hören, wie klar Lenin sah, daß mit der Gesetzgebung allein erst ein Anfang gemacht wurde; ein Anfang der sexuellen und mit ihr kulturellen Revolution.
Die Diskussionen in der Bevölkerung über die »Neuordnung des persönlichen und kulturellen Lebens«, des sogenannten »Nowij Byt«, dauerten jahrelang. Ihnen wohnte eine Begeisterung und Aktivität inne, wie sie nur von Menschen aufgebracht werden können, die gerade schwerste Fesseln abgeworfen hatten und klar erkannten, daß sie ihr Leben ganz neu aufbauen müßten. Diese Diskussionen über die »Sexualfrage« dauerten vom Beginn der Revolution an und steigerten sich immerfort, bis sie schließlich erstarben. Weshalb sie erstarben und der Rückentwicklung Platz machten, ist gerade das, was diese Schrift zu erfassen versucht. Es ist bezeichnend, daß im Jahre 1925, als nach dem Bericht von Fannina Halle die Diskussion über die Sexualrevolution ihren Höhepunkt erreichte, der damalige Volkskommissär Kurskij einen neuen Entwurf zur Eheordnung mit den Worten Lenins einleiten mußte:

»Gewiß ist es mit den Gesetzen allein nicht getan, und wir werden uns keinesfalls nur mit Dekreten begnügen. Doch haben wir auf dem Gebiete der Gesetzgebung bereits alles durchgeführt, was von uns verlangt wurde, um die Stellung der Frau derjenigen des Mannes anzugleichen, und mit Recht können wir stolz darauf sein: Die Stellung der Frau ist gegenwärtig so beschaffen, daß sie vom Standpunkte sogar der vorgeschrittensten Staaten geradezu ideal genannt werden kann. Wir aber sagen uns dennoch, das sei natürlich nur ein Anfang.«

»Anfang« *wozu*? Verfolgt man die Diskussionen, die damals die Gemüter aller Bevölkerungskreise so sehr erregten, kann man feststellen, daß die Konservativen über den ganzen Schatz an alten Argumenten und »Beweisen« verfügten, während die Fortschrittlichen, Revolutionären zwar genau fühlten, daß an die Stelle des »Alten« etwas »Neues« treten müßte; aber sie wußten diesem »Neuen« keine Worte zu verleihen, vermochten ihm nicht den richtigen Ausdruck zu geben. Sie kämpften tapfer und unermüdlich, aber sie erlahmten schließlich und versagten in der Diskussion, weil sie sich ihre Waffen erst mühsam selbst schmieden, ihre Argumente aus dem schäumenden Leben der Revolution suchen mußten; weil sie schließlich selber zum Teil in alten Begriffen befangen waren, die sie wie Schlinggewächse den Schwimmenden umklammerten.
Jede Mühe, die Widersprüche der sowjetischen Kulturrevolution zu enthüllen, wäre vergebens, wenn es nicht gelingen würde, diesen tragischsten aller revolutionären Kämpfe um das Neue so zu fassen, daß man der Sexualreaktion besser gerüstet entgegenzutreten vermag, wenn sich einmal die Gesellschaft wieder ihres

Seins bewußt werden und an die Neuordnung ihres Lebens schreiten wird.
Man wird in der Sowjetunion auf die Schwierigkeiten, die der Umbau des kulturellen Lebens mit sich brachte, weder theoretisch noch praktisch vorbereitet. Versuchen wir zunächst einen Überblick über diese Schwierigkeiten zu gewinnen; sie ergaben sich teils aus sachlicher Unkenntnis über die tiefe psychische Struktur des vom zaristischen Patriarchat übernommenen Menschengeschlechts, teils aus den Übergangsschwierigkeiten der Revolution. Stellen wir das, was eindeutig im Sinne der revolutionären Absichten gefordert und gegeben wurde, dem gegenüber, was die Unsicherheiten ausdrückte und später den Rückzug erzwang.

2. Arbeiter warnen

Man glaubt allgemein, das Wesentlichste an der sowjetischen Sexualrevolution in den Veränderungen sehen zu können, die sich in der *Gesetzgebung* kundgaben. Doch wir dürfen einer gesetzlichen oder sonst nur äußerlich formalen Veränderung erst dann gesellschaftliche Bedeutung beimessen, wenn sie auch wirklich »die Massen ergreift«, d. h. ihre psychische *Struktur* umbaut. Nur auf diese Weise kann eine Ideologie oder ein Programm zu einer historisch umwälzenden Gewalt werden: einzig durch *tiefgehende* Veränderung im Fühlen und Triebleben der Masse. Denn der vielgenannte und noch so wenig erfaßte »subjektive Faktor der Geschichte« ist einzig und allein gegeben in der psychischen Struktur der Masse; sie ist maßgebend für die Entwicklung der Gesellschaft, sei es, daß sie Willkür und Unterjochung passiv erduldet, sei es, daß sie sich den von herrschenden Mächten eingeleiteten technischen Entwicklungsprozessen anpaßt, sei es schließlich, daß sie selber aktiv in den Gang der gesellschaftlichen Entwicklung eingreift, wie etwa in der Revolution. Keine Betrachtung geschichtlicher Entwicklungen darf sich daher revolutionär nennen, wenn sie den psychischen Zustand der Masse bloß als ein Ergebnis wirtschaftlicher Vorgänge nimmt, und nicht auch als ihren Motor.
Von diesem Standpunkt aus ist daher die *Wirkung* der sowjetischen Sexualrevolution nicht nach den Gesetzen zu beurteilen, die erlassen wurden (diese zeugen nur für den damaligen revolutionären Geist der bolschewistischen *Führung*), sondern nach den revolutionären Erschütterungen, die die Masse des russischen Volkes nach dem Erlaß der Gesetze erlebte, und an dem Ausgang dieses Ringens um das »neue Leben«.
In welcher Weise reagierte die Masse sexualpolitisch auf die gesetzliche Umwälzung? Wie die mit ihr aufs engste verbundenen

niederen Funktionäre der Partei? Wie stellte sich später die Führung dazu?
Zunächst hören wir einen Bericht von Alexandra Kollontay, die sich schon sehr früh um die tobenden sexuellen Krisenfragen kümmerte:

»Je länger sich die (sexuelle) Krisis hinzieht, um so mehr nimmt sie chronischen Charakter an, um so unentwirrbarer zeigt sich die Lage der Mitlebenden und mit um so größerer Erbitterung stürzt sich die Menschheit auf die Lösung der verwünschten (!?) Frage. Aber bei jedem neuen Versuch, den verwirrten Knäuel des Geschlechtsproblems zu entwirren, werden die Beziehungen untereinander nur noch verwickelter, und es ist, als könnten sie den einzigen Weg nicht erkennen, auf dem es endlich gelingen könnte, des widerspenstigen Knäuels Herr zu werden. Die erschreckte Menschheit fällt von einem Extrem ins andere, aber der verzauberte Kreis der sexuellen Frage bleibt nach wie vor geschlossen ... Jetzt hat die sexuelle Krisis nicht einmal die Bauern verschont. Einer Infektionskrankheit gleich, die weder Rang noch Stand kennt, wirft sie sich aus Schlössern und Villen in die öden Wohnungen der Arbeiter, blickt in friedliche Heimstätten, stürzt sich auch in das stumpfe russische Dorf ... Gegen die sexuelle Krisis gibt es weder Schloß noch Riegel. Es wäre ein ungeheurer Irrtum, zu vermuten, daß in diesem Netz nur die Vertreter der gesicherten Volksschichten zappeln. Die trüben Wellen der sexuellen Krise dringen öfter und öfter auch über die Schwelle der Arbeiterwohnungen und schaffen hier Dramen, die ihrer Schärfe und Erbittertheit nach nicht hinter den psychologischen Konflikten der verfeinerten bürgerlichen Welt zurückstehen.« *(Die neue Moral und die Arbeiterklasse*, S. 65 ff.)

Die Krise des sexuellen, kleinen, privaten Lebens, des Familienlebens, war ausgebrochen. Das neue Ehegesetz, die »Aufhebung der Ehe«, hatte nur äußerlich freie Bahn gegeben. Die wirkliche sexuelle Revolution spielte sich jedoch im wirklichen Leben ab. Zunächst bedeutete schon die Tatsache, daß sich Funktionäre einer Staatsführung mit dem sexuellen Problem befaßten, eine gar nicht kleine Revolution. Dann aber bemächtigten sich die niederen Funktionäre dieser Fragen. Aus der zusammenkrachenden alten Ordnung ging zunächst nur ein Chaos hervor. Doch die einfachen, ungeschulten Träger der Revolution gingen an das Ungeheuer mutig und unerschrocken heran; die »gebildeten« und vornehmen Akademiker dagegen stellten »Betrachtungen« an, sofern sie überhaupt ahnten, was sich hier an geschichtlichen Vorgängen abspielte.
Trotzki lenkte in einem kleinen Büchlein *Fragen des Alltagslebens* die Aufmerksamkeit der Sowjetöffentlichkeit mit Unterstützung Moskauer Funktionäre auf das kleine Alltagsleben. Er warf nicht etwa die sexuelle Frage auf! Er ließ bloß die Funktionäre sich über aktuelle Fragen des Alltagslebens aussprechen. Und als ob diese die Sexualökonomie schon gekannt hätten, sprachen sie fast ausschließlich über die »Familienfrage«. Es drehte sich aber nicht um rechtliche oder soziologische Fragen

der Familie, sondern um die Ungewißheiten und Unsicherheiten über die Neuordnung des *sexuellen* Lebens, das bisher an die wirtschaftliche Einheit der Familie geknüpft war und nun mit ihrem Zerfall nie dagewesene Fragen aufwarf.

In den ersten Revolutionsjahren verhielten sich die unteren Funktionäre in einer für jede künftige Revolution vorbildlichen Weise. Der *Ansatz* der Sexualrevolution (als Kern jeder Kulturrevolution) war nicht nur in der Gesetzgebung, sondern auch in der Art, die Schwierigkeiten zu sehen und die Fragen zu stellen, richtig. Hierzu einige Beispiele:

Der Funktionär Kosakow äußert sich wie folgt:

»Äußerlich ist eine Wendung im Familienleben eingetreten, d. h. man hat eine einfachere Einstellung zum Familienleben. Aber das Grundübel hat sich nicht geändert, d. h. es ist für die Familie keine Erleichterung in ihren tagtäglichen Familiensorgen eingetreten, und die Vorherrschaft eines Familienmitgliedes über die anderen bleibt bestehen. Die Leute streben zum öffentlichen Leben, und wenn sich dieses Streben wegen der Familiennöte nicht erfüllen läßt, so tritt Unruhe, neurasthenische Erkrankung ein, und wer sich hiermit nicht aussöhnen kann, läßt entweder die Familie im Stich oder quält sich selbst, bis er selbst Neurastheniker wird.«

Kosakow erfaßte in wenigen Sätzen folgende Probleme:

1. Die familiäre Situation änderte sich äußerlich gründlich, aber innerlich blieb es beim alten;
2. die Familie wirkte sich als Bremsung des revolutionären Zuges zur Herstellung des Kollektivs aus;
3. die familiäre Hemmung wirkte sich in nachteiliger Weise auf die psychische Gesundheit der Mitglieder aus; das ist gleichbedeutend mit Einschränkung der Arbeitsfähigkeit und -freude sowie Herstellung seelischer Erkrankungen.

Die folgenden Äußerungen enthüllen die Wirkung der wirtschaftlichen Umwälzung auf den fortschreitenden Zerfall der Familie:

Kobosew: »Die Revolution hat zweifellos eine große Veränderung in das Familienleben des Arbeiters hineingetragen; besonders wenn Mann und Frau in der Produktion tätig sind, betrachtet sich die letztere als materiell unabhängig und verhält sich als gleichberechtigt; andererseits werden Vorurteile überwunden, daß z. B. der Mann das Haupt der Familie sei usw. Die patriarchalische Familie zerfällt. Unter dem Einfluß der Revolution stellt sich sowohl in der Arbeiterfamilie als auch in der Bauernfamilie ein starkes Streben zur Trennung, zum selbständigen Leben ein, sobald sie ihre materielle Existenzbasis zu fühlen beginnt.«

Kuljkow: »Die Revolution hat zweifellos eine Veränderung in das Familienleben, in die Ansichten über die Familie und sogar in das Verhalten zur Emanzipation der Frau hineingetragen. Der Mann ist gewohnt, sich als Haupt der Familie zu fühlen ... hinzu kommt die religiöse Frage, die Verweigerung kleinbürgerlicher Bedürfnisse für die Frau – da sich aber mit den vorhandenen Mitteln nicht viel durchführen läßt, beginnen die Skandale. Die Frau stellt ihrerseits die Forderung, freier zu sein, die Kinder irgendwohin abzugeben, öfter mit dem Manne dort zu sein, wo er sich aufzuhalten pflegt. Hier gerade beginnen alle möglichen Skandale und Szenen. Daher die Ehescheidung. *Die Kommunisten antworten gewöhnlich auf solche Fragen, daß die Familie, im besonderen Streitigkeiten zwischen Mann und Frau, Privatsache sei.*«

Die hier als »religiöse Frage« und als »Verweigerung kleinbürgerlicher Bedürfnisse für die Frau« bezeichneten Schwierigkeiten dürfen wir ohne Bedenken als Äußerungen des Widerspruches zwischen *familiärer Bindung der Familienmitglieder* aneinander und den sexuellen Strebungen nach Ungebundenheit verstehen. Der Mangel an materiellen Möglichkeiten, etwa Raummangel, mußte zu Skandalen führen. Die Anschauung: »Sexualität ist Privatangelegenheit«, war nachteilig; die Mitglieder der Kommunistischen Partei sahen sich vor die Aufgabe gestellt, mit dieser Revolution im persönlichen Leben fertig zu werden, zogen sich aber vielfach auf die Gesetzesformel zurück, weil sie keine Antwort wußten.

Das erfaßte der Funktionär Markow: »Ich mache darauf aufmerksam, daß wir uns einem ungeheuren Unheil in jenem Sinne nähern, daß wir den Begriff der ›freien Liebe‹ falsch aufgefaßt haben. Das Resultat von alldem war, daß die Kommunisten mit dieser freien Liebe eine Menge Kinder in die Welt setzten ... Wenn uns der Krieg eine Unmenge Invaliden geliefert hat, so wird uns die falsche Auffassung der freien Liebe – – mit noch größeren Krüppeln belohnen. *Und wir müssen geradeheraus sagen, daß wir auf dem Gebiete der Aufklärung in dieser Richtung nichts getan haben, um das richtige Verständnis der Arbeitermasse für diese Frage zu fördern. Und ich bin ganz der Meinung, daß, wenn man uns diese Fragen stellen wird, wir außerstande sein werden, sie zu beantworten.*«

Keine Rede davon, daß den Kommunisten damals der *Mut* zur Erledigung der Frage gefehlt hätte; es wird sich zeigen, daß ihnen der Mut nichts genützt hätte, denn sie hätten die Schwierigkeiten mit dem übernommenen Schatz an Wissen nicht lösen können.

Wer aber diese Äußerungen vom Standpunkt der späteren Entwicklung ansieht, muß zum Schluß kommen: Es war wie in einer großartigen Symphonie, in der die Akkorde und Themen des Schlußsatzes schon in den ersten Klängen unmerklich, wie beiläufig, anklingen. Es waren Themen, die eine Tragödie ankündigten.

Der kommunistische Funktionär Koljzow warnte:

»*Diese Fragen werden niemals besprochen, es ist, als vermeide man sie aus irgendeinem Grunde.* Bis jetzt habe ich sie niemals durchdacht ... Gegenwärtig sind das für mich neue Fragen. Ich betrachte sie als im höchsten Grade wichtig. Man sollte über sie nachdenken. Ich meine, daß sie aus ebendenselben, allerdings unbestimmten Gründen nicht in die Spalten der Presse gelangen.«

Und der Funktionär Finkowski erkannte früh ein Stück des Wesens der Sexualscheu:

»... Gespräche über dieses Thema werden deshalb selten begonnen, *weil sie alle zu nahe angehen ... Man hat sie bisher meiner Ansicht deshalb nicht begonnen, um sich nicht zu ärgern* ... Alle verstehen, daß ein Ausweg aus der Lüge dadurch geschaffen werden könnte, daß der Staat die Erziehung und den Unterhalt aller Arbeiterkinder vollständig auf sich nimmt, daß die Frau von der Küche befreit wird usw. Die Kommunisten berufen sich gewöhnlich auf die schöne Zukunft und entziehen dadurch die akute Frage der Besprechung ... Die Arbeiter wissen, daß es mit dieser Frage in der Familie des Kommunisten noch schlimmer steht als bei ihnen selbst.«

Zeitlin bewies seinen revolutionären Instinkt, wenn er sagte:

»In der Literatur wird die Frage der Ehe und Familie, die Frage der Beziehungen zwischen Mann und Frau gar nicht erörtert. *Indessen sind dies gerade die Fragen, die die Arbeiterinnen und Arbeiter interessieren. Wenn wir solche Fragen zum Gegenstande unserer Versammlungen machen, so wissen die Arbeiterinnen und Arbeiter davon und füllen unsere Versammlungen.* Außerdem fühlt die Masse, daß wir diese Fragen mit Schweigen übergehen, und wir übergehen sie tatsächlich gewissermaßen mit Schweigen. Ich weiß, daß einige davon sprechen, daß die kommunistische Partei keine bestimmte Meinung über diese Frage habe und sie auch nicht haben könne. *Und die Arbeiter und Arbeiterinnen stellen diese Fragen oftmals und finden keine Antwort auf sie.*«

Derartige Stellungnahmen sexualwissenschaftlich völlig ungeschulter, einzig aus dem lebendigen Leben schöpfender Arbeiter bedeuteten mehr als lange Abhandlungen über die »Soziologie der Familie«. Sie bewiesen, daß die Zerschlagung der autoritären Staatsmacht eine Kritik und Besinnung freilegte, die früher unsichtbar blieb. Zeitlin wußte nichts von der Sexualökonomie und beschrieb doch genau das, was sie behauptet: *Das Interesse der durchschnittlichen Masse ist nicht staatspolitisch, sondern sexualpolitisch gerichtet.* Er konstatierte die stumme Kritik der Masse an der Sexualscheu der revolutionären Führung. Er stellte richtig fest, daß die proletarische Führung, wenn sie sich derart verhielt, offenbar noch keine Meinung gebildet hatte und daher ausweichen mußte. Und die Masse wartete auf Antwort gerade in *dieser* Frage.

Es fehlte auch nicht an Kritik der unlebendigen, *nur* geschichtlichen Betrachtung aktueller Fragen, an der Unfähigkeit, eine lebendige Theorie neu anzuwenden.

Gordon berichtet, daß ein Referent, der über die Sexualfrage sprechen sollte, nur über Engels' »Ursprung der Familie« redete und dem nichts hinzufügte.

»Ich will natürlich nicht sagen, daß dies schlecht wäre, man hätte aber doch einen Schluß aus diesem Engelsschen Werk in bezug auf die Gegenwart ziehen müssen; das aber vermögen wir gerade nicht zu tun. Indessen ist diese Frage außerordentlich brennend geworden.«

Die Funktionäre wiesen also nachdrücklichst auf das Interesse der Massen an Klärung und Neuordnung der sexuellen Verhältnisse hin; man verlangte billige und gute Aufklärungsliteratur. Man sprach von »Familie« und meinte die Geschlechtlichkeit. Man wußte, daß das Alte morsch und untragbar war, aber man suchte das Neue mit alten Begriffen oder, was schlimmer war, mit wirtschaftlichen Auskünften allein zu fassen. Vergegenwärtigen wir uns, wie das konkret aussehen mußte. So versuchte ein Funktionär in Moskau, Lyssenko, die »Erscheinungen der Straße«, welche allgemein beunruhigten, zu fassen. Man beobachtete, daß die Kinder »Unfug trieben«. Sie spielten etwa »Rote Armee«; man erkannte richtig den »Beigeschmack« des »Militarismus«, hielt es aber doch »für gut«; doch zuweilen sah man »andere« Spiele, die »schlimmer« waren, nämlich sexuelle, und stellte staunend fest, daß niemand eingriff. Doch man zerbrach sich den Kopf, wie man die Kinder »auf den richtigen Weg lenken« konnte. Das Revolutionäre zeigte sich hier im richtigen Instinkt, daß man dagegen *nicht* »einschreiten« dürfte; die konservative Sexualangst führte zu sorgenvollen Gedanken. Wäre nicht die alte Denkweise der neuen in Form von Sexualscheu entgegengetreten, dann hätte man nicht die Sorge entwickelt, wie die Kinder auf den »richtigen«, d. h. asexuellen Weg zu lenken wären, sondern man hätte diese sexuellen Äußerungen der Kinder genau beobachtet und sich die Frage vorgelegt, wie die Kindersexualität zu behandeln wäre. Doch da die Kindheit mit Sexualität nicht gemeinsam gedacht werden konnte, bekam man Angst und hielt natürliche Äußerungen, die wahrscheinlich wild auftraten, weil sie gesellschaftlich unorganisiert waren, für eine Entartung. »Man muß wissen«, hieß es, »was man den Kindern zu lesen geben soll, vielleicht etwas über Körperkultur oder irgend etwas anderes Nützliches.«
Revolutionäre mahnten: »Man sagt uns oft, daß wir nur von umfassenden Materien sprechen, *wir sollten lieber von dem sprechen,* was dem Leben näher ist. Wir müssen den Kleinigkeiten des Lebens unsere Aufmerksamkeit zuwenden.« Konkret auf die kindlichen Spiele angewendet hieß das ganz eindeutig:

1. Sollen wir gegen oder für diese Spiele eintreten?
2. Ist die Sexualität des Kindes natürlich oder nicht?
3. Wie sollen wir das Verhältnis der kindlichen Sexualität zur Arbeit auffassen und regeln?

Die Kontrollkommissionen waren besorgt. Die Funktionäre trösteten. »Die Kontrollkommission braucht gar nicht den Kopf zu schütteln. Der Kommunist wird hingehen und mit den Arbeitern zusammenleben, er wird dort seine Tätigkeit ausüben, d. h. sie im Zaum halten. Wenn wir aber nicht mit ihnen zusammenleben werden, so werden wir den Zusammenhang mit den Massen verlieren.« Die Aufgabe war aber nicht nur, als Kommunist engsten Kontakt mit der Masse zu haben, sondern auch die, den Kontakt zu Konkretem zu benützen; die Masse im Zaum halten wollen bedeutete bereits, daß man nicht wußte, was mit den neuen Lebensäußerungen, die soeben die Fesseln der autoritären Gewalt abgeworfen hatten, anzufangen war; es bedeutete, eine neue Autorität an die Stelle der alten im alten Sinne aufzurichten. Die Aufgabe war aber, eine *neue* Autorität herzustellen, *um das erwachende Leben der Masse zur Selbständigkeit zu führen*, es also zu befähigen, der ständigen autoritären Überwachung schließlich zu entbehren.

Die verantwortlichen Arbeiter standen, ohne daß sie es genau formulieren konnten, vor der Entscheidung: *vorwärts zu neuen Lebensformen oder zurück zum Alten.* Da die Kommunistische Partei in der Tat keine Auffassung über die sexuelle Revolution gebildet hatte, da man mit der historischen Analyse von Engels allein praktisch nur den gesellschaftlichen Hintergrund, nicht aber das *Wesen* der vor sich gehenden Umwälzung des Lebens bewältigen konnte, entbrannte ein Kampf, der allen künftigen Generationen die Geburtswehen einer Kulturrevolution eindrucksvoll vor Augen führt.

Man tröstete sich zunächst mit dem Hinweis auf den Mangel an den rein wirtschaftlichen Voraussetzungen. Doch die Einstellung: »zuerst die wirtschaftlichen Fragen, *dann* die des kleinen Lebens« war unrichtig und nur der Ausdruck der Unvorbereitetheit auf die chaotisch scheinenden Formen der Kulturrevolution. Oft war es geradezu eine Ausflucht. Eine Gesellschaft, die tief in der Armut aus allen Wunden des Bürgerkrieges blutet, die keine öffentlichen Küchen, Wäschereien, Kindergärten sofort und zureichend einrichten kann, muß zunächst an die einfachsten wirtschaftlichen Voraussetzungen denken. Diese Voraussetzungen einer Revolution der Kultur, im besonderen des sexuellen Lebens waren absolut korrekt erfaßt. In einem Lande der Rückständigkeit und äußersten Knechtschaft wie dem früheren Rußland *mußte* zunächst daran geschritten werden, die Massen der Arbeiter und Bauern zur Reinlichkeit, zum Zähneputzen, zum Nichtschimpfen und Nichtspucken zu erziehen. Doch es ging nicht allein darum, die Massen auf die Höhe der Kultur in den hochkapitalistischen Ländern zu bringen; das war bloß die allernächste Aufgabe; in weiterer Sicht mußte man beginnen, sich über die *Qualität* der »neuen Kultur«, der sozialistischen, der kommunistischen, klarzuwerden.

Zunächst traf noch niemand die Schuld. Die Revolution war eben auf unerwartete Probleme gestoßen, und die praktischen

Erfahrungen, so gigantische Schwierigkeiten zu bewältigen, konnten sich erst ergeben, wenn die Schwierigkeiten selbst zur vollen Entwicklung kamen und Lösung forderten. Die Rückentwicklung ist unvermeidlich, wenn diese Entwicklung nicht rechtzeitig gesehen und erfaßt wird. Wir vergessen nicht: Es war die *erste* gelingende soziale Revolution. Schwer war das Ringen um die Kenntnis ihrer rein wissenschaftlichen und politischen Voraussetzungen. Doch es zeigt sich heute, daß die kulturelle Revolution unendlich schwierigere Fragen als die politische stellte. Das kann nicht anders sein, denn die politische Revolution erfordert »nur« eine gestählte, geschulte Führung und das Vertrauen der Masse zu ihr. Die Kulturrevolution erfordert jedoch einen *Umbau der Massenstruktur*; sie ist nicht mit Zahlen und Statistiken zu machen, und ihre wissenschaftliche Klärung war kaum in Gedanken vorhanden. Hier ein Ausschnitt aus dem Resultat 1935:

Am 29. 8. 1935 erschien in der »Weltbühne« ein alarmierender Artikel von Louis Fischer über das Anwachsen der reaktionären Sexualideologie in der Sowjetunion. Daß eine kommunistische Zeitschrift den Artikel veröffentlichte, beweist die Gefährlichkeit der Situation 1935. Der Artikel hebt folgende Tatsachen hervor:

Die Jugend findet in den überfüllten Wohnungen der Stadt keinen Raum für ihr Liebesleben. Den Mädeln wird eingeschärft, daß Abtreibung schädlich, gefährlich und nicht wünschenswert sei. Viel besser wäre es, Kinder zu kriegen. In einem Film »Das Privatleben Peter Winogradows« wird für die brave Eheschließung propagiert. »Ein Film«, schreibt Fischer, »der im konservativsten Winkel gewisser konservativer Staaten Anklang finden würde.« In der *Prawda* heißt es: »Im Lande der Sowjets ist die Familie eine große und ernste Sache.« Louis Fischer meint, daß die Bolschewiken die Familie in Wirklichkeit nie angegriffen hätten. Sie wüßten zwar, daß die Familie zu gewissen Zeiten in der Geschichte der Menschheit nicht existierte, sie gäben auch theoretisch die Auflösung der Familie zu, aber sie hätten die Familie niemals untergraben, im Gegenteil, sie hätten sie gestärkt. Das Regime, das jetzt keinen schlechten Einfluß der Eltern zu fürchten braucht (!), begrüßt nun ihren »notwendigen moralischen und kulturellen Einfluß«, d. h. die sexualunterdrückende Funktion der erwachsenen Generation gegenüber der neuen.

Ein Leitartikel der *Prawda* verkündete 1935, daß ein schlechter Familienvater kein guter Sowjetbürger sein könne. »So etwas war unvorstellbar im Jahre 23«, schreibt Fischer. »In der Sowjetunion kann und soll nur große, reine und stolze Liebe Anlaß zur Heirat sein.« »Wer heute noch behauptet, es sei kleinbürgerlich, sich für die Familie zu interessieren, gehört selbst zur niedrigsten Kategorie der Kleinbürger.« Ein Verbot, das erste Kind zu töten, werde wahrscheinlich mancher Liebelei und

Promiskuität ein Ende bereiten und die »ernste Ehe« fördern. In den letzten Monaten hätten sich in den Zeitungen die Artikel von Professoren und klinischen Leitern gehäuft, in denen über den großen Schaden geredet wird, der dem Organismus durch die Abtreibung zugefügt würde.

»Wenn die Presse jeden Tag gegen den Abort wettert; wenn diese Propaganda von der Lobpreisung festlicher Heiratszeremonien begleitet wird; wenn man die Heiligkeit ehelicher Verpflichtungen betont und verkündet, daß Mütter, die Drillinge und Vierlinge gebären, besondere Preise erhalten; wenn man Artikel über Frauen schreibt, die niemals zur Abtreibung gegriffen haben, und wenn eine niedrig bezahlte Dorfschullehrerin, Mutter von vier Kindern, öffentlich gelobt wird, weil sie ein fünftes Kind nicht ablehnte, ›obwohl es schwer ist, sie alle zu ernähren‹ — dann denkt man an Mussolini«, schreibt Fischer.

»Man hat innere und äußere Sicherheit gewonnen und glaubt daher, daß die Geburteneinschränkung zu reduzieren ist ... Man wird auch gegen billige ›Sommerverhältnisse‹ kämpfen. Mädchen, die männlichem Drängen widerstehen, werden nicht länger als ›konservativ‹ oder sogar als ›konterrevolutionär‹ gelten, nicht die Befriedigung physischer Bedürfnisse, sondern Liebe sollte die Basis der Familie sein.«

Dieser knappe Auszug zeigt, daß wir heute in der Sexual*ideologie* der maßgebenden führenden Kreise der Sowjetunion keinen Unterschied mehr sehen zur Ideologie der führenden Kreise irgendeines Staates. Die Rückkehr zur lebensverneinenden Sexualmoral kann nicht bestritten werden. Fraglich bleibt nur, wie sich die aufgelockerte und einmal frei gewesene Jugend, wie sich die Industriearbeiterschaft dazu verhalten wird. Die offizielle Ideologie der Sowjetunion wirkte sich auch in Westeuropa aus.

In der *Humanité* vom 31. Oktober 1935 lesen wir:

Zur Rettung der Familie! Helft uns, am 17. November unsere große Enquete im Interesse des Rechts auf Liebe anzustellen.

Man weiß, daß die Geburtenzahl in Frankreich mit erschreckender Raschheit abnimmt ... Die Kommunisten sehen sich also vor eine sehr ernste Tatsache gestellt. Das Land, das sie gemäß ihrer historischen Aufgabe umformen sollen, die französische Welt, die sie *auf den rechten Fleck* zu setzen beabsichtigen, läuft Gefahr, verstümmelt, verkümmert, von Menschen verarmt zu werden.

Die Bösartigkeit des sterbenden Kapitalismus, die Unsittlichkeit, zu der er das Beispiel gibt, der Egoismus, den er entwickelt, die Not, die er schafft, die Krise, die er erzeugt, die sozialen Krankheiten, die er propagiert, die heimlichen Abtreibungen, die er provoziert, *zerstören die Familie.*

Die Kommunisten wollen dafür kämpfen, die französische Familie zu verteidigen.

Sie haben ein für allemal mit der kleinbürgerlichen — individualistischen und anarchistischen — Tradition gebrochen, die aus der Sterilisation ein Ideal macht.

Sie wollen ein starkes Land und eine *zahlreiche Rasse* übernehmen. Die UdSSR weist ihnen den Weg. Aber man muß *sogleich* wirkliche Mittel anwenden, *die Rasse zu retten.*
In meinem Buch *Das Unglück, jung zu sein* habe ich die Schwierigkeiten genannt, die die Jugend heute hat, sich ein Heim zu gründen, und ich habe mit ihr ihr *Recht auf Liebe* verteidigt.
Das Recht auf Liebe, Liebe des Mannes und der Frau, des einen für den andern, Kindesliebe, Elternliebe, das soll das Thema der neuen Enquete sein ... ich sehe sie unterstützt durch die Briefe unserer Leser, die von ihren Schwierigkeiten, Ängsten und Hoffnungen berichten.
Eine Enquete, die die Mittel untersuchen wird, die französische Familie zu retten, indem man der Mutterschaft, der Kindheit, indem man *den kinderreichen Familien den Platz und die Vorzüge gibt,* die sie im Lande haben müssen. Schreibt uns, Junge, schreibt uns, Väter und Mütter ... P. Vaillant-Couturier.

So denkt ein mit den Nationalsozialisten in der Rassentheorie und der Vertretung der kinderreichen Familie wetteifernder Kommunist. Ein derartiger Artikel in einem sozialistischen Organ ist eine glatte Katastrophe. Der Wetteifer ist hoffnungslos: Die Faschisten verstehen dieses Geschäft viel besser.
Überhebliche Krittelei und Besserwisserei wäre also hier nur das sichere Zeichen kompletten Unverständnisses für die Situation. An erster Stelle ist Respekt vor der Größe, Kompliziertheit und Fülle der Aufgaben erforderlich. Er ist die wichtigste Voraussetzung des notwendigen Ernstes und Mutes, den derartige geschichtliche Prozesse fordern.
In der russischen Kulturrevolution brach das »neue Leben« unerkannt, unverstanden aus dem Alten hervor, doch das Alte bremste.
Das alte Denken und Fühlen schlich sich in das Neue ein.
Das Neue befreite sich zunächst vom Alten, rang nach klarem Ausdruck, fand ihn nicht und sank daher zurück.
Versuchen wir zu begreifen, in welcher Weise das Alte das Neue erstickte, um beim nächsten Male besser dagegen gewaffnet zu sein.
Wir müssen aus dem Gang der russischen Revolution lernen, daß mit der wirtschaftlichen Umwälzung, der Enteignung des Privatbesitzes an den Produktionsmitteln und der politischen Errichtung der sozialen Demokratie (= Diktatur des Proletariats) eine Revolution in den Anschauungen und sexuellen Beziehungen der Menschen selbsttätig Hand in Hand geht. Wie die wirtschaftliche und die politische Revolution muß auch die sexuelle bewußt erfaßt und *vorwärts gelenkt* werden.
Doch wie sieht dieses »Vorwärts«, dem der Zerfall des Alten vorangeht, konkret aus? Die wenigsten wissen, wie heiß der Kampf um das »neue Leben«, um das befriedigende Geschlechtsleben in der Sowjetunion tobte.

III. Kapitel: Die Bremsung der Sexualrevolution

1. Die Voraussetzungen der Bremsung

Ungefähr im Jahre 1923 begann eine Entwicklung schärfer hervorzutreten, die sich *gegen* die Umwälzungen im kulturellen und persönlichen Leben richtete; sie wurde erst in den Jahren 1933 bis 1935 auch in rückschrittlichen gesetzlichen Maßnahmen faßbar. Dieser Prozeß läßt sich am besten als *Bremsung* der sexuellen und mit ihr der kulturellen Revolution in der Sowjetunion bezeichnen. Ehe wir auf die wesentlichen Kennzeichen dieser Bremsung eingehen, müssen wir uns mit einigen ihrer Voraussetzungen bekannt machen.

Die russische Revolution war in wirtschaftlich-politischer Hinsicht bewußt gelenkt von der marxistischen Wirtschafts- und Staatslehre. Alles, was wirtschaftlich geschah, wurde an der Theorie des historischen Materialismus gemessen und bestätigte sich im wesentlichen. Doch für die kulturelle Revolution, von ihrem Kern, der sexuellen Revolution, ganz zu schweigen, gab es weder bei Marx noch auch bei Engels Untersuchungen, die geeignet gewesen wären, den Führern der Revolution auf diesem Gebiete in der gleichen Weise wie auf dem der Wirtschaft Richtlinien zu geben. Lenin selbst betonte in der Kritik einer Broschüre von Ruth Fischer, daß die Sexualrevolution, wie überhaupt der gesellschaftliche Sexualitätsprozeß vom Standpunkt des dialektischen Materialismus noch gar nicht verstanden sei, und daß zu seiner Bewältigung eine ungeheure Erfahrung gehöre. Würde jemand, so meinte er, die Frage in ihrer wirklichen Bedeutung und Totalität erfassen, dann wäre der Revolution ein großer Dienst geleistet[1]. Wir hörten von den Funktionären, daß hier *Neuland* aufgearbeitet werden müßte. Auch Trotzki hatte in seinen kulturellen Schriften immer wieder gezeigt, wie neuartig und unverstanden das Gebiet der kulturellen und sexuellen Revolution ist.

Es gab also keine *Theorie der sowjetischen Sexualrevolution.*

Eine zweite Voraussetzung der später erfolgreichen Bremsung war, daß alle diejenigen, die dazu berufen gewesen wären, den spontan sich entwickelnden Prozeß der sexuellen Revolution zu erfassen und zu lenken, in alten Begriffen und Formalismen

1 Im Gespräch mit Clara Zetkin.

befangen waren. Man übernahm zum großen Teil Vorstellungen aus dem Schatz der konservativen Sexualwissenschaft, ohne sich darauf zu besinnen, daß eine genaue Unterscheidung des für die Revolution Brauchbaren vom Unbrauchbaren nctwendig gewesen wäre.

Von den falschen Begriffen, die so wesentlich zur Bremsung beigetragen hatten, seien hier einige genannt: Der Begriff »Sexualität« war und ist noch heute verknüpft mit der Vorstellung, daß »Sozialsein« mit sexuellem Leben unvereinbar sei. Sexualität steht kontra Sozialität. Ein anderes Vorurteil war (und ist), daß sexuelles Leben eine »Ablenkung vom Klassenkampf« bedeute. Die Unausrottbarkeit dieser falschen Vorstellung erlebte die Sexpol in Deutschland auf eine sehr unangenehme Art. Es wird nicht gefragt: *Welche Art Sexualität lenkt vom Klassenkampf ab?* Unter welchen Bedingungen und Voraussetzungen lenkt das sexuelle Leben vom Klassenkampf ab? Unter welchen Bedingungen und Voraussetzungen kann die sexuelle Krise in den Klassenkampf vollkommen einbezogen werden? Es heißt: »Sexualität an sich, als Tatsache, widerspricht dem Klassenkampf.«

Aus dem sexualmoralischen Gebäude wurde ferner entnommen die angebliche Unvereinbarkeit von Sexuellsein und *Kulturellsein*. Sexualität und Kultur erscheinen als *absolute* Gegensätze. Ferner verschleierte man die gesamte Frage des Sexualitätsprozesses, d. h. der Formen der sexuellen Bedürfnisbefriedigung dadurch, daß man von »Familie« statt von »Sexualität« sprach. Ein oberflächlicher Blick in die Geschichte der Sexualreformen hätte aber gelehrt, daß die vaterrechtliche Familie nicht eine Einrichtung zum Schutze der Sexualbefriedigung ist, sondern im Gegenteil in einem scharfen Gegensatz zu ihr steht. Sie ist eine *wirtschaftliche* Institution und bindet in dieser Eigenschaft die sexuellen Bedürfnisse.

Eine weitere Voraussetzung der Bremsung war die ungeheure Verbreitung falscher, ökonomistischer Anschauungen über die Sexualrevolution. Diese Anschauungen behaupteten, daß mit dem Sturz der Bourgeoisie und mit der sowjetischen Sexualgesetzgebung die sexuelle Revolution »bereits vollzogen« wäre, oder daß sich allein dadurch, daß das Proletariat die Macht ergriff, die sexuelle Frage »von selbst« lösen würde. Man übersah dabei vollkommen, daß ja die Ergreifung der Macht und die sexuelle Gesetzgebung nur die äußeren Voraussetzungen für die Umgestaltung des sexuellen Lebens geschaffen hatten und nicht dieses Leben *selber* waren. Ein Grund, den man sich zum Bau eines Hauses anschafft, ist ja noch nicht das Haus selber. Erst wenn man Grund und Boden hat, beginnt die eigentliche Aufgabe, das Haus zu bauen. So schrieb z. B. G. L. Alexander aus Moskau in der Zeitschrift *Die Internationale* (1927, Heft 13):

»Mit der Lösung der großen sozialen Frage, mit der Abschaffung des Privateigentums, war prinzipiell auch die Frage der Ehe, die im Grunde eine Eigentumsfrage ist, gelöst ... Die kommunistische Auffassung geht konsequenterweise dahin, daß mit der nur schrittweise möglichen Verwirklichung des Kommunismus, das heißt der Herausbildung der von Grund auf anderen Organisation des sozialen Lebens, das Eheproblem als soziales Problem verschwinden muß ... Die unerwiderte Liebe mit ihrer Gefahr der Vereinsamung, mit ihren Schmerzen wird kaum mehr in einer Gesellschaft in Frage kommen, die kollektive Aufgaben stellt und kollektive Freuden bietet, in der individuelle Schmerzen kein so schweres Gewicht mehr haben.« Zur Frage der zukünftigen Form der Sexualität: »Wenn der Kommunismus die Auflösung der Familie in der Gemeinschaft bedeutet – und die Entwicklung in Sowjetrußland deutet darauf hin, daß der Weg tatsächlich dahin geht, so ist es klar, daß mit dieser Art der Auflösung der Familie auch ihr Problem, das Eheproblem verschwinden wird.«

Diese Art, so schwierige Probleme der Massenpsychologie zu erfassen, ist irreführend und gefährlich: Man ändere die ökonomische Basis der Gesellschaft und ihre Einrichtungen, dann ändern sich auch die menschlichen Beziehungen von selbst. Daß diese Beziehungen sich verselbständigen und in Gestalt der seelischen, sexuellen Struktur der Menschen einer Epoche zu einer unabhängigen, die Wirtschaft und Gesellschaft wiederum beeinflussenden Kraft geworden sind, läßt sich nach dem Erfolg der faschistischen Bewegung nicht mehr bezweifeln. Dies nicht zu beachten, bedeutet den lebendigen Menschen aus der Geschichte ausschalten.

Kurz, man hatte sich die Sache zu einfach gemacht, man hatte die ideologischen Umwälzungen allzu unmittelbar und direkt mit der wirtschaftlichen Grundlage verbunden aufgefaßt. Das hat mit Marxismus nichts zu tun.

In welcher Form äußert sich die vielgenannte und wenig verstandene »Rückwirkung der Ideologie auf die Basis«?

Die streng ehelich und familiär eingestellte Frau wird eifersüchtig, wenn der Mann anfängt, am politischen Leben teilzunehmen. Sie fürchtet, daß er dort mit anderen Frauen anbändeln wird. Der patriarchalische, eifersüchtige Mann benimmt sich ebenso, wenn seine Frau politisch erwacht. Er fürchtet, daß sie ihm untreu wird. Eltern, auch proletarische, sehen es nicht gerne, wenn die heranwachsenden Töchter in die Organisationen gehen. Sie fürchten, sie könnten »verwildern«, d. h. sexuell zu leben anfangen. Kinder sollen zu den Pionieren oder ins Kollektiv; doch die Eltern erheben den alten Anspruch auf sie; sie sind entsetzt, wenn das Kind auch seine Eltern mit kritischen Augen zu sehen beginnt. Die Beispiele kann man beliebig vermehren.

Mancher Versuch, derartigen Fragen beizukommen, endete mit dem nichtssagenden Schlagwort von der »Hebung der Kultur und der menschlichen Persönlichkeit«.

Der Gegensatz von Natur und Kultur sollte aufgehoben, die Natur sollte in Einklang mit der Kultur gebracht werden. Korrekte revolutionäre Anschauungen. Doch beim ersten Ansatz zur praktischen Lösung dieser Fragen schlich sich das Alte in Form antisexueller, moralisierender Anschauungen ein.
So schrieb sogar Batkis, der Leiter des sozialhygienischen Instituts in Moskau, in seiner Broschüre *Die sexuelle Revolution in der Sowjetunion*:

»... Das Moment der Erotik, des Sexualismus, spielte während der Revolution nur eine untergeordnete Rolle, da die Jugend sich von der revolutionären Stimmung vollkommen hinreißen ließ und nur für die großen Ideen lebte. Als aber die ruhigen Zeiten des Aufbaus kamen, befürchtete man, daß die Jugend nun abgekühlt und nüchtern den Weg der unbegrenzten Erotik wie im Jahre 1905 gehen würde ...
Ich behaupte auf Grund der Erfahrungen in der Sowjetunion, daß die Frau, da sie die soziale Befreiung erlebte und mit der öffentlichen sozialen Arbeit sich vertraut machte, also in dieser Übergangszeit vom bloßen Weib zum Menschen, eine *gewisse sexuelle Erkaltung* erlebte. Das Geschlechtliche ist in ihr, wenn auch nur für eine Zeit verdrängt.
... Aufgabe der Sexualpädagogik in der Sowjetunion ist es, gesunde Menschen, Mitbürger der zukünftigen Gesellschaft in vollem Einklang zwischen den natürlichen Trieben und den großen sozialen Aufgaben, die ihrer harren, zu erziehen; die Richtlinien dafür wären: alles Schöpferische, Aufbauende, das in den natürlichen Trieben schlummert, zu fördern, aber zu beseitigen alles, was für die Entwicklung der Persönlichkeit des Mitglieds des Kollektivs schädlich werden könnte ...
... die freie Liebe in der Sowjetunion ist nicht irgendein zügelloses wildes Sichausleben, sondern die ideale Verbindung von zwei freien, in Unabhängigkeit sich liebenden Menschen.« (S. 23)

Selbst der sonst klare Batkis blieb, richtig ansetzend, in Schlagworten stecken.
Die Sexualität der Jugend wird als »Sexualismus« bezeichnet. Das Sexualproblem ein »Moment der Erotik«. Man beruhigte sich damit, daß die Frauen eine gewisse Erkaltung erlebten, und daß sie »vom bloßen Weib« zum »Menschen« wurden; alles müßte beseitigt werden, was der Entwicklung der Persönlichkeit schädlich sein könnte (gemeint war natürlich die Sexualität), und man stellte das wilde zügellose Sichausleben der »idealen« Verbindung von »zwei freien, in Unabhängigkeit sich liebenden Menschen« entgegen. Die Masse hing in diesen Begriffen wie in Netzen. Sieht man sie näher an, so zeigt sich ihre vollkommene Leere bzw. ihre antisexuelle, also reaktionäre Tendenz. Was heißt »sich wild ausleben«? Ist damit gemeint, daß ein Mann und eine Frau in der Umarmung sich *nicht* ausleben dürfen? Und was ist »ideale Verbindung«? Ist die Verbindung dann ideal, wenn sie zur vollen »tierischen« Hingabe fähig sind? Ja – aber dann sind sie doch wieder »wild«! Kurz und gut, es sind Worte, die, statt die Wirklichkeit des Geschlechtslebens

zu erfassen und die Widersprüche, von denen es beherrscht ist, zu beseitigen, nur Wahrheiten verhüllen, um womöglich mit diesen peinlichen Sachen nicht in Berührung zu geraten.
Wo verfing sich hier das Denken? In der Nichtunterscheidung von *krankhafter* Sexualität der Jugend, die ihren kulturellen Aufgaben widersprach, und *gesunder* Sexualität, die die wichtigste physiologische Grundlage der sozialen Leistung ist; im Gegensatz von »Weib« (= *sinnlicher* Frau) und »Mensch« (= tätige, *sublimierende* Frau) statt im *sexuellen* Selbstbewußtwerden der Frau die psychische Grundlage ihrer revolutionären Emanzipation und Tätigkeit zu sehen; im Gegensatz von »Sichausleben« und »idealer Verbindung«, statt in der Fähigkeit zu *voller* sexueller Hingabe an den geliebten Partner die sicherste Grundlage der kameradschaftlichen Beziehung zu sehen.

2. Moralisieren, statt erkennen und bewältigen

Es war eines der wesentlichsten Kennzeichen der Bremsung, daß die Mißstände und chaotischen Zustände, die sich mit der Sexualrevolution eingestellt hatten, moralisch beurteilt, statt als Zeichen einer revolutionären Übergangszeit erfaßt wurden. Man rief, das Chaos sei ausgebrochen, alles löse sich auf, man müsse wieder Disziplin einführen, die »innere Disziplin habe an die Stelle des äußeren Zwanges« zu treten. Man betonte den »Wert der Bande zwischen Mann und Frau«, man sprach von »individueller Kultur«. Das Alte schlich sich in ein neues Gewand, wenn man von »innerer Disziplin« sprach; denn innere Disziplin kann nicht gefordert werden, sondern sie ist entweder vorhanden oder nicht. Forderte man »innere Disziplin« statt des äußeren Zwanges, so hatte man doch gerade wieder einen äußeren Zwang ausgeübt. Man mußte sich doch fragen: Wie bewerkstelligen wir es, daß die Menschen *freiwillig* diszipliniert werden, *ohne* daß wir sie dazu zwingen müssen. Revolutionär klang die »Gleichberechtigung der Frau«. Wirtschaftlich hatte man das Prinzip: gleicher Lohn für gleiche Arbeit, wirklich durchgeführt; in sexueller Hinsicht hatte man ursprünglich nichts dagegen, daß die Frau genau die gleichen Ansprüche erhob wie der Mann; aber das war nicht die Hauptsache. Waren die Frauen auch innerlich *fähig*, von der gewährten Freiheit Gebrauch zu machen? Waren es die Männer? Hatten nicht alle eine Struktur mitgebracht, die antisexuell, moralisch, verschämt, zersetzt, geil, eifersüchtig, Besitzansprüche erhebend, neurotisch und krank war? Notwendig war zunächst zu begreifen, was vorging, das Chaos zu erfassen, die revolutionären von den reaktionären, bremsenden Kräften klar zu scheiden, zu wissen, daß eine höhere Form des Lebens nur unter Schmerzen geboren werden kann.

Die Bremsung der spontanen sexuellen Umwälzung kristallisierte sich bald um verschiedene Zentren. Die leitenden Sowjetbehörden verhielten sich zunächst passiv. Aus den Klagen der Funktionäre geht hervor, daß man auf das, was vorging, nicht hörte oder es unterschätzte. Die Formel: »die sexuelle Frage werden wir später lösen, erst kommt die Wirtschaft dran«, war sehr geläufig. Die Presse stand ausschließlich oder überwiegend der Wirtschaft zur Verfügung. Ob es eigene Zeitungsorgane gab, die, von einer zentralen Stelle geleitet, die Probleme der sexuellen Revolution erfaßt hätten, weiß ich nicht.

Sehr maßgebend war der Einfluß der Intellektuellen. Von Hause aus, ihrer Struktur, Herkunft und ihrem Denken nach mußten sie sich *gegen* die sexuelle Revolution einstellen. Sie verhimmelten die alten Revolutionäre, die infolge ihrer schwierigen Aufgaben kein befriedigendes Sexualleben hatten führen können, und sie übertrugen diese aufgezwungene Lebensart vom revolutionären Führer ohne Bedenken als Ideal auf die Masse. Dieses Vorgehen wirkte sich schädlich aus. Niemals kann von der Masse das verlangt werden, was die Aufgaben von der Führung fordern. Weshalb sollte es auch gefordert werden? Fanina Halle rühmt diese Ideologie in ihrem Buche *Die Frau in Sowjetrußland,* statt zu erklären, wie katastrophal sie für die Beeinflussung und für die Umstrukturierung der Masse war. Sie schreibt über die alten Revolutionäre:

». . . alle waren sie jung, diese Revolutionärinnen, manche glänzend schön, künstlerisch begabt (Vera Figner, Ludmilla Wolkenstein), durch und durch fraulich und somit auch in ihrem persönlichen Sein für das Glück geschaffen. Trotz aller Intensität der Erlebnisfähigkeit wich aber auch bei den männlichen Revolutionären das Persönliche, Erotische, das Weib stets hinter dem allgemeinen, hinter der alles andere in den Schatten stellenden Menschenliebe zurück. Und der dadurch stark hervortretende Zug der Keuschheit, Reinheit in den gegenseitigen Beziehungen der Geschlechter, der auf die ganze damalige und nachfolgende Generation russischer Intellektueller abgefärbt hat, ebenso wie der in Westeuropa häufig mißverstandene kameradschaftliche Ton in russischen Studentenkreisen, herrscht noch heute zwischen Mann und Frau in der Sowjetunion vor, und verblüfft immer wieder die zu diesem Problem ganz anders eingestellten Ausländer . . .

. . . Diese völlige Loslösung von allem Spießbürgerlichen, diese absolute Verneinung aller gesellschaftlichen Schranken, von denen die Menschen in der Freiheit umgeben sind, haben hier das Wachstum besonders reiner, enger kameradschaftlicher Beziehungen auf dem Boden gemeinsamer geistiger Interessen und einer heißen, ernsten Freundschaft in einer Weise gefördert, wie sie in der Freiheit nur ganz selten blühen kann . . .

. . . mit um so größerer Begeisterung widmete sich aber ein Teil der Eingekerkerten der Mathematik, und es werden Fanatikerinnen genannt, die dadurch in solche Spannung versetzt wurden, daß sie sich sogar nachts im Traum mit den Aufgaben befaßten ...«

(*Die Frau usw.*, S. 101, 110, 112)

Es ist wieder nicht konkret und für jeden gewöhnlichen Erdenbürger unmißverständlich klargestellt, ob eine sogenannte »reine« Beziehung zwischen Mann und Frau etwa den genitalen Akt gestattet oder verbietet; ob eine »reine« Beziehung eine vegetative, uneingeschränkte, alles Kulturelle und Intellektuelle vorübergehend abstreifende Hingabe und Auflösung einschließt oder ausschließt. Es ist völlig sinnlos, für die breite Masse der Bevölkerung ein Ideal aufzustellen, wonach die Mathematik zu einer spannenden Sensation werden und dadurch das natürlichste Bedürfnis aller Lebewesen ersetzen soll. Wir können nicht zugeben, daß eine derartige Ideologie aufrichtig und wirklichkeitsgetreu ist. So sieht das Leben nicht aus! Und die Revolution hat nicht verlogene Ideale, sondern das lebendige Leben der Sexualität und Arbeit zu verteidigen und zu sichern!

Im Jahre 1929 hörte ich in Moskau, daß die Jugend sexuell aufgeklärt werde. Ich konnte sofort sehen, daß die Aufklärung *anti*sexuell war: Die Belehrung über Geschlechtskrankheiten, um vom Geschlechtsverkehr überhaupt abzuhalten; von einer offenen Besprechung der jugendlichen Sexualkonflikte keine Spur – nur Fortpflanzungslehre.

Im Narkomsdraw, dem Volkskommissariat für Gesundheitswesen, antwortete man mir auf die Frage, wie man die Onanie der Jugendlichen behandle, daß man »selbstverständlich« davon »ablenke«. Der ärztliche Standpunkt, der in den österreichischen und auch manchen deutschen Sexualberatungsstellen zur Selbstverständlichkeit geworden war, daß man einem schuldgefühlsbefangenen Jungen die befriedigende Onanie durch Ratschläge ermöglichen müsse, wurde als horrend abgelehnt.

Die Vorsteherin des Amtes für Mutterschutz, Lebedewa, antwortete auf die Frage, ob man denn die Jugendlichen in der Pubertät über Notwendigkeit und Gebrauch von Empfängnisverhütungsmitteln unterrichte, daß man eine derartige Maßnahme nicht mit der kommunistischen Disziplin in Einklang bringen könne. Am gleichen Abend, an dem der Narkomsdraw-Vertreter seine Sexualscheu bekundet hatte, besuchte ich die Jugendgruppe einer Glasfabrik am Rande Moskaus und unterhielt mich mit den Jugendlichen über verschiedene Fragen. Man kam schließlich auch auf die Mädelfrage, und ich erzählte die Ansicht des Narkomsdraw-Vertreters. Die Jugendlichen lachten hell auf und erklärten beruhigend, daß sie sich um solche Dinge gar nicht kümmerten und schon selber wüßten, was sie zu tun hätten. Das war ihre Meinung. Es stellte sich im weiteren heraus, daß sie nicht wußten, wo mit ihren Mädels zusammenkommen, daß sie doch schwere Bedenken hatten, zur Selbstbe-

friedigung zu greifen; kurz, sie befanden sich in typischen Konflikten der Pubertät.
In besonders schädlicher Weise bediente man sich zur Bremsung der sexuellen Revolution einiger schlecht verstandener Aussprüche von Lenin. Lenin war äußerst zurückhaltend in der Äußerung bestimmter Anschauungen über sexuelle Fragen. Seine richtige Fassung von der Aufgabe der Revolution auf diesem Gebiet bezeugte er, wenn er sagte: »Der Kommunismus soll nicht Askese bringen, sondern Lebensfreude und Lebenskraft auch durch erfülltes Liebesleben.« Am bekanntesten wurde aber gerade, dank der sexualreaktionären Gesinnung der verantwortlichen Kreise, diejenige Stelle bei Lenin im Gespräch mit Clara Zetkin, die sich mit dem »chaotischen« Sexualleben der Jugend beschäftigte.

»Die veränderte Einstellung der Jugend zu den Fragen des sexuellen Lebens ist natürlich ›grundsätzlich‹ und beruft sich auf eine Theorie. Manche nennen ihre Einstellung ›revolutionär‹ und ›kommunistisch‹. Sie glauben ehrlich, daß dem so sei. Mir Alten imponiert das nicht. Obgleich ich nichts weniger als finsterer Asket bin, erscheint mir das sogenannte ›neue sexuelle Leben‹ der Jugend – manchmal auch des Alters – oft genug als rein bürgerlich, als eine Erweiterung des gut bürgerlichen Bordells. Das alles hat gar nichts mit der Freiheit der Liebe gemein, wie wir Kommunisten sie verstehen. Sie kennen gewiß die famose Theorie, daß in der kommunistischen Gesellschaft die Befriedigung des Trieblebens, des Liebesbedürfnisses, so einfach und belanglos sei, wie das Trinken eines Glases Wassers. Diese ›Glas-Wasser-Theorie‹ hat einen Teil unserer Jugend toll gemacht, ganz toll. Sie ist vielen jungen Burschen und Mädels zum Verhängnis geworden. Ihre Anhänger behaupten, daß sie marxistisch sei. Ich danke für einen solchen Marxismus, der alle Erscheinungen und Umwandlungen im ideologischen Überbau der Gesellschaft unmittelbar und gradlinig aus deren wirtschaftlicher Basis ableitet. Gar so einfach liegen denn doch die Dinge nicht ...
Rationalismus, nicht Marxismus, wäre es, die Umwandlung dieser Beziehungen für sich und losgelöst aus ihrem Zusammenhang mit der gesamten Ideologie auf die wirtschaftlichen Grundlagen der Gesellschaft zurückzuführen wollen. Nun gewiß! Durst will befriedigt werden. Aber wird sich der normale Mensch unter normalen Bedingungen in den Straßenkot legen und aus einer Pfütze trinken? Oder auch nur aus einem Glas, dessen Rand fettig von vielen Lippen ist? Wichtiger als alles ist aber die soziale Seite. Das Wassertrinken ist wirklich individuell. Zur Liebe gehören zwei, und ein drittes Leben kann entstehen. In diesem Tatbestand liegt ein Gesellschaftsinteresse, eine Pflicht gegen die Gemeinschaft.«

Versuchen wir uns klarzumachen, was Lenin hier meinte. Zunächst lehnte er den Ökonomismus ab, der alles Kulturelle unmittelbar und direkt aus der wirtschaftlichen Basis ableiten will. Lenin erkannte, daß die Ablehnung der zärtlichen Beziehungen im Geschlechtsleben durch die Jugend nur die alte konservative

Anschauung mit negativem Vorzeichen war. Ferner, daß ein Leben nach der Glas-Wasser-Theorie nichts anderes war als das absolute Gegenteil der kirchlichen Askeseideologie. Lenin erkannte auch, daß es nicht das erwünschte sexualökonomisch geregelte Leben war, das sich hier darstellte; es war asozial und *unbefriedigend.* Was fehlte in der Formulierung Lenins? Zunächst eine *positive* Anschauung darüber, was an die Stelle des alten Lebens bei der Jugend treten sollte. Da es nur drei Möglichkeiten gibt: Enthaltsamkeit, Selbstbefriedigung oder befriedigendes heterosexuelles Liebesleben, hätte der Kommunismus klar eine dieser drei als Richtlinie aufstellen müssen. Lenin hatte nicht programmatisch Stellung genommen, jedoch deutlich die liebeleeren Geschlechtsakte abgelehnt und in die Richtung eines »glücklichen Liebeslebens« gewiesen; und das schließt ebensowohl Enthaltsamkeit wie Selbstbefriedigung aus. Auf keinen Fall hatte Lenin Askese befürwortet! Doch wie gesagt, gerade dieser Passus von Lenin über die Glas-Wasser-Theorie wurde immer wieder von allen Angsthasen und Moralisten zur Stützung ihrer verderblichen Anschauungen im Kampf gegen die Jugendsexualität herangezogen.
Die bekannte Kommunistin Ssmidowitsch schrieb in der *Prawda:*

»Die Jugend scheint zu glauben, daß gerade die primitivste Ansicht in bezug auf die Frage des Geschlechtslebens kommunistisch sei. – Daß alles, was über die Grenzen einer primitiven Auffassung hinausgeht, die vielleicht einem Hottentotten oder noch primitiveren Vertreter des Urmenschen angemessen wäre, nur Kleinbürgerei und bürgerliche Einstellung zum Sexualproblem bedeute.«

Sie hatte nichts Positives zu sagen, außer tiefe Verachtung für die Hottentotten auszudrücken und das gewaltige Ringen der Jugend um eine neue Lebensform im Sexuellen zu verhöhnen. Statt zu begreifen und zu helfen, statt das Neue aus den alten Formen herauszuentwickeln, faßte die Ssmidowitsch die Geschlechtsideologie der Komsomolzen, um sie zu ironisieren, wie folgt zusammen:

»1. Jeder Komsomolze, Mitglied des Kommunistischen Jugendverbandes, jeder Rabfakowes, Student der Arbeiterfakultät und jeder andere Grünschnabel kann und darf seinen Geschlechtstrieb ausleben. Aus unbekannten Gründen gilt dies als ein unwiderlegbares Gesetz. Sexuelle Abstinenz wird als ›Kleinbürgerei‹ verdammt. 2. Jede kleine Komsomolka, weibliches Mitglied des Kommunistischen Jugendverbandes, jede Rabfakowka und sonstige Studierende, auf die die Wahl dieses oder jenes Burschen, des Männchens fällt – woher sich bei uns im Norden solche afrikanischen Leidenschaften entwickelt haben, entzieht sich meiner Beurteilung –, muß ihm zu Willen sein, sonst ist sie ›Kleinbürgerin‹, verdient nicht den Namen einer proletarischen Studentin. Und nun kommt der 3., letzte Teil dieser eigenartigen Triologie: Das blasse abgehärmte Gesicht eines Mädchens, das sich Mutter fühlt – mit dem rührenden Ausdruck einer schwangeren Frau. Im Wartezimmer der ›Kommission zur Bewilligung der Abtreibung‹ können Sie viele solcher Leidensnovellen einer Komsomolzenliebe lesen . . . .«

Aus dieser Stellungnahme leuchtet uns der Stolz des »nordischen«, sexuell »reinen« Menschen, nämlich der Ssmidowitsch, gegenüber dem typischen Untermenschen, etwa dem Hottentotten, entgegen. Aber auf die einfache Auskunft, die Schwangerschaften, die in der Jugend vorkamen, durch Belehrung über den Gebrauch von Empfängnisverhütungsmitteln zu vermeiden und für hygienische Bedingungen des Geschlechtslebens zu sorgen, kam der nordische Mensch nicht, denn dann hätte die Sowjetkultur nicht mit der amerikanischen Kultur konkurrieren können. Es half trotz allem nichts. Diese Worte der Ssmidowitsch prangten auf deutschen Plakatsäulen als »kommunistische Sexualideologie«!!

Und wie immer, wenn man der Wirklichkeit der jugendlichen Sexualität nicht zu begegnen wagt, stand auch in der Sowjetunion am Ende einer Periode schwerer Konflikte mit der Jugend die Parole: *Enthaltsamkeit!* Eine Parole, die ebenso bequem, wie verwirrend, katastrophal und undurchführbar ist. Fanina Halle berichtet:

». . . Die ältere Generation, die zur Diskussion herangezogen wurde, Gelehrte, Sexualhygieniker, Parteifunktionäre, vertraten damals eine ähnliche Anschauung wie Lenin, die Ssjemaschko, der Volkskommissär für Gesundheitswesen, in einem an die stud. Jugend gerichteten Briefe folgendermaßen zusammenfaßte:
›Towarischtschi, ihr seid doch in die Hochschulen und Technika studienhalber gekommen. Das ist doch jetzt das Hauptziel eures Lebens. Und gleichwie diesem Hauptziel alle eure Regungen und Ansichten untergeordnet sind, indem ihr nicht selten euch so manches Vergnügen versagen müßt, weil es euerm Hauptziel – dem Studium und der Absicht, sich zu bewußten Mitarbeitern am Neuaufbau des Staates zu erziehen – abträglich ist, ebenso müßt ihr auch alle anderen Gebiete eurer Tätigkeit und eures Daseins diesem Ziel unterordnen. Ist doch der Staat vorläufig noch zu arm, um den Unterhalt für euch, die Erziehung der Kinder und die Versorgung der Eltern zu übernehmen! Darum raten wir euch: Enthaltsamkeit!‹«

Und es wiederholte sich in der Sowjetunion das Geschehen, das der Enthaltsamkeit von jeher auf dem Fuße folgte: Die sexuelle Verwahrlosung.

Gegen die irreführende Berufung auf Lenin muß man energisch protestieren. Niemals hat Lenin die Askese der Jugend verfochten. Wer glaubt, daß Lenin so borniert war, unter »Lebenskraft, Lebensfreude auch durch erfülltes Liebesleben« die Askese der impotenten Gelehrten und verkrüppelten Sexualhygieniker zu verstehen?

Man darf den führenden Kreisen in der Sowjetunion, die in

jenen entscheidenden Jahren die Verantwortung trugen, nicht den Vorwurf machen, daß sie die Lösung der vorhandenen Schwierigkeiten nicht kannten. Aber man muß ihnen zum Vorwurf machen, daß sie den Schwierigkeiten auswichen, auf die Linie des geringsten Widerstandes und des größten Mißerfolgs. Daß sie sich als Revolutionäre die Frage nicht vorgelegt hatten, was denn das alles zu bedeuten habe; daß sie zwar von der Revolution des Lebens sprachen, aber diese Revolution nicht im Leben selbst aufsuchten oder zu bewältigen versuchten; daß sie das Chaos, das wirklich herrschte, als »sittliches Chaos« im Sinne der politischen Reaktion und nicht als das Chaos einer Übergangszeit zu anderen, kommunistischen Sexualformen betrachteten; und nicht zuletzt ist ihnen zum Vorwurf zu machen, daß sie die Ansätze zu einem Verständnis der Probleme des Geschlechtslebens, wie sie die deutsche revolutionäre Sexualpolitik eröffnet hatte, zurückwiesen.
Worin bestanden denn die Schwierigkeiten, die, allzu groß geworden, die Bremsung herbeiführten?
Zunächst spielt sich eine sexuelle Revolution anders ab als eine wirtschaftliche; nicht in Formen, die durch Gesetze und Pläne faßbar wären, sondern in verschlungenen, unterirdischen und von Gefühlsmomenten beschwerten, millionenfach verschiedenartigen Details des kleinen persönlichen Lebens. Eine Bewältigung des sexuellen Chaos durch Handhabung dieser Details ist schon infolge ihrer Kompliziertheit und Fülle unmöglich. Aus dieser Unmöglichkeit folgert man die Theorie: »Das Privatleben hindert den Klassenkampf; es gibt also kein Privatleben!« Man kann natürlich nicht versuchen, individuell, durch Bewältigung jedes einzelnen Falles aus dem Chaos herauszukommen. Das entspräche auch nicht unserer Grundanschauung, daß man die Probleme massenmäßig zu lösen habe und nicht individuell; doch unter den individuellen Schwierigkeiten gibt es solche, die Millionen betreffen. Dazu gehört z. B. die Frage, die ausnahmslos jeden halbwegs gesunden Jugendlichen aller Erdteile bis aufs äußerste beschäftigt und belastet: wie er mit seinem Mädel allein sein könnte. Es steht außer Frage, daß die Lösung dieser einen Frage allein, d. h. die Verschaffung der Möglichkeit zu ungestörtem geschlechtlichem Beisammensein alle Jugend gewinnen würde, weil sie sich verstanden fühlte: Es würde mit einem Schlag auch ein ganz wesentliches Stück des Chaos beseitigen. Denn wenn in einem Stadtviertel viertausend Jugendliche nicht wissen, wo sie ihr Mädel umarmen können, dann tun sie es eben in den Hausecken, im Dunkel der Mauerecken, stören einander, rufen Eifersucht und Streit hervor, fühlen sich selbst unbefriedigt, werden böse und zu Exzessen getrieben, kurz: Sie bereiten »Chaos«. Aber in keiner der bestehenden politischen Organisationen und Verbänden, ausnahmslos in keiner, findet

sich bisher eine unmißverständliche Kundgebung für die Beschaffung von Wohnungen für die Jugend *ausdrücklich zum Zwecke ungestörten geschlechtlichen Beisammenseins.* Das ist nur *ein* Detail dessen, was die Sexpol mit der Parole »Politisierung des Privatlebens« zu erfassen versuchte.

3. Objektive Ursachen der Bremsung

Die bisher beschriebenen Bremsungen stammten aus der Ungeschultheit und Voreingenommenheit der verantwortlichen Funktionäre. Doch der Schwung der Revolution war derart groß, daß diese Behinderungen durch einzelne Funktionäre und alte reaktionäre Professoren sich nicht hätten durchsetzen können, wenn es nicht im *objektiven* Prozeß selbst Schwierigkeiten gegeben hätte, die die Unsicherheit der Funktionäre unterstützten. Es wäre also falsch zu sagen, die Sexualrevolution und mit ihr die Kulturrevolution in der Sowjetunion wären an der Unvernunft, Sexualscheu und -angst der führenden Kreise gescheitert. Dies wäre eine subjektivistische, dem historischen Materialismus widersprechende Anschauung. Die Bremsung einer revolutionären Bewegung von den Ausmaßen der sowjetistischen Sexualrevolution kann nur durch schwerwiegende, objektive Hindernisse zustande kommen. Sie lassen sich in folgenden großen Gruppen ungefähr erfassen:

1. Der mühselige Umbau der Gesellschaft vom Alten zum Neuen im allgemeinen, darunter besonders die kulturelle Rückständigkeit des alten Rußland, Bürgerkrieg und Hungersnot.
2. Das Fehlen einer Lehre von der Sexualrevolution, die der ablaufenden Umwälzung gewachsen gewesen wäre. Wir vergessen nicht, die sowjetistische Sexualrevolution war die *erste* Revolution dieser Art.
3. Die sexualverneinende Struktur der Menschen überhaupt, d. h. die konkrete Form, in der sich ein Jahrtausende altes sexualunterdrückendes Patriarchat konserviert hatte.
4. Die konkreten Verwicklungen und Kompliziertheiten eines so explosiven und reichhaltigen Lebensbereiches, wie es die Sexualität darstellt.

Diese vier Gruppen erfassen noch nicht alles, aber sie ermöglichen uns einen Überblick über diejenigen objektiven Voraussetzungen, auf die sich die bremsende Wirkung einzelner Funktionäre stützen konnte.

Es ist gar kein Zweifel, daß der Bürgerkrieg zwischen 1918 und 1922, der einen dreijährigen vernichtenden Krieg abgelöst hatte, der Zersetzung der alten Lebensformen durch die soziale Revolution eine ins Groteske und Gefährliche ziehende Note gab. Die schrecklichen Hungerjahre 1921 und 1922 brachten die not-

leidenden Volksmassen von ihrem durchschnittlichen psychischen und materiellen Niveau herab und riefen, ruhig gesagt, ganze Völkerwanderungen hervor.
Nach den Berichten von Kollontay, Trotzki und vielen anderen, mußten Tausende Familien, Bewohner ganzer Siedlungen, ihre Ortschaften verlassen, um sich anderswo nach einem Stück Brot umzusehen. Es kam nicht selten vor, daß Mütter ihre Kinder, Männer ihre Frauen unterwegs im Stiche ließen. Viele Frauen mußten ihren Körper verkaufen, um nur das bloße Dasein und das ihrer Kinder fristen zu können. Die Zahl der verwahrlosten Kinder stieg ins Unermeßliche. Unter diesen Umständen nahm natürlich der Drang der Jugend nach sexueller Freiheit andere Formen an, als es unter ruhigen Verhältnissen der Fall gewesen wäre. An die Stelle eines schmerzensreichen und unruhevollen Kampfes um Klarheit und Neuordnung trat die Verrohung des Geschlechtslebens. Vorstellungen über das, was an die Stelle des »Alten« treten sollte, gab es nicht. Im Grunde kam ja in dieser Verrohung nur eine Struktur zum Vorschein, die von alters her den patriarchalischen Menschen eigen ist und die mehr oder minder verhüllt im Verborgenen lebt oder aber sich in gelegentlichen Exzessen Luft macht. Dieses sogenannte »sexuelle Chaos« war ebensowenig aufs Schuldkonto der Revolution zu schreiben wie etwa der Bürgerkrieg oder die Hungersnot. Die Revolution hatte den Bürgerkrieg ja nicht gewollt. Sie hatte nur den Zarismus gestürzt und die Kapitalisten verjagt und mußte sich zur Wehr setzen, als die Verjagten sich den verlorenen Boden und die genommene Macht wiederholen wollten. Und das sexuelle Chaos, das nun ausbrach, war u. a. eine Folge davon, daß die alt gewordenen Funktionäre nicht wußten, wie mit den alten, zum Freiheitsgenuß unfähigen Strukturen fertig zu werden.
Verfolgt man nun die Ansichten und Urteile der verantwortlichen sowjetischen Führerkreise über das Chaos, das sich entwickelte, kann man eindeutig feststellen, daß eine uns wohlbekannte Angst vor der sexuellen Freiheit den Blick für die wirklichen Schwierigkeiten und ihre Ursachen trübte. Man beschuldigte die Opfer und Träger der sexuellen Revolution, daß sie das Gefühl der Verantwortung verloren hätten; doch seit Jahrtausenden hatte eine verrottete Sexualmoral die Fähigkeit zu sexueller Verantwortlichkeit, die mit einer sexuell vollwertigen Struktur unlösbar verknüpft ist, nicht aufkommen lassen. Man beschuldigte besonders die Jugend, daß die sexuellen Bindungen der Geschlechter immer loser werden. Man vergaß dabei, daß es wirklich gesunde und tragfähige sexuell befriedigende Bindungen ja nie gegeben hatte; und was nicht bestanden hatte, konnte auch nicht gelockert werden. Was sich in Wirklichkeit lockerte, war der Zwang der ökonomischen Abhängigkeit unter

familiären Verhältnissen und der Druck eines antisexuellen Gewissens bei der Jugend. Was also kaputtging, waren nicht etwa gesunde sexuelle Beziehungen, sondern eine auf der Bevölkerung lastende autoritäre und unter Rebellion verinnerlichte Moral. Eine Moral, die das gerade Gegenteil immer von dem erzielt hatte, was sie beabsichtigte. Niemand brauchte ihr nachzutrauern.

Wo immer in dieser Zeit Erklärungen für den Zustand notwendig waren, sah man Ratlosigkeit. Man versuchte z. B. die zufälligen geschlechtlichen Beziehungen, die sich in der Jugend bald herausstellten, und in der deutschen Jugend etwas später mit Selbstverständlichkeit eingestellt hatten, mit wirtschaftlicher Not zu erklären. Das war eine falsche Auslegung. Niemals führt materielle Not allein zu zufälligen Beziehungen, außer bei der Prostitution. Man unterschied also nicht diejenigen Mißstände, die sich aus der aktuellen Bürgerkriegssituation und der schwierigen wirtschaftlichen Lage ergaben, von den Erscheinungen eines neuen Lebens, die an sich gesund und zukunftsfroh jedem mit alten Begriffen Belasteten als »sexuelles Chaos« erscheinen mußten; der Geschlechtsverkehr zwischen einem 17-jährigen Jungen und einem 16jährigen Mädel kann das eine *oder* das andere sein. Chaotisch, sexuell unökonomisch, für den Jugendlichen schädlich und gesellschaftlich gefährlich ist der Geschlechtsverkehr, wenn er unter schlechten äußeren Bedingungen, mit einer kranken inneren Struktur unter Angst und unter dem Druck moralischen Gewissens unbefriedigend, kurz, vom Chaos unserer Zeit durchtränkt ausgeführt wird. Ein Stück der lebenverwirklichenden Sexualität der Zukunft ist es, wenn der Geschlechtsakt unter günstigen äußeren Bedingungen, mit einer zu glücklichem Liebesleben fähigen jugendlichen Struktur, in vollem Wissen um die Größe und Wichtigkeit des Liebeslebens und ohne Schuldgefühl und Angst vor Autoritäten und ungewollten oder unaufziehbaren Kindern durchgeführt wird. Es ist ein großer Unterschied, ob zwei sexualhungrige Männer eine Frau vergewaltigen oder mit Schnaps zum Geschlechtsverkehr überreden, sich sozusagen nur in sie entleeren; oder ob zwei, ihrer Sexualität fähige und bewußte, selbständige Menschen verschiedenen Geschlechts auf einem Urlaub bewußt *nur eine* glückliche Nacht miteinander verbringen. Es ist ein Unterschied, ob ein Mann seine Frau und seine Kinder verantwortungslos wegen einer oberflächlichen Beziehung im Stiche läßt, oder ob er, weil er sexuell gesund ist, eine unerträgliche, bedrückende Ehe, die er nicht lösen kann, erträglicher gestaltet, indem er eine geheime glückliche Beziehung zu einer anderen Frau unterhält. Diese Beispiele mögen genügen, um zu zeigen, was hier gemeint ist:

1. Daß das, was den von der autoritären Sexualordnung ver-

seuchten Menschen als Chaos erscheint, nicht unbedingt Chaos sein muß, sondern im Gegenteil die Äußerung eines sich unmöglichen Lebensbedingungen widersetzenden psychischen Organismus.

2. Daß vieles von dem, was wirklich Chaos ist, nicht moralische Schuld der Jugend ist, sondern der Ausdruck eines unlösbaren Widerspruchs zwischen natürlichen sexuellen Bedürfnissen und einer Umwelt, die ihrer Befriedigung in allem und jedem widerspricht.

3. Daß der Übergang von einer innerlich chaotischen, äußerlich scheinbar geordneten, zu einer innerlich geordneten, aber äußerlich dem Spießer ungeordnet erscheinenden Lebensweise nicht anders sich vollziehen kann, als indem er eine Phase schwerer Wirren passiert.

Doch dabei entscheidet nicht nur die Rücksicht auf den Bestand des gesellschaftlichen Lebens. Wir müssen begreifen, daß die Menschen unserer Epoche eine maßlose Angst gerade vor demjenigen Leben entwickeln, das sie heftig herbeisehnen, dem sie aber emotionell nicht gewachsen sind. Die sexuelle Resignation, der die überwiegende Mehrzahl der Menschen verfallen ist, bedeutet zwar Abstumpfung, Öde des Lebens, Lähmung jeder Aktivität und Initiative oder die Grundlage zu brutalen sadistischen Exzessen; doch sie bietet auf der anderen Seite auch eine relative Ruhe des Lebens. Es ist, als ob der Tod schon in der Art des Lebens vorweggenommen wäre; man lebt dem Tod entgegen! Und dieses Gestorbensein bei lebendigem Leibe wird dann vorgezogen, wenn die psychische Struktur den Ungewißheiten und Erschütterungen eines lebendigen Lebens nicht gewachsen ist. Man denke doch nur etwa an die Eifersucht, mit der sich die hohe Politik nicht zu befassen pflegt, die aber trotzdem im Hintergrunde der großen politischen Ereignisse eine weit größere Rolle spielt, als man ahnt. Man denke an die Angst der Menschen, keinen geeigneten Partner zu finden, wenn sie den bisherigen, und mag er noch so qualvoll sein, verlieren. Man denke weiter an die Tausende von Morden an Partnern, die nur deshalb erfolgen, weil die Vorstellung, daß der Partner einen anderen Menschen sexuell umarmt, einfach unerträglich ist. Auch dieser Tatbestand spielt im wirklichen lebendigen Leben eine weit größere und effektivere Rolle, als sogar die Reisen eines Laval; denn die Parlamente können das Volk nur so lange ver- und zertreten, die Diktatoren können nur so lange über dem Rücken der duldenden Massen tun, was sie wollen, solange die Menschen mit diesen allerpersönlichsten, an den Kern des Lebens greifenden Schwierigkeiten und Nöten unermüdlich, unbewußt und hoffnungslos ringen. Man versuche doch in einem Stadtviertel von hunderttausend Menschen alle Frauen ausfindig zu machen, die sich in Schwierigkeiten wegen der

Aufzucht ihrer Kinder, der Untreue ihrer Männer, ihrer eigenen sexuellen Unfähigkeit oder Unbefriedigtheit zergrämen und zerquälen, und man frage sie, was sie von den diplomatischen Reisen Lavals halten. Ihre Antwort wird beweisen, daß Millionen Frauen, Männer und Jugendliche gar nicht den Kopf dazu haben, zu begreifen, daß hier mit ihnen Schindluder getrieben wird.

IV. Kapitel: Befreiung und Bremsung in der Geburtenregelung und der Homosexualität

1. Geburtenregelung

Auf dem Gebiete der Geburtenregelung herrschte von allem Anfang an die größte Klarheit. Die Grundzüge der Umwälzung in der Gesetzesideologie und sozialhygienischen Einstellung waren folgende:

Solange eine Gesellschaft nicht die Möglichkeit oder den Willen hat, für die Aufzucht der Kinder zu sorgen, hat sie auch kein Recht, von den Müttern zu verlangen, daß sie gegen ihren Willen oder trotz herrschender Not Kinder in die Welt setzen. Erst wenn die Kinderaufzucht völlig der Sorge der Gesamtgesellschaft unterstellt ist, kann man daran denken, auch zu einer bewußten Geburtenregelung und Bevölkerungspolitik zu schreiten. Es wurde daher *allen Frauen ohne Ausnahme* das Recht eingeräumt, innerhalb der ersten drei Monate eine Unterbrechung der Schwangerschaft vorzunehmen. Die Schwangerschaftsunterbrechung sollte in den öffentlichen Kliniken für Geburtshilfe vorgenommen werden. Streng bestraft wurde nur derjenige, der unbefugterweise geheime Aborte durchführte. Durch diese Maßnahmen hoffte man, den illegalen Abortus zunächst an die Oberfläche zu schwemmen und dem Kurpfuschertum zu entreißen. In den Städten gelang es im wesentlichen; doch auf dem Lande waren die Frauen viel schwerer zu bewegen, ihre alten Anschauungen aufzugeben. Die Abortusfrage ist eben nicht nur eine Gesetzesangelegenheit, sondern hängt auch von der sexuellen Angst der Frauen ab. Die Heimlichkeit und Scheu, mit denen das gesamte Geschlechtsleben seit Jahrtausenden umgeben ist, bewirken, daß eine einfache Arbeiter- oder Bauernfrau auch dann noch lieber zur kurpfuschenden Hebamme läuft statt zur Klinik, wenn diese ihr offensteht.

Es wurde nie daran gedacht, die Abtreibung empfangener Früchte zu einer gesellschaftlichen Dauererscheinung zu machen; die Sowjets waren sich von allem Anfang an im klaren, daß die Legalisierung der Abtreibung nur *ein* Mittel war, dem Kurpfuschertum entgegenzutreten. Die Hauptsache blieb das Ziel der *Vorbeugung des Abortus* durch eine umfassende und gründliche Aufklärung über den Gebrauch von Empfängnisverhütungsmitteln. Die Sowjets, die aus Arbeitern und Bauern bestanden und einen mächtigen Druck auf die Intellektuellen und Ärzte ausübten, wußten genau, daß zu den gesetzlichen und sanitären Maßnahmen noch andere hinzutreten mußten, um der Frau tatsächlich die Empfängnis eines Kindes als ein Glück erscheinen zu lassen.

Die Verpönung der ledigen Mutter wich sehr bald. Die fortschreitende Einbeziehung der Frauen in den Produktionsprozeß verlieh ihnen eine materielle Selbständigkeit und Sicherheit, die ihnen das Mutterwerden nicht nur erleichterte, sondern vielmehr als begehrenswert erscheinen ließ. Schwangerschaftsurlaub wurde eingeführt, der zwei Monate vor der Geburt begann und zwei Monate nach der Geburt endete. Die Frauen bezogen dabei ihren vollen Lohn weiter. Fortschreitend sorgten die Betriebe und bäuerlichen Kollektive für die Errichtung von Säuglingsheimen, für die Herbeischaffung von Säuglingswäsche, für die Ausbildung guter Kinderpflegerinnen, die den Müttern während deren Arbeit die Sorge um das Kind abnehmen konnten. Die Mütter sollten also in hochschwangerem Zustande keine schwere Arbeit leisten; sie waren auch sicher, daß sie um ihre Kinder bei Wiederaufnahme der Arbeit nicht zu bangen brauchten. Wer die sowjetrussischen Säuglings- und Kinderkrippen (»Jasli«) mit eigenen Augen gesehen hatte, konnte an der ungeheuren sozialhygienischen Produktivität des sowjetischen Gesellschaftssystems nicht länger zweifeln. Die Frauen erhielten Stillprämien während der ganzen Stillzeit, bezahlte Stillpausen, in denen sie ruhig ihre Kinder säugen konnten. Im Beginn der Schwangerschaft war es verboten, die Frauen mit schwerer Arbeit zu belasten. Das Budget für den Mutter- und Säuglingsschutz stieg von Jahr zu Jahr fast in geometrischer Reihe an. Derart ist es nicht verwunderlich, daß der von allen Angstphilistern und Moralisten befürchtete Rückgang der Geburtenzahl nicht nur nicht eintraf, sondern daß vielmehr in der Sowjetunion in den letzten zehn Jahren der Geburtenüberschuß durchschnittlich 3—4 Millionen im Jahr betrug.

Die Sowjetregierung unternahm alle Anstrengungen, um auch in die dunkelsten Gegenden des ungeheuren Reiches vorzudringen. So wurden z. B. fliegende Geburtenregelungsambulanzen eingerichtet; Züge, die mit allem Notwendigen ausgestattet waren, befuhren die Provinz. Daß es etwa zehn bis zwölf Jahre harter Arbeit bedurfte, ehe der illegale Abortus auf ein Minimum herabgedrückt war, zeigt, welche Macht die Sexualscheu der Masse darstellt; sie hindert, nützliche Maßnahmen auch sofort zu akzeptieren.

Wie überall, hatte auch hier die Durchsetzung selbstverständlicher sexualhygienischer Prinzipien mit der reaktionären Gesinnung gerade der alten Hygieniker zu kämpfen. Wie überall, so zeigte es sich auch hier, daß die Masse für diese Lebensfragen einen unmittelbaren und sicher treffenden Instinkt hat; der »geschulte« Sozialhygieniker dagegen benimmt sich vor lauter Argumenten »für und gegen« am Schlusse wie der Tausendfüßler, der nicht mehr gehen konnte, als er erfuhr, daß er tausend Füße hat. Fragen wir uns, an welchem Punkt der Abortusfrage und mit welchen Mitteln sich die Reaktion zunächst versteckt einnisten und schließlich mit ihrer Bremsung durchsetzen konnte.

Eine geschichtliche, zahlenmäßig belegte Darstellung der Abortusfrage erübrigt sich hier; es gibt darüber unzählige gute Bücher. Wir wollen wieder nur die Dynamik des Widerspruchs zwischen Vorwärtstreibendem und Bremsendem zu erfassen versuchen. Das ethische, verkappt religiöse Argument konnte sich nicht nur erhalten, sondern auch im Laufe der Zeit immer mehr durchsetzen. Wie immer kann man auch hier die reaktionäre Ethik an ihrer Phrasenhaftigkeit erkennen. Die sexualpolitische Reaktion kämpfte von allem Anfang an gegen die vollständige Revolutionierung der Abortusfrage teils mit alten, dem Zarismus entnommenen, teils mit neuen, dem Sowjetismus angepaßten, jedoch nicht minder reaktionären Argumenten. Man hörte natürlich, daß die »Menschheit aussterben werde«, daß »die Sitten zerfallen würden«, daß »die Familie geschützt« und der »Wille zum Kind« gefestigt werden müßte. Man schwätzte von der seelischen und körperlichen Erschütterung der Frauen. Die allergrößte Sorge war wie immer und überall, so auch in der Sowjetunion, für die sexualpolitische Reaktion, ob die Geburtenzahl zurückgehen werde[1].

An diesen Argumenten muß man diejenigen, die von der sexualpolitischen Reaktion ehrlich gemeint und gedacht sind, von den anderen unterscheiden, die subjektiv und objektiv nichts als eine leere Ausrede sind, um sich nicht mit den lebendigen Fragen des Geschlechtslebens zu befassen. Um die Erhal-

1 [Anmerkung des englischen Übersetzers:] Dies bezieht sich auf die Zeit der russischen Revolution. Seitdem hat sich an den irrationalen Argumenten der Reaktionäre nicht das geringste geändert. So schreibt General Henri Honoré Giraud über den Zusammenbruch Frankreichs (Life, 1. Februar 1943): »Was sind die Gründe für diesen unvorhersehbaren Sturz, desgleichen in Frankreichs Geschichte unbekannt ist? Erstens die *Ur*frage nach der Geburtenrate. Sogar ohne Krieg stand Frankreich am Rande des Selbstmords. Die Familie verschwand und machte kinderlosen Ehepaaren Platz. Im reichsten Land der Welt, das jedem Boden gibt, der ihn bearbeiten will, entvölkerten sich die Landgebiete.«

Dieses antisexuelle Argument führt geradenwegs zum Faschismus: . . . »Was lehrte die Schule diese Jugendlichen und Männer? Erstens Egoismus, persönliche Interessen und den Kult des Neides. Dann Ablehnung alles Geistigen, alles Heiligen, alles Idealen. Atheismus, wenn nicht laut verkündet, wurde zumindest unterstützt . . . Wenn wir von der Jugend, die nur einen kleinen Teil der Armee ausmachte, zum gesamten Volk übergehen, was waren seine Merkmale? . . . Zugegeben, die Deutschen haben *vielleicht* (!) keine Freiheit, sicherlich aber gibt es bei ihnen *weder Unordnung noch Anarchie*. Überall gibt es Arbeit, das einzige Glück für ein Volk, das leben will, und zwar glücklich. Möge Frankreich sich dessen erinnern und Nutzen daraus ziehen.« (Hervorhebungen stammen vom englischen Übersetzer.)

tung der »Sittlichkeit«, d. h. der Nichterfüllung des Liebesbedürfnisses sind diese Kultivierten innerlich besorgt, ebenso darum, daß die Familie nicht untergehe. Es wird in der Abortusdiskussion immer deutlicher: Das unbewußte Grauen vor der genitalen Operation trübt in irrationaler Weise den Blick für die Notwendigkeiten.

Eine Ausrede ist die Sorge darum, daß die Menschheit nicht aussterbe; ebenso die Phrase vom Schutz des keimenden Lebens. Die Herren, die das vertreten, bedenken nicht, daß sich in der Natur ohne sie alles milliardenfach vermehrt, vielleicht gerade deshalb, weil es keine gebildeten Bevölkerungspolitiker gibt. Es ist weder anmaßend noch falsch, sondern vielmehr absolut gesichert, zu behaupten: Die Bevölkerungspolitik, wie sie heute geübt wird, ist in ihrer Verschwommenheit und Unehrlichkeit ein *Apparat der Sexualverneinung, ein Mittel, von den Fragen der Umgestaltung der sexuellen Befriedigungsmöglichkeiten abzulenken.*

Unzweideutig faschistisch-nationalsozialistische Tendenzen kamen gerade in den Stellungnahmen solcher Personen zum Ausdruck, deren erste Pflicht und Aufgabe es gewesen wäre, sich weniger um »den Staat« und mehr um die Mütter zu kümmern. Kümmert man sich um die Mütter, dann schützen sie den revolutionären Staat von selbst.

Auf dem Kongreß in Kiew 1932 äußerte sich Dr. Kirillow wie folgt:

»... wir sehen die Unterbrechung der ersten Schwangerschaft als besonders gefährlich an im Sinne nachfolgender Sterilität der Frau. Wir halten es daher immer für unsere Pflicht, die Mutter vom Abort abzuhalten und zugleich die Ursache des Wunsches nach dem Abort festzustellen. Aber in den Antworten entdeckt man *kaum etwas Mütterliches,* oder etwas vom *inneren Kampf* und *Suchen;* in wenigstens 70 Prozent ist der tiefere Grund ›fehlgeschlagene‹ Liebe. Ein kurzes: ›Er hat mich verlassen‹, ›Ich habe ihn verlassen‹ und zum Schluß irgendeine spöttische Bemerkung über ›ihn‹ und über sich: ›Was ist er denn für ein Mann.‹ *Fast nie findet man in den Antworten auch nur ein Anzeichen einer entstehenden Familie als der anfänglichen Einheit der Gesellschaft.*

Nicht freie Liebe als Protest gegen die altbürgerliche, hausbackene Ehe, nicht freie Liebe, als unbewußte Auswahl der Eugenik, sondern Verstehen und Irrtum des Gefühls mit dem vorgefaßten Beschluß: ins Krankenhaus. *Unbeherrschte Eilfertigkeit, den erwachsenen jungen Körper hinzugeben,* als Resultat des Übergangs zu neuen, aber noch nicht herauskristallisierten Formen des geschlechtlichen Chaos ...

... *Die Arbeit auf dem Gebiet der Abortfrage muß ich mit einer Ausrottung vergleichen, mit der ägyptischen Hinrichtung der Erstlinge für die Sünden ihrer Väter,* die den Menschen und die Gesellschaft verwüsten. Ein solcher Abort muß eine gesellschaftlich negative, mißgestaltete Lebenserscheinung verdrängt werden. Ihre Stelle muß von einer beharrlichen Aufklärungstätigkeit eingenommen werden. Es ist eine Umbildung der psychologischen Stimmungen im Sinne der Anerkennung der Mutterschaft als ihrer sozialen Funktion unbedingt erforderlich ...

... Schlußfolgerungen:

1. Der kriminelle Abort ist ein *Sittenübel*, das sich auf das Bewußtsein der Gesetzlichkeit des Aborts gründet.

4. Der soziale Abort dient des öfteren als falsches Schutzmittel für die *verzerrte Fratze des geschlechtlichen Problems* und der noch nicht herauskristallisierten neuen Lebensformen. Der Abort verlegt den Weg zur Mutterschaft und vermindert oft die Erfolge im öffentlichen Leben der Frau. Er ist deshalb dem *wahrhaften Gemeinwesen* fremd.

5. Der *Abort erscheint als ein Massenmittel zur Vernichtung des Nachwuchses*. Er birgt nicht die Absicht, der Mutter und der Gemeinschaft zu dienen, in sich und ist deshalb den klaren Zielen des Mutterschutzes fremd ...«

Im Gegensatz zu diesen Phrasören, die jederzeit ihrer Struktur und ihrem Denken nach fähig wären, sich faschistisch gleichschalten zu lassen, gibt es revolutionäre Sexualpolitiker und Ärzte, die ohne viel theoretisches Wissen, allein aus dem richtigen Instinkt heraus, den sie in ihrer Praxis erworben haben, den korrekten revolutionären Standpunkt vertreten. Zu diesen gehört etwa Klara Bender aus Breslau, die auf dem Kongreß der deutschen Landesgruppe der Internationalen Kriminalistischen Vereinigung am 11. bis 14. September 1932 in Frankfurt (Main) mutig gegen die Mucker auftrat, als diese versuchten, die Äußerungen reaktionärer Bevölkerungspolitiker der Sowjetunion gegen die revolutionäre Abortuspolitik auszuspielen.

Die Rede von den körperlichen und seelischen Schäden sei sinnlos, rief sie mit Recht, wenn die Schwangerschaftsunterbrechung unter korrekten Bedingungen durchgeführt wird. Die Sorge wegen des befürchteten Rückganges der Bevölkerungszahl widerlege sich aus der Praxis der Sowjetunion. Das Geschwätz vom »weiblichen Urtrieb nach dem Kinde« enthülle sich restlos, wenn man es der Brutalität gegenüberstellt, mit der man den Frauen die korrekte Aufzucht ihrer Kinder verunmöglicht. Im Kapitalismus sei die Abtreibung eine reine Geldfrage, das Abtreibungsgesetz sei daher ein klares Klassengesetz und treibe die mittellosen Frauen zum Kurpfuscher. In der Moskauer Klinik für Geburtenregelung habe es unter 50 000 Abtreibungen in *einem* Jahr keine Todesfälle gegeben.

Man staunt immer wieder über die Wirkungslosigkeit derart klarer Argumente. Wer die Diskussionen über die Geburtenregelung und Abtreibung in Deutschland um 1930 mitgemacht hat, konnte sich des Eindrucks nicht erwehren, daß es sich bei den reaktionären Bevölkerungspolitikern und Hygienikern etwa vom Schlage eines Grothjan gar nicht um vernunftgemäße Armente handelte. Man mußte dabei unwillkürlich an die Diskussion über die reaktionäre Rassentheorie der Nazis denken. Hier hatte es sich ganz klar herausgestellt: Man kann verblödeten Schwätzern, impotenten und deshalb um so eitleren Professoren nicht dadurch begegnen, daß man mühsam nachzuweisen versucht, daß die germanisch nordische Rasse *nicht* die vorzüglichste der Welt ist; daß etwa das Baby eines Negers nicht minder intelligent und reizvoll als das eines deutschen Spießers ist. Ginge es hier um Fragen des Verstandes, dann hätte die revolutionäre Argumentation längst die Ideologie der reaktionären Bevölkerungspolitiker ebenso wie die der Rassentheoretiker geschlagen. Beide hatten jedoch auf ihrer Seite irrationale Kräfte im Massendenken, denen man mit dem Verstand allein nicht beikommen kann. Die reaktionären Bevölkerungspolitiker haben deshalb Erfolg, weil in Deutschland Hunderttausende und Millionen von Frauen eine unbewußte Angst vor genitalen Beschädigungen haben und daher selbst gegen ihr eigenes Interesse für die Erhaltung des Mordparagraphen stimmten. Das zeigte sich ja auch bei der christlichen Unterschriftensammlung gegen die Abschaffung des Abort-Paragraphen in Dänemark 1934. Die Rassetheoretiker können nur deshalb existieren, weil der deutsche, sich minderwertig fühlende Spießer sein seelisches Nichtssein wettmacht, wenn er hört, daß er der »führenden«, »intelligentesten«, »schöpferischsten« Rasse, nämlich der nordischen, angehört. Wir betonen also, daß irrationale Gebilde wie die Rassetheorie und die heutige Eugenik, nicht mit Verstandesargumenten allein geschlagen werden können; daß die gegen sie vorzubringenden Verstandesargumente auf dem festen Fundament kräftiger, natürlicher Gefühle ruhen müssen. Es geht nicht darum, eine ausgeklügelte Theorie der Sexualökonomie »durchzusetzen«; das gesellschaftliche Leben enthüllt die Tatbestände, die die sexualökonomische Anschauung beschreibt, von selbst, wenn die Revolution die Quelle des menschlichen Lebens neu fließen läßt. Es geht gar nicht um die Fortpflanzung, sondern zunächst um die Sicherung des sexuellen Glücks. Schon daß die Geburtenregelungsfrage in der Sowjetunion nicht in privaten Vereinen und Zirkeln, sondern in *positiver* Weise gesellschaftlich, staatlich, offiziell diskutiert wurde, war ein Riesenschritt vorwärts. Nur so war es möglich, daß ein tapferer und kluger Revolutionär wie Selinskij den konservativ gebliebenen Autoritäten folgende prächtigen Sätze ins Gesicht schleudern konnte:

»In der Gesamtheit der Kongreßvorträge über die Schädlichkeit des freien Abortus wird meine Aussprache ketzerisch sein. Aber ein guter Zweifel ist eines schlechten Glaubens wert. Es ist schwer, an die soziale Ehrlichkeit jener Vortragenden zu glauben, welche mit bis zum letzten Knopf zugeknöpfter Toga und mit gegen die Menschen gewandtem Rücken, unerschrockenen Antlitzes hier vor uns abstrakte Wahrheiten über den Abortus ausbreiten. Es ist, als ob hier eine sehende Blindheit herrschte, eine soziale Kurzsichtigkeit oder soziale Heuchelei. Diese Leute sehen nicht jene realen Verhältnisse, jene sozialwirtschaftlichen und massenpsychologischen Verhältnisse, in denen die Abortepidemie verläuft, oder wollen sie nicht sehen. In den Urteilen über den Abortus ist mehr moralisierende Voreingenommenheit enthalten als Unparteilichkeit und Objektivität. Um diese Frage herum sind eine Menge von Schreckgeschichten erzählt worden. Man hat uns mit allem geängstigt: Mit der Infektion und Gebärmutterperforation, mit Zerrüttungen des Nervensystems, mit Geburtenverringerung bis zum Erlöschen des Mutterschaftsinstinktes und mit der Entartung der Nation, aber man möchte mit Tolstoj sagen: ›Man schreckt mich, aber ich fürchte mich nicht.‹ Operation im Dunkeln, Operation um die Ecken herum, Arbeit mit Brecheisen. Ist aber Hinabführen der Sonde in den Magen und noch weiter bis in das Duodenum nicht eine Arbeit im Dunkeln? Und sind die Manipulationen mit dem Ösophagoskop (Apparat zur Untersuchung des Schlundes) nicht auch Arbeit mit dem Brecheisen? Und wenn Sie in die Venen alles bis zum Sublimat incl. einspritzen, dadurch auf die zarten Gewebe der Intima einwirken, kennen Sie da im voraus die Folgen ihres Eingriffs? Und wenn sie mit diagnostischen Zielen, durchaus ohne medizinische Anzeichen, die Tuben (Eileiter) durchblasen und ätzende Lösungen in diese für die Röntgenoskopie (Röntgenuntersuchung) einführen – verläuft das ungestraft für den Organismus? Immerhin sagen wir uns von allem diesem nicht los und werden es auch nicht. Ist denn nun der Zusammenhang zwischen hormonalen Störungen und dem Abortus schon eine unbestreitbare Tatsache? Warum denn fahren die systematisch abortierenden Städterinnen, nachdem sie das Balzacsche Alter (etwa 30 Jahre) erreicht haben, erfolgreich fort, in der Geschmeidigkeit und Schönheit ihres Körpers mit ihren 20jährigen Freundinnen zu konkurrieren, während ihre gewissenhaft gebärenden ländlichen Schwestern sich nach sechs bis acht Geburten mit 30 Jahren in wandelnde Leichen, in ausgepreßte Zitronen verwandeln? Augenscheinlich ist es um die Hormone denn doch nicht so einfach bestellt. Und wer sagt, daß die Verringerung der Geburten immer schädlich für das Aussehen sei? Ich bestätige, daß sie unter gewissen Umständen sogar nützlich sein kann. Die Gärtner wissen, daß, wenn ein Chrysanthemenstrauch zu viele Blüten hat, ein Teil abgeschnitten werden muß, um den Strauch vor dem Untergang zu retten und große, gefüllte Blumen zu erzielen. Solange der Geburtenkoeffizient und der ›Sättigungskoeffizient‹ nicht zusammenfallen, so lange wird es auch einen Unterschied geben, der abgestrichen werden muß. Auf welche Art aber dieser Abstrich vor sich gehen wird, das ist für den äußeren Schein gleichgültig. Für das Individuum aber, für die Frau, nehme ich an, wird es psychologisch leichter sein, Aborte zu ertragen, als einen kleinen Sarg nach dem andern hinauszubegleiten und mit ihnen ihre Jugend und ihre Kraft zu begraben. Man kann natürlich den Chrysanthemenstrauch auch zwingen, mehr prächtige Blumen hervorzubringen, dafür muß man aber den Bestand des Bodens verändern, die Kultur des Strauches verbessern. Verbessern Sie die Kultur und auf diesen Tafeln werden andere Zahlen figurieren, von anderer Größe und mit anderen Sektoren der Kreise, und werden eine andere Sprache über den Abortus reden. Schauen Sie offen in die Augen des Lebens, sehen Sie, in welchen sozialwirtschaftlichen und psychologischen Verhältnissen die Frauen leben und neuen Wesen das Leben geben müssen. Die Familie mit ihrer geringen Haltbarkeit und außerordentlichen Kurzlebigkeit garantiert den Frauen nicht die für die Erziehung der Kinder notwendigen Bedingungen. Die Alimente erreichen nicht immer ihr Ziel. Der zahlungsunfähige Alimentverpflichtete hat mehr theoretisches Interesse für die Juristen als praktisches für Frauen. Präservativmittel sind unzuverlässig. Das Recht auf freie Mutterschaft ist nicht immer verwirklichbar, da ein Teil der Frauen zu den Arbeitslosen gehört, während sie mit 40–50 Rubel monatlichem Verdienst in der Lage sind, von diesem Recht Gebrauch zu machen. Erinnern Sie sich daran, wie bei Zola eine heimliche Abortmacherin den diplomierten Arzt abkanzelt: ›Ihr stoßt die Frau ins Gefängnis und in die Seine, wir aber holen sie von dort heraus.‹ Wollen Sie, daß das ›aus der Seine schleppen‹ wieder in die Hände der heimlichen Abtreiberinnen übergeht? Einer der Vortragenden rief hier voller Schrecken aus: ›Es genügen das Rezept des Arztes und das Verlangen der Frau, und der Abortus ist fertig.‹ Ja, genauso muß es sein: Es genügt das Verlangen der Frau, weil das Recht, ihre sozialen Anzeigen zu bestimmen, allein der Frau gehört und sonst niemandem. Von uns Männern würde es niemand ertragen, daß die Frage seiner Heirat von irgendeiner Kommission entschieden würde, die ihn nach ihren sozialen Auffassungen verheiraten oder nicht verheiraten würde. Darum hindern Sie die Frauen doch auch nicht daran, über sich zu verfügen, und die Kardinalfrage ihres Lebens selbst zu entscheiden. Die Frau hat ein Recht auf das Geschlechtsleben und will dasselbe ebenso frei verwirklichen wie der Mann, und sie muß diese Möglichkeit haben, und zwar mit derselben Normalität, um ihre sozialbiologische Vollwertigkeit zu bewahren. Es soll nicht eine Massenanfertigung der für das Kollektivum schädlichen Klasse alter Jungfern geben.«

Er trat mit richtigem Instinkt in dem Augenblick auf, als die Sexualreaktion in der Sowjetunion daranging, die freigegebene Geburtenregelung und Abtreibung mit Kommissionen, Dekreten und humanitären Ausreden allmählich wieder abzubauen.

Auf dem genannten Kongreß fand also ein sehr ernsthafter Kampf zwischen der sexualbejahenden und der sexualverneinenden Richtung der Bevölkerungspolitik statt. Es wurde z. B. ernsthaft erwogen, ob nicht eine neuerliche Einführung des Abortusverbots dem Anstieg der Abtreibungen Einhalt gebieten würde. Der Volkskommissar Jefimow meinte, daß der Abort »ein so offensichtliches biologisches und psychisches sexuelles Trauma für den weiblichen Organismus bedeute, daß sich Beweise erübrigen«. Trotzdem hielt er ihn gegenüber einem Abortusverbot für das kleinere Übel. Zwar sei der kriminelle Abort, dessen Bekämpfung alle Bestrebungen galten, zumindest nicht ausgestorben. Jefimow schloß sich der Ansicht von Selinskij an: Man würde mit einem Abortusverbot die Abortzahl nicht verringern, sondern den Abort »nur wieder in die Heimlichkeit zurückstoßen«. Ferner »Die sozialökonomischen Lebensbedingungen und die Hebung des kulturellen Niveaus fordern unabweislich eine Geburtenbeschränkung«. »Was ist besser«, hieß es, »ein humanitäres Verhalten gegenüber den noch nicht Geborenen und damit eine Belastung der Lage der heutigen Familie oder die Geburtenregelung?« Die Antwort Jefimows war korrekt: »Die Forderung des Lebens ist stärker als humanitäre Erwägungen. Die Verhältnisse der Gegenwart sind so gelagert, daß von einem Abortusverbot nicht die Rede sein kann.«

Zehn Jahre nach Freigabe des Abortus war die Sexualreaktion nicht nur nicht vernichtet, sondern sie setzte im Gegenteil der revolutionären Richtung hart zu. Jefimow forderte, daß die Empfängnisverhütungsmittel genau studiert werden. Er beschwerte sich aber darüber, daß die Mittel in Moskau auf den Straßen öffentlich verkauft werden, ohne daß eine medizinische Kontrolle vorhanden wäre; der Spekulation und dem Betrug wären Tür und Tor geöffnet. Benderskaja und Schinka verlangten, daß die üblichen antikonzeptionellen Mittel unentgeltlich bereitgestellt werden; Belinski, Schinka, Selitzki forderten die ärztliche Verordnung. Unkontrollierte Verteilung der Empfängnisverhütungsmittel könnte dem Volksbestand unabsehbaren Schaden zufügen. Die Frage nach der Art der Verteilung der Empfängnisverhütungsmittel blieb unentschieden.

Man konnte sich über die Art der Empfängnisverhütungsmittelverteilung nicht einigen. Die »bevölkerungspolitischen Sorgen« waren in Wirklichkeit Sorgen um die Folgen für das »sittliche« Verhalten der Bevölkerung. Der Genuß sexueller Lust schien mit dem Wunsche nach Kindern unvereinbar zu sein.

Dr. Benderskaja, Kiew, vertrat z. B. folgende Grundsätze:

1. Die Rückkehr zur Strafbarkeit des Abortus würde uns in die Zeit des starken Anwachsens der kurpfuscherischen Aborte zurückführen.

2. Der Kampf mit dem kurpfuscherischen Abort muß mit Hilfe des legalen Aborts durchgeführt werden.
3. Der Kampf gegen den legalen Abort muß mittels der Propaganda der empfängnisverhütenden Mittel geführt werden.
4. Unter den Bedingungen der sozialistischen Gesellschaftsordnung wird die Frau ihre Funktion der Mutterschaft entsprechend den Forderungen des Kollektivs, dessen Mitglied sie sein wird, ausüben.

Punkt 4 wirft mit einem Schlage die Klarheit der ersten drei Punkte um. Durch sexualhygienische Maßnahmen wollte man der Bevölkerung Freiheit und Freude im Geschlechtlichen zusichern; doch das Gebären wurde einer Moralforderung, der »Forderung des Kollektivs« unterstellt. Man übersah, daß auch die Freude am Kinde eine Funktion der Lust, der Freude an einem neuen Lebewesen ist. Niemals kann und wird es gelingen, die Frauen zu zwingen, einer über ihnen stehenden Gewalt zuliebe Kinder zu gebären. Kinderhaben wird entweder ein Stück der allgemeinen Lebensfreude sein und dann auch auf festem Fundament stehen, oder es wird eine moralische Forderung und in dem gleichen Maße ein unlösbares Problem bleiben.

Weshalb wirkt sich das Interesse der Bevölkerungspolitik derzeit immer wieder gegen das sexuelle Interesse der Menschen aus? Ist dieser Gegensatz unlösbar, ewig? Solange die Nationen einander feindselig gegenüberstehen; solange sie durch nationale Grenzen und Zollschranken voneinander getrennt sind; solange das Interesse besteht, in einem Kriege nicht an Menschenmaterial zurückzubleiben, *kann* die Bevölkerungspolitik nicht im Einklang stehen mit den Anforderungen sexueller Hygiene. Da man nicht laut sagen darf, daß man Bevölkerungszuwachs benötigt, muß man von der »Sittlichkeit der Fortpflanzungsfunktion« und von den Interessen der »Arterhaltung« reden. In Wirklichkeit ist der Gebärstreik der Frauen nur ein Ausdruck der Krise im Geschlechtsleben der Menschen. Es ist keine Freude, Kinder unter schlechten Lebensbedingungen und mit ungeliebten Partnern zu haben; mehr, das Geschlechtsleben selbst ist zu einer Qual geworden. Die Bevölkerungspolitiker sehen diesen Widerspruch nicht, können ihn nicht sehen und sind Organe nationalistischer Interessen. Erst dann, wenn die gesellschaftlichen Ursachen des Krieges überhaupt verschwinden und die Gesellschaft sich der Grundlegung und Sicherung eines glückhaften Lebens der Bevölkerung zuwenden kann, verschwindet auch der Gegensatz zwischen sexuellem Glück und Bevölkerungsinteressen; denn dann setzt sich die Freude am Geschlechtsgenuß unmittelbar fort in die Freude am Kinde. Damit fällt auch das Motiv der Forderung: »Pflanze dich fort« weg.

Die Freigabe des Abortus enthielt gleichzeitig – es wurde nur nicht ausgesprochen – die Bejahung der Geschlechtslust. Das hätte einen *bewußten* Umbau der gesamten Sexualideologie vom Negativen zum Positiven, von der Sexual*verneinung* zur Sexual*bejahung* gefordert. Nach den Angaben der Geburtshelfer der Sowjetunion auf dem genannten Kongreß war die Mehrzahl der Frauen, 60–70 Prozent, unfähig, ihre Geschlechtlichkeit zu genießen. Man sprach vom »Fehlen« des Geschlechtstriebes, von seiner »Verringerung«, und man behauptete, daß die Abnahme der sexuellen Potenz auf den künstlichen Abortus zurückzuführen sei. Die Klinik der Sexualstörungen widerlegt diese Auffassung. Sie ist ein Versuch, die Abortfrage mit allen Mitteln zu verschleiern und das Verbot des Abortus zu rechtfertigen. Die Frauen sind in diesem Prozentsatz ganz allgemein und überall sexualgestört, mit oder ohne Abortus. Es kam vor, daß Frauen bis zu fünfzehnmal an sich den Abortus vornehmen ließen; die durchschnittliche Zahl betrug oft bis zu siebenmal und bei manchen zwei- bis dreimal im Jahr; das beweist, daß die Frauen den Gebrauch von Empfängnisverhütungsmitteln fürchten. Sonst würden sie von selbst für die Herstellung genügender und entsprechender Empfängnisverhütungsmittel eintreten. Aus der Sexpolpraxis in Deutschland wissen wir, daß fast alle Frauen von dieser Scheu beherrscht sind und gleichzeitig weniges intensiver wünschen als gerade die Regelung *dieser* Frage. Die Frauen müssen von dieser Angst befreit werden. Man muß diesen heißen, unausgesprochenen Wunsch für sie aussprechen und unbedingt für seine Erfüllung sorgen. Die Aufhebung des Abortusverbots allein schafft noch nicht den positiven Kindeswunsch. Dazu gehört die Herstellung der inneren Fähigkeit und aller äußeren Voraussetzungen zu einem glücklichen Liebesleben. Statt sich ewig mit der Frage herumzuschlagen, ob man die Mittel nur auf ärztliche Verordnung oder anders verteilen sollte, wäre es wichtiger und nützlicher, von richtig *geschulten* Ärzten und Fürsorgern genaueste Erhebungen darüber zu machen, welche Empfängnisverhütungsmittel am geeignetsten sind, die *geschlechtliche Befriedigung zu sichern.* Was nützt ein Pessar, wenn die Frau mit dem Empfinden herumläuft, einen Fremdkörper in sich zu tragen und deshalb nicht zur Befriedigung kommen kann? Was nützt ein Präservativ, wenn dadurch die Befriedigung herabgesetzt und neurasthenische Beschwerden erzeugt werden? Was nützt die beste Propaganda von Empfängnisverhütung, wenn es nicht genügend Fabriken gibt, um die gesamte Bevölkerung mit den *besten* Empfängnisverhütungsmitteln zu beliefern? Was würden schließlich sogar diese Fabriken nützen, wenn die Frauen die Scheu nicht verlieren würden, Empfängnisverhütungsmittel zu gebrauchen?

Die Resolution des Kongresses vertrat noch voll den legalisierten Abortus; sie war jedoch eingebettet in eine allgemeine Atmosphäre der Angst, die sexuelle Befriedigung wirklich freizugeben und zu sichern.
Eine Atmosphäre, über die Fanina Halle 1932 wie folgt berichtet: »Über den Protest der älteren Bolschewiken, von denen einige allerdings viel weiter als Lenin gingen und schon fast asketische Ideale predigten, hat das Ausland wenig erfahren. Mit um so größerem Eifer wurde die Fabel von der ›Sozialisierung der Frauen in der Sowjetunion‹ breitgetreten, und noch heute spukt sie in vielen Köpfen, insbesondere wo es sich um antisowjetische Propaganda handelt. Inzwischen ist aber die Hochflut des sexuellen Interesses endgültig verebbt und die heranwachsende sowjetrussische Jugend, die Avantgarde der Revolution, sieht sich augenblicklich vor so ernste, verantwortungsvolle Aufgaben gestellt, daß ihre Beschäftigung mit Sexualproblemen *unwesentlich* erscheint. Auf diese Weise ist das Leben der Geschlechter in der Sowjetunion wieder in ein *Stadium der Enterotisierung* gelangt, das sich vielleicht noch gründlicher und in weit größerem Umfange als je vollzieht. Die Problemlosigkeit der Beziehung zwischen Mann und Frau, die für einen kleinen Kreis der Wegbereiter der Revolution der Sowjetunion kennzeichnend war, ist nun zum Charakteristikum breiter russischer Massen geworden: Und die Macht, die das bewirkt hat, heißt diesmal: ›Fünfjahresplan‹.«
Die Sowjetideologie ist auf die »Enterotisierung des Lebens und der Menschen« stolz. Doch diese »Enterotisierung« ist ein Phantasiegebilde. Das Geschlechtsleben setzt sich mangels klarer Vorstellungen in krankhafter, verzerrter und schädlicher Weise fort. Die Alternative: Sexualität oder Sozialität, gilt nicht. Es gibt nur die eine Alternative: Gesellschaftlich bejahtes, befriedigendes, glückliches *oder* krankhaftes, heimliches, sozial geächtetes Geschlechtsleben. In dem Maße, wie die scheinbare Enterotisierung, in Wirklichkeit die Zerrüttung der natürlichen Sexualität, die Menschen der Sowjetunion krank und dissozial machen wird, werden sich die verantwortlichen Funktionäre des Staates veranlaßt fühlen, die moralischen Regulierungsmaßnahmen zu verschärfen, die Abortbeschränkung wieder durchzuführen. In einem undurchbrechbaren Zirkel wird die unterdrückte Sexualität den moralischen Druck erfordern, und der moralische Druck die Zerrüttung des Geschlechtslebens steigern. Professor Stroganow klagte bereits, daß sich die Frauen des Aborts früher schämten, »aber jetzt fangen sie an, auf ihn als ihr gesetzliches Recht zu pochen; dieses Recht aber hat ihnen die Legalisierung des Aborts zugestanden«. Die Leiterin der Mutterschutzorganisation, Lebedewa, bemerkte, daß die Straflosigkeit des Aborts die »Psychologie der Frau *entfesselt*« habe. Der

Abort sei nun schon zu einer »Lebensgewohnheit«, einer »Mode« geworden; es sei eine Art »Psychose«, die sich überall »epidemisch« verbreite. Kriwki meint, diese »Psychose« schreite fort, es sei nicht vorauszusehen, wann das Stadium des Rückganges beginnen würde. Das Resultat der »Verwilderung« der »Sitten« sei, daß das Gefühl der Mutterschaft in der Frau abgestumpft und erschüttert worden wäre. Einige Sowjetärzte ziehen den richtigen Schluß aus den Tatsachen, daß bei der Verbreitung des Aborts die materielle Not *nicht* die dominierende Rolle spiele. Ein naheliegender Schluß; es dürfte sonst nicht vorkommen, daß eine Frau, die *keine* Not leidet, ihre Schwangerschaft unterbricht. In Wirklichkeit ist der Abortus der klare Ausdruck dafür, daß man zunächst sexuell genießen will, ohne Kinder zu haben.
Im Verlauf des 2. Fünfjahresplanes wurde auch tatsächlich auf Grund dieser Unklarheiten die sexuelle Freiheit beträchtlich eingeschränkt. Für Erstgebärende wurde es unmöglich, die Schwangerschaft zu unterbrechen. Die Indikation wurde im stillen wieder eingeführt, die Kommissionen üben einen großen moralischen Druck aus. Es ist nicht abzusehen, wohin diese Entwicklung führt. Sie wird zweifellos nicht für sich allein entschieden werden, sondern bestimmt sein von dem Ausgang des Kampfes zwischen der sexualbejahenden, sexualrevolutionären und der sexualverneinenden, sexualreaktionären Strömung in der Sowjetunion. Es ist sehr zu befürchten, daß die sexualrevolutionäre Richtung nicht so rasch genügende Kräfte wird sammeln können, um sich gegen das alte eingefahrene Denkelend durchzusetzen. Das Ergebnis wird dann eine glänzend technisierte Wirtschaft sein, die von Neurasthenikern und lebenden Maschinen betrieben werden wird; aber kein *Sozialismus.*

Grundsätzliche Lösung:

Fassen wir die Lehren dieses Ringens zusammen, um besser gerüstet zu sein, wenn wieder einmal die Frage vor der Gesellschaft stehen wird, sich ihr Leben rationell aufzubauen. Es ist dann unerläßlich:
1. *Die Beseitigung aller Ausreden* und unehrlichen Erklärungen; also der Sorge um die Arterhaltung für sich: der Ansicht, daß die materielle Not die einzige Ursache der Abtreibung sei. Aufhebung der Trennung der Bevölkerungspolitik von der allgemeinen Sexualpolitik.
2. *Anerkennung der Sexualfunktion unabhängig* von der Fortpflanzung.
3. *Anerkennung des Fortpflanzungswillens* als einer Teilfunktion der Sexualität, des Willens zum Kind als eines Ausdrucks

der Lebenslust. Anerkennung der Tatsache, daß bei befriedigendem materiellem und sexuellem Leben die Freude am Kind eine Selbstverständlichkeit ist, daß das Kind aus der Freude am Leben hervorgeht.
4. Offene Vertretung des Standpunktes, daß die *Empfängnisverhütung* praktisch nicht nur der Beseitigung der Abtreibungen, sondern in erster Linie der Sicherung der sexuellen Lust und Gesundheit diene.
5. *Mut zum Wagnis der Sexualbejahung* und der *Selbststeuerung des sexuellen Lebens.*
6. *Sicherung der praktischen Einflußlosigkeit* aller Heiligen, Moralisten und anderer Arten verkappter Sexualneurotiker.
7. *Schärfste Kontrolle der Praxis und Ideologie* der reaktionären Professoren der Geburtshilfe durch sexualpolitische Organe der Frauen und der Jugend. Bekämpfung des stupiden Respekts der Masse vor der Wissenschaft von heute. Sie verdient diesen Namen nur selten.

Das Ziel der revolutionären Bevölkerungspolitik kann nur sein, das Interesse der Bevölkerung selbst daran zu wecken und ihr nicht »von oben« die Pflicht der »Arterhaltung« aufzuerlegen. Heute interessiert die Bevölkerungspolitik den durchschnittlichen Menschen überhaupt nicht. Um dieses Ziel zu erreichen, ist in erster Linie die Bejahung der Sexuallust und ihre Sicherung für alle, die am gesellschaftlichen Leben *produktiv* beteiligt sind, unerläßlich. Die Bevölkerung muß das Empfinden bekommen, daß man sie gerade in diesem Punkt, unmißverständlich: in der Frage des sexuellen Genusses, *genau* begreift und alles zu tun bereit ist, um ihr das sexuelle Glück zu sichern und sie auch zu befähigen, es zu genießen.

Die Lösung dieser Fragen wird sich als relativ einfach erweisen gegenüber der Lösung der Hauptfrage: *Wie ist die Angst des heutigen Menschen vor der orgastischen Organlust im Massenmaßstabe zu beseitigen?* Ein unerhört großes und schwieriges Problem. Ist es einmal gelöst, dann werden nicht mehr sexualscheue Professoren, sondern Jugendliche, Arbeiter, Bauern, wissenschaftliche Spezialisten — — und Kinder die bevölkerungspolitische Frage lösen. Bis dahin werden die Bevölkerungspolitik und Eugenik die reaktionären Gebilde bleiben, die sie heute sind.

2. Die Wiedereinführung des Homosexualitätsparagraphen

Die sowjetistische Sexualgesetzgebung hatte den alten zaristischen Homosexualitätsparagraphen, der homosexuelle Betätigung mit schwerer Freiheitsentziehung belegte, einfach gestrichen. Die offizielle große Sowjet-Enzyklopädie, die unter der

Kontrolle der Regierung erschien, stützte sich in ihrer Darstellung der Sexualität hauptsächlich auf Magnus Hirschfeld und teilweise auch auf Freud. Die Begründung der Aufhebung des Homosexualitätsparagraphen war, daß die Homosexualitätsfrage ausschließlich wissenschaftlich zu behandeln und daher die Homosexuellen nicht zu bestrafen wären. Es müßten die Mauern eingerissen werden, die die Homosexuellen von der Gesellschaft trennen. Diese Tat der Sowjetregierung gab der sexualpolitischen Bewegung Westeuropas und Amerikas seinerzeit einen kolossalen Schwung. Sie war ja nicht nur eine propagandistische Tat, sondern konnte sich mit Recht darauf berufen, daß die Homosexualität, mag sie nun als angeboren oder als Ergebnis einer Entwicklungshemmung aufgefaßt werden, eine Betätigung sei, die niemandem schade. Das entsprach auch völlig dem Denken der städtischen und dörflichen Bevölkerung. Diese stand allen sexuellen Fragen außerordentlich tolerant gegenüber, wenn auch gelegentlich homosexuelle Männer bzw. lesbische Frauen im Dorf »gutmütig bespöttelt« wurden, wie ein Berichterstatter sich ausdrückt. Im Gegensatz dazu standen die kleinbürgerlichen Schichten wie überall noch völlig im Banne sexualasketischer Anschauungen und mittelalterlicher Vorurteile. Diese Schichten hatten ihre Vertreter auch in mittleren und höheren Parteischichten, so daß sich ihr Einfluß allmählich auch auf Teile der Arbeiterschaft übertragen konnte. Zwei Auffassungen über die Homosexualität traten allmählich immer schärfer hervor.

1. wäre sie ein »Zeichen barbarischer Unkultur«, eine »Schweinerei halbwilder Ostvölker«;
2. wäre sie eine Erscheinung »überzüchteter Kultur der perversen Bourgeoisie«.

Trotz der erfolgten Aufhebung der Bestrafung bestanden homosexuelle Verfolgungen bei den östlichen Völkern der Sowjetunion fort. Etwa im Jahre 1925 wurde in Turkestan ein Zusatzparagraph zum Gesetzkodex der Sowjetunion geschaffen, der bereits hohe Strafen für Homosexuelle vorsah.

Die genannten Ansichten über die Homosexualität führten im Zusammenhang mit der allgemeinen Unklarheit über die sexualpolitischen Verhältnisse und Entwicklungsmöglichkeiten dazu, daß sich groteske Fälle von Homosexuellenverfolgungen hier und dort immer wieder ereigneten und schließlich häufiger wurden. Mit dem Gesetz allein war ja die Frage nicht erledigt. Nach der Auffassung der Sexualökonomie ist die Homosexualität in der überwiegenden Mehrheit der Fälle die Folge einer sehr frühzeitigen Entwicklungsstörung der gegengeschlechtlichen Liebesfunktion. Mit der allgemeinen Bremsung der sexuellen Revolution mußte sich notwendigerweise die Homosexualität in der Jugend, im Heer, in der Marine usw. immer mehr

verbreiten. Es kamen Schnüffeleien und Angebereien vor, Ächtung durch die Parteikomitees und sogar in den »Parteireinigungen«. In einzelnen Fällen intervenierten alte Bolschewiki wie etwa Clara Zetkin und andere und setzten die Befreiung durch. Doch im Laufe der Zeit wuchs die Homosexualitätswelle infolge der Ungelöstheit der Sexualfrage an, bis im Januar 1934 in Moskau, Leningrad, Charkow, Odessa Massenverhaftungen von Homosexuellen einsetzten. Diese Verhaftungen wurden politisch begründet. Unter den Verhafteten fanden sich sehr viele Schauspieler, Artisten, Musiker, die wegen angeblicher »homosexueller Orgien« administrativ zu mehreren Jahren Gefängnis bzw. Verbannung verurteilt wurden.
Im März 1934 erschien das Gesetz, das den Geschlechtsverkehr unter Männern verbietet und bestraft, von Kalinin gezeichnet. Es erschien nach einem privaten Bericht als eine Art Notverordnung, da Gesetzesänderungen nur vom Sowjetkongreß beschlossen werden können. Diesem Gesetze nach wurde der Geschlechtsverkehr zwischen Männern als »soziales Verbrechen« bezeichnet, das in leichteren Fällen mit drei bis fünf Jahren und im Falle der Abhängigkeit des Partners vom andern mit fünf bis acht Jahren bestraft wird. So erschien die Homosexualität wieder in einer Reihe mit andern sozialen Verbrechen: Banditismus, Konterrevolution, Sabotage, Spionage usw. Die homosexuellen Verfolgungen standen in bestimmtem Zusammenhang mit dem Vorgehen in Deutschland anläßlich der Röhmaffäre 1932–1933. Die Sowjetpresse hatte einen Feldzug gegen die Homosexualität als eine »Entartungserscheinung der faschistischen Bourgeoisie« eröffnet. Wie mir berichtet wurde, hatte der bekannte Sowjetjournalist Kolzow eine Artikelserie verfaßt, in der er von den »warmen Brüdern des Propagandaministeriums Goebbels« und von den »sexuellen Orgien in den faschistischen Ländern« sprach. Entscheidend wirkte das Eingreifen Gorkis, der in einem Artikel »Proletarischer Humanismus« schrieb: »Das Gedächtnis sträubt sich dagegen, auch nur jener Abscheulichkeiten zu gedenken, die der Faschismus so üppig erzeugt.« Gemeint waren Antisemitismus und Homosexualität. Es hieß dann wörtlich: »Während in den Ländern des Faschismus die Homosexualität, die die Jugend verdirbt, ungestraft agiert, ist sie in dem Lande, wo das Proletariat kühn und mannhaft die Staatsmacht erobert hat, als ein soziales Verbrechen erklärt und wird streng bestraft. In Deutschland ist schon ein geflügeltes Wort entstanden: Rottet die Homosexuellen aus und der Faschismus ist verschwunden.«
Wir sehen, wie unklar und schädlich diese Auffassung über die Homosexualität vorging. Man verwechselte die männerbündlerische Homosexualität, die der Zentralorganisation Röhms und anderer tatsächlich zugrunde lag, mit der *Not*homosexualität

von Matrosen, Soldaten und Gefangenen, die dem Mangel befriedigenden heterosexuellen Geschlechtsverkehrs zuzuschreiben ist. Man übersah darüber hinaus völlig die ideologische Stellung des Faschismus zur Homosexualität, die gleichfalls ablehnend war, vgl. 30. Juni 1934, in der Hitler die ganze Führung der SA mit der gleichen Begründung ausrottete, mit der in der Sowjetunion die Homosexuellenverfolgungen eingesetzt hatten. Es ist klar, daß mit derartigen *chaotischen* Vorstellungen über die Beziehungen der Sexualität zum Faschismus und zu allgemeinen Fragen des Geschlechtslebens überhaupt nichts zu erzielen ist. Anläßlich der Massenverhaftungen entstand eine Panikstimmung unter den Homosexuellen in der Sowjetunion. In der Armee soll es unter den Rotarmisten und Kommandeuren zu zahlreichen Selbstmorden gekommen sein. Bis zum Jahre 1934 hat es in der Sowjetunion kein Denunziantentum gegeben, doch es erwachte wieder nach diesen Vorgängen. Die Bevölkerung stand im Gegensatz dazu den Homosexuellen sympathisch gegenüber.

Ich beschränke mich auf diese knappe Schilderung. Die Beziehung der Homosexuellenverfolgungen zur allgemeinen sexualpolitischen Situation insbesondere der Ostvölker bedürfte einer ausführlichen Darstellung. Doch ich wollte diese Schrift nicht überlasten. Die sexualökonomische Einstellung zur Homosexualitätsfrage findet sich dargestellt in »Die Funktion des Orgasmus«, »Charakteranalyse« und in »Der sexuelle Kampf der Jugend«. Zusammenfassend darf man sagen:

1. Die Homosexualität ist kein soziales Verbrechen, sie schadet niemand.
2. Sie ist einzig einzuschränken durch Herstellung aller Voraussetzungen des natürlichen Liebeslebens der Masse.
3. Bis zur Erfüllung dieses Ziels muß sie als der heterosexuellen gleichberechtigte Art der Befriedigung gelten und (von der Verführung Puberiler abgesehen) straffrei sein.

V. Kapitel: Die Bremsung in den Jugendkommunen

Die russische Jugend hatte sich in den Bürgerkriegsjahren sofort die ihr zukommende erste Rolle im Kampf erobert. Lenin hatte in voller Würdigung der Bedeutung des jugendlichen Lebenswillens für die Revolution, seine Aufmerksamkeit besonders der Organisierung der Jugend, der Hebung ihrer wirtschaftlichen Lage und der Sicherung ihrer Kraft zugewandt.
Die Anerkennung der jugendlichen Selbständigkeit im gesellschaftlichen Prozeß und gegenüber der älteren Generation kam voll zum Ausdruck im Beschluß am 2. Kongreß der Jugendverbände:
»Der Komsomol ist eine autonome Organisation mit eigener Satzung.« Lenin hatte schon 1916 betont: »Ohne volle Selbständigkeit kann die Jugend aus sich keine brauchbaren Sozialisten schaffen.«
Nur eine selbständig gewordene, ohne autoritäre Disziplin handelnde und sexuell gesunde Jugend konnte die unerhört schwierigen Aufgaben der Revolution auf die Dauer durchführen.
Als Beispiel für den sexualpolitischen Charakter revolutionärer selbständiger Jugendorganisationen ist folgendes Vorkommnis vorbildlich:

1. Revolutionäre Jugend

Bis vor etwa zehn Jahren gehörte Baku zu den reaktionärsten und finstersten Burgen des russischen Reiches. Die Revolution hatte gerade im Gebiet der russisch-türkischen Republik Aserbeidschan überaus viel Blutopfer gefordert. Zwar waren die Gesetze durch die Revolution verändert worden, der ökonomische Boden war umgebaut, die Religion war zur Privatsache jedes einzelnen erklärt worden, aber: »Unter den neuerrichteten Dächern wütete die alte, grausame Zucht des Harems« (Balder Olden). Die Mädchen wurden in religiöse Institute geschickt; es war ihnen verboten, Lesen und Schreiben zu lernen: Eine Nichtanalphabetin hätte sich durch Briefe mit der Außenwelt in Verbindung setzen, dem Hause entfliehen und Schmach über die Familie bringen können. Die Mädchen waren Leibeigene des Vaters. Wurden sie geschlechtlich reif, so wurden sie Leibeigene des Gatten, den sie nicht selber wählen durften, den sie vor der Heirat überhaupt nie gesehen hatten. Frauen und Mädchen durften keinem Mann ihr Gesicht zeigen. Verschleiert und verhüllt sahen sie durch die Fenster auf die Straße hinaus und schwer bewacht gingen sie die wenigen erlaubten Wege; sie durften ebensowenig Arbeit aufnehmen wie ein Buch oder eine Zeitung lesen; zwar hatten sie das Recht, sich scheiden zu lassen, doch sie kannten es nicht; zwar war die russische Knute aus den Zuchthäusern verschwunden, aber im Harem wurden die Frauen geschlagen. Diese Frauen mußten ganz allein gebären, denn Hebammen und Ärztinnen gab es nicht, und einem männlichen Arzt sich zu zeigen, verbot die in der Heimlichkeit eifrigst betriebene Religion.

In der Mitte der zwanziger Jahre wurde von russischen Frauen ein zentraler Frauenklub gegründet, der das Bildungswesen organisierte. Allmählich drang das Wissen vor; die Schulzimmer füllten sich immer mehr, und die Mädchen lauschten den weißhaarigen Lehrern (junge Männer durften sie nicht unterrichten); viele Jahre nach dem Einbruch der sozialen Revolution begann die »Revolution der Sitten«. Diese Mädchen erfuhren, daß es Länder gab, in denen Jungen und Mädel gemeinsam erzogen wurden, in denen die Frauen Sport trieben, unverschleiert ins Theater gingen, an Versammlungen teilnahmen, selbst öffentlich auftraten und überhaupt am Leben der Zeit teilnahmen.

Diese sexualpolitische Bewegung griff um sich. Die Familienväter, die Brüder und die Gatten fühlten sich in ihren Interessen bedroht, als sie hörten, was da in dem Frauenklub verkündet wurde. Sie verbreiteten das Gerücht, daß der Frauenklub ein Hurenhaus sei; es wurde in der Folge lebensgefährlich, ihn zu besuchen. Es kam nach dem Bericht von Balder Olden vor, daß man auf Mädchen, die hingingen, kochendes Wasser goß, Hunde auf sie hetzte, ja mehr: Noch 1923 stand sicherer Tod auf jedes öffentliche Auftreten, auf das Tragen von Sportanzügen, die die Arme und Beine freigaben; derart ist begreiflich, daß selbst der Gedanke an ein Liebesbündnis ohne Ehe auch den tapfersten Frauen fernlag. Trotz allem fanden sich einige wenige Mädchen, die innerlich mit allem Überkommenen brachen und zu allem entschlossen, den Kampf für die sexuelle Befreiung der weiblichen Jugend aufnahmen. Sie unterlagen einem unglaublichen Martyrium. Man erkannte sie natürlich sofort, sie wurden geächtet, standen in der öffentlichen Meinung niedriger als Prostituierte und keine von ihnen durfte damit rechnen, daß ein Mann mit ihnen je eine Ehe schließen würde.

Im Jahre 1928 entlief die zwanzigjährige Sarial Haliliwa dem Elternhaus, berief Versammlungen ein und verkündete dort die sexuelle Emanzipation der Frauen; sie ging unverhüllt und unverschleiert ins Theater, sie rief in Wandzeitungen der Klubs die Frauen auf; sie ging im Badetrikot am Strande und auf Sportplätzen herum. Ihr Vater und ihre Brüder hielten Gericht über sie und verurteilten sie zum Tode. Sie wurde lebendig in Stücke geschnitten. Das war im Jahre 1928, elf Jahre nach Anbruch der sozialen Revolution in Rußland. Ihr Tod war der Beginn eines ungeheuren Aufschwungs der sexualpolitischen Bewegung der Frauen. Ihr Leichnam wurde den Eltern weggenommen, im Klub aufgebahrt und eine Ehrengarde von Jungen und Mädel umstand ihn Tag und Nacht. In Scharen strömten Mädchen und Frauen in den Klub. Die Mörder Sarials wurden hingerichtet und seither sollen es weder Väter noch Brüder wagen, ähnliche Maßnahmen gegen die Frauen- und Jugendbewegungen zu unternehmen.

Balder Olden beschreibt diese Vorfälle als Kulturbewegung ganz allgemein. Wir müssen uns konkreter ausdrücken. Es war unzweideutig eine *sexual*politische Umwälzung, die erst zum Aufschwung des kulturellen Bewußtseins in den Mädchen und Frauen führte. 1933 studierten bereits 1044 Mädchen an den Hochschulen, es gab 300 Hebammen im Lande und 150 Frauen- und Mädchenklubs. Viele Schriftstellerinnen und Journalistinnen gingen aus ihnen hervor; die Vorsitzende des höchsten Gerichtshofes ist eine Frau, eine andere ist Vorsitzende des Sowjetausschusses. Die Frauen besitzen Ingenieur-, Ärztinnen- und Fliegerinnenstellen. Die revolutionäre Jugend hatte sich ihr Lebensrecht erkämpft.

2. Jugendkommunen

Die Jugendkommunen eignen sich besonders gut, die Rolle der jugendlichen Sexualrevolution zu demonstrieren. Sie waren der erste natürliche Ausdruck des in Entwicklung begriffenen kollektivierten Jugendlebens. Eine Kommune, die von älteren Menschen gebildet wird, stößt sofort auf die Schwierigkeiten erstarrter psychischer Reaktionen und Gewohnheiten. Im Jugendalter dagegen, besonders in der Pubertät, ist alles im Fluß, die Hemmungen sind noch nicht feste Strukturen geworden. Gerade die Jugendkommunen hatten besonders gute Aussichten, sich durchzusetzen, und somit die Nützlichkeit und den großen Fortschritt zu bezeugen, die mit dem kollektiven Leben gegeben sind. Was setzte sich in den Kommunen an fortschrittlichem revolutionärem Leben durch? Welche Hemmungen bremsten diesen Fortschritt?

Sehr früh erkannte man in der Sowjetunion, daß die politische Organisierung der Jugend und die Hebung ihrer materiellen Lebenslage zu allererst zu leisten waren. Man erkannte aber auch, daß dies allein nicht genügte. Bucharin versuchte die

Hauptaufgabe in dem Satz: »Die Jugend braucht Romantik« zusammenzufassen. Zu dieser Auffassung wurde man durch den Rückgang der proletarischen Jugendbewegung gezwungen, der einsetzte, als der Bürgerkrieg zu Ende war und die NEP-Periode die schäumenden Ereignisse jener ersten Jahre in das wenig romantische Fahrwasser der mühevollen Aufbauarbeit überleitete. »Wir dürfen uns nicht nur ans Hirn wenden, denn ehe der Mensch etwas versteht, muß er es fühlen«, hieß es am 5. Kongreß des Komsomol. »Alles romantisch revolutionäre Material muß ausgenützt werden für die Erziehung der Jugend; die unterirdische Arbeit vor der Revolution, der Bürgerkrieg, die Tscheka, die Kämpfe und revolutionären Taten der Arbeiter und der Roten Armee, technische Erfindungen und Expeditionen.« Vor allem, hieß es, müßte eine Literatur geschaffen werden, in der das sozialistische Ideal »in begeisternder Form« dargestellt, in der der Kampf des Menschen mit der Natur, das Heldentum der Arbeiterschaft und die bedingungslose Hingabe an den Kommunismus verherrlicht werden sollte. Die Begeisterung der Jugend sollte also mit Hilfe *ethischer* Ideale geweckt bzw. erhalten werden. An die Stelle bürgerlicher Vorstellungen und Ideale sollten revolutionäre treten.
Konkret: Die Jugend der bürgerlichen Gesellschaft liest aus Sensationsgründen gern Kriminalromane. Es ist nun durchaus möglich, einen Kriminalroman üblichen Inhalts durch einen Kriminalroman revolutionären Inhalts zu ersetzen; anstelle der Verfolgung eines Verbrechers durch einen Detektiv tritt etwa die Verfolgung eines weißgardistischen Spitzels durch einen GPU-Mann. Doch das Erleben des Jugendlichen bleibt dabei das gleiche: Grauen, Gruseln, Gehetzt- und Gespanntsein; das Ergebnis sind sadistische Phantasien, die sich mit der ungelösten sexuellen Erregung verknüpfen. Die psychische Strukturbildung hängt nun nicht vom Inhalt des Erlebens, sondern von der Art der begleitenden vegetativen Erregungen ab. Ein Gruselmärchen hat die gleiche Wirkung, wenn es von Alibaba und den vierzig Räubern und wenn es von der Hinrichtung weißgardistischer Spione berichtet. Auf das *Gruseln* kommt es dem Leser dabei an und nicht darauf, ob vierzig Räuber oder vierzig Konterrevolutionäre geköpft werden. Wollte die revolutionäre Bewegung nur ihre Auffassungen durchsetzen und die Menschen an sich fesseln, dann genügte die Ersetzung des einen ethischen Ideals durch das andere. Wenn sie aber darüber hinaus die Menschen umstrukturieren, sie zu *selbständigem* Denken und Handeln fähig machen, kurz, die Untertanennatur ausrotten sollte, dann mußte sie auch daran denken, daß nicht einfach der konservative Sherlock Holmes durch einen roten Sherlock Holmes ausgetrieben, die konservative Romantik nicht durch eine revolutionäre Romantik übertrumpft werden konnte. Im Beschluß

des 5. Kongresses heißt es: »Demonstrationen, Fackelzüge, Fahnen, Massenkonzerte, müssen in vollem Maße zur machtvollen Beeinflussung der Jugend eingesetzt werden.« Das war notwendig; aber es war nur die Fortführung *alter Formen* der Begeisterung und ideologischen Beeinflussung. In Hitlerdeutschland werden ebenfalls *mit Erfolg* Demonstrationen, Fackelzüge, Fahnenweihen und Massenkonzerte zur machtvollen Beeinflussung der Jugend durchgeführt. Begeistert und hingegeben ist der deutsche Hitlerjunge gewiß nicht weniger als der Komsomolze. Entscheidend ist hierbei, daß die deutsche Hitlerjugend in ihrem Programm bedingungslose und kritiklose Gefolgschaft dem ewigen Führer verspricht, daß sie nicht einmal daran zu denken wagt, aus sich heraus »ein eigenes Leben nach eigenen Satzungen« zu schaffen; der Komsomol dagegen hatte die Aufgabe, der gesamten werktätigen Jugend aus ihrem eigenen Leben und aus ihren eigenen Bedürfnissen ein neues Sein zu schaffen; sie selbständig, antiautoritär, arbeitslustig, sexuell befriedigbar, entscheidungsfähig, kritisch denkend aus Überzeugung, nicht aus Gehorsam, einsatzbereit zu machen; sie mußte wissen, daß sie nicht für ein »kommunistisches Ideal« kämpfte, das irgendwo jenseits steht, sondern daß dieses *kommunistische Ziel die Verwirklichung ihres eigenen, selbständigen Lebens* ist. Für die autoritäre Gesellschaft kennzeichnend ist, daß die Jugend kein Bewußtsein von ihrem wirklichen Leben hat und deshalb entweder dumpf vegetiert oder *blind* hingabefähig ist; die revolutionäre Jugend entwickelt dagegen aus dem Bewußtsein ihrer Bedürfnisse die mächtigste und dauerhafteste Art der Begeisterung: die *der Lebenslust.* »Jugendgemäß« und »selbständig« sein bedeutet also auch sexuell bejahend sein. Der Sowjetstaat hatte zu wählen, ob er sich auf die asketische Opferbereitschaft oder auf die sexualbejahende Lebenslust stützen wollte. Die breite Masse der Jugend war nur mit Hilfe der Lebensbejahung auf die Dauer zu gewinnen und im Sinne des Sozialismus umzustrukturieren.

Der Leninsche Komsomol umfaßte 1925 eine, 1927 zwei, 1931 fünf Millionen; im Jahre 1932 stieg die Zahl fast auf sechs Millionen. Die organisatorische Erfassung der Arbeiterjugend glückte also. Ist diese Jugend auch im Sinne der Hauptsatzung des 2. Kongresses zu *»eigener Selbständigkeit« umstrukturiert worden*? Von der Bauernjugend waren um die gleiche Zeit kaum 15 Prozent im Komsomol zusammengeschlossen. Von 500 000 jungen Bauern im Komsomolalter, die in landwirtschaftlichen Kommunen lebten und am leichtesten erfaßbar waren, waren nur 25 Prozent im Komsomol. Aus welchen Gründen waren die restlichen 75 Prozent *nicht* organisiert? Die Erfassung der Jugend steht in einem direkten Verhältnis zur Fähigkeit der Jugendorganisationen, ihre sexuellen und materiellen Bedürfnisse zu begreifen, sie für die Jugend auszusprechen und alles zu deren Erfüllung zu tun. Neue Lebensformen bilden sich nur durch die *neuen* Inhalte des Lebens, und neue Inhalte müssen neue Formen haben. Bei der Bauernjugend muß sich die Umwandlung der Struktur anders vollziehen als bei der proletarischen; waren doch ihre sexualpolitischen Verhältnisse grundverschieden.

a) *Die Kommune Sorokin*

Im Laufe der revolutionären Umwälzung entstanden soziale Gebilde, die zwar für die Übergangszeit sehr kennzeichnend sind, aber nicht als Keimzellen der künftigen kommunistischen Ordnung angesehen werden dürfen. Versuchen wir an Hand der berühmt gewordenen »Kommune Sorokin« festzustellen, worin ihre Eigenart besteht.

Sie ist das Musterbeispiel einer autoritär-disziplinierten, antifeministischen, auf homosexueller Bindung aufgebauten, *nicht* spezifisch *kommunistisch* strukturierten Kommune.

An einer Dampfmühle im Nordkaukasus arbeitete ein junger Arbeiter: *Sorokin*. In den Zeitungen las er vom Bau des »Autostroj«, der großen Automobilfabrik der Sowjetunion. Der Wunsch erwachte in ihm, dort mitzuarbeiten. Er besuchte in der nächsten Stadt technische Kurse und organisierte unter den Studenten eine Stoßbrigade. Nach Kursschluß meldeten sich alle zweiundvierzig Absolventen, angesteckt von dem Enthusiasmus Sorokins, zum Autostroj. Am 18. Mai 1930 trafen sie ein. Zweiundzwanzig junge Arbeiter bildeten unter der Führung von Sorokin eine Arbeitskommune. Jeder gab seinen Lohn in eine gemeinsame Kasse, aus der alle Ausgaben bestritten wurden. Es war eine ausgesprochene Jugendkommune, niemand war über zweiundzwanzig Jahre alt. Achtzehn gehörten dem Komsomol an, einer der Partei, drei waren parteilos.

Der jugendliche Enthusiasmus, mit dem sie sich an die Arbeit machten, ihr Ehrgeiz und ihre Unermüdlichkeit fielen bald den anderen Arbeitern auf die Nerven. Auch der Direktor schikanierte sie und hetzte sie überall herum, statt sie, wie es ihr Wunsch war, an einer einzigen Stelle geschlossen einzusetzen. Da gelang es Sorokin, die Absetzung des Direktors durchzudrücken. Der Nachfolger hatte mehr Verständnis für die Kommune. Sofort meldete sie sich auf einen besonders schwierigen Posten, an dem der Plan nur zu 30 Prozent erfüllt war. Ein Sumpfgelände mußte trockengelegt werden. Vier Kommunarden, darunter die einzige Frau der Kommune, traten aus, sie waren den Strapazen nicht gewachsen. Die achtzehn Übriggebliebenen aber hatten sich zu einer festen, kampffrohen Schar zusammengeschweißt und arbeiteten wie die Wilden. Es herrschte unter ihnen eine eiserne Disziplin. Sie beschlossen so-

gar, jeden, der länger als zwei Stunden die Arbeit versäumte, aus der Kommune zu werfen. Ein Kommunarde, der sich tatsächlich dieses Vergehen zuschulden kommen ließ, wurde, obgleich alle ihn gern hatten, mitleidslos ausgeschlossen.
Bald war der Plan zu 200 Prozent erfüllt. Der Ruhm der Kommune Sorokin drang in die entferntesten Winkel des Werkes. Jetzt wurde sie systematisch an allen schwierigen Punkten eingesetzt. Überall riß sie die anderen Arbeiter mit. Es kam vor, daß die Kommunarden von den 24 Stunden des Tages 20 arbeiteten. Diese angespannte Tätigkeit schloß sie eng aneinander. Es gelang ihnen, zwei Zelte zu beschaffen, wo sie gemeinsam wohnen und essen konnten. So entwickelten sie sich zu einer Vollkommune. Das Beispiel zündete. Als Sorokin und seine Kameraden kamen, hatte es auf dem ganzen Werk 68 Stoßbrigaden mit 1691 Udarniki gegeben, die einzige Kommune bildeten sie selbst. Ein halbes Jahr später, im Herbst 1930, bestanden schon 253 Brigaden, darunter 7 Kommunen. Im Frühjahr 1931 stieg die Zahl der Stoßbrigaden weiter auf 339, die der Udarniki auf 7023, die der Kommunen auf 13. In Anerkennung seiner Verdienste erhielt der Brigadier Sorokin den Orden der Roten Fahne.
Diese Kommunarden erinnern uns an die kollektivistischen Gruppen mancher Rotfrontkämpfer-Abteilungen in Deutschland. Der Ausschluß der Frauen allein kennzeichnet sie als für das künftige kommunistische Kollektiv *nicht* vorbildlich. Ihre Struktur ist den durchschnittlichen Bevölkerungstypen fremd. Die Anforderungen, die sie an sich stellen, sind heroisch und zweifellos für die harten Kämpfe der Übergangszeit unerläßlich und vorbildlich; doch sie sind ungeeignet, uns die Keime der künftigen Entwicklung zu enthüllen. Wir müssen unterscheiden, ob eine Kommune aus Not und aus Gewöhnung aneinander wie bei den Stoßbrigadlern entsteht, oder ob sie aus natürlichen Lebensbedürfnissen heraus gebildet wird. Die Entwicklung vieler Kommunen in der Sowjetunion zeichnete sich gerade durch den Übergangscharakter aus; gemeinsame Arbeit und gemeinsame Not in der Fabrik, im Heer, im Kolchos bildeten den Grundstein. Man gewöhnte sich in den Stoßbrigaden aneinander, wie sich Soldaten im Schützengraben aneinander gewöhnen. Gerade die Primitivität des Lebens verwischte den Unterschied der Eigenarten. Das Arbeitskollektiv entwickelte sich zum Vollkollektiv, wenn das gemeinsame Wohnen hinzukam. Doch dieses Kollektiv ist noch keine eigentliche Kommune; denn nur ein Teil des Individuallohns wird von der Sammelkasse erfaßt. In manchen Kollektiven steuert jeder unabhängig von der Höhe seines Lohns den gleichen Betrag wie alle anderen bei. Nach einer anderen Regelung zahlen die Mitglieder einen Mindestbetrag und darüber hinaus Prozente von

ihrem Einkommen. Bei den Vollkommunen ist das anders. Die Kommunarden verpflichten sich, ihren gesamten Lohn an die Kommunekasse abzuführen. Die Vollkommune wurde als »höchste Form des menschlichen Zusammenlebens« angesehen. Bei der Bildung dieser Vollkommunen zeigte es sich, daß die Nichtbeachtung der strukturellen und persönlichen Fragen zu einer zwangsartigen, autoritären, krampfhaften Form des Zusammenhalts führte.
An der Moskauer Staatsbibliothek bildete sich eine Vollkommune aus, in der auch Mäntel, Schuhe und sogar Unterwäsche allen Kommunarden gleichermaßen zur Verfügung standen. Wollte einer der Kommunarden seinen eigenen Mantel und seine eigene Wäsche tragen, so wurde das als »kleinbürgerlich« verurteilt. Ein persönliches Leben gab es gar nicht. Es war z. B. verboten, mit dem einen Kommunarden mehr befreundet zu sein als mit dem andern. Liebe war verpönt. Als man einmal merkte, daß ein Mädchen an einem Kommunarden einen besonderen Gefallen gefunden hatte, wurden beide in einer Sitzung als »Zerstörer der kommunistischen Ethik« angegriffen. Die Kommune zerfiel nach kurzer Zeit (Mehnert).
Es ist wichtig, gerade die Fehlentwicklung solcher Kommunen besonders genau zu verfolgen, wenn man die Kommune als die »künftige Familienform«, als die künftige Einheit der menschlichen Gesellschaft bejaht, sie erhalten und fördern will. *Jede der Natur des Menschen und seinen Bedürfnissen widersprechende Verschrobenheit, jede Art autoritärer, moralischer oder ethischer Lenkung des Lebens muß die Kommune zerstören.* Das Grundproblem ist, wie die Kommune auf Grund *natürlicher* und nicht moralischer Bedingungen sich entwickeln könnte. Als Beispiel dafür, daß der Widerspruch zwischen Struktur und Daseinsform sich bis zu grotesken Erscheinungen zuspitzen kann, sei die Kommune der Bergakademie in Moskau angeführt. Sie beschloß, nicht nur das Geld, sondern auch die Zeit der Mitglieder zu planieren. Es wurde ein Stundenplan aufgestellt, der nach Mehnert folgendermaßen lautete:

7.30	Aufstehen.
7.30– 8.45	Anziehen, Frühstücken, Aufräumen.
8.45–14.00	Hochschule.
14.00–15.30	Mittagessen und Ausruhen.
15.30–21.00	Hochschule und Studium zu Hause.
21.00–21.30	Abendessen.
21.30–23.00	Ausruhen, Lesen.
23.00–24.00	Zeitunglesen.

Insgesamt:

Studium	10 Stunden 45 Minuten.
Hausarbeit	4 Stunden 45 Minuten.
Essen, Ruhe, Zeitunglesen . .	1 Stunde.

Die Kommune des Werkes AMO stellte sogar auf Grund längerer sorgfältiger Beobachtung folgende Statistik über die durchschnittliche Verwendung der 24 Stunden des Tages seitens der Kommunarden auf:

1. Fabrikarbeit	6 Std. 31 Min.
2. Schlaf	7 Std. 35 Min.
3. Lernen	3 Std. 1 Min.
4. Nahrungsmitteleinnahme	1 Std. 24 Min.
5. Politisch-soziale Tätigkeit	53 Min.
6. Lesen	51 Min.
7. Zerstreuung (Kino, Klub, Theater, Spaziergang) .	57 Min.
8. Haushalt	27 Min.
9. Zu Gast	25 Min.
10. Hygiene	24 Min.
11. Nicht feststellbar	1 Std. 32 Min.
	24 Std. 00 Min.

Das ist zwangskranker Statistikkoller. Derartige Erscheinungen sind ausgesprochen pathologischer Natur, und zwar zwangsneurotische Zeichen eines Pflichtdaseins, gegen das sich im Innern der Kommunarden alles auflehnen mußte. Der Schluß, der daraus zu ziehen ist, ist nicht der Mehnerts[1], der deshalb die Möglichkeit eines kollektivistischen Lebens überhaupt in Frage stellt, sondern: *Es muß, bei Festhaltung der kollektivistischen Lebensform, der Weg gefunden werden, auf dem die Struktur der Menschen sich dieser Form anpassen kann.* Solange Denken und Fühlen der Kommunarden dem Kollektiv widersprechen, muß sich die gesellschaftliche Notwendigkeit in Form von Gewissen und Zwang durchzusetzen versuchen. Es gilt die Schere zwischen menschlicher Struktur und Daseinsform zu schließen; nicht durch Zwang, sondern in organischer Weise.

b) *Die Arbeitskommune der GPU für Verwahrloste »Bolschewo«*

Es war die erste Arbeitskommune, die auf Anregung Dzershinskis, des Leiters der GPU, für verwahrloste Kinder eingerichtet worden war. Das war im Jahre 1924. Das Grundprinzip lautete, daß Kriminelle völlig frei zu erziehen wären. Das Grundproblem bildete die Organisation der Kriminellen. Es wurde wie folgt gelöst: Zwei der Gründer der Kommune »Bolschewo« hatten zur Einleitung des Unternehmens eine Aussprache mit den Gefangenen des Butirkigefängnisses in Moskau. Es waren Jugendliche, die wegen Raub, Diebstahl, Vagabondage usw. eingesperrt worden waren. Der Vorschlag der GPU lautete: Wir geben euch Freiheit, Möglichkeit kultureller Entwicklung, Unterricht, Teilnahme am Aufbau der Sowjetunion. Wollt ihr mit-

1 Klaus Mehnert: *Die Jugend in Sowjetrußland*, Berlin 1932 (S. Fischer).

kommen und eine Kommune gründen? Die Verwahrlosten waren zunächst mißtrauisch. Sie wollten und konnten nicht glauben, daß die GPU, die sie arretiert hatte, ihnen nun die Freiheit geben wollte. Sie vermuteten eine Hinterlist und weigerten sich. Wie sich später herausstellte, faßten sie den Beschluß, sich die Sache anzusehen und dann davonzurennen, um weiter zu stehlen und zu rauben. 15 Jungen bekamen *einen* Führer, Geld für die elektrische Bahn und Essen. Ebenso erhielten sie volle Freiheit, zu gehen und zu kommen, wie und wann sie wollten. Als sie auf dem Gelände der zu errichtenden Kommune anlangten, untersuchten sie alle Gebüsche und Hecken nach versteckten Soldaten. Als sie ein altes eisernes Gitter erblickten, wurden sie mißtrauisch und wollten davonrennen; sie vermuteten, daß das die Umzäunung wäre. Man beruhigte sie, überzeugte sie, daß nichts Derartiges beabsichtigt wäre; sie blieben. Die Erweiterung der Zahl der Kommunemitglieder auf 350 und dann auf 1000 geschah ausschließlich mit Hilfe dieser 15 Jungen. Sie setzten zunächst eine Liste von weiteren 75 Jungen auf und garantierten für sie. Sie selbst sandten die Delegierten ins Gefängnis, um die 75 weiteren Jungen zu holen.
Nun ergab sich das Problem, wie die Arbeit am besten zu organisieren wäre. Man beschloß, eine Schuhfabrikation für die umgebende Bevölkerung einzurichten. Die Jungen ordneten alles selber. Sie errichteten Kommunen für den Haushalt, für Arbeit, für Kulturabende. Der Lohn betrug anfangs etwa 12 Rubel monatlich bei freier Verpflegung und Station.
Die Landbevölkerung protestierte heftig gegen die Errichtung der Kommune der Verwahrlosten. Sie richteten Petitionen an die Sowjetregierung, um dies zu verhindern; sie sperrten sich ab, sie hatten Angst.
Allmählich begann die Kulturarbeit. Ein Klub wurde errichtet, ein Theater eingeführt; die Bauern der Umgebung wurden herangezogen. Das Einvernehmen zwischen den Verwahrlosten und der Bevölkerung der Umgebung wurde im Laufe der Jahre so gut, daß die Jungen anfingen, Mädel aus den umliegenden Dörfern und Städtchen zu »heiraten«.
Allmählich verwandelten sich die Kleinbetriebe in Fabriken für Sportgeräte. 1929 bestand eine Schuhfabrik, die 400 Schuhe und 1000 Schlittschuhe täglich sowie Kleider, Jumper usw. fabrizierte. Der Lohn betrug nun zwischen 18 Rubel für Neuangekommene bis zu 100–130 Rubel für länger Ansässige. Die Arbeiter zahlten 34–50 Rubel für ihre Erholung, Essen, Wohnung, Kleidung, 2 % ihres Lohnes ging für Kultureinrichtungen ab. Für die Neuankömmlinge bestand das Problem, wie sie mit 18 Rubeln das Leben bestreiten sollten. Die Antwort lautete: Wir geben euch Kredit, bis ihr voll verdient.
Im Betrieb herrschte das gleiche Selbstverwaltungssystem, wie

in den Betrieben der ganzen Sowjetunion. Es bestand ein Dreier-Direktorium, das von der Belegschaft gewählt worden war und eine Institution aus der Belegschaft, die über die Funktionen des Direktoriums zu wachen hatte.

In der kulturpolitischen Abteilung bestanden einige Kommissionen, die neue Kriminelle heranzuziehen hatten. Die Kommune nahm an Zahl ständig zu. Hatten sich im Jahre 1924 bis 1925 noch die Verwahrlosten gefürchtet, in die freie Kommune einzutreten, so war jetzt der Andrang von Verwahrlosten zur Kommune so groß, daß die Belegschaft auf die glänzende Idee kam, vor der Aufnahme in die Gemeinschaft eine Prüfung mit den Neuankömmlingen abzuhalten. Diese Prüfung sollte beweisen, daß es sich tatsächlich um verwahrloste Verbrecher und nicht etwa um nichtkriminelle Arbeiter handelte. Es wurde genau erhoben, wo der Betreffende gefangengenommen worden war; was er verbrochen hatte; wie er seine Verbrechen angestellt hatte; was für Gefängnisse er kannte; wie sie innen eingerichtet waren usw. Konnte ein Neuankömmling diese Fragen nicht zufriedenstellend beantworten—und die Kommissionsprüfer kannten sich sehr gut aus —, wurde ihm die Aufnahme verweigert. Nichthäftlinge wurden also nicht akzeptiert. Die Liste der Kandidaten wurde der allgemeinen Versammlung der Kommune vorgelegt. In der Versammlung mußte der Neue über sich berichten. War er unbekannt, dann erhielten zwei Mitglieder der Kommune den Auftrag, ihn zu betreuen. Die Kandidatur dauerte sechs Monate; bewährte er sich in dieser Zeit, wurde er in die Kommune definitiv aufgenommen; bewährte er sich nicht, dann konnte er wieder ungehindert gehen.

Allmählich entstanden eine Bibliothek, ein Schachklub, eine kleine Kunstsammlung, ein Kino, die sämtlich nicht von oben, sondern von gewählten Kommunarden geführt wurden. Es entstanden auch sogenannte Konfliktkommissionen. Versäumte jemand die Arbeit oder verspätete er sich, so erhielt er einen öffentlichen Verweis; wenn er rückfällig wurde, wurde ihm Geld vom Lohn abgezogen. In den allerschwersten Fällen griff man zu folgendem Mittel: Die Kommune verurteilte den Betreffenden zu ein oder zwei Tagen Arrest. Man gab dem »Sträfling« einen Zettel mit der Adresse des betreffenden Gefängnisses in Moskau. Gänzlich ohne Begleitung und Aufsicht fuhr er dort hin, saß ein, zwei Tage und kam freudig wieder zurück.

Im Laufe der ersten drei Jahre gesellten sich zu 320 Jungens 30 Mädchen. Es gab angeblich keine sexuellen Schwierigkeiten, denn die Jungen hatten Verbindung mit den Mädchen der Umgebung. Der Leiter der betreffenden Kommune erklärte mir auf meine ausdrückliche Frage, daß die Kommunenmitglieder sich gegenseitig in sexuellen Schwierigkeiten berieten, daß aber gröbere Exzesse nur sehr selten wären. Das Leben ordnete sich

wie von selbst dadurch, daß die Liebe uneingeschränkt genossen werden könnte.
Die Kommune »Bolschewo« darf uns als das Musterbeispiel der auf dem Prinzip der Selbstverwaltung und der unautoritären Umstrukturierung beruhenden Erziehung jugendlicher Verbrecher gelten. Leider blieben derartige Kommunen vereinzelte Institutionen und aus uneinsichtigen Gründen wurde das gleiche Prinzip in den folgenden Jahren nicht mehr angewendet. Das beweisen die Berichte aus dem Jahre 1935. Wir vergessen nicht, die Maßnahmen des Jahres 1935 fielen bereits in die Zeit, in der der allgemeine Rückschritt zu autoritären gesellschaftlichen Methoden große Fortschritte gemacht hatte.

c) *Die Jugend auf der Suche nach neuen Lebensformen*

Zur gleichen Zeit als mit Hilfe der NEP die Wirtschaft rekonstruiert wurde, spielte die Errichtung von privaten Kommunen eine hervorragende Rolle. In kollektiven Wohnheimen sollten die Jugendlichen die kommunistische Form des Gemeinschaftslebens verwirklichen. Mehnert berichtet, daß diese Bestrebungen später wieder in den Hintergrund traten, und es wurde ihm meines Wissens darin nicht widersprochen. »Man ist nüchterner geworden«, schrieb er 1932: »Man gibt offen zu, daß es wenig Sinn hat, jetzt schon auf kleinen Inseln das letzte Stadium des Sozialismus, den Kommunismus vorwegzunehmen, während ringsherum das ganze Land sich noch in der Liquidation der NEP, in den allerersten Anfängen des Sozialismus befindet. Die Schaffung von Kommunen ist trotz des großen Eifers, mit dem man sie betrieb, mehr eine Verlegenheitsaufgabe gewesen. Deren bedarf es heute nicht mehr.« Diese Auskunft Mehnerts ist unbefriedigend. Mag sein, daß die Versuche, Jugendkommunen zu gründen, Mitte der zwanziger Jahre verfrüht waren. Aus welchen Gründen scheiterten sie? Die sowjetische Entwicklung kennzeichnet sich bis auf den heutigen Tag durch schweres Ringen der neuen Lebensformen mit den alten. Vom Ausgang dieses Kampfes wird das Schicksal der russischen Revolution bestimmt sein. Die Frage der Jugendkommunen ist nur ein Teilstück des gesamten Problems. Daß ihre Gründung eine »Verlegenheitsaufgabe« war, können wir nicht zugeben. Es ist viel wahrscheinlicher, daß dieser höchst ernste und bedeutsame Schritt der Jugend zunächst an uneinsichtigen Schwierigkeiten scheiterte. Das Neue konnte sich offenbar nicht durchsetzen, weil es vom Alten überwuchert wurde. Dennoch spricht man heute bereits in der Sowjetunion vom »verwirklichten Sozialismus«.[1]

1 »In der Sowjetunion hat der Sozialismus unter der Führung der KPdSU, ihres leninistischen Zentralkomitees, unter der Führung des großen Führers der Werktätigen, des Genossen Stalin, endgültig und unwiderruflich gesiegt.« (Manuilski in seinem Referat vor dem Moskauer und Leningrader Parteiaktiv über die Ergebnisse des VII. Kongresses der Komintern.)

Hören wir den Bericht aus einem Kommune-Tagebuch, den Mehnert gibt:
Es war im Winter 1924. Bittere Not herrschte in der Sowjetunion, vor allem in den großen Städten, in Moskau. Gemeinsamer Hunger, gemeinsame Entbehrungen, gemeinsamer Wohnungsmangel hatten die Menschen einander genähert. Das Zusammengehörigkeitsgefühl, das aus diesen gemeinsamen Erlebnissen wuchs, war so stark geworden, daß sich einige Freunde, die vor der Beendigung ihrer Schule standen, nicht mehr zu trennen vermochten. Noch waren sie sich über ihre Pläne nicht im klaren, aber nach den Jahren kollektiven kameradschaftlichen Zusammenarbeitens schien ihnen die Rückkehr in Einzelfamilien unmöglich. Da tauchte die Idee auf, auch für die Zukunft zusammenzubleiben als eine große Familie — die Idee, eine Kommune zu gründen. Groß war die Zahl derer, die sich beteiligen wollten, aber die Auslese — man war klug genug, sie für nötig zu halten — war streng; es gab Tränen der Abgelehnten. Nach langer erfolgloser Wohnungssuche wurden im zweiten Stock eines Hauses der Moskauer Altstadt, in einer früheren Kneipe, einige Zimmer frei. Im ersten Stock befand sich eine chinesische Wäscherei, deren Dampf durch die Ritzen nach oben zog; nur nachts von zwei bis sechs Uhr, wenn die Arbeit ruhte, ließ es sich leichter atmen. Aber das schadete nichts. Man war begeistert, ein Dach gefunden zu haben.
Im April 1925 fand der Einzug statt. Die Wohnung: zwei Schlafzimmer, ein Wohnraum, »Klub« genannt, und eine Küche; das Mobiliar: Pritschen, zwei Tische und zwei Bänke. Zehn Menschen, fünf Mädchen und fünf junge Männer, wollten hier ein neues Leben aufbauen.
Erst beabsichtigte man, alle Hausarbeit selber zu verrichten. Bald aber waren die Kommunarden so stark mit Aufgaben außerhalb ihres Heims in Anspruch genommen, daß sie, als die erste Begeisterung verflogen war, den Haushalt zu vernachlässigen begannen. Eine große Schlamperei trat ein. Nach wenigen Monaten ist im Tagebuch zu lesen:
»28. Oktober. Der Stubendienst hat verschlafen. Frühstück gab es nicht. Die Kommune wurde nicht aufgeräumt. Nach dem Abendessen wurde das Geschirr nicht gewaschen (es fehlt übrigens an Wasser).
29. Oktober. Wieder kein Frühstück. Auch kein Abendessen. Das Geschirr ist immer noch ungewaschen. Die Speisekammer ist unaufgeräumt, ebenso die Toilette (überhaupt ist die Toilette fast nie aufgeräumt). Überall liegt eine dicke Schicht Staub. Als wir uns schlafen legten, war die Tür unverschlossen. In zwei Zimmern blieb das Licht brennen. (Eine übliche Erscheinung.) Nachts um zwei entwickelte unser Photoamateur entgegen allen Bestimmungen seine Aufnahmen.

30. Oktober. Wir haben mit dem Aufräumen begonnen: Alles ist auf dem Boden, auf den Fenstern, auf den Stühlen, auf und unter den Betten herumgeworfen. Im Klub sind Zeitungen, Tintenfässer, Briefe, Federhalter über das ganze Zimmer verstreut. Auf dem Tisch herrscht ein Chaos. In der Küche steht immer noch ungewaschenes Geschirr, sauberes gibt es nicht mehr. Der Küchentisch ist vollgepackt bis zur Grenze seiner Aufnahmefähigkeit. Der Wasserausfluß ist mit einer schmutzigen Fettschicht verstopft. Die Speisekammer ist eine Hölle. Die Kommunarden sind apathisch, ruhig und einige sogar zufrieden. — Bauen wir so ein neues Leben?«

Einige Tage später wird der Beschluß gefaßt, eine Haushälterin (Lohnarbeiterin) zu beschäftigen. Ist das nicht glatte Ausbeutung? Nach eingehender Beratung stellt man fest: »Jeder Mensch ist gezwungen, auf Schritt und Tritt gegen Entgelt fremde Dienste auf dem Gebiete der Hauswirtschaft in Anspruch zu nehmen: Er gibt Kleidungsstücke in die Wäsche, er holt eine Putzfrau, um den Boden zu reinigen, er bestellt ein Hemd bei einer Schneiderin. Die Beschäftigung einer Haushälterin ist im Prinzip dasselbe, nur werden bei ihr alle diese Einzeldienste in einer Person vereinigt.« So kommt die Haushälterin Akulina in die Kommune, mit ihr eine gewisse Ordnung und Sauberkeit.

Trotzdem zeichnet das Tagebuch beim Ablauf des ersten Jahres der Kommune ein düsteres Bild. Das gegenseitige Verhältnis unter den Kommunarden ist nicht erfreulich. »Der Druck der schweren Zeit hat Nervosität und Gereiztheit hervorgerufen.« Schon sind vier Austritte erfolgt: Ein Mädchen ging, weil sie, wie sie sagte, in der Kommune ihre Gesundheit ruiniere; die zweite motivierte ihren Fortgang mit dem unzuträglichen Charakter eines der Jungens, die dritte heiratete und zog zu ihrem Mann, als vierter wurde ein junger Bursche, der einen Teil seiner Einnahmen in Höhe von 160 Rubel den Kommunekameraden verschwiegen und vorenthalten hatte, zur Strafe ausgeschlossen. So sind nur noch zwei Mädchen und vier Jungen zurückgeblieben. Das war Tiefstand und entscheidende Krise. Als der Sommer kam, ging es wieder aufwärts; bald wurde ein Bestand von elf Kommunarden — fast alle Studenten — erreicht. Schließlich waren von den 10 ersten Gründern der Kommune nur vier übriggeblieben. Alle im gleichen Alter, 22 und 23 Jahre. Fünf Mädchen, sechs Jungen.

Jede Frage, selbst die kleinste, wurde auf Vollversammlungen der Kommune besprochen. Einzelne »Kommissionen« mußten für die verschiedenen Seiten des Lebens sorgen: Die Finanzkommission hatte die schwere Aufgabe, Einnahmen und Ausgaben im Gleichgewicht zu halten; die Wirtschaftskommission war für Verpflegung, Einkäufe und Ordnung im Heim verantwortlich; die studentisch-politische Kommission widmete sich den Hochschulfragen innerhalb der Kommune, kümmerte sich um Bibliothek und Zeitungen und hielt die Verbindung zwischen der Kommune und den Jugendorganisationen, in erster Linie dem Komsomol, aufrecht. Die Bekleidungskommission hatte Kleider, Wäsche, Schuhe unter sich, und die Hygienekommission achtete auf die Gesundheit der Kommunarden und versorgte sie mit Seife und Zahnpulver.

Organisatorisch kennzeichnete sich die Kommune durch die Übernahme staatlich-formaler Lenkungsmaßnahmen, der »Kommissionen«. Doch auch die moralischen Bedenken stellten sich ein, als die Kommunemitglieder über die ersten Schwierigkeiten der Ordnung ihres rein materiellen Seins hinweggekommen waren und das sogenannte Privatleben sich meldete.

Unter den Schwierigkeiten, die die Kommune belasteten, kann man Mißstände unterscheiden, die Folgen unmittelbarer materieller Not, und solche, die Ausdruck struktureller Sexualangst waren. Nach außen hin hatte es den Anschein, als ob »Egoismus«, »Individualismus« und »kleinbürgerliche Gewohnheiten« den kollektivistischen Geist der Kommune schädigten. Diese alten »schlechten Eigenschaften« versuchte man durch moralische Disziplinierung auszurotten. Man setzte ein Ideal, ein moralisches Prinzip vom »kollektiven Leben« gegen den »egoistischen Hang«. Man versuchte also, eine Organisation, deren Prinzip die Selbstverwaltung und die freiwillige, innere Disziplin sein sollten, mit Hilfe moralisch-ethischer, ja autoritärer Maßnahmen aufzubauen. Woher stammte dieser Mangel an innerer Disziplin? *Konnte eine Kommune auf die Dauer den Widerspruch des Prinzips der Selbstverwaltung zur autoritären Disziplinierung ertragen?*

Die Selbstverwaltung einer Kommune setzt psychische Gesundheit voraus; diese wieder erfordert alle inneren und äußeren Bedingungen eines befriedigenden Liebeslebens. Der Widerspruch zwischen Selbstverwaltung und autoritärer Disziplinierung wurzelte im Widerspruch zwischen dem angestrebten kollektiven Leben und der dazu unfähigen psychischen Struktur der Kommunarden: *Sie versagten bei der Ordnung der Sexualverhältnisse in der Kommune.* Das Kollektiv sollte der Jugend, die des Elternhauses und des Lebens in der Familie überdrüssig war, eine *neue Heimat* bieten; in dieser Jugend lebten jedoch *gleichzeitig* Familien*scheu* und Familien*sehnsucht*. Die Probleme des Holzhackens und der kleinen Alltagsverrichtungen wurden erst unlösbar durch die Verworrenheit der geschlechtlichen Beziehungen. Zunächst stellten die Kommunarden sehr richtige Forderungen auf. Die Beziehungen hätten »kameradschaftlich« zu sein. Doch, was das heißt »kameradschaftlich«, wurde nie klar. Es wurde richtig betont, daß die Kommune kein Kloster

und die Kommunarden keine Asketen wären. In den Satzungen der Kommune hieß es sogar wörtlich:
»Wir sind der Ansicht, daß eine Einschränkung der geschlechtlichen Beziehungen (der Liebe) nicht statthaben soll. Die geschlechtlichen Beziehungen sollen offen sein. Wir müssen uns zu ihnen bewußt und ernsthaft verhalten. Unkameradschaftliche Beziehungen haben den Wunsch nach Heimlichkeit und dunklen Ecken, Flirt und ähnliche unerwünschte Erscheinungen im Gefolge.« In diesen wenigen Sätzen erfaßten die Kommunarden intuitiv richtig einen Grundsatz der Sexualökonomie: Unfreiheit der geschlechtlichen Beziehungen führt zur Sexualität auf der Hintertreppe. Waren die Kommunarden derart erzogen, derart ihrer Sexualität bewußt, derart gesund, daß sie diesem sexualökonomisch richtigen, kollektivistischen Prinzip Folge leisten konnten? Sie waren es nicht.
Es stellte sich bald heraus, daß man mit Forderungen und Worten die schwierige Strukturfrage nicht lösen konnte. Man entdeckte, daß der Wunsch eines befreundeten Paares, allein zu sein, sich ungestört der Liebe hinzugeben, keineswegs eine Folge unkameradschaftlicher Beziehungen war. Sofort meldete sich die erste Frage des jugendlichen Lebens aller Schichten und Länder: *Der Mangel eines eigenen Wohnraumes.* Jedes Zimmer war voll von Menschen. Wo konnte sich das Liebesleben ungestört abspielen? Niemand hatte bei der Gründung der Kommune an die Fülle von Aufgaben gedacht, die sich aus der Frage des geschlechtlichen Beisammenseins allein ergeben würden. Diesen Wirklichkeiten des Lebens konnte mit keinem Befehl und keiner Disziplin abgeholfen werden. Die Verfassung der Kommune erhielt später einen Zusatz, der die Schwierigkeit mit einem Schlag aus der Welt schaffen wollte. Er lautete: *»Geschlechtliche Beziehungen der Kommunarden sind in den ersten Jahren der Kommune unerwünscht!«*
Das Protokoll behauptet, daß dieser Beschluß sich zwei Jahre lang durchführen ließ. Das halten wir nach allem, was wir von jugendlicher Sexualität wissen, für gänzlich ausgeschlossen. Es ist kein Zweifel, daß sich die geschlechtlichen Beziehungen heimlich, unsichtbar dem Auge der »Kommission« abspielten; und derart mußte ein Stück reaktionärer Welt in die neue einbrechen. Der erste richtige Grundsatz der Kommune, in geschlechtlichen Fragen offen und freimütig zu sein, war gebrochen.

d) *Der unlösbare Widerspruch zwischen Familie und Kommune*
Bei den Schwierigkeiten des Lebens in der Kommune handelte es sich nicht darum, ob nur die Mädel oder auch die Jungen bügeln und flicken sollten; es ging im Kern um die Fragen des geschlechtlichen Zusammenseins. Das beweist die teils neuartig revolutionäre, teils krampfhaft ängstliche Art, in der die Kom-

munarden mit den Geschlechtsproblemen fertig zu werden versuchten. Am Ende des schweren Konflikts stand das Resultat: *Familie und Kommune sind unvereinbare Organisationen.*

Anfang 1928 trat diese Schwierigkeit in akuter Weise auf. Am 12. Januar wurde laut Protokoll folgende Debatte auf der von Wladimir einberufenen Kommuneversammlung geführt:

Wladimir: »Ich heirate. Katja und ich haben uns zur Ehe entschlossen. Wir wollen unbedingt zusammenleben, und zwar in der Kommune, da wir uns ein Leben außerhalb der Kommune nicht denken können.«
Katja: »Ich stelle den Antrag auf Aufnahme in die Kommune.«
Semjon: »Wie will Katja aufgenommen werden, als Frau Wladimirs oder einfach als Katja? Davon hängt unsere Entscheidung ab.«
Katja: »Ich hatte schon lange die Absicht, den Aufnahmeantrag zu stellen, ich kenne die Kommune und will ihr Mitglied werden.«
Sergej: »Ich bin für Aufnahme. Wenn Katja ihren Antrag unabhängig von der Ehe mit Wladimir stellte, würde ich mir den Fall sehr überlegen. Aber hier handelt es sich nicht nur um Katja, sondern auch um einen unserer Kommunarden. Das dürfen wir nicht vergessen.«
Lelja: »Ich bin dagegen, daß man einen beliebigen Ehepartner in die Kommune aufnehmen muß. *Erst ist zu erwägen, wieweit die Familie, die dadurch neu entsteht, in die Kommune paßt (!).* Für dieses Experiment halte ich allerdings Katja für denkbar geeignet, da sie ihrem Wesen nach für ein Kommuneleben qualifiziert ist.«
Mischa: »Wir befinden uns in der Kommune augenblicklich in einer Krise. *Eine Ehe würde eine Gruppenbildung innerhalb der Kommune darstellen und die Einheit der Kommune noch mehr erschüttern;* daher bin ich gegen die Aufnahme.«
Lelja: »Wenn wir Katja nicht aufnehmen, verlieren wir Wladimir. Wir haben ihn jetzt schon fast verloren, er ist kaum zu Hause. Ich stimme für Annahme.«
Katja: »Ich bitte, meinen Fall ohne ›mildernde Umstände‹ zu beurteilen, ich will richtiges Mitglied der Kommune werden und nicht nur Frau eines Kommunarden.«
Beschluß: Katja wird in die Kommune aufgenommen.

In das Schlafzimmer der Mädchen wurde eine neue Pritsche gerückt. Weder in den Kommuneprotokollen noch in der Mehnertschen Darstellung findet sich eine konkrete Auskunft, in welcher Weise sich der Geschlechtsverkehr der jungen Kommunarden abspielte. Das Problem der Ehe eines Kommunarden war zwar prinzipiell positiv entschieden, doch die Schwierigkeiten begannen erst nachher. Nach langen Debatten kam man zu der Feststellung, daß Kinder angesichts des Platzmangels und der materiellen Enge der Kommune unerwünscht waren. Das Vorhandensein von Kindern würde den Studenten jede Möglichkeit nehmen, zu Hause in Ruhe zu arbeiten. Im Protokoll finden sich folgende Sätze:
»Die Ehe ist in der Kommune möglich und erlaubt, jedoch muß die Ehe angesichts der schweren Wohnungssituation ohne Folgen bleiben. *Abtreibung darf nicht vorgenommen werden.*«

In diesen drei Sätzen ist mehr an Problemen der geschichtlichen Umwälzung in der Sowjetunion enthalten als auf Tausenden Seiten formalistischer Protokolle.

Satz 1: *Die Ehe ist in der Kommune möglich und erlaubt.* Man hatte doch bezweifelt, ob eine Ehe möglich wäre, und man hatte sie schließlich erlaubt; man konnte das Liebesverhältnis ja nicht verbieten. Auf die Idee, daß man nicht erst eine »Ehe« zu schließen brauchte, um ein Liebesverhältnis zu unterhalten, kam man nicht, weil der Begriff der Ehe in der offiziellen Sowjetideologie *jede* geschlechtliche Beziehung deckte; man unterschied nicht zwischen einer Beziehung, die mit dem Wunsch, auch Kinder zu haben, verknüpft war, und einer solchen Beziehung, die nur dem Liebesbedürfnis entsprang. Man unterschied auch nicht die kurze vorübergehende Beziehung von der dauernden; man dachte nicht an das Ende einer kurzen Beziehung, an die allmähliche Entwicklung der dauernden.

Satz 2: *Die Ehe muß angesichts der schweren Wohnungsverhältnisse ohne Folgen bleiben.* Einerseits anerkannten die Kommunarden, daß man die Ehe schließen kann, ohne Kinder zu haben, die man nicht hätte unterbringen können. Doch die Frage, wo sich der Geschlechtsverkehr ohne Folgen abspielen sollte, war zunächst das eigentliche Problem. In der deutschen Jugendbewegung hatte sich hier und dort bereits der Grundsatz durchgesetzt, die Lokalfrage dadurch zu lösen, daß ein Jugendlicher, der über ein Zimmer verfügte, es seinen Kameraden zum Zwecke ungestörten Alleinseins zur Verfügung stellte. So überragend die Notwendigkeit eines derartigen Beschlusses war, keine offizielle Parteistelle hätte es gewagt, ihn offiziell als Notmaßnahme zu vertreten.

Satz 3: *Abtreibung darf nicht vorgenommen werden.* In diesem Satz drückte sich die konservative Tendenz aus, eine Liebesbeziehung zwar zu gestatten, aber keine Abtreibung zuzulassen; praktisch war also die Abstinenz als Ausweg gewählt. Korrekterweise hätte der Beschluß lauten müssen: »Da wir wegen Platzmangels vorläufig keine Kinder zulassen können, dürft Ihr zunächst keine Kinder haben. Wenn Ihr beisammen sein wollt, dann benutzt Empfängnisverhütungsmittel und sagt uns, wann Ihr ungestört sein wollt.«

Wie hilflos die Kommunarden in der Vorstellung von der Einheit von Fortpflanzung und Sexualbefriedigung verstrickt waren, zeigen die Diskussionen nach diesem Beschluß. Nicht alle Kommunarden waren mit ihm einverstanden, manche hielten ihn richtig für einen allzuscharfen Eingriff in die Gesetze der Natur, für grob, unklar und gesundheitsschädigend. Als nach Ablauf eines Jahres die Möglichkeit auftauchte, neue und größere Wohnräume für die Kommune zu erhalten, wurde die genannte Resolution durch eine neue ersetzt: »Die Kommune läßt die Geburt von Kindern zu.« Die Frage der Ungestörtheit des Geschlechtsverkehrs war wieder nicht berührt. Revolutionär war die Stellungnahme, daß die Kinder von Kommunarden als Kinder der Kommune angesehen und auf allgemeine Kosten erzogen werden sollten.

Hier trat der Widerspruch zutage. Die Kommune war doch zweifellos die neue Form der »Familie«: ein Kollektiv nicht blutsverwandter Menschen, das die alte Familie ersetzen sollte. Die Sehnsucht nach dem Kollektiv ging zwar aus dem Protest gegen die familiäre Einschränkung des Lebens hervor; doch sie war selbst wieder der Ausdruck des Verlangens, in einer familienähnlichen Gemeinschaft zu leben. Man gründete also eine neue Familienform und behielt gleichzeitig innerhalb ihres Rahmens die alte Familienform bei. Der Wirrwarr war groß. Nachdem sich die Verhältnisse innerhalb der Kommune konsolidiert hatten, tauchte der Gedanke an die Möglichkeit des Heiratens auf und führte in einer Debatte zu folgendem Beschluß:

»Wenn jemand unter den Kommunarden zu heiraten wünscht, so ist das ganz in Ordnung, und die Kommune darf ihm nicht im Wege stehen. Im Gegenteil, die Kommune muß sich bemühen, die für ein Familienleben notwendigen Voraussetzungen zu schaffen.«

Der Widerspruch zwischen Familie und Kollektiv äußerte sich nun konkret in folgenden Fragen: Wie aber, wenn ein Kommunarde ein Mädchen außerhalb der Kommune heiraten will, ein Mädchen, das in den Rahmen der Kommune nicht paßt? Muß es von der Kommune aufgenommen werden oder nicht? Wie, wenn dieses Mädchen von außerhalb gar nicht wünscht, in die Kommune aufgenommen zu werden? Sollen dann Mann und Frau getrennt leben? Eine Frage gebar in dieser Weise die andere. Die Kommunarden wußten nicht:

1. daß ein *Widerspruch* klaffte zwischen der *neuen Form der Kommune* und der *alten Struktur der Kommunarden.*
2. daß die *Kommunen mit alter Ehe und Familie unvereinbar* sind,
3. daß und wie der *strukturelle Umbau* der in einer Kommune stehenden Menschen durchzuführen war.

Der konservative Begriff der »Ehe« verknüpfte sich mit der Vorstellung von der Unlöslichkeit der Beziehung; er umstrickte die Kommunarden, sie fanden keinen Ausweg.

Man hatte kaum Zeit gehabt, sich mit den familienrechtlichen Beschlüssen zu freuen, als sich Schlimmes ereignete. Das Tagebuch verzeichnet:

»Wladimir hörte auf, Katja zu lieben. Er selbst vermochte nicht den Sachverhalt zu erklären. Als er heiratete, liebte er Katja, aber jetzt ist in ihm nichts weiter außer einem rein kameradschaftlichen Gefühl übriggeblieben, und ohne Liebe als Mann und Frau leben, das ist schwer und unnötig.«

Die Konsequenz war Scheidung, doch die Kameraden waren darüber sehr erregt und vor allem führten die Mädchen sehr wilde Reden.

»Wladimir ist ein Schwein«, hieß es. Vor der Ehe hätte er sich das überlegen müssen! Er kann doch nicht erst heiraten und dann nach einer Weile wieder weglaufen. Das hat verdammte Ähnlichkeit mit spießbürgerlicher Romantik: Wenn ich will, dann liebe ich, und wenn ich will, dann höre ich wieder auf. Heute kann ich ohne dich nicht leben, laß uns heiraten, und nach einem Monat: tut mir sehr leid, ich liebe dich nicht mehr, wir wollen einfach Kameraden sein.

Wie wenig Einfluß hatte doch im Grunde das sowjetische Ehegesetz auf die seelische Struktur der Kommunarden gehabt! Man hielt für spießbürgerlich, was der Spießbürger selbst so sehr fürchtet: die Lösung einer ehelichen Gemeinschaft. Dialektik!
Die Jungen hatten größeres Verständnis: Kein Zweifel, Wladimir hatte Katja geliebt, und er war nicht schuld, daß dieses Gefühl verschwunden war. Die Angelegenheit kam auf einer Vollversammlung der Kommune zur Sprache. Einige Mädchen fanden es sonderbar, daß Katja von der ganzen Geschichte überhaupt keinem Menschen etwas gesagt hatte und sie nun gar vor die Vollversammlung brachte. Es gab einen langen Streit. Die einen sagten: »Wladimir hat recht, wenn er auf die Scheidung ausgeht, und wir dürfen ihn nicht verurteilen. Man kann ihn schließlich nicht durch einen Kommunebeschluß zum Lieben zwingen.« Die Mehrzahl verurteilte jedoch Wladimir, weil er leichtsinnig in die Ehe gegangen wäre und sich eines Komsomolzen und Kommunarden unwürdig benommen hätte. Eine Einigung war nicht zu erzielen. Die ganze Sache löste sich dadurch von selbst, daß Katja für einige Monate Moskau verließ. Als sie wiederkehrte, schloß sich ihr Wladimir wieder an, doch das Problem der Scheidung war dadurch nicht gelöst. Im Laufe der Zeit heirateten von elf Kommunarden fünf. An den Wohnverhältnissen hatte sich nichts geändert, d. h. Jungen und Mädchen hatten nach Geschlechtern getrennte Schlafzimmer. Eine sexualhygienisch unmögliche Situation.
Die Kommunardin Tanja schrieb einen verzweifelten Brief an ihren Mann:

»Ich will ein persönliches Glück haben, ein kleines, ganz einfaches und ganz gesetzliches. Ich sehne mich nach einer stillen Ecke mit Dir allein, um mit Dir zusammen sein zu können, wenn wir es wünschen, damit wir uns nicht vor den anderen verstecken müssen, damit unsere Beziehungen voller, freier und freudiger werden. Kann denn die Kommune nicht verstehen, daß das eine menschliche Notwendigkeit ist?«

Wir behaupten, Tanja hatte die gesündere genitale Struktur. Wir sehen jetzt deutlich, woran die Kommune scheiterte. Die Kommunarden verstanden Tanja sehr gut und litten selber unter den Wohnverhältnissen und der ideologischen Verworrenheit, doch sie konnten daran nichts ändern. Die Aufzeichnungen hörten auf, das Problem versank und bestand unterirdisch weiter. Das Problem der Beziehung der Geschlechter im Kollektiv wäre noch lange nicht gelöst gewesen, wenn man die Wohnungsfrage gelöst hätte. Sie allein macht es noch nicht. Löst man die Raumfrage, so schafft man nur eine wichtige *äußere* Voraussetzung. Unser Kommunarden-Ehepaar kam nicht auf die Idee (und konnte infolge mangelnder Hilfe nicht auf die Idee kommen), daß man keine Dauerbeziehung eingehen darf, wenn man sich nicht überzeugt hat, daß man auch sexuell, rhythmisch und psychisch gleichzeitig zueinander paßt; daß man, um dies festzustellen, erst eine Zeitlang miteinander ohne weitere Verpflichtung gelebt haben muß; daß die Anpassung aneinander oft lange Zeit in Anspruch nimmt; daß man fähig sein muß, sich wieder voneinander zu lösen, wenn man geschlechtlich nicht zueinander paßt. Daß man Liebe nicht fordern kann, sondern daß sexuelles Glück entweder von selbst sich einstellt oder fehlt. Das alles hätten diese frischen Jungen und Mädel zweifellos nach einigen schweren Kämpfen von selbst herausgefunden, wenn ihnen nicht der Ehebegriff und die Gleichsetzung von Sexualität und Fortpflanzung im Blute gesessen hätten. Diese Begriffe waren ihnen nicht angeboren, sie waren nur aus der gesellschaftlichen Ideologie nicht ausgetilgt worden.

3. Notwendige strukturelle Voraussetzungen

Fassen wir zusammen:
1. Die Familiensituation etwa um 1900 war relativ einfach. Die Menschen lebten abgekapselt in ihren Familien; es gab kein Kollektiv, das Forderungen stellte, die sowohl der Familiensituation wie der menschlichen familiären Struktur widersprachen. Die Familie stand auch in keinem Widerspruch zur gesellschaftlichen Ordnung des patriarchalisch-autoritären Staates. Die unterdrückte Sexualität machte sich nur in Hysterien, charakterlichen Versteifungen und Verschrobenheiten, Dirnenbesuch, Perversionen, Selbstmorden, Kinderquälereien und kleinbürgerlichem Kriegsfanatismus Luft.
1930 war die Situation bereits komplizierter. Die Zwangsfamilie zerfällt in Form des Widerspruchs zwischen kollektivistischer Produktion und Vernichtung der ökonomischen Basis der Familie. Die familiäre Institution ist nur mehr selten wirtschaftlich, aber dafür um so stärker strukturell festgehalten. Sie kann nicht leben und sie kann nicht sterben. *In* der Familie leben können die Menschen nicht mehr und *ohne* Familie leben auch nicht. Mit einem Partner dauernd zusammenleben können sie nicht und allein sein auch nicht.

2. In der Sowjetunion wurde eine neue Form geboren. Es war die *neue Familienform des Kollektivs nicht blutsverwandter Menschen.* Es schließt die alte Ehe aus. Die nächste Frage ist nun, wie sich die geschlechtlichen Beziehungen in einer solchen Gemeinschaft gestalten werden. Das können wir nicht vorausbestimmen und dürfen es auch nicht wollen. Das einzige, was wir tun können, ist, den Umwälzungsprozeß, den die sexuelle Revolution der Gegenwart darstellt, genau verfolgen und derjenigen Richtung zur Geburt verhelfen, die in keinem Widerspruch zu den wirtschaftlichen und gesellschaftlichen Organisationsformen der Arbeitsdemokratie steht. Allgemein gesagt: *Uneingeschränkte, konkrete Bejahung des sexuellen Glücks der Menschen.* Weder die normative Dauermonogamie noch die liebeleere, zufällige, unbefriedigende Beziehung (»Promiskuität«) entsprechen dieser Forderung. Der sowjetische Kommunismus schließt sowohl die Askese wie die lebenslängliche Monogamie als Norm aus. Die Geschlechtsverhältnisse treten unter völlig neue Bedingungen; das Kollektiv vervielfacht derart die menschlichen Beziehungen des einzelnen, daß eine Sicherung gegen einen Wechsel der Partner oder gegen Aufnahme von Beziehungen zu Dritten unmöglich ist. Man muß die Schmerzhaftigkeit und Schwere der Vorstellung, daß der geliebte Partner einen Dritten umarmt, restlos begreifen, selber erlebt haben, passiv und aktiv, um zu verstehen, daß dieses Problem kein maschinell-ökonomisches, sondern ein strukturelles des lebendigen Lebens ist. Bei gleicher Anzahl von Jungen und Mädel, Männern und Frauen in einem Kollektiv besteht leichtere Partnerwahl und auch größere Möglichkeit zum Partnerwechsel.
Den schmerzhaften Prozeß der Geburt einer neuen sexuellen Ordnung nicht heute schon begreifen und meistern lernen, wäre eine gefährliche Unterlassung. Begreifen und meistern nicht moralisch, sondern *lebensbejahend, glücksichernd.* Die sowjetistische Jugend hat bitteres Lehrgeld gezahlt. Sie soll nicht umsonst gelitten haben.
Die menschliche Struktur muß der kollektiven Daseinsweise angepaßt werden. Diese Anpassung wird zweifellos die Herabsetzung der Eifersucht und der Angst, einen Partner zu verlieren, erfordern. Die Menschen sind sexuell meist in hohem Grade unselbständig, mit der Fähigkeit zu klebriger, liebeleerer Bindung an den Partner behaftet, daher zur Lösung von ihm unfähig; beim Verlust eines Partners fürchtet man, einen anderen nicht leicht zu finden. Diese Angst ist immer getragen von kindlichen Bindungen an Mutter, Vater oder ältere Geschwister. Die Ablösung der Familie durch das Kollektiv würde zweifellos derartige Bindungsfähigkeit schon im Kinde nicht aufkommen lassen. Dadurch entfiele der Kern der sexuellen Hilflosigkeit. Mit der Herstellung der kollektiven Lebensweise von Kindheit an

und der Vernichtung der sexuellen Hilflosigkeit der Menschen würde sich die Möglichkeit, passende Partner zu finden, ungeheuer vergrößern. Allein dadurch würde das Eifersuchtsproblem zwar nicht verschwinden, sich aber doch vereinfachen. Die Fähigkeit zum schadlosen Wechsel von Dauerbeziehungen ist eine der Grundfragen. Die Umstrukturierung hätte zur Aufgabe, die Menschen zur Vereinigung von zärtlicher und sinnlicher genitaler Liebe zu befähigen; sie hätte die Fähigkeit zur vollen Hingabe, zu uneingeschränktem sexuellem Erleben *(orgastischer Potenz)* von Kindheit an herzustellen und zu pflegen. Die Vorbeugung der Sexualstörungen, der neurotischen, unbefriedigenden Polygamie, der klebrigen Sexualansprüche, der unbewußten Sexualität usw. wird riesenhafte Anstrengungen erfordern. Nicht darauf kommt es an, den Menschen Vorschriften darüber zu machen, wie sie leben sollen; sie müssen derart von Kindheit an erzogen werden, daß sie imstande sind, sich im lebendigen Flusse des kollektiven Lebens ihr geschlechtliches Dasein selber und ohne sozial gefährdende Schwierigkeiten zu ordnen. Das setzt in allererster Linie die uneingeschränkte, gesellschaftlich geförderte Entfaltung der natürlichen Genitalität voraus. Erst dann, nur dann werden sich die Fähigkeit zur freien Aussprache mit dem Partner und die Fähigkeit, eifersüchtige Regungen zu ertragen, ohne zu Gewalttätigkeiten zu schreiten, entwickeln. Die Konflikte des geschlechtlichen Lebens werden ja nicht aus der Welt geschafft sein, doch die Lösung dieser Konflikte kann und soll erleichtert werden.

Eine zielbewußte, gesellschaftliche Neurosenverhütung hätte dafür zu sorgen, daß die Menschen die alltäglichen Konflikte, denen sie ausgesetzt sind, nicht neurotisch komplizieren. Das sexuelle Selbstbewußtsein der Massen wird, gestützt auf materiellen Reichtum der Gesellschaft, ethische Heuchelei zum sozialen Verbrechen stempeln. Kämpfen, Leiden, Sexualität genießen etc. gehören zum Leben. Doch es kommt darauf an, daß die menschliche Struktur imstande ist, Lust und Leid zu erleben und dieses Erleben auch zu bewältigen. Derartige Menschen werden zu Untertanendiensten unfähig sein. Nur genital gesunde Menschen sind fähig zu freiwilliger Arbeit und zur unautoritären Selbstverwaltung des Lebens. Die Aufgabe der Umstrukturierung wird nicht gelingen; sie wird nicht einmal begriffen werden, wenn dies nicht klar geworden sein wird. Die Nichtanpassung der sexuellen menschlichen Struktur an die kollektive Daseinsform muß zu objektiv reaktionären Ergebnissen führen. Jeder Versuch, dies auf dem Wege moralischer, autoritärer Forderungen durchzusetzen, muß Fiasko erleiden. Man kann nicht zu »freiwilliger« sexueller Disziplin *auffordern.* Diese Disziplin ist entweder vorhanden oder nicht vorhanden. Man kann nur den Menschen zur vollen Entwicklung ihrer natürlichen Fähigkeit verhelfen.

VI. Kapitel: Einige Probleme der kindlichen Sexualität

Die sowjetrussischen Kindergärten, die ich 1929 besuchte, zeichneten sich durch hervorragende Kollektivorganisation aus. Ein Kindergarten verfügte über sechs Pädagogen, die fünf Stunden mit den Kindern arbeiteten und eine Stunde sich darauf vorbereiten mußten. Die Leiterin und die Wirtschafterin waren Fabrikarbeiterinnen; den sechs Pädagogen stand eine Sekretärin zur Verfügung. Unter den etwa dreißig Kindern befanden sich etwa fünfzehn Fabrikkinder, der Rest stammte von technischen Hochschülern. Die Fabrik bezahlte für jedes Kind 28 Rubel. Der Rat des Kindergartens bestand aus der Leiterin, einem Pädagogen, zwei Elternvertretern, einem Komsomol, einer Vertreterin des Bezirks und einem Arzt. Die Kinder waren antireligiös erzogen; an Feiertagen wurde gearbeitet. Im Schulunterricht fielen Themen auf, etwa: »Welche Bedeutung hat der Wald für die Menschen?« oder: »Welche Bedeutung hat der Wald für die Gesundheit?« Die Kinder arbeiteten sehr viel an Holzmaterial. Soweit die Einrichtungen, die durchaus in der Richtung kommunistisch kollektiver Strukturbildung lagen.
In sexueller Hinsicht sah es dagegen weniger gut aus. Die Pädagoginnen klagten über die Nervosität der Kinder. Vielfach konnte man feststellen, daß sich Schlafzeremonien zum Schutz gegen die Onanie hergestellt hatten. Onanierende Kinder wurden von den Eltern oft weggenommen. Die Pädagogin fügte hinzu: »Es onanieren *sogar* Kinder von Ärzten.« Am Schluß noch eine kleine Beobachtung: Ich stand am Fenster eines Kindergartenraumes, das in den Garten führte. Wir sprachen mit der leitenden Pädagogin. Draußen spielten die Kinder, und ich sah, wie ein kleiner Junge sein Glied hervorholte und ein kleines Mädchen es beguckte. Die Kinder standen seitlich an einem Baum. Es war gerade in dem Augenblick, als die Pädagogin uns versicherte, daß in *ihrem* Kindergarten »so etwas wie« kindliche Onanie oder Sexualität nicht vorkomme.

1. Kollektive Strukturierung

Die Geschichte der Ideologiebildung lehrt, daß jedes gesellschaftliche System sich bewußt oder unbewußt der Beeinflussung der Kinder jeder Generation in seinem Sinne bedient, um sich in der Struktur der Menschen zu verankern. Verfolgen wir die Art dieser Verankerung der sozialen Ordnung in der psychischen Struktur der Kinder von der mutterrechtlichen zur vaterrechtlichen Gesellschaft, so können wir feststellen, daß im Zentrum der Beeinflussung die *Sexual*erziehung des Kindes steht. In der mutterrechtlichen Gesellschaft, die auf der sozialen Ordnung des Urkommunismus ruht, genießen die Kinder keinerlei Einschränkung ihrer geschlechtlichen Freiheit. In gleichem Schritt mit der Entwicklung patriarchalischer Keimzellen in der Wirtschaft und im sozialen Bau entwickelt sich auch die asketische Ideologie für das kindliche Leben. Dieser Umschwung in der Einstellung zum Geschlechtsleben der Kinder steht im Dienste der Erzeugung autoritär eingestellter Strukturen anstelle der bisherigen unautoritären. In der mutterrechtlichen Gesellschaft entspricht dem *kollektiven* Leben im allgemeinen die *kollektive* Sexualität der Kinder; d. h. das Kind wird durch keinerlei Normen in bestimmte Formen seines Geschlechtslebens eingezwängt. Die freie Sexualität des kindlichen Daseins gibt eine feste strukturelle Grundlage ab für freiwillige Einordnung ins Kollektiv und freiwillige Arbeitsdisziplin.

Mit der Entwicklung der patriarchalischen Familie, die in Gegensatz zur Gens tritt, entwickelt sich dann die sexuelle Unterdrückung des Kindes. Sexuelle Spiele mit Gefährten werden verboten. Die Onanie tritt allmählich unter den Druck der Bestrafung für sexuelle Handlungen. Aus einem Bericht von Roheim über die Kinder der Pitchentara geht klar hervor, wie erschrekkend sich das allgemeine Wesen des Kindes verändert, wenn es seine natürliche Geschlechtlichkeit nicht mehr leben darf. Es wird scheu, verhalten, ängstlich, geduckt, autoritätsfürchtig und entwickelt unnatürliche sexuelle Triebregungen, wie etwa sadistische Neigungen. An die Stelle des freien, »furchtlosen« Wesens treten Gehorsamkeit und Leichtbeeinflußbarkeit. Die Niederhaltung der sexuellen Regungen erfordert viel Energie, Aufmerksamkeit, »Selbstbeherrschung«. In dem Maße, in dem die biologischen Kräfte des Kindes sich nicht mehr ganz der Außenwelt und der Triebbefriedigung zuwenden können, verliert es auch an motorischer Kraft, Beweglichkeit, Mut und Realitätssinn. Es wird »gehemmt«. Im Zentrum dieser Hemmung steht regelmäßig die Hemmung der Motorik, des Laufens, Tollens, kurz der Muskeltätigkeit ganz allgemein. Man kann allgemein beobachten, wie die Kinder der patriarchalischen Kulturkreise immer um das 4., 5. oder 6. Lebensjahr herum erstarren, erkalten, »still« werden und sich gegen die Welt abzupanzern beginnen. Sie verlieren dadurch ihren natürlichen Liebreiz und werden sehr oft ungelenk, unintelligent, trotzig, »schwer erziehbar«; das provoziert seinerseits wieder Verschärfung der patriarchalischen Erziehungsmethoden. Auf diesen strukturellen

Grundlagen entwickeln sich auch gewöhnlich die religiösen Neigungen, sowie schwere Bindung an die Eltern und Abhängigkeit von ihnen. Das, was dem Kinde an natürlicher Motorik verlorengeht, beginnt es nunmehr durch phantasierte Ideale zu ersetzen. Es wird in sich gekehrt und neurotisch, »verträumt«. Je schwächer sein Ich in der Wirklichkeit wird, desto strengere Idealforderungen stellt es dann an sich, um dennoch leistungsfähig zu bleiben. Wir müssen grundsätzlich zwischen den Idealsetzungen unterscheiden, die sich aus der natürlichen biologischen Beweglichkeit des Kindes ergeben, und den Idealen, die sich aus der Notwendigkeit der Selbstbeherrschung und der Triebunterdrückung entwickeln. Den ersteren entspricht die frei strömende produktive Arbeit, der letzteren die Arbeit aus Pflicht. An die Stelle des Prinzips der Selbststeuerung in der sozialen Anpassung und der freudevollen Arbeitsleistung tritt somit strukturell das Prinzip der autoritären Gefolgschaft, gleichzeitig mit der Rebellion gegen die Arbeitslast. Begnügen wir uns mit dieser allgemeinen Schilderung. In Wirklichkeit sind die Verhältnisse sehr kompliziert und können nur in speziellen charakteranalytischen Untersuchungen dargelegt werden.

Uns interessiert hier vor allem die Frage, wie sich eine selbststeuernde Gesellschaft in den Kindern reproduziert. Gibt es spezifische Unterschiede zwischen der erzieherischen Reproduktion des autoritären und des selbststeuernden Systems? Versuchen wir dies grundsätzlich anhand einzelner Beispiele zu fassen. Es gibt zwei Möglichkeiten:

1. die, dem Kind an die Stelle von zwangsmoralischen Idealen das *Ideal* der Selbststeuerung einzupflanzen,
2. die, auf eine derartige Einpflanzung von Idealen zu verzichten und an dessen Stelle die Charakterstruktur des Kindes derart heranzubilden, daß es sich selbst regelt und die allgemeine arbeitsdemokratische Atmosphäre *ohne Widerstreben aufnimmt.*

Wir dürfen ohne Bedenken sagen, daß die zweite Art der Reproduktion dem Prinzip der erstrebten Selbststeuerung entspricht, die erste jedoch nicht.

Wenn sich in allen geschichtlichen Perioden die Umstrukturierung der Kinder durch Verwandlung ihrer sexuellen Struktur vollzog, dann kann die arbeitsdemokratische Strukturierung davon keine Ausnahme machen. Man konnte auch in der Sowjetunion viele vereinzelte Ansätze zu dieser Art der Strukturierung sehen. So bemühten sich viele Pädagogen, besonders die analytisch orientierten, wie etwa Wera Schmidt, Spielrein usw. die sexuell *positive* Erziehung der Kinder durchzusetzen. Doch diese Ansätze blieben vereinzelt, und im großen und ganzen blieb die sexuelle Kindererziehung in der Sowjetunion sexuell negativ. Diesem Umstande ist eine große Bedeutung zuzuschrei-

ben. Notwendigerweise mußte dem erstrebten kollektiven Leben die Struktur der Kinder angepaßt werden. Diese Anpassung war ohne Bejahung der kindlichen Sexualität unmöglich, denn man kann nicht Kinder in einem Kollektiv erziehen und gleichzeitig die lebendigste ihrer Regungen, die sexuelle, unterdrükken. Tut man es dennoch, so lebt das Kind zwar äußerlich im Kollektiv, doch innerlich muß es noch viel mehr Energie als in der Familie aufbringen, um seine Sexualität niederzuhalten, und daher viel konfliktreicher vereinsamen. Aus der Vereinsamung bei äußerem Kollektiv gibt es für den Erzieher dann aber nur einen Ausweg, nämlich den der harten Disziplinierung, der äußerlich aufgezwungenen »Ordnung«, des Aufbaus von Dämmen und Idealen gegen die im Kollektiv besonders gesteigerte sexuelle Regsamkeit. Die Einwände gegen die Kollektiverziehung beruhen meist in der Angst vor dem sog. »Schlechtwerden« der Kinder, ihren sexuellen Spielen etc.
Die Eindrücke von den Kindergärten waren sehr widersprechend. Alte patriarchalische Formen herrschten neben neuen, ungewohnten, sehr hoffnungsvollen. Die Kinder hatten selber über ihre Angelegenheiten miteinander unter der Führung eines Pädagogen zu beraten (»Selbstverwaltung«). Nicht äußerlich, sondern strukturverändernd wirkte zweifellos die Vereinheitlichung von Handarbeit und geistigem Lernen. Die sogenannten *Arbeitsschulen*, in denen die Kinder neben Geographie, Mathematik und andern Fächern auch immer ein Handwerk lernten, sind zweifellos die Grundformen der Unterrichtsanstalten zur Herstellung kollektiver Strukturen. Noch bis vor wenigen Jahren herrschte zwischen Schülern und Lehrern ein nicht phrasenhaftes, sondern echt kameradschaftliches Verhältnis. Im »Tagebuch des Schülers Kostja Rjabzew« liest man bezeichnende Anekdoten aus dem Leben der Kinder in ihrer Beziehung zum Lehrer, die uns das Lebensfrohe ihrer Kritik und Intelligenz zeigen. Besonderen Eindruck als Muster lebenspositiver Strukturbildung machte eine Einrichtung in den Moskauer »fliegenden Kindergärten« im Kulturpark. Die Besucher des Kulturparks konnten die Kinder während der Zeit des Aufenthalts in einem Kinderheim unterbringen, wo Pädagogen und Kindergärtnerinnen mit ihnen spielten. Auf diese Weise verschwand das öde, trostlose Bild des Kindes, das gelangweilt und widerwärtig an der Hand der Eltern im Park daherschlenkert. So lernten fremde Kinder einander kennen, freundeten sich gegenseitig an und trennten sich ebenso leicht und rasch wieder; gelegentlich führten sie eine geschlossene Freundschaft weiter. Die Kinder vom 2. bis 10. Lebensjahr wurden ganz »unordentlich« in einem Saale zusammengebracht, jedes Kind bekam irgendein Instrument primitivster Art, wie einen Schlüssel, einen Löffel, einen Teller usw. in die Hand. Ein musikalischer Pädagoge

setzte sich ans Klavier und stimmte irgendwelche Akkorde und Rhythmen an. Ohne irgendwelche Aufforderung, Mahnung oder Lenkung fingen die Kinder nun allmählich an, in den betreffenden Rhythmus einzufallen, und im Laufe weniger Minuten hatte sich das wunderbarste Orchester hergestellt. Nicht daß ein Kulturpark vorhanden ist, ist spezifisch revolutionär. Kulturparks gibt es auch in den reaktionärsten Ländern; aber daß in diesem Kulturpark Kinder in einer derart fabelhaften Weise zusammengefaßt und unterhalten werden, ist spezifisch lebenspositiv. Der Motorik des Kindes ist in diesem Falle durchaus Rechnung getragen. Und Kinder, die derartige Freude an unorganisiert organisiertem Spiel erleben, werden strukturell fähig und bereit sein, arbeitsdemokratische Ideologie nicht nachzuplappern, sondern von sich aus zu entwickeln.

Die Frage der Handhabung der kindlichen Motorik führt uns ins Zentrum der pädagogischen Probleme.

Die revolutionäre Bewegung hat ja ganz allgemein die Aufgabe, die gebundenen und bisher unterdrückten biologischen Regungen der Menschen zu befreien und zu befriedigen. Dies ist doch die eigentliche Funktion der natürlichen Arbeitsdemokratie. Durch eine zureichende und ständig fortschreitende Möglichmachung der Bedürfnisbefriedigung sollen die Menschen in die Lage versetzt werden, ihre natürlichen Anlagen und Bedürfnisse zu entwickeln. Ein Kind, das motorisch seinen Bedürfnissen entsprechend ungebunden und ungehemmt ist, ist an sich reaktionärer Ideologie und reaktionären Lebenssitten schwer oder gar nicht zugänglich. Ein motorisch gehemmtes, scheues Kind dagegen ist jeder ideologischen Verrottung fähig. Ins Gebiet der freien Motorik des Kindes gehören z. B. auch die Bestrebungen der Sowjetregierung in den ersten Jahren nach der Revolution, den Kindern völlige Freiheit in der Kritik der Eltern einzuräumen. Eine Maßnahme, die in den westeuropäischen Ländern zuerst gar nicht verstanden wurde und unausdenkbar schien, in den Vereinigten Staaten aber bekannt war. Hier und dort konnte man hören, daß das Kind seine Eltern beim Vornamen nannte; diese Tatsache lag durchaus in der Richtung freier unautoritärer Beziehungen. Also sowohl Schule als auch Elternhaus begannen sich in der Richtung der Selbststeuerung der Kinder umzustellen. Dieser Richtung, die wir noch durch viele Beispiele beleuchten könnten, stand eine zweite gegenüber, die sich leider in den letzten Jahren immer mehr durchgesetzt hat. Sie triumphierte vor kurzem darin, daß den Eltern wieder die Verantwortung für die Erziehung gegeben wurde. Also auch hier ein Rückschritt zu patriarchalischen Formen der kindlichen Erziehung. Von einer Fortführung der komplizierten Probleme der Kollektiverziehung der Kinder hörte man in den letzten Jahren immer weniger. Die Familienerzie-

hung gewann wieder Oberhand. Es ist schwer zu beurteilen, wieviel noch von der ursprünglichen Richtung bestehen blieb. Doch die Richtung auf die patriarchalischen Formen der Kindererziehung hin hat zweifellos starke Stütze in der Art des politischen Unterrichts der Kinder in der Schule gefunden. So lesen wir z. B. in pädagogischen Mitteilungen, daß die Kinder in den Schulen politische Wettkämpfe ausfechten. Fragen von der Art: »Wie lautet die x-te These auf dem VI. Weltkongreß?« zeigen uns, daß die äußerliche Art der Einpflanzung kommunistischer Ideologie vorherrschend war. Es ist gar nicht zu bezweifeln, daß ein Kind nicht die geringste Voraussetzung dazu hat, irgendwelche Thesen eines Weltkongresses auch wirklich innerlich zu begreifen und zu beurteilen. Und mag es auch derartige Wettkämpfe gewinnen, gedächtnismäßig die Thesen glänzend wiedergeben: Es ist trotzdem gegen faschistische Einflüsse nicht im geringsten gefeit. Es wird sich faschistische Formeln ebenso leicht eintrichtern lassen. Im Gegensatz dazu wird ein Kind, dessen Motorik völlig frei war, und dem seine natürliche Geschlechtlichkeit im Spielen freigegeben wird, streng autoritären asketischen Beeinflussungen widerstehen. In der autoritären, oberflächlich äußerlichen Beeinflussung der Kinder kann die politische Reaktion mit der revolutionären Erziehung immer konkurrieren. Dies ist auf dem Gebiete der sexuellen Erziehung vollkommen ausgeschlossen. Niemals kann es eine reaktionäre Ideologie oder politische Richtung zuwege bringen, den Kindern hinsichtlich ihres Geschlechtslebens dasselbe zu bieten wie die soziale Revolution. Doch Aufzüge, Märsche, Fahnen, Lieder, Uniformen kann sie ihnen zweifellos in besserer Weise bieten.
Wir sehen, worauf es grundsätzlich ankommt: *Die revolutionäre Strukturierung des Kindes hat sich der Freilegung seiner biologischen, sexuellen Beweglichkeit zu bedienen.* Sie ist darin konkurrenzlos.

2. Unautoritäre Umstrukturierung beim Kleinkinde

Die Kernaufgabe der unautoritären Umstrukturierung der Menschen ist die sexuell bejahende Erziehung des Kindes.
Am 19. August 1921 gründete die Moskauer Psychoanalytikerin Wera Schmidt ein Kinderheim, in dem sie den Versuch einer korrekten Erziehung des Kleinkindes unternahm. Die Erfahrungen, die sie 1924 in ihrer kleinen Schrift *Psychoanalytische Erziehung in Sowjetrußland* veröffentlichte, bestätigen, daß das, was die Sexualökonomie heute für die kindliche Entwicklung lehrt, sich damals spontan aus einer sehr lebensnahen und lustbejahenden Einstellung ergab. Die Richtung, die Wera Schmidt einschlug, verlief völlig im Sinne der Bejahung der kindlichen Sexualität.

Die wesentlichen Grundsätze des Kinderheimes waren folgende: Die Erzieherinnen wurden darüber belehrt, daß es im Kinderheim keine Strafen gibt. Sie wurden angewiesen, nicht einmal in strengem Ton mit den Kindern zu sprechen. Jede subjektive Beurteilung der Kinder sollte unterbleiben. Lob und Tadel wurden als für das Kind unverständliche Urteilsäußerungen der Erwachsenen angesehen; sie dienten doch nur dazu, seinen Ehrgeiz und sein Selbstgefühl zu befriedigen. Mit diesen wenigen Grundsätzen war mit einem Schlag das moralisch autoritative Prinzip aus der Erziehung ausgeschaltet. Was trat an seine Stelle?

Beurteilt wurde das objektive Ergebnis des kindlichen Handelns und nicht das Kind selbst. Man bezeichnete also etwa ein von einem Kind gebautes Haus als schön oder nicht schön, *ohne* das Kind dafür zu loben oder zu tadeln. Bei einer Rauferei wurde z. B. der Beleidiger nicht getadelt, sondern es wurde ihm der Schmerz geschildert, den er dem andern zugefügt hatte. Die Erzieherinnen mußten sich in Gegenwart der Kinder die allergrößte Zurückhaltung auferlegen: Sie durften keinerlei Bemerkungen wertender Art über die Eigenarten und das Benehmen der Kinder machen. Ebenso mußten die Erzieherinnen gegenüber den Kindern mit Zärtlichkeiten und Liebkosungen äußerst sparsam sein. Strengstens verboten waren im Kinderheim stürmische Liebesäußerungen von seiten der Erwachsenen wie etwa heiße Küsse, innige Umarmung usw. Sehr richtig betont Wera Schmidt, daß derartige Liebesäußerungen viel mehr der Befriedigung der Erwachsenen als dem Bedürfnis der Kinder dienen.

Dadurch war mit einem zweiten schädlichen Prinzip der moralisch-autoritären Kindererziehung gebrochen: Wer ein Kind zu prügeln sich berechtigt fühlt, glaubt ebenso berechtigt zu sein, seine unbefriedigte Sexualität daran auszuleben; hierin pflegen die Verfechter der familiären Erziehung gewöhnlich Vorbilder zu sein. Bricht man mit der Strenge und der moralischen Bewertung des Kindes, dann erübrigt sich auch die Notwendigkeit, durch Küsse wiedergutzumachen, was man durch Prügel verbrochen hat. Die gesamte Umgebung des Kindes wurde seinem Alter und seinen Bedürfnissen angepaßt. Die Spielzeuge und Materialien wurden so ausgewählt, daß sie dem Tätigkeitsdrang Rechnung trugen und die schöpferischen Kräfte im Kinde anregen mußten; entstanden neue Bedürfnisse bei den Kindern, so wurden auch das Spielzeug und das Arbeitsmaterial entsprechend gewechselt.

Das Prinzip der Anpassung des Materials an das Bedürfnis statt der des Bedürfnisses an das Material entspricht durchaus der Grundanschauung der Sexualökonomie; sie kann über den Kindergarten hinaus auf das gesamte gesellschaftliche Sein angewendet werden. *Es sind nicht die Bedürfnisse der Wirtschaft,*

sondern die Wirtschaftseinrichtungen den Bedürfnissen anzupassen. Derart enthüllte sich das sexualökonomische Prinzip im Kindergarten Wera Schmidts im Gegensatz zum moralisch-autoritären Prinzip in den Montessori-Kindergärten, in denen die Kinder ein einmal aufgestelltes Material in uniformer Weise sozusagen bedienen müssen.
Wera Schmidt vertrat die Auffassung: »Wenn die Anpassung des Kindes an die realen äußeren Verhältnisse ohne größere Schwierigkeiten vor sich gehen soll, darf die Außenwelt ihm nicht als feindliche Macht erscheinen. Wir bemühen uns deshalb, ihm die Realität so angenehm wie möglich zu machen und ihm jede primitive Lust, auf die es verzichten lernen soll, durch vernünftige rationale Freuden zu ersetzen.«
Das heißt, das Kind muß die Realität, der es sich freiwillig anpassen soll, erst lieben lernen. Es muß sich mit der umgebenden Welt freudevoll identifizieren können: das ist das *sexualökonomische* Prinzip; im Gegensatz dazu steht das *moralisch-autoritäre*, durch das versucht wird, das Kind einer ihm prinzipiell entgegengesetzten und feindseligen Umwelt anzupassen, nicht in liebevoller Identifizierung mit dieser Umwelt, sondern mit einer Verpflichtung, wenn nicht mit Hilfe moralischen Druckes. Daß eine Mutter oder eine Erzieherin sich so benimmt, daß das Kind sie spontan liebt, ist sexualökonomisch. Daß es eine gesellschaftliche, religiöse oder gesetzliche Forderung gibt »Du mußt Deine Mutter lieben«, auch wenn sie sich nicht liebenswert benimmt, ist moralisch-autoritäre Regelung.
Die Notwendigkeit, sich dem gesellschaftlichen Zusammenleben einzuordnen, wurde auf verschiedene Arten erleichtert. Die Forderungen ergaben sich aus den täglichen Lebensbedingungen und der Lebensordnung der Kindergemeinschaft und nicht aus der Willkür neurotischer, kranker, ehrgeiziger, liebeshungriger Erwachsener. Man erklärte den Kindern vernünftig, was und weshalb man etwas von ihnen verlangte; man gab ihnen keine Befehle. Auf Triebbefriedigungen, die es korrekterweise aufgeben sollte, verzichtete es dadurch, daß es dagegen eine andere Triebbefriedigung eintauschte, etwa die Befriedigung des nächsthöheren Triebanspruchs, die Liebe der Erwachsenen oder der Kameraden etc. Selbstbewußtsein und Unabhängigkeitsgefühl des Kindes wurden gesteigert und gestützt, weil diejenigen Kinder sich am leichtesten in die Notwendigkeiten des Lebens fügen, die nicht geführt, sondern selbstbewußt und unabhängig sind. Derartige Tatsachen sind einem Feldwebelerzieher völlig unverständlich, und doch sind sie eine Selbstverständlichkeit. Das sexualökonomische Prinzip des freiwilligen Verzichts auf sozial nicht mehr mögliche Triebbefriedigung wurde auch bei der Reinlichkeitserziehung angewendet. Verbote irgendwelcher Art seitens der Erzieher waren streng ausgeschlossen. Die

Zöglinge des Kinderheims wußten nicht, daß man ihre Sexualregungen anders beurteilen könnte als die anderen natürlichen Körperbedürfnisse. Sie befriedigten sie daher ohne Scheu und ruhig vor den Augen der Erzieherinnen nicht anders als Hunger und Durst. Das ersparte den Kindern jede Heimlichkeit, stärkte ihr Vertrauen und ihre Bindung an die Erzieherinnen, förderte die *Anpassung an die Realität* und schaffte auf diese Weise eine günstige Grundlage für die gesamte Entwicklung. Die Erzieherinnen hatten unter diesen Bedingungen volle Möglichkeit, die Sexualentwicklung der Kinder Schritt für Schritt zu verfolgen und die Sublimierung einzelner Triebregungen zu fördern und zu unterstützen.

Dankenswert ist der Hinweis Wera Schmidts auf die Notwendigkeit, daß der Erzieher an sich selber arbeiten müsse. Es stellte sich heraus, daß regelmäßig Unruhe oder Unordnung bei den Kindern die Folge eines neurotisch unbewußten Verhaltens der Erzieher waren.

Eine sexualökonomische Erziehung des kleinen Kindes ist unmöglich, solange die Erzieher nicht frei von irrationalen Regungen sind oder sie zumindest kennen und beherrschen. Das zeigt sich sofort, wenn man den konkreten Inhalt dieser Erziehung beachtet.

In den sogenannten westlichen Kulturkreisen ertragen es die Mütter und Erzieherinnen nicht, das Kind lange über den sechsten Monat hinaus *nicht* ans Töpfchen gewöhnt zu haben. In Wera Schmidts Kindergarten ging man erst ungefähr am Ende des zweiten Lebensjahres dazu über, die Kinder »in bestimmten Zeitabständen« auf den Topf zu setzen; niemals wurden sie jedoch auch nur mit Spuren von Gewalt dazu angehalten, ihre Bedürfnisse gerade auf diese Weise zu verrichten. Sie wurden nicht getadelt, wenn sie sich naß machten. Man ging darüber hinweg, als ob es etwas Natürliches wäre.

Dieser zentrale Tatbestand der kindlichen Reinlichkeitserziehung zeigt uns in seinem Wesen, welche Voraussetzungen zu erfüllen sind, ehe an eine sexualökonomische Strukturierung des Kindes überhaupt zu denken ist. In der Familie ist es undurchführbar, es geht nur im Kinder*kollektiv*. Gegenüber den verderblichen Ansichten und Eingriffen ungeschulter, ignoranter Ärzte und Pädagogen, die glauben, gegen ein bettnässendes Kind Höllenstrafen auffahren lassen zu müssen (wodurch sie das Leiden nur unausrottbar festlegen), berichtet Wera Schmidt: Ein etwa dreijähriges Mädchen erlitt einen Rückfall zum Bettnässen. Man beachtete den Rückfall nicht. Es dauerte drei Monate, und das Kind wurde von selbst wieder rein. Auch dieser Tatbestand wird einem autoritär denkenden Pädagogen restlos unverständlich sein. Er ist deshalb nicht minder selbstverständlich.

»Die Einstellung der Kinder zur Frage der Reinlichkeit ist durchaus ruhig und bewußt; Widerstand und Launen lassen sich nicht bemerken. Ein Gefühl von Scham oder den Begriff der ›Schande‹ verbinden sie mit diesen Vorgängen nicht. Unsere Methode scheint uns dazu geeignet, die Kinder vor den schweren traumatischen Erlebnissen zu bewahren, die sonst so häufig eine Folge der Erziehung zur Beherrschung der Exkretionsvorgänge sind«, schreibt Wera Schmidt. Weitaus die häufigste Ursache schwerster Störungen der orgastischen Potenz bei Erwachsenen ist, wie die klinische Erfahrung lehrt, die strenge Reinlichkeitserziehung. Sie bedingt nämlich eine Verknüpfung des Gefühls der Schande und Scham mit der genitalen Funktion. Es leuchtet ein, daß derart die Fähigkeit der Ordnung des vegetativen Energiehaushalts zerstört wird. Das Vorgehen Wera Schmidts war vollkommen korrekt: Kleine Kinder, die mit den Exkretionsfunktionen kein Gefühl der Schande oder Scham verbinden, haben auch keine Grundlage, später derartige Genitalstörungen auszubilden.

Die Kinder des Schmidtschen Kinderheims wurden in der Befriedigung ihrer Bewegungslust in keiner Weise gehindert, sie hatten Gelegenheit zu raufen, zu springen, zu laufen und zu tun, was ihnen beliebte. Dadurch wurde es ihnen möglich, diese natürlichen Strebungen nicht nur auszuleben, sondern auch kulturell zu verwerten. Das stimmt völlig überein mit der sexualökonomischen Auffassung, daß die *Freiheit* des kindlichen Triebs *die* Voraussetzung seiner Sublimierung, also kulturellen Verwertung ist, und daß seine Hemmung ihn der Sublimierung durch Verdrängung entzieht.

In unsern Kindergärten, in denen die Kinder »kulturfähig« und »realitätsangepaßt« gemacht werden, indem man ihnen die Motorik unterbindet, bemerken wir im Gegensatz dazu etwa im 4., 5. und 6. Lebensjahr eine schlimme Verwandlung des gesamten Gehabens vom Natürlichen, Lebhaften, Motorischen zum Stillen, Braven: Die Kinder *erkalten.* Anna Freud bestätigt in ihrer Schrift *Psychoanalyse für Pädagogen* diesen Tatbestand, kritisiert ihn jedoch nicht, sondern nimmt ihn als Notwendigkeit hin, denn sie will das Kind bewußt zum *bürgerlichen* Menschen erziehen. Dem liegt die falsche Auffassung der gesamten konservativen Pädagogik zugrunde, daß die natürliche Beweglichkeit des Kindes im Gegensatz zu seiner Kulturfähigkeit stünde. Gerade das Gegenteil ist wahr.

Sehr wichtig sind die Berichte Wera Schmidts über die *Onanie* ihrer Zöglinge. Die Kinder onanierten »verhältnismäßig wenig«. Sie unterscheidet korrekterweise die Onanie, die durch rein körperliche von den Geschlechtsteilen ausgehende Reize bedingt ist und der Befriedigung des genitalen Lustbedürfnisses dient, von der anderen Onanie, »die als Reaktion auf eine von der Außenwelt erfahrene Kränkung, Herabsetzung oder Freiheitsbeschränkung« auftritt. Die erste Form gibt der Erziehung überhaupt keine Schwierigkeiten. Die zweite Form ist die Folge der gesteigerten vegetativen Erregbarkeit infolge von Angst und Trotz, deren sich das Kind mit Hilfe der genitalen Reizung zu entledigen versucht. Wera Schmidt sah die Dinge richtiger als Anna Freud, die der Ansicht ist, daß die sogenannte exzessive Onanie der Kinder eine Folge des »triebhaften Sichauslebens« sei. Zu beherzigen ist die uns selbstverständliche Tatsache, daß die Onaniebetätigung der Kinder sich unter den Bedingungen einer triebbejahenden Erziehung »ohne Heimlichkeit, vor den Augen der Erzieherinnen« abspielt. – Man muß die Onanieangst der Erzieher kennen, um zu beurteilen, daß erst »der Erzieher erzogen werden muß«, ehe er in den Stand gesetzt ist, das natürliche Triebverhalten des Kindes ruhig mit anzusehen.

In gleicher Weise hatten die Kinder völlige Freiheit, ihre sexuelle Neugierde untereinander zu befriedigen. Sie durften sich ungestört gegenseitig betrachten; dementsprechend waren ihre Äußerungen über den nackten Körper, den eigenen sowohl wie den der Gespielen »durchaus sachlich und ruhig«. »Wir konnten bemerken, daß das Interesse für die Geschlechtsorgane sich nicht während des Nacktseins zeigt, sondern nur, wenn die Kinder angezogen waren.« Die Kinder erhielten auf ihre Fragen geschlechtlicher Art klare und wahrhafte Antworten. Sie kannten, wie Wera Schmidt betont, keine elterliche Autorität, keine elterliche Gewalt und dergleichen. Für sie waren Vater und Mutter schöne, geliebte Idealwesen. »Es ist auch nicht unmöglich«, schreibt Wera Schmidt, »daß diese guten Beziehungen zwischen Eltern und Kindern sich gerade nur dort herstellen können, wo die Erziehung außerhalb des Elternhauses vor sich geht.«

Während die Praxis des Kinderheims durchaus im Sinne der sexualökonomischen Lebens- und Triebbejahung gehandhabt wurde, wich die theoretische Auffassung davon ab. In der Begründung der Leitsätze für die Arbeit im Kindergarten spricht sie von »Überwindung des Lustprinzips« und der Notwendigkeit, es »durch das Realitätsprinzip zu ersetzen«. Wera Schmidt war in der unrichtigen Auffassung der Psychoanalyse von der mechanisch gegensätzlichen Beziehung von Lust und Leistung befangen, statt gerade in der Verwirklichung des jeweils natürlich gegebenen Lustprinzips die beste Grundlage der Sublimierung und der sozialen Anpassung zu sehen. Ihre praktische Arbeit widersprach ihrer theoretischen Anschauung.

Wichtig für die Beurteilung derartiger Versuche, das neue Geschlecht umzustrukturieren, ist das Schicksal, das das Kinderheim erlitt. Sehr bald nach der Gründung des Heims verbreiteten sich allerlei Gerüchte in der Stadt. Es hieß, daß in der An-

stalt die schrecklichsten Dinge vor sich gingen, daß die Erzieher die Kinder zum Zwecke der Beobachtung vorzeitig sexuell erregten u. ä. m. Die Behörde, mit deren Einwilligung das Kinderheim gegründet worden war, leitete eine Untersuchung ein. Einige Pädagogen und Kinderärzte sprachen sich dafür, die Psychologen natürlich dagegen aus. Das Volkskommissariat für Aufklärung erklärte durch seine Vertreter, daß das Kinderheim nicht länger zu halten wäre, motivierte aber den Entschluß nur mit den übergroßen Erhaltungskosten der Anstalt. Der wahre Grund war ein anderer. Im Psychoneurologischen Institut, dem das Kinderheim angeschlossen war, vollzog sich ein Direktionswechsel. Der neue Leiter, der auch in der Untersuchungskommission war, gab ein vernichtendes Urteil ab. Er beschimpfte sogar die Direktion, die Mitarbeiter und die Kinder des Laboratoriums. Daraufhin stellte das Psychoneurologische Institut nicht nur jede weitere Unterstützung des Kinderheims ein, sondern beeilte sich auch, sich ideologisch von ihm loszusagen.
Man stand vor der Schließung, da erschien an dem Tage, an dem der Entschluß veröffentlicht werden sollte, ein Vertreter der Deutschen Bergarbeitervereinigung »Union« und stellte dem Kinderheim im Namen des deutschen und russischen Bergarbeiterbundes das Anerbieten, die neue wissenschaftliche Organisation materiell und ideologisch zu unterstützen. Seit April 1922 wurde das Kinderheim von der deutschen Vereinigung »Union« mit Lebensmitteln und von den russischen Bergarbeitern mit Heizmaterial versorgt. Das Kinderheim änderte seinen Namen in »Kinderheimlaboratorium Internationale Solidarität«. Es hielt sich nur mehr kurze Zeit. Kommissionen, Überwachungen, Entzug jeder Unterstützung machten ihm ein Ende. Bezeichnenderweise fällt die Auflösung des Kinderheims ungefähr in die gleiche Zeit, in der die allgemeine Bremsung der russischen Sexualrevolution sich durchzusetzen begann.
Es darf nicht unerwähnt bleiben, daß auch die »Internationale Psychoanalytische Vereinigung« dem Versuch Wera Schmidts teilweise skeptisch, teilweise sehr ablehnend gegenüberstand. Die spätere Entwicklung der Psychoanalyse zu einer *anti*sexuellen Lehre prägte sich schon damals in dieser Ablehnung aus. Dennoch war die Arbeit Wera Schmidts der erste Versuch in der Geschichte der Pädagogik, der Theorie von der kindlichen Sexualität praktischen Inhalt zu geben. Man darf diesen Versuch ruhig, wenn auch in anderen Maßen, was seine historische Bedeutung anlangt, mit der Pariser Kommune vergleichen. Wera Schmidt war zweifellos die erste Pädagogin, die rein intuitiv sowohl die Notwendigkeit wie das Wesen der sozialistischen Umstrukturierung des Menschen praktisch erfaßt hatte. Und wie immer und überall im Verlaufe der sowjetischen Sexualrevolution hatten Behörden, »Gelehrte«, Psychologen und be-

rufene Pädagogen dem Rückschritt zum Siege verholfen, dagegen die Verbände der Kohlenarbeiter praktisch bewiesen, ohne theoretisch viel davon zu wissen, daß sie das Problem in seiner vollen Bedeutung erfaßt hatten.
Stellen wir nun diesem korrekten Versuch der Umstrukturierung des Kleinkindes das entgegen, was sich ein angeblich revolutionärer Pädagoge zu gleicher Zeit und auch weiterhin völlig ungestört leisten durfte. Es wird uns lehren, daß wir, wenn sich neuerdings eine revolutionäre Gelegenheit dazu ergibt, uns an die Bergarbeiterverbände wenden müssen und nicht an die reaktionär ausgebildeten Psychologen halten dürfen.

3. Scheinrevolutionäre pastorale Erziehung

Wenn der Erzieher an die Aufgaben herantritt, die ihm die Erziehung des heranwachsenden Kindes stellt, so stößt er kaum auf einem anderen Gebiete auf so schwierige Fragen wie auf dem der sexuellen Erziehung. Sie ist zwar von der Erziehung überhaupt nicht abzutrennen, bietet jedoch daneben ihre besonderen Schwierigkeiten. Er hat selber eine lebensverneinende *Sexualerziehung* genossen; Elternhaus, Schule, Kirche und die gesamte konservative Umgebung haben ihn mit sexualverneinenden Anschauungen durchsetzt; diese treten in Gegensatz zu seinen eigenen lebensbejahenden Anschauungen. Trotzdem muß er sich, wenn er lebenspositiv und nicht lebensfeindlich erziehen will, von der reaktionären Anschauung loslösen, seine eigene Grundauffassung bilden und sie in der Erziehung der Kinder durchsetzen. Er wird dabei manche wesentliche Stücke der konservativen Erziehungswissenschaft entlehnen, vieles davon als antisexuell verwerfen, anderes wieder zurechtbiegen. Das ist eine große und schwierige Aufgabe; sie wurde bisher nur in Ansätzen geleistet. Die allergrößte Schwierigkeit stellen die Pastoren im revolutionären Lager dar. Es sind meist sexuell verkrampfe Intellektuelle, Revolutionäre aus neurotischen Motiven, die, statt mit Wissen zu helfen, nur Verwirrung stiften. Hierher gehört der kommunistische Pfaffe Salkind, Mitglied der Kommunistischen Akademie *und* der Internat. Psychoanalytischen Vereinigung zugleich. Seine Anschauungen wurden von der revolutionären Jugend in der Sowjetunion schwer bekämpft, doch sie beherrschten die offizielle Ideologie, auch in Deutschland. Sein Artikel »Einige Fragen der sexuellen Erziehung der Jungpioniere« in *Das proletarische Kind* (12. Jg., H. 1/2, 1932) gab der deutschen Sexpol viel zu schaffen. Wir wollen daran darstellen, wie hoffnungslos die Vermengung von revolutionärer Form und sexualfeindlichem Inhalt ist.
Salkind beginnt mit der richtigen Feststellung, daß die Pionierbewegung die Kinder in ihrer »wichtigsten Entwicklungs-

periode« erfaßt; sie besitze die Mittel, die der Familie und der Schule fehlen. Aber er geht von einer Anschauung der kindlichen Sexualität aus, die sich mit der christlichen durchaus messen kann. Alle weiteren Fehler Salkinds und aller seiner Gesinnungsgenossen leiten sich aus dieser Anschauung ab. Er schreibt:

»Darum (weil die Pionierbewegung bessere Bedingungen der Erziehung als die Familie hat) muß sie der Hauptkämpfer gegen die Haupthemmungen, *gegen die parasitische sexuelle Umschaltung der Energie der heranwachsenden Kinder* sein.«

Salkind bewertet also die kindliche Sexualität als »parasitisch«. Wie kommt er zu dieser Beurteilung? Was will er damit sagen? Welche Schlüsse für die Erziehung daraus ableiten? Er versteht unter »parasitisch« etwas dem Körper Fremdes. Dieser Sexualphilosoph, den die Sowjetunion duldet, meint ernsthaft, daß man die »Umschaltung« der Energie auf das »Parasitische«, »Sexuelle« *verhindern* müsse.

»Wenn die Pionierleiter es verstehen, den Kindern das Material der Pionierarbeit in einer Form zu bieten, die den Bedürfnissen des Übergangsalters entspricht, dann bleibt keine Energie für parasitische Dominanten übrig.«

Salkind glaubt also, daß die sexuellen Interessen der Kinder und Jugendlichen hundertprozentig ausgeschaltet werden können. Er fragt nicht, wie die kollektiven Interessen mit den sexuellen in Einklang zu bringen wären, wo sie einander widersprechen und wo sie zusammengehören.
Welcher Unterschied besteht hier zwischen Salkind und irgendeinem katholischen Priester oder reaktionären Pädagogen, die von der Möglichkeit der hundertprozentigen Ablenkung der sexuellen Energie überzeugt sind. Leugnen kann man ja nicht mehr, daß es eine kindliche und jugendliche Sexualität überhaupt gibt. Das war bequemer. Heute heißt es hundertprozentig ablenken, was das Alte in anderer Form ist. Salkind kam überhaupt nicht der Gedanke, zu fragen, weshalb die Kirche das kindliche Sexualleben nicht zuläßt. Er bedachte nicht, daß er, wenn er Erziehungsregeln geben will, erst einmal begründen muß, weshalb er denselben Standpunkt einnimmt wie der reaktionäre Erzieher. Ihm schwebt zwar so etwas wie eine Begründung vor, wenn er Sexualleben und Kollektivismus als Gegensätze ansieht; er will die Sexualität im Interesse des Kollektivismus ausschalten.

»Frühzeitigen sexuellen Trieben verfallen hauptsächlich verwilderte, einsame Kinder, jene Kinder, die keinen aktiven lebendigen Zusammenhang mit gleichaltrigen Gefährten haben, die zu häufig sich selbst überlassen bleiben ... Je mehr man sich vom Kollektiv isoliert und der Einsamkeit ergibt, desto näher ist man einem frühreifen sexuellen Parasitismus.«

Das sind ignorante Schlagworte. Denn was heißt hier »frühreif«? Ist es frühreif, wenn ein vierjähriges Kind onaniert? Ist es frühreif, wenn ein Jugendlicher von 13 oder 15 Jahren, der sich in der sexuellen Reife befindet, sich befriedigt? Ist es frühreif, wenn er früher oder später nach Geschlechtsverkehr verlangt? Die Salkinds beweisen mit ihrer unkonkreten, schlagwortmäßigen Argumentation, daß sie es versäumten, aus den Regionen der abstrakten Ethik in die Wirklichkeiten des kindlichen und jugendlichen Lebens herabzusteigen. Und diejenigen Pionierleiter hatten (nicht wie Salkind meinte, »durchaus unrecht«, sondern) hundertfach recht, die sofort ihre Aufmerksamkeit auf die Aufklärung richteten, sobald sie in ihren Gruppen ungesunde sexuelle Erscheinungen bemerkten. Jeder vernünftige Jugend- und Kinderführer weiß: Nicht der Mangel an »Kollektivismus« ist Ursache der sogenannten »sexuellen Zustände«, sondern umgekehrt: Die Ungeklärtheit des kindlichen Geschlechtslebens, die unter anderem durch Salkindsche Ansichten erzeugt wird, ist die allerwesentlichste Ursache des gestörten gemeinschaftlichen Lebens. Niemals wird man den Kollektivismus auf völliger Unterdrückung des Geschlechtslebens außer autoritär begründen können. Die »ununterbrochene Kollektivkontrolle des sexuellen und sonstigen Verhaltens der Kinder soll die Basis für eine gesunde Geschlechtsentwicklung sein«, schreibt Salkind. Dabei ist unter »gesund« wohlgemerkt »ohne Sexualität sein« gemeint. Diese »Pionierethik« will Salkind durch »geschickte Organisierung der Arbeit« erzielen. Aber nun wollen wir nicht mehr Phrasen dreschen, sondern das, was hier vorgeschlagen wird, uns konkret vorstellen. Wie lange sollen die Jugendlichen arbeiten? Ununterbrochen? Also auch in der Nacht, wenn sie im Bett liegen? Damit sie nicht an die Geschlechtsteile greifen? Und bei den Spielen der Kinder und Jugendlichen sollen wir »ununterbrochene Kollektivkontrolle« üben, damit sich die Kinder ja nicht verlieben, daß sich ja keine »Liebesabenteuer« entwickeln? Salkind spricht ausdrücklich auch von »Kindern« im Alter von 13–16 Jahren. Also von Jugendlichen in der Geschlechtsreife! Weshalb sollen sich denn diese »Kinder« *nicht* verlieben und keine »Liebesabenteuer« haben? Weil es den Kollektivismus stört? Oder weil es die Salkinds nicht mit ansehen können? Berliner Jungkommunisten hatten auf öffentlichen Ausspracheabenden unwiderlegbar festgestellt, daß die Gruppen gerade dann zerfallen, wenn zuwenig Mädel in der Gruppe sind; sie halten gerade dann, wenn Jungen und Mädel ungefähr in gleicher Zahl vertreten sind. Wohl deshalb, weil sie dann »ununterbrochene Kollektivkontrolle üben« und »keine unnützen Liebesgedanken« aufkommen lassen? Doch deshalb, weil sich dann Partner zu Partner findet und das Liebesleben aufhört, eine das Kollektiv störende Angelegenheit zu sein? Die Salkinds gelangen zu den Absurditäten deshalb, weil sie keine *Unterscheidung* treffen zwischen *gestörtem* und *ungestörtem* Liebesleben; weil sie nicht die Ursachen des »verwilderten« Liebeslebens untersuchen; weil sie nicht sehen, daß gerade die Hemmung des Liebeslebens, da die sexuellen Triebe niemals getötet werden können, diese Verwilderung schafft; eine kollektive Zusammenarbeit ist dann völlig unmöglich gemacht. Wie ledern, bürokratisch, lebensfeindlich klingt folgende These:

»Ein aktiver Kollektivismus ist das beste Mittel zur Erziehung des Gefühls der sexuellen Gleichheit; ein Mitarbeiter ruft keine unnützen Liebesgedanken hervor; dafür bleiben weder überflüssige Kräfte noch freie Zeit.«

Was bedeutet hier »sexuelle Gleichheit«? Wir propagieren die Gleichberechtigung der Geschlechter: wir kämpfen mit der sexuellen Freiheitsideologie gegen die politische Reaktion. Die Salkinds propagieren die »Gleichheit der Geschlechter« in der *Unerlaubtheit des Liebeslebens.* Genau das und nichts anderes, genau dasselbe wie Leiter eines katholischen Jugendbundes, nur mit dem Unterschied, daß sie die gemeinschaftliche Erziehung der Geschlechter nicht verneinen, *noch*[1] nicht verneinen. Aber gerade dadurch geraten sie in Absurditäten. Konkret: Was tun wir also nach Salkindscher Ideologie, wenn ein Junge und ein Mädel gemeinsam irgendeine wichtige politische oder organisatorische Arbeit vollbracht haben und trotz Salkinds Zehn Geboten sich ineinander verlieben? Was ist da zu tun? Kollektivkontrolle üben? Oder die Verliebtheit in weiterer Arbeit »ersticken«? Oder sexuelle Gleichheit in der Enthaltsamkeit durchsetzen? Und das in dem Alter, das Salkind selbst als das »schwerwiegendste Stadium der kindlichen Entwicklung« — das »Stadium der heranreifenden Geschlechtstriebe« bezeichnet. Welche Unwahrhaftigkeit und Heuchelei sind nach alldem in folgenden Sätzen enthalten:

»Vollständiges gegenseitiges Vertrauen und gegenseitige Achtung, vollständige gegenseitige Aufrichtigkeit — das ist die Hauptbedingung, ohne die in der Pionierabteilung ein gesundes Erziehungssystem unmöglich ist.«

Wie können die Pioniere untereinander und dem Führer gegenüber Vertrauen und Achtung aufbringen, wenn man sie in einer ihrer brennendsten Fragen nicht versteht?

»Das Kind im Pionieralter weiß von der sexuellen Frage ziemlich viel, nur allzu viel (also nach Salkind ›sexuelle Sanierung der Kinder‹), aber es weiß nicht das und weiß es nicht so, wie es nötig wäre. Und der Leiter darf diese Verirrung nicht totschweigen, sondern er muß reden. Aber wie soll er reden?«

1 ([1949] Die Koedukation wurde vor einigen Jahren in der UdSSR aufgehoben. In den USA wird sie mehr und mehr gefördert.)

Also, wie soll der Pionierleiter reden? Wir sind sehr gespannt. Es kommt schon, in der darauffolgenden Zeile:

»Jedenfalls darf er den Kindern keine Vorträge über die sexuelle Frage halten. Mehr als das: Er darf mit den Kindern überhaupt nicht über spezielle Geschlechtsthemen reden.«

Also nur im Zusammenhang mit sozialen und politischen Fragen? Das wäre ja richtig, aber nicht so:

»Bei einzelnen Kindern kann man bei sorgfältiger Beobachtung Onanie bemerken.« (Bei »einzelnen« Kindern, nur im Alter von 13 bis 16 Jahren, im Stadium der heranreifenden Geschlechtstriebe.)

Nur bei »sorgfältiger« Beobachtung! Weiter:

»Hier bedarf es größter Vorsicht seitens des Führers, da die Kinder besonders empfindlich sind (mit Recht, W. R.), wenn man solche *schädliche Gewohnheiten* bei ihnen zu bekämpfen sucht ...«

Genau so sprach unser deutscher Pater Muckermann!

»In jedem Falle ist die Einmischung in die unmittelbare sexuelle Sphäre des Kindes nur in jenen Fällen dem Führer gestattet, wenn er in dieser Frage vorher pädologisch-pädagogischen Unterricht genossen hat.« (Bei wem? Und was für einen? Daß Onanie eine schädliche Gewohnheit ist?) »Eine öffentliche Massenbesprechung solcher Mißhelligkeiten unter der Leitung des Leiters in der Abteilung ist durchaus unzulässig. Die Sache muß im Keim unter vier Augen erstickt werden, (Welche Sache? Der ›Skandal‹, daß Kinder onanieren?) wobei man sich auf die besten Aktivisten stützen kann, von deren *sexueller Untadelhaftigkeit* man überzeugt ist.«

So also soll die »vollständige gegenseite Aufrichtigkeit« aussehen! Kein Wunder, wenn man in den Pioniergruppen »sexuelle Verwahrlosung«, das heißt ein zerrisenes, ungeklärtes, widerspruchsvolles Geschlechtsleben vorfindet!
Die Salkinds haben nie verstanden, was jeder, allerdings nicht »sexuell untadelhafte« Junge aus seinem Leben heraus von sich weiß: daß niemals die sexuelle Betätigung an sich, sondern immer nur die Hemmungen und Erziehungsmethoden à la Salkind, die in Widerspruch geraten zu den natürlichen sexuellen Ansprüchen, die sexuelle Verwahrlosung schaffen.

»... nicht ... ohne dringende Not, ohne vorherige Alarmsignale kann und darf der Leiter unter anderen Fragen die sexuelle Frage berühren.«

In diesem Tohuwabohu von Ansichten sollte sich irgendein Jugendgruppenführer auskennen!
Solche Pädagogen weichen den ungeheuren Schwierigkeiten aus, die sich sofort ergeben, wenn man die Frage des kindlichen und jugendlichen Geschlechtslebens *zu Ende* denkt. Man kann Kinder und Jugendliche nicht aufklären und ihnen gleichzeitig sexuelle Spiele und Onanie untersagen. Man kann ihnen die Wahrheit über die Funktion der sexuellen Befriedigung nicht

verheimlichen. Man kann nur die Wahrheit sagen und dem Leben hier endlich völlig freien Lauf lassen. Sexuelle Potenz und körperliche Frische und Schönheit müssen zu dauernden Idealen der revolutionären Freiheitsbewegung werden. Die Revolution kann nicht den Zugochsen, sondern muß den Stier, sie darf nicht den Kapaun, sondern muß den Hahn wollen. Die Menschen waren lange genug Zugochsen. Kastraten sind keine revolutionären Kämpfer.

4. Von neuem die Verwahrlostenfrage

Die russische Revolution hatte nicht nur gegen die verlotterten Zustände zu kämpfen, die sie vom Zarismus übernommen hatte, und gegen die Auswirkungen des Bürgerkriegs und der Hungersnot; sie verfügte nicht über die geschulten, vor allem sexuologisch korrekt geschulten Pädagogen in genügender Menge, um mit dem Riesenproblem der kindlichen Verwahrlosung fertig zu werden. Überdies hingen sich die seelischen Kastraten an ihre Bewegung wie Klötze an die Beine eines Springers. Das schließliche Resultat der Ungeklärtheit der kindlichen Sexualrebellion war die Verschärfung der Verwahrlostenfrage im Jahre 1935. Es kann nicht behauptet werden, daß die neue Welle der Verwahrlosung sich auf die Zustände in den Bürgerkriegsjahren zurückführen ließe, denn die verwahrlosten Kinder 1934/35 waren bereits Kinder des neuen gesellschaftlichen Systems. In derartigen Fragen nützt keine falsche Rücksicht und keine Verheimlichung von Tatsachen. Die Sowjetunion hatte alles Erdenkliche getan, um die Verwahrlostenfrage zu lösen. Der Film »Der Weg ins Leben«, der ein dauerndes Dokument revolutionärer Erziehungsarbeit bleiben wird, zeigte, wie hervorragend die pädagogischen Leistungen auf dem Gebiet der Arbeitskultur und der Arbeitserziehung waren. Doch wir müssen fragen, weshalb die Lösung des Verwahrlostenproblems schließlich doch mißlang. Daß sie mißlang, beweisen die Beschlüsse des Rates der Volkskommissare der UdSSR und des ZK der KPdSU über Liquidierung der Verwahrlosung und die mangelnde Beaufsichtigung der Kinder vom Juni 1935:

Der Rat der Volkskommissare der UdSSR und das Zentralkomitee der KPd(B)SU haben festgestellt, daß das Vorhandensein verwahrloster Kinder in den Hauptstädten und anderen Städten des Landes jetzt, wo die materielle und kulturelle Lage der Werktätigen in Stadt und Land sich zusehends verbessert und der Staat gewaltige Mittel für den Unterhalt der Institutionen für Kinder bewilligt, vor allem zu erklären ist durch die schlechte Arbeit der lokalen Sowjetorgane, der Partei-, Gewerkschafts- und Komsomolorganisationen zur Liquidierung und Verhütung der Verwahrlosung von Kindern und durch den Mangel einer organisierten Anteilnahme der Sowjet-Öffentlichkeit an dieser Frage.

a) Die meisten Kinderheime sind in wirtschaftlicher Hinsicht unbefriedigend gestellt und in erzieherischer Hinsicht unzulänglich;
b) der organisierte Kampf gegen das Rowdytum der Kinder und gegen verbrecherische Elemente unter Kindern und Jugendlichen wird völlig unzureichend geführt und fehlt mancherorts überhaupt;
c) bis jetzt sind nicht die Vorbedingungen dafür geschaffen, daß Kinder, die aus irgendwelchen Gründen der Straße überlassen sind (die die Eltern verloren oder sie verlassen haben, die aus Kinderheimen geflüchtet sind u. a. m.), sofort in entsprechenden Institutionen für Kinder untergebracht oder den Eltern zurückgebracht werden;
d) gegen Eltern und Vormunde, die sich ihren Kindern gegenüber teilnahmslos verhalten und es zulassen, daß die Kinder sich Rowdytum, Diebstahl, Sittenverderbnis und dem Vagabundieren hingeben, werden keine Gegenmaßnahmen ergriffen und sie werden nicht zur Verantwortung gezogen.

Nicht die »schlechte Arbeit« war schuld!
Man griff auf die Verantwortung der Eltern zurück und zu Maßnahmen, die nicht mehr in der Richtung der früheren Erziehungsprinzipien lagen. Hatten diese Erziehungsprinzipien selbst versagt? Nein, sie waren nur lückenhaft gewesen, sie natten das Hauptproblem nicht mit einbezogen, ja, oft bewußt umgangen. Es war das Problem des sexuellen Lebens der Kinder. Denn kollektive gesellschaftliche Ideologie und kollektives Leben der Erwachsenen *muß unter Beibehaltung asketischer Forderungen für die Kinder, sexueller Heuchelei und Familienerziehung mit Notwendigkeit zur kindlichen Verwahrlosung führen.* Es ist ganz undenkbar, daß bei einer allgemeinen freiheitlichen Entwicklung die sexuellen Ansprüche der Kinder ohne Schaden für die Gesellschaft und das Kind unterdrückt werden können. Die Sowjetregierung unternahm 1935 große materielle Anstrengungen zur Bekämpfung der Verwahrlosung. In der Verordnung Nr. 3 »Über die Organisierung des Kampfes gegen das Rowdytum der Kinder auf der Straße« wird die Hauptverwaltung der Arbeiter- und Bauernmiliz verpflichtet, den Kampf zu verstärken. Die Volkskommissariate für Bildungswesen der Unionsrepubliken wurden verpflichtet, die Kinder widerspruchslos in die Kinderheime aufzunehmen. Die Milizorgane erhielten das Recht, die Eltern für Unfug und Rowdytum der Kinder auf der Straße auf administrativem Wege bis zu 200 Rubel zu bestrafen. Es wurde bestimmt, daß Eltern und Vormunde für Handlungen der Kinder, die materiellen Schaden verursachen, zu materieller Verantwortung gezogen werden. Eltern, die »nicht für die gehörige Aufsicht über die Führung ihrer Kinder sorgen«, sollten die Kinder fortgenommen und in einem Kinderheim auf Kosten der Eltern untergebracht werden.
Im norwegischen *Arbeiderblad* vom 16. 6. 1935 wird berichtet, daß die Sowjetregierung zur Maßnahme der Massenrazzien auf verwahrloste Kinder greifen mußte. Neben Diebstahl, Einbruch,

Plünderungen, hebt *Arbeiderbladed* die Verseuchung der verwahrlosten Kinder mit Geschlechtskrankheiten hervor: »Wie eine Pestflut führten die Kinder den Ansteckungsstoff mit sich von Ort zu Ort.« Wohl standen nach diesem Bericht die öffentlichen Bäder, Kinderheime und Krankenhäuser den Kindern frei, aber sie weigerten sich, diese Institutionen zu benützen. Es zeigte sich, daß die Kinder aus den Kinderheimen massenweise flüchteten. Fast täglich, berichtet *Arbeiderbladet*, kann man in der *Iswestija* Anzeigen lesen, in denen nach geflohenen Kindern gesucht wird. »Bis vor kurzer Zeit war diese Art von Anzeigen niemals in der russischen Presse zu sehen, doch jetzt ist es ganz gewöhnlich«, schreibt *Arbeiderbladet*. Die Zeitung hebt auch die Maßnahmen der Sowjetregierung dagegen hervor: Bereitstellung qualifizierter Lehrer, von Werkzeugen und Maschinen, Unterrichtsfilmen und speziellen Lehrbüchern. Darüber hinaus Mobilisierung der gesamten Bevölkerung zur Bewältigung dieser Frage.

Ich habe in Gesprächen mit den sowjetischen Pädagogen Wera Schmidt und Geschelina im Jahre 1929 mich eingehend bemüht, auf die Unvollständigkeit und Aussichtslosigkeit derartiger Versuche hinzuweisen, wenn sie für sich allein unternommen werden. Es war schon damals völlig klar, daß das Verwahrlostenproblem in der Sowjetunion sich zwar auf Grund der Bürgerkriegszustände entwickelt hatte, jedoch aus der Ungeklärtheit des sexuellen Lebens seine dauernde Nahrung bezog. Arbeit gab es in der Sowjetunion genug. Die Arbeitstherapie war hoch entwickelt. Arbeitslosigkeit war verschwunden. Die Kinderheime und die Kollektive waren großenteils musterhaft eingerichtet. Und *trotzdem* rannten Kinder immer wieder davon, zogen das gefährliche, vernichtende Leben auf der Straße und die Unsozialität dem Leben in den Kinderheimen vor. Dieses Riesenproblem kann man weder mit der Arbeitserziehung allein, noch auch mit der Berufung auf die romantische Neugier der kindlichen Seele lösen. Wir hatten in Deutschland reichste Möglichkeiten, die wirkliche Natur der Verwahrlosung und der ihr folgenden Fürsorgeerziehung zu studieren. Als meine Bemühungen um die sexuelle Gesundung der Jugend bekannt wurden, kamen immer wieder flüchtende Fürsorgezöglinge zu mir und berichteten mir aus vollem Herzen aufrichtig und ehrlich, weil ich sie in ihrem Hauptproblem verstand, über ihre Not und über die wirklichen Motive ihres unsozialen Wesens. Ich kann versichern, es waren prächtige Menschen, intelligenteste, fähigste Köpfe darunter. Oft mußte ich denken, um wieviel lebenskräftiger diese sogenannten Verwahrlosten sind als die braven Mucker in den Schulen, und zwar gerade deshalb, weil sie rebellierten, gegen eine Gesellschaftsordnung sich auflehnten, die ihnen das primitivste Naturrecht versagte. Es gab

nicht allzu viele Variationen ihres Themas. Immer wieder ein und dieselbe Angelegenheit: Sie waren mit ihren sexuellen Phantasien und Erregungen nicht fertig geworden. Die Eltern hatten sie nie begriffen, die Lehrer und Behörden ebensowenig. Sie hatten es daher nie zuwege gebracht, darüber mit irgend jemand zu sprechen. Im Gegenteil, sie waren verschlossener, mißtrauischer und bösartiger geworden. Sie hatten die Heimlichkeiten für sich behalten, behalten müssen und Verständnis in diesen ihren Sorgen nur bei Gleichaltrigen ähnlicher Struktur und mit ähnlichen Schwierigkeiten gefunden. Da man sie in der Schule nicht verstand, boykottierten sie die Schule; da die Eltern sie nicht begriffen, verfluchten sie die Eltern. Da sie an die Eltern gleichzeitig tief gebunden waren und von ihnen unbewußt ja doch Hilfe und Erlösung erwarteten, gerieten sie in schwerste schuldgefühlsbetonte Trotzkonflikte. So gelangten sie auf die Straße. Sie wurden dort nicht glücklich, aber sie fühlten sich frei. Bis die Polizei sie aufgriff und in die Fürsorge steckte, oft nur deshalb, weil sie, 15-, 16-, 17jährige Mädchen, mit Jungen irgendwo ertappt worden waren. Bei vielen von ihnen konnte ich feststellen, daß sie psychisch gesund, kritisch und mit Recht rebellisch waren, bis zu dem Augenblick, in dem Polizei und Fürsorge sie in ihre Klauen bekamen. Von dem Augenblick an wurden sie Psychopathen und gesellschaftlich geächtet. Die Verbrechen der Gesellschaft an solchen Kindern sind maßlos. Es gelang, und das war ein weiterer Beweis für die Richtigkeit meiner Anschauungen, derartige »verwahrloste« Kinder zu vollem Vertrauen zu bringen und sie wirklich zu lenken, wenn man ihnen praktisch bewies, daß man sie verstand.
War schon in Deutschland das Kinder- und Jugendlichenproblem gewaltig kompliziert – wie sehr mußte sich der Konflikt zwischen den drängenden Ansprüchen der stürmischen Sexualität und der Sabotage der Gesellschaft in einem Lande wie der Sowjetunion verschärfen, wenn volle Freiheit verkündet wurde, die sexuelle Unterdrückung jedoch bestehen blieb. Allgemeines kollektives Leben und Fortbestand der familiären Kindererziehung mußten notwendigerweise zu gesellschaftlichen Explosionen führen. Wir dürfen auch nicht vergessen, daß die sowjetischen Mütter immer mehr in den Produktionsprozeß einbezogen wurden, als tätige Mitglieder der Gesellschaft auflebten und folglich einen neuen Widerspruch in der Stellung zu ihren Kindern schufen. Die Mütter in der Produktion bedeutete, daß die Kinder ebenfalls ins Leben wollten. Den Weg ins Leben der Arbeit öffnete man ihnen, doch viele von ihnen wollten diesen Weg nicht gehen, wenn man ihnen den der Sexualität verschloß. Dies ist die stets aktuell wirksame Grundlage der Verwahrlosung in der Sowjetunion gewesen, und nicht 1935 die historische Bürgerkriegssituation, auf keinen Fall das Sowjet-

system. Es kann ohne Bedenken behauptet werden: Die Verwahrlosung der Kinder und Jugendlichen ist der sichtbare Ausdruck der unterirdischen sexuellen Krise des kindlichen und jugendlichen Lebens. Und es darf vorausgesagt werden, daß es keiner Gesellschaft je gelingen wird, das Verwahrlostenproblem, das Psychopathen-Problem bei Kindern und Jugendlichen zu lösen, die nicht den Mut und nicht das Wissen aufbringen wird, das Geschlechtsleben der Kinder und Jugendlichen in sexualbejahendem Sinne zu ordnen.

Wir können heute in keiner Weise voraussagen, welche konkreten Einzelmaßnahmen wir ergreifen werden, wenn uns die Aufgabe gestellt sein wird, dieses Problem zu lösen. Wir können wiederum nur allgemeine Zusammenhänge und allgemeine Notwendigkeiten zeigen.

Die Lösung der Verwahrlostenfrage im besonderen wie der Kindererziehung im allgemeinen hängt davon ab, ob und wie es gelingen wird, die inzestuöse und schuldgefühlsbeladene Haßbindung der Kinder an die Eltern und der Eltern an die Kinder aus der psychischen Strukturbildung auszuschalten. Es ist eine logische Konsequenz, daß dies nicht gelingen kann, wenn die Kinder nicht in kollektive Erziehung kommen, *ehe* sie die seelisch vernichtenden Bindungen an die Eltern auszubilden in der Lage sind, also etwa schon *vor* dem 4. Lebensjahr. Das bedeutet *nicht* Vernichtung der natürlichen Liebesbeziehungen zwischen Eltern und Kindern, sondern nur die der neurotisch krankhaften Bindungen. Die Lösung dieser Aufgabe wird gewiß scheitern, wenn nicht der Widerspruch zwischen Kollektiv und Familie in breitem gesellschaftlichem Maßstab gelöst werden wird. Die Eltern sollen ihre Kinder und die Kinder ihre Eltern voll und unbehindert lieben und genießen können. Doch, so widerspruchsvoll das klingt, gerade das setzt die Aufhebung der Zwangsfamilie und ihrer Erziehung voraus. Wir werden scheitern, wenn wir nicht die Ächtung der kindlichen Sexualität und das daraus folgende Empfinden des Ausgestoßenseins aus der Gesellschaft infolge sexueller Wünsche und Handlungen vernichten werden. Wir müssen es mit allen Mitteln verhindern können, daß noch die Möglichkeit besteht für eine Berichterstattung folgender Art:

»Der sechsjährige Garrik: ›Um Himmels willen, was ist denn geschehen?‹ Etwas ganz Unerhörtes. Die achtjährige Ljubka, kaum daß sie schreiben kann, hat sich ›verliebt‹ und dem achtjährigen Pawlik einen Zettel zugesteckt: ›Mein zuckersüßer Kuchen, mein Konfektchen, mein goldener Brillant . . .‹ ›Sich verlieben! So eine Kleinbürgerei! Die Zeiten des Zaren Nikolaus sind ja schon vorüber!‹ – Die Sache wird erregt besprochen, und Ljubka muß zur Strafe drei Tage dem Spielplatz fernbleiben.«

So Fanina Halle zum Beweis der Sittlichkeit des Sowjetsystems, zur Rehabilitierung des Kommunismus vor der gesamten »sittlichen« Welt in ihrem anerkannten Buch *Die Frau in Sowjetrußland*, S. 235.

Pädagogen und »sozialistische« Sexualwissenschaftler, die den Anblick zweier miteinander kosender Kinder nicht ertragen, die den Liebreiz und die natürliche Selbstverständlichkeit der kindlichen Geschlechtlichkeit nicht zu fassen vermögen, sind völlig unbrauchbar für die revolutionäre Erziehung des neuen Geschlechts; mögen sie auch besten Willens sein. In der kindlichen Sexualregung, in der kindlichen sinnlichen Liebesbezeigung liegt unendlich mehr Sittlichkeit, Echtheit, Kraft und Lebenswillen als in Tausenden ledernen Analysen und Thesen. Hier, in der Lebendigkeit des kindlichen Wesens, liegt die Garantie für den Aufbau einer Gesellschaft wirklich freier Menschen, nur hier.

Dies steht fest; doch es wäre wiederum schädlich, wenn man mit dieser einfachen Feststellung alle Probleme bereits für gelöst halten wollte. Wir müssen darauf gefaßt sein, daß die Umstellung der Strukturierung des Menschen vom patriarchalischen, autoritären, zum freiwilligen, freudefähigen und freudevollen Leben uns die allerschwersten Aufgaben zu lösen geben wird. Man hat oft den marxistischen Satz, daß »der Erzieher selbst erzogen werden muß«, mechanisch vor sich hergesagt. Es ist an der Zeit, sich konkret vorzustellen und praktisch zu bewältigen, wie dieser Satz verstanden werden muß: Die Erzieher des neuen Geschlechts, Eltern, Pädagogen, Staatsleiter, Wirtschaftspolitiker, müssen erst selbst sexuell gesund sein, ehe sie es zulassen können, daß man die Kinder und Jugendlichen sexualökonomisch korrekt erzieht.

VII. Kapitel: Was folgt aus dem sowjetischen Kampf um das »Neue Leben«?

Der Arbeiterfunktionär, der Erzieher, der Jugendberater und alle diejenigen, die vor der Bewältigung alltäglicher Aufgaben stehen, werden nun konkrete Anweisungen für ihre Arbeit fordern. Das ist begreiflich, aber auf keinen Fall zu erfüllen. Man kann aus Fehl- und Rückschlägen revolutionärer Umwälzungen zunächst nur lernen, woran menschliche Anstrengungen scheiterten; man kann nur in allgemeinen Umrissen diejenigen Mittel und Wege der revolutionären Entwicklung zeichnen, die uns ungefähr die Richtung angeben, in der wir zu suchen haben. Wir können nicht wissen, wie sich im Falle einer neuen revolutionären Umwälzung in dem einen oder anderen Lande die Verhältnisse konkret gestalten werden. Es kommt immer doch nur darauf an, allgemeine Grundsätze in konkreten Situationen anzuwenden. Auf keinen Fall dürfen utopische Vorstellungen im einzelnen entstehen; sie verrammeln nur jeden Weg zur konkreten Wirklichkeit im jeweiligen Augenblick.

Einer der vielen allgemeinen Grundsätze, die sich aus der Untersuchung der Bremsung der Sexualrevolution in der Sowjetunion ergeben, ist zweifellos die ausdrückliche *Sicherung aller Voraussetzungen und Bedingungen des sexuellen Glücks der Menschen.* Da die sowjetistische Sexualgesetzgebung 1917 bis 1921 durchaus in dieser Richtung lag, würden wir diese Gesetze wohl nur mit sehr geringfügigen Veränderungen übernehmen. Doch das würde auf keinen Fall genügen. Es bedarf ernster Maßnahmen, um die erlassenen Gesetze auch tatsächlich zur praktischen Auswirkung kommen, d. h. menschliche Struktur werden zu lassen. Darüber hinaus fehlten in der Sowjetunion eine Reihe von Maßnahmen, die die spontan entstandene Revolution im sexuellen Leben in geordnete Bahnen gelenkt hätten.

Um die revolutionäre Sexualgesetzgebung für alle Zeiten zu sichern, ist es unerläßlich, die Sorge für die sexuelle Gesundheit der Bevölkerung den Urologen und alten Hygieneprofessoren zu entreißen. Es muß jedem Arbeiter, jeder Frau, jedem Bauern, jedem Jugendlichen klarwerden, daß es auf diesem Gebiete in der konservativen Gesellschaft überhaupt keine Autoritäten gibt; daß diejenigen, die sich für Sexualhygieniker und Sexualärzte halten, durchdrungen sind von asketischem Geist und von

Angst um das »sittliche Verhalten der Menschen«. Auf Grund der Arbeit unter der Jugend und in den Arbeiterorganisationen steht der Schluß fest, daß jeder durchschnittliche ungeschulte, doch frische Arbeiterjunge ein besseres Gefühl und ein richtigeres Urteil für die Fragen des sexuellen Lebens hat als irgendeine dieser Autoritäten. Auf Grund dieser richtigen Einstellung wird es den arbeitenden Menschen unschwer gelingen, aus ihrer eigenen Mitte diejenigen Funktionäre und Organisationen zu stellen, die die Fragen der sexuellen Revolution zu bewältigen haben werden.

Die Neuordnung des geschlechtlichen Lebens muß mit der Umerziehung des Kindes anfangen. Aus diesem Grunde ist es unerläßlich, daß die Pädagogen umgeschult werden und daß die Masse der Bevölkerung lernt, ihren richtigen Instinkt in diesen Fragen zur Kritik der sexuologisch falsch geschulten alten Pädagogen zu gebrauchen. Die Umschulung der Pädagogen wird vermutlich viel leichter gelingen als die Überzeugung der Hygieniker und Bevölkerungspolitiker. In Westeuropa und Amerika mehren sich ständig die Anzeichen dafür, daß die Erzieher aus dem fortschrittlichen Lager spontan nach neuen Wegen in der Erziehung der Kinder und Jugendlichen suchen und vielfach bereits die *sexualbejahende* Anschauung entwickeln.

Die Neuordnung des sexuellen Lebens wird mißlingen, wenn die politischen Führer der Arbeiterbewegung diesem Gebiete nicht die ihr gebührende Beachtung widmen werden. Sexualasketisch eingestellte politische Arbeiterführer sind schwere Behinderungen. Wir werden den politischen Führern, die auf dem sexuellen Lebensgebiete ungeschult und vielfach selbst in Mitleidenschaft gezogen sind, die Überzeugung beizubringen haben, daß sie *lernen* müssen, ehe sie führen dürfen.

Es wird ferner unerläßlich sein, die spontan entstehenden Diskussionen über »Die sexuelle Frage« nicht als eine »Ablenkung vom Klassenkampf« beiseite zu schieben, sondern sie in die Gesamtarbeit für den Aufbau der freiheitlichen Gesellschaft einzureihen. Nie mehr darf eine siegreiche Arbeiterbewegung es dulden, daß pastorale Sozialisten, ethisierende Intellektuelle, zwangskranke Grübler oder sexuell gestörte Frauen über die Neuordnung des sexuellen Lebens zu entscheiden haben. Man muß wissen, daß diese Schichten der Bevölkerung gerade in den Augenblicken, wo alles höchste Klarheit erfordert, gedrängt von unbewußten Gefühlen sich in die Debatte mischen. So wird gewöhnlich der ungeschulte Arbeiter zum Schweigen gebracht, weil er, was überhaupt nicht gerechtfertigt ist, aus Respekt vor dem Intellektuellen einräumt, daß dieser es besser wisse. Jede Massenorganisation wird sexuologisch gut geschulte Funktionäre haben müssen, die ausschließlich dafür eingesetzt werden, die Entwicklung der Organisation im Hinblick auf das sexuelle

Verhalten zu beobachten, die aus diesen Beobachtungen lernen und in Verbindung mit einer zentralen sexuologischen Abteilung die Schwierigkeiten zu bewältigen suchen.
Neben einer positiven Gesetzgebung und Maßnahmen zum Schutze der Sexualität, sind eine Reihe von anderen Maßnahmen notwendig, die sich aus den Erfahrungen der Vergangenheit ergeben.
So müßte zum Beispiel jegliche, sexuelle Angst erzeugende Literatur verboten werden. Hierzu gehören pornographische und Kriminalgeschichten ebenso wie die Schauermärchen für die Kinder. Diese Bücher wird man durch eine Literatur ersetzen müssen, die, statt Grusel zu erregen, das genuine Empfinden für die unendlich mannigfachen Quellen natürlicher Lebensfreude beschreibt und bespricht.
Die Erfahrung lehrt unwiderruflich, daß jede Behinderung der kindlichen und jugendlichen Sexualität durch Eltern, Lehrer oder Behörden ausgeschaltet werden muß. Auf welche Weise dies durchgeführt werden soll, kann man heute noch nicht sagen. Aber an der *Notwendigkeit eines gesetzlichen Schutzes für die kindliche und jugendliche Sexualität läßt sich nicht mehr zweifeln.*
Die besten gesetzlichen Maßnahmen sind nicht mehr wert als das Papier, auf dem sie geschrieben stehen, solange man sich nicht darüber im klaren ist, auf welche Schwierigkeiten man — unter den gegebenen politischen Bedingungen und der heutigen Struktur der Menschen — stoßen wird, wenn man die Sexualität der Kinder und Jugendlichen bejaht. Wenn die Eltern und Lehrer der Kinder nicht selbst falsch erzogen worden wären, wenn sie nicht selbst krank wären, und wenn den Kindern und Heranwachsenden unmittelbar die besten erzieherischen Bedingungen gewährt werden könnten, lägen die Dinge einfach. Da dies aber nicht der Fall ist, werden vor allem zwei Maßnahmen gleichzeitig notwendig.
a) Mustererziehungsanstalten für kollektive Erziehung müssen in verschiedenen Gegenden eingerichtet werden. An ihnen sollen gut geschulte, realistische und sexuell gesunde Erzieher die Entwicklung der heranwachsenden Generation eingehend beobachten und dabei die praktischen Probleme, die auftreten, zu lösen versuchen. Diese Anstalten werden den Kern bilden, von dem aus die Prinzipien der neuen Ordnung sich in der Gesellschaft ausbreiten werden. Eine lange, schwere, mühselige Arbeit, doch auf die Dauer die einzige Möglichkeit, dem Untertanenproblem der Menschen beizukommen. Neben den Mustererziehungsanstalten würden *Forschungsinstitute* ganz anders als bisher die Physiologie der Sexualität, die Verhütung von seelischen Erkrankungen und die Bedingungen der sexuellen Hygiene ermitteln. Sie würden nicht, wie bisher, die Hauptauf-

gabe darin erblicken, indische Phallusse und Kondome verschiedener Art zu sammeln.

b) Außerhalb dieser Zentren wird es gelten, die sexualökonomische natürliche Regelung des Geschlechtslebens im Massenmaßstabe vorzubereiten. Als erster Grundsatz wird hier wohl anerkannt werden müssen, daß das Geschlechtsleben *keine* Privatangelegenheit ist; das ist nicht etwa in dem Sinne mißzuverstehen, als ob dann irgendein Staatsfunktionär das Recht bekäme, sich in die Bettgeheimnisse von irgend jemand einzumischen. Damit ist gemeint, daß die Sorge um die sexuelle Umstrukturierung der Menschen, um die Herstellung ihrer vollen sexuellen Genußfähigkeit nicht der privaten Initiative überlassen sein kann, sondern eine kardinale Frage des gesamten gesellschaftlichen Lebens ist.

Für die Allgemeinheit könnten nach Maßgabe der vorhandenen wirtschaftlichen Möglichkeiten sofort einige Maßnahmen durchgeführt werden, die die spätere Ordnung des sexuellen Lebens vorbereiten würden. Voraussetzung dafür wird sein, daß man das Geschlechtsleben der Masse nicht als eine zweit- oder gar letztrangige Angelegenheit betrachtet. Man wird also etwa gute Empfängnisverhütungsmittel in derselben Weise und mit derselben Aufmerksamkeit herzustellen versuchen wie die großen Maschinen. Die Errichtung bester zentral organisierter Empfängnisverhütungsmittelfabriken unter wissenschaftlicher Führung und unter Ausschluß jeder Geschäftemacherei wird zu den ersten Maßnahmen gehören, wenn man die sexuelle Hygiene der Masse anstrebt. Die Propaganda der Empfängnisverhütung zur Herabsetzung des Abortus darf nicht auf dem Papier bleiben, sondern muß *praktisch* bewältigt werden.

Es ist nicht daran zu denken, eine Wiederholung der sowjetistischen Sexualkatastrophe zu verhindern, wenn man nicht sofort nach der Machtergreifung an die Lösung der *Raumfrage* für die Jugend und die Unverheirateten herangeht. Wie ich die Jugendlichen kenne, werden sie mit Freuden selber die Frage der Raumbeschaffung praktisch lösen und nicht auf Maßnahmen von oben warten.

Der Bau von Notjugendheimen ist notwendig und durchführbar. Voraussetzung dafür wird sein, daß sich keine maßgebende Stelle findet, die dagegen in moralisierender Weise auftritt. Die Jugend muß das Gefühl bekommen, daß sie alle Möglichkeiten hat, sich ihr Leben selber aufzubauen. Sie wird sich deshalb gewiß ihren allgemeinen sozialen Arbeiten nicht entziehen, im Gegenteil. Wenn sie die Raumfrage allmählich selber lösen wird, dann wird sie auch mit verzehnfachter Freude die allgemeinen sozialen Arbeiten durchführen. Die gesamte Bevölkerung muß unbedingt das sichere Gefühl bekommen, daß die revolutionäre Staatsführung alles tut, um den sexuellen Genuß zu sichern, ohne Einschränkung, ohne Wenn und Aber. Die Aufklärung der Masse über die Schädlichkeit des Abortus und die Gefährlichkeit der Geschlechtskrankheiten wird sich in dem gleichen Maße erübrigen, in dem die massenweise Aufklärung über den Wert der gesunden natürlichen Sexualität fortschreiten wird.

Wenn die Bevölkerung sich in ihren sexuellen Bedürfnissen sofort praktisch verstanden fühlen wird, dann wird sie auch Maschinen freudig bauen – ohne Zwang. Eine sexuell glücklich lebende Bevölkerung wird die beste Garantie der allgemeinen gesellschaftlichen Sicherheit sein. Sie wird mit Freuden ihr Leben aufbauen und gegen jede reaktionäre Gefahr verteidigen.

Will man nicht gezwungen sein, später wegen »sexuellen Chaos« in Heer und Marine zum Homosexualitätsparagraphen zurückzugreifen, dann muß von vornherein an die Lösung eines der schwersten Probleme der gesellschaftlichen Sexualökonomie geschritten werden: *Die Einbeziehung der weiblichen Jugend in das Leben des Heeres und der Marine.* So unvorstellbar dies heute den militärischen Spezialisten klingen mag: Es gibt keinen anderen Weg als diesen, wenn man die sexuelle Verrottung durch den Heeresdienst vermeiden will. Es muß klar sein, daß dieses Problem sich nicht einfach lösen lassen wird; doch grundsätzlich gilt das Gesagte.

Theater, Film und *Literatur* dürfen nicht mehr ausschließlich wirtschaftlichen Problemen zur Verfügung gestellt werden wie in der Sowjetunion. Man kann die Probleme des Liebeslebens, die in der Literatur aller Zeiten 90 Prozent aller Erzeugnisse beherrschten, nicht aus der Welt schaffen und sie auch nicht durch Verherrlichung und Besingung der Maschinen ersetzen. An die Stelle der reaktionären, patriarchalischen Art der Liebeskultur wird eben die lebensbejahende Art in der Literatur, im Film usw. treten müssen. Dadurch werden wir uns den Rückschritt zur spießigen Form auf diesem Gebiet, zu kitschiger Sentimentalität ersparen.

Die allgemeine Arbeit auf sexualpolitischem Gebiet wird nicht der Initiative oder dem Wirrwarr ungeschulter Ärzte oder romantisch veranlagter und unbefriedigter Frauen überlassen bleiben, sondern wie jede Art des gesellschaftlichen Lebens kollektiv *organisiert* und unbürokratisch *gelöst* werden. Es wäre müßig, sich jetzt schon über die Details dieser Organisierung den Kopf zu zerbrechen. Die Frage der Organisierung wird sich von selbst lösen, wenn das Geschlechtsleben der Bevölkerung in der vordersten Linie der gesellschaftlichen Arbeit behandelt werden wird.

Auf keinen Fall wird eine Zentralstelle die Neuordnung des sexuellen Lebens dekretieren dürfen. Ein weitmaschiges Netz sexualpolitischer Organisationen wird zwischen dem lebendigen Leben der Masse und den fachlich geschulten Zentren vermitteln; es wird nach dem Muster der deutschen Instruktionsabende der Sexpol die Probleme aus dem Massenleben zur Diskussion stellen und mit den schon möglichen Lösungen wieder ins Massenleben zurückkehren. Die verantwortlichen Forscher und führenden Sexualpolitiker werden unter allen Umständen auf ihre sexuelle Gesundheit und auf den Mangel jeder Art asketischer moralisierender Einstellung geprüft werden müssen. Die Religion werden wir nicht bekämpfen; aber wir werden uns auch nicht das Recht nehmen lassen, das sexuelle Glück der Masse zu sichern und die Erkenntnisse der Naturwissenschaft in die Masse zu tragen. Es wird sich dann zeigen, ob die Kirche mit ihrer Behauptung der überirdischen Natur des religiösen Gefühls recht behält. Wir verhehlen jedoch nicht, daß wir die Kinder und Jugendlichen vor der Einpflanzung von sexuellen Angst- und Schuldgefühlen schützen werden.

Im Prozeß der sozialen Revolution wird die Familie unweigerlich zerfallen. Eine Rückkehr zur alten Familienordnung ist unmöglich. Den Familiengefühlen und -bindungen der Masse muß Rechnung getragen werden, indem die Familienfrage *vor aller Öffentlichkeit* immer wieder in ihrem lebendigen Flusse besprochen und bewältigt wird. Unser Standpunkt ist folgender:

Das Ziel der sexualpolitischen, kulturrevolutionären Arbeit kristallisiert sich an Hand der Ereignisse ohne Klügelei heraus.

Das vegetative Leben der Menschen, das sie mit der gesamten lebendigen Natur teilen, strebt nach Entfaltung, Betätigung, Lust, vermeidet Unlust und erlebt sich selbst in Gestalt strömender, drängender Empfindungen. Sie sind die Kernelemente jeder vorwärtstreibenden, also revolutionären Weltanschauung. Auch dem sogenannten »religiösen Erleben« und dem »ozeanischen Gefühl« liegen vegetative Lebenserscheinungen zugrunde. Es glückte vor kurzem, in einigen dieser vegetativen Erregungen bioelektrische Ladungsvorgänge der Gewebe zu erkennen. Begreiflich, denn der Mensch ist nur ein Stück der Natur, die bioelektrisch betrieben ist[1].

Dem religiösen Gefühl des Einsseins mit dem Weltall entspricht somit eine Naturtatsache. Doch die Mystifizierung des organischen Wellengangs vollbrachte an Stelle der Entfaltung seine völlige Lahmlegung. Christus führte die gläubigen Armen gegen die Reichen. Das Urchristentum war im Grunde eine kommunistische Bewegung, deren vorwärtsstrebende lebensbejahende Kraft durch die gleichzeitige Sexualverneinung ins Gegenteil, ins Asketische und Überirdische verkehrt wurde. Zur Staatskirche geworden, verleugnete das internationale, die Erlösung des Menschen anstrebende Christentum seinen eigenen

1 [1949] Seit der Entdeckung der Orgon-Energie hat sich an dieser Auffassung vieles geändert. (*Vgl. The Discovery of the Orgone*, New York, 1942, 1948.)

Ursprung. Ihre Kraft verdankt die Kirche den mächtigen, lebensverneinenden Veränderungen der menschlichen Struktur durch die metaphysische Fassung des Lebens: Sie lebt durch das Leben, das sie tötet.

In der marxistischen Wirtschaftstheorie brach sich die Erkenntnis der wirtschaftlichen Voraussetzungen des vorwärtsstrebenden Lebens Bahn. Die Sowjetunion bewies ihre Richtigkeit. Doch ihre Einschränkung durch grob ökonomistische und mechanistische Anschauungen verursachte eine bedrohliche Veränderung zur Lebensverneinung mit all ihren wohlbekannten Anzeichen. Der Ökonomismus unterlag in diesen Jahren schwerster politischer Kämpfe, weil er die Formung des vegetativen Lebenswillens als »Psychologie« verdammte und sie den Mystikern überließ.

Im Neuheidentum des deutschen Nationalsozialismus brach sich das vegetative Leben abermals Bahn. Der vegetative Wellengang wurde von der faschistischen Ideologie besser erfaßt als von der Kirche und ins Irdische herabgeholt. Die nationalsozialistische Mystik der »Blutwallung« und der »Verbundenheit mit Blut und Boden« bedeutet somit gegenüber der altchristlichen Anschauung von der Erbsünde einen *Fortschritt;* er erstickt jedoch in neuerlicher Mystifizierung und in reaktionärer Wirtschaftspolitik. Die Lebensbejahung biegt neuerdings in Lebensverneinung um, wird zur Bremsung der Lebensentfaltung in der Ideologie der Askese, des Untertanentums, der Pflicht und der Rassengemeinschaft. Trotzdem kann man nicht die Sündenlehre gegen die Lehre von der »Blutwallung« verteidigen; man muß die »Blutwallung« vorwärtstreiben, sie zurechtbiegen.

Aus diesem Verhältnis von Altchristentum und Neuheidentum gehen viele Mißverständnisse hervor. Die einen reklamieren das Neuheidentum als *die* revolutionäre Religion; sie spüren die fortschrittliche Tendenz, sie sehen nicht ihre mystische Umbiegung. Die andern wollen die Kirche gegen die faschistische Ideologie in Schutz nehmen und meinen dabei, revolutionär zu handeln. Mag sein, daß dies aktuell politisch richtig ist, doch auf die Dauer führt es irre. Unter den Sozialisten gibt es viele, die das »religiöse Empfinden« nicht völlig missen möchten; sie haben recht, sofern sie die vegetative Entfaltungstendenz meinen; sie haben unrecht, sofern sie die reale Abbiegung und Bremsung des Lebens nicht sehen. Niemand wagt noch, an den sexuellen Kern der Lebensentfaltung zu greifen und jeder nützt seine eigene Sexualangst unbewußt aus, um das Leben zwar in Gestalt des religiösen oder revolutionären Erlebens zu bejahen, es jedoch im nächsten Atemzuge praktisch durch Sexualverneinung in Lebensverneinung zu verkehren. Derart ergänzen einander religiöse Sozialisten und ökonomistische Marxisten.

Das folgende Schema veranschaulicht das Gesagte:

Schema der kulturpolitischen Entwicklung

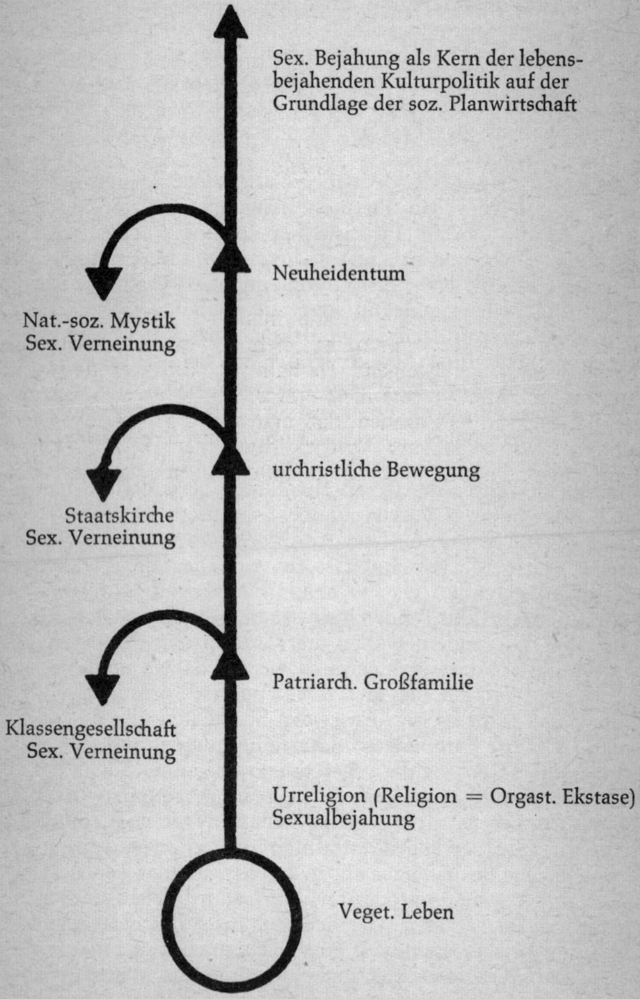

Die sexualökonomische Forschung hat aus ihrer naturwissenschaftlichen Grundlage und den sozialen Vorgängen den korrekten Schluß gezogen: *Der Lebensbejahung muß in ihrer subjektiven Form als Bejahung der Sexuallust und in ihrer objektiv gesellschaftlichen Form als Arbeitsdemokratie zur subjektiven Bewußtheit und zur objektiven Entfaltung verholfen werden.* Die Lebens*bejahung* muß *organisiert* erkämpft werden. Die Lustangst der Menschen ist dessen mächtigster struktureller Gegner.

Die durch die gesellschaftliche Störung des natürlichen Lustablaufs entstandene organische Lustangst bietet in Gestalt von Bescheidenheit, Moralität, Führerhörigkeit usw. den Kern der Schwierigkeiten aller Art dar, denen die massenpsychologische und sexualpolitische Praxis im Alltag begegnet. Man schämt sich zwar, impotent oder zur Spendung von Lebensglück unfähig zu sein, wie man sich schämt, politisch reaktionär zu sein. Die sexuelle Potenz ist das hohe Ideal geblieben, revolutionär sein ebenso; jeder Reaktionär tritt heute als Revolutionär auf. Doch man hört nicht gern, daß einem das Lebensglück zerbrochen wurde und man eine vertane Zukunft *hinter* sich hat. Deshalb wehrt sich das Alter immer mehr gegen die konkrete Lebensbejahung als die Jugend. Deshalb wird die alternde Jugend konservativ. Man möchte nicht erkennen, daß man es sich besser hätte einrichten können, daß man nun verneint, was man einmal bejahte; daß zur Verwirklichung der eigenen Lebenswünsche eine Umstellung des gesamten Lebens*prozesses* erforderlich ist, die viele liebgewordenen Ersatzbefriedigungen und Illusionen zerstört. Man flucht nicht gern den Exekutoren der autoritären Staatsgewalt und der asketischen Ideologie, weil sie »Vater« und »Mutter« heißen; man resigniert zwar, aber man verzichtet nie.

Doch die Entfaltung des Lebens ist nicht aufzuhalten. Nicht ohne Grund faßte man den gesellschaftlichen Prozeß als Naturprozeß auf. Die Umbiegung ins Asketische, Autoritäre, Lebensverneinende kann vielleicht wieder einmal gelingen; doch am Ende steht der Sieg der Naturkräfte im Menschen: die *Einheit von Natur und Kultur*. Alle Anzeichen sprechen dafür, daß das Leben gegen die Fesseln der ihm auferlegten Lebensweise in hellste Rebellion geriet. Der Kampf ums »neue Leben« setzte erst jetzt richtig ein, zunächst noch in Form schwerster materieller und seelischer Zerrüttung des individuellen und gesellschaftlichen Lebens. Doch wer das Leben zu begreifen fähig ist, verzagt nicht. Wer satt ist, stiehlt nicht. Wer sexuell glücklich ist, braucht keinen »moralischen Halt« und hat sein naturwahrstes »religiöses Erleben«. Das Leben ist so einfach wie diese Tatsachen. Es wird nur kompliziert durch die lebensängstlich gewordene menschliche Struktur.

Die allgemeine theoretische und praktische Durchsetzung der Einfachheit der Lebensfunktion und der Sicherung ihrer Produktivität heißt Kulturrevolution. Ihre Grundlage kann nur die natürliche Arbeitsdemokratie sein. Liebe, Arbeit und Wissen sind die Quellen unseres Daseins. Sie sollen es auch regieren.